方广锠 著

佛教文献研究十讲

复旦大学出版社

目录

学术研究与学术资料(上)　1
　一、学术研究与学术资料　3
　二、敦煌遗书与佛教研究　34

学术研究与学术资料(下)　51
　三、关于敦煌本《坛经》的几个问题　53
　四、敦煌本《坛经》惠能"得法偈"与陈寅恪先生之批评　75

敦煌遗书与敦煌藏经洞(上)　87
　一、关于敦煌遗书的流散、回归、保护与编目　89
　二、敦煌藏经洞封闭原因之我见　108

敦煌遗书与敦煌藏经洞(下)　141
　三、敦煌经帙　143
　四、从"敦煌学"的词源谈起
　　　——兼为王冀青先生补白　164

写本学视野的敦煌遗书(上)　175
　一、遐思敦煌遗书　177
　二、敦煌遗书中多主题遗书的类型研究
　　　——写本学札记　182

写本学视野的敦煌遗书(下) 203

 三、敦煌遗书中写本的特异性

  ——写本学札记 205

 四、从敦煌遗书谈中国纸质写本的装帧 222

佛教文献鉴定(上) 239

 一、敦煌遗书鉴别三题 241

 二、伪梁武帝书《法华经》跋 260

 三、伪敦煌遗书《般若波罗蜜菩萨教化经》考 271

佛教文献鉴定(下) 287

 四、敦煌遗书武德写卷《胜思惟梵天所问经论》卷四跋 289

 五、跋北宋佛教法事文书 292

 六、略谈"卓德本"《钱塘西湖昭庆寺结净社集》

  ——高丽义天印刷携去本？ 298

汉文大藏经 327

 一、关于汉文大藏经的几个问题 329

 二、论大藏经的三种功能形态 373

 三、谈汉文大藏经的编藏理路及其演变 386

数字化时代的佛教文献 401

 一、数字化时代的佛教目录 403

 二、敦煌遗书数字化的现状、基本思路、目前实践及

  设想 417

 三、数字化时代的佛教文献整理 437

后记 474

学术研究与学术资料(上)

一、学术研究与学术资料[①]

今天讲"学术研究与学术资料"。在座诸位有的人已经开始从事学术研究,有的人打算将来从事学术研究,而从事学术研究就少不了要与学术资料打交道,所以想就这个题目与大家进行交流。还有,在座诸位有些人信仰佛教。一个佛教信徒,或者说一个宗教徒,能不能从事学术研究?怎样从事学术研究?不知道诸位是否考虑过这些问题,对此是否有过疑问?如果考虑过且有过类似的疑问还没有解决,请把疑问暂时存在心里。看交流结束后,这个疑问是否已经解决;或者虽然还没有完全解决,但有所启发。

(一) 什么叫学术研究及"学术研究三要素"

今天的题目是"学术研究与学术资料"。所以,我们首先需要

[①] 笔者曾以这一题目在大陆与台湾的高校、佛教院校、佛教研究所等做过多次讲座。每次讲座前,均曾对前一次使用的底稿加以修订。本文系综合诸次讲稿修订而成。

讨论的就是：什么叫学术研究？

这个问题好像提得有点古怪。"学术研究"，这么常见的一个普通名词，还有必要去探讨吗？我认为很有必要。《论语》中孔子说"必也正名"。我们做一件事，研究一个对象，首先应该搞明白它到底是什么，厘清基本概念，也就是它的内涵与外延。如果连"它到底是什么"都没有搞清楚，那怎么去做这件事、怎么才能做好这件事呢？有的人自以为在做学术研究，但因为不懂什么叫学术研究，所以做出来的东西，在学术界看来，不能算学术成果。他的工作，自然也不算学术研究。

我曾在百度上查询"什么叫学术研究？"检索到这么一个定义："学术研究则是借助已有的理论、知识、经验对科学问题的假设、分析、探讨和推出结论，其结果应该是力求符合事物客观规律的，是对未知科学问题的某种程度的揭示。"① 这个定义有点拗口，可能是从英文翻译过来的。我觉得这个定义好像不太全面，于是自己下了一个定义。

什么叫学术研究？我认为：

> 学术研究是按照公认的学术规范对某一个问题所进行的创造性思维劳动及所做出的符合学术规范的表述。

应该讲，上述定义主要针对人文科学。理工科还需要做实验等，有些实验需要的不仅仅是思维劳动，甚至包括体力劳动。但理工科能够设计出各种各样的实验，前提依然是研究者的"创造性思

---

① https://baike.baidu.com/item/%E5%AD%A6%E6%9C%AF%E7%A0%94%E7%A9%B6/7109456。2015年10月。

维劳动"。所以，在一定程度上，这个定义对理工科也有效。当然，人文科学也不是仅仅在书斋中冥思苦想，有时需要作社会调查等等。但不管怎样，都少不了"创造性思维劳动"。

上述定义包括三个要素。

第一个要素，学术研究必须按照"公认的学术规范"进行。

"学术规范"这个词，大家一定都知道。做学术研究就要遵循学术规范。没有规矩不成方圆，没有学术规范做不了学术研究。即使做出来，大概也不能算是学术成果。学术规范的重要性，这里就不解释了。

这里想强调的第一点是：学术规范必须是公认的，就是说学术规范有它的"公共性"。按照佛教因明的说法，学术规范不能"自许"，必须"极成"。必须是学术共同体公认的，是学术共同体共同搭建的一个公共平台。因为如果没有一个公共平台，学术共同体就没有办法对话，没有办法讨论。假设你按照你的标准、规范讲，我按照我的标准、规范讲，相互没有共同的平台，那就变成是鸡跟鸭讲。所以这个规范必须是公共的、公认的。比如什么叫佛教疑伪经，大家的标准不一样，讨论时就很容易各说各话。

所谓"公共平台"，在不同的范围内也有不同的解读。就好比佛教结界，有现前僧团、十方僧团等，各有各的规矩。有些规矩可以通用，有些规矩互不通用。所以，讲学术规范，还要搞明白这一规范到底适用于哪些范围。

至于前面讲的宗教信徒能不能，以及怎样从事学术研究的问题。我觉得"能不能"不是问题，任何人都无权垄断某个学术领域，排斥任何其他人参与。关键在于"怎样做"。我曾在某佛教大学讲课时说：在座诸位都是僧人，你们读书的这个大学是佛教团体办的。但你们大学又是一个普通高校。这就决定了你们大学实际存在两个平台：宗教平台与学术平台。两个平台是有差异的。在座诸位既要学会站在宗教平台上与宗教内部的信徒交流，也要学会站在学术平台上与学术界交流。因为你如果完全站在宗教平台，可能很难与学术界交流；而完全在学术平台，恐怕也很难与宗教界交流。曾有一个同学对我说：他写了一篇论文，希望我看看，提点意见。我看了以后说：你这是宗教论文，我就不提意见了。他说：我写的明明是学术论文，你怎么说是宗教论文呢？我说：你的论文提出观点以后，仅仅举出"经证"，就算论证完毕。那是宗教论文的写法。学术论文不能这样写。所以是宗教论文。

宗教有信仰，信仰不需要讨论，只要是佛说的，那就足够了。如果硬去讨论到底有没有阿弥陀佛，净土宗要崩盘。宗教有禁区，禁区不允许讨论。我曾经指导某位僧人研究生做了一篇名为《阿难诸过考》的论文。就是印度佛教第一集结，大迦叶指责阿难有诸多过失。但不同经典对阿难到底有多少过失，从"二过"到"九过"，说法不同。我让这个研究生依据经典对这个问题做一个资料的汇总与问题点的归纳、探讨。结果引起该佛学院有些僧人导师的不满。说：一个僧人，怎么能做这样的题目？这里不能说僧人导师讲得不对，站在宗教立场上，有些问题就是禁区。但学术研究没有禁区，任何问题都可以研究。

那么宗教与学术真的是那么完全不兼容吗？其实也不尽然。

不少情况下，两者是可以圆融的。比如中国禅宗的二祖、三祖，由于资料少，至今讲不清。学术界曾有人否认二祖、三祖的存在。印顺在《中国禅宗史》中提出：虽然由于资料不足，我们现在讲不清二祖、三祖的一生行状。但是，按照禅宗的理论与修持实践，二祖、三祖这两个人是存在的。我觉得讲得很到位。行状讲不清，没有关系。这两个人的存在，不能否定。至于行状，等新资料出现再说。

我们这门课讲的是汉文佛教文献学，希望培养一批汉文佛教文献整理人才，在座诸位有的是出家众。我们整理的佛教文献不仅仅是中国佛教中法宝的代表，也是中国传统文化的有机组成部分。我们整理这些文献的目的，不仅仅提供给佛教信众作为闻思修的教材，也是学术界诸多研究者研究中国文化、中国历史的重要资料。那么，如果我们只讲宗教平台、宗教规范，不讲学术平台、学术规范，行不行？显然不行。

问题还在于文献学本身的特殊性。文献学的研究对象是文献。因为世间流传的文献包括宗教文献与非宗教文献，所以文献学在它的发展史中，已经纳入宗教文献、非宗教文献等所有的文献，由此形成了文献学的一般规范。同样，中国的汉文文献学的一般规范也是兼容宗教文献与非宗教文献的。所以，所谓"汉文佛教文献学"实际是汉文文献学中的一个分支，而不是在世间的文献学之外，另外有一个出世间的佛教专属的文献学。当然，佛教文献有自己的一些特点，比如佛经应该"三分具足"等等。但从总体来说，汉文佛教文献学以及在汉文佛教文献学指导下的汉文佛教文献整理本身,应该,而且必须按照一般的汉文文献学的规范去做,它与文献学一样,是一种求真、求实的学问。

这个问题,如果展开,还可以讲很多。这里就不展开了。但希望大家能够重视这个问题,正确处理学术平台与宗教平台这两个平台,正确处理学术研究与宗教信仰的关系,实际上也就是正确处理佛教常说的世间法、出世间法的关系。

上面讲学术规范是一个公认的公共平台。那我们要问:这个公认的学术规范、公认的平台是怎么搭建的呢?实际上是有些学者首先提出一些他们认为学术研究应该遵循的规范,并逐渐得到了学术界的公认,这才逐渐建立起一个公认的平台。所以,所谓的"公认",实际上应该说就是一个"共许"的过程。就是由有些学者提出的,或在自己的学术研究中凸显的一些规范,通过某些过程,最终成为学术共同体的共识。

这就要涉及学术研究第一个要素的第二点:学术规范需要根据时空及研究对象的不同,不断进行修订。

佛教说:世事无常。天下没有事情是不变化的。变,是绝对的;不变,是相对的。不平衡,是绝对的;平衡,是相对的。虽然说,我们大家可以搭建一个共同的平台,但在事物发展的过程中,我们可能会发现,以前大家共同认可的这个平台有点问题,需要改进。这里举个例子。因为我做敦煌遗书,所以举敦煌遗书的整理为例。

整理敦煌遗书,有时需要录文。录文也是古籍整理的基础,凡做古籍整理,都会遇到录文问题。录文时,如果同一文献有多个本子,就需要校勘。按照传统的古籍校勘规范,录文前,首先要确定一个最好的本子作为底本。然后以这个底本为基础,来对校其他本子。什么叫最好的本子,就是错误最少、质量最高。因为以前人们作校勘,只要底本正确,对校本中的错误,一般不出校记。所以,用质量高的本子作底本,就可以少出很多校记。否则校记太多,工作量太大。当年张之洞写了一本《书目答问》,就是给天下读书人指明:什么书的哪一种本子最好。让大家读书少走点弯路。

但是我们在整理敦煌遗书的过程中遇到两个问题。

第一个问题,敦煌遗书绝大部分残破不全,有时一个文献被撕为几段。有时一个文献的前一段文字在这件遗书上,下一段文字可能在另一件遗书上。录文时用哪件遗书做底本都不行。于是我们只好采取前人没有用过的一种新方法——换底本。就是前一段文字用这件敦煌遗书做底本,下一段文字用另一件敦煌遗书做底本。因为只有换底本才能完成对这个文献的完整录文。1994年,我们开始编辑《藏外佛教文献》的时候,就用"换底本"的方法来处理这种残缺遗书。当然,用哪几件遗书作底本,从哪个字开始换底本,都在题解与校记中交代清楚。但当时有研究者提出批评:说底本怎么能换来换去?这不符合学术规范。我们的做法的确不合传统的古籍整理规范,但没有办法。不是我们有意要标新立异,而是针对敦煌遗书这一具体的对象,录校某些文献时必须换底本,否则没法工作。正所谓"上胡不法先王之法,为其不可得而法"。

第二个问题,不同的写本各有错误,很难说哪个特别好。这与刻本不同。刻本在刊刻前一般都经过校勘,有的属于精校精刻,比如毛氏汲古阁的本子,比如所谓"黄(黄丕烈)跋顾(顾千里)校鲍(鲍廷博，知不足斋）刻"。比如历代的刻本大藏经，一代一代刊刻，一代一代修订，自然错误就比较少。当然也有修订了前人的错误，自己又出错的。凡是做文献的，谁也不要吹牛说自己的整理本没有错。只是错大错小、错多错少的问题。当然，这是另一个性质的问题。总之，敦煌遗书中除了少量精美的宫廷写本，绝大部分为历代经生、僧人、信众所写。不同的写本，可说各有各的优点，各有各的不足，很难说哪个本子最好。怎么办？我们当时定了两条原则：一是"逢异必校"，一是"择善而从"。

为什么要这样做？因为每个人都有自己的局限性。从文献学的角度讲，我们既不是黄丕烈，也不是顾千里；从佛学的角度讲，我们也不是什么佛学大家，能够精通佛教的每一个领域。自己的水平不高，但相关的整理工作还要做。怎么办？我们的办法就是做一个老实人。"逢异必校"，就是把一切异文都记录在校记中；"择善而从"，就是把我们认为最准确的文字写入正文。"逢异必校"可以保存各参校本的所有文献信息，"择善而从"则向读者提供我们作为整理者的思考与抉择。采用上述两条原则，就给读者提供了判断是非的条件。如果读者认为我们选择的文字不正确，可以从校记中选择他们认为正确的其他文字来梳理经文。就好比我们有时用《大正藏》的校勘记来修订《大正藏》正文一样。因为需要"择善而从"，所以上述整理方法并没有降低对整理者的要求；而"逢异必校"则体现我们承认自己会犯错误，所以把所有的资料都交给读者，由读者自己去判定正误，帮助我们改正错误。

但新的问题由此产生。传统校勘要按照文本质量的高低，由此分出底本、校本。我们现在是"逢异必校""择善而从",也就是说,参校的各种文本在我们的校勘工作中是平等的,不存在哪个本子地位高,哪个本子地位低的问题。这就与传统的古籍整理规范不同了。当年编纂《藏外佛教文献》时,为了循俗,还是把其中某个本子称为底本,把其他本子称为校本。但在我们的实际工作中,已经不存在传统古籍整理所谓的底本、校本的区别了。进而,在下一步佛典数字化的工作中,我们将彻底废除底本、校本这些称呼,直接用阿拉伯数字编号,就叫1本、2本等。因为届时用于整理某个文献所用的本子,可能会有几十个,甚至上百个、几百个。把天干地支、ABCD全部用上也不够,只能采用阿拉伯数字来编号。

这样,我们就把传统古籍校勘必须要有底本这一学术规范推翻了。

再举一个几何学方面的例子。所谓"非欧几何"的产生,无非是一个第五公理的修订,但彻底改变了传统几何的面貌。

所以我们说,学术规范是共同的。这个共同的学术规范,实际上也是在一些独创性劳动的基础上,得到大家的公认后建立起来的。学术规范的共同性,并不抹杀学者个人的独创性劳动,这两者是辩证的关系。学者的独创性劳动能不断地丰富、完善学术规范,使它更加有效。当然,新提出的规范,依然要得到学术共同体的认可,才能成为共同的平台。像上面讲的废除底校本,涉及面比较小,而且只是我们现在用数字化方式整理佛教文献时在用,目前还属于一家之言,不是学术界的共识,没有公共性,还不能算是新的学术规范。另外举个例子:西学东渐。随着西方坚船利炮等器物文化的传入，西方的学术规范也传到中国，这对中国近现代学术规范的建立，起到决定性的作用。这是一个大题目，此处无法详细讲。只讲一点，起码把中国的一个传统东西——八股文——的"命""革"掉了。过去凡是读书人都要做八股文。它的基本规范是两条：第一，内容上，代圣贤立言。第二，形式上，那就是破题、承题、起讲、入题、起股、中股、后股、束股这一套。这套东西，是科举时代的学术规范，现在还有吗？没有了，彻底破掉了。

由此，我们要讲到学术规范第一个要素的第三点，就是要承认学术规范有它的时代性。

学术规范一旦形成，便相对固化。应该说，每个时代流行的学术规范都有它的合理性。我这里所谓的"合理性"，是黑格尔的"存在的就是合理的"这一意义上的"合理性"。所以，我们既要鼓励独创精神，也不能轻言修订规范。规范既然形成，就不是任何人随随便便想修订就可以修订的。当然，如果客观上确实需要，我们应该进行修订。就像前面提到，敦煌遗书的录校，有时必须换底本。因为这时候原来的学术规范已经"不合理"了。

一个严谨的研究者，在从事某个课题的研究前，一定要对这个课题的学术史进行梳理。由于学术规范有它的时代性，那么在梳理学术史的时候，一定不要忘记，不同时代有不同的学术规范。我们不能拿今人的学术规范来要求古人。我举个例子：我们现在引文，必须原文照引，连标点符号都不能随便改。如有改动，应该出注说明。但大家知道古人引用其他人的文章时，往往不是原文照引。因为古人读书靠背，从小就背。等到引用的时候，就把脑子里记得的，用笔写下来。但人的记忆总会有局限，写下来的时候，就完全可能会写错。此外，古人引文，往往不是原文照引，而是撮略大意。这在现代当然不行，但在古代很正常，没有任何问题。有的人甚至还会在此类引文的基础上加以发挥，甚至创造新观点。所以古籍整理从来有一条规矩：对古籍中的引文，即使它与原文有差别，一律照录，不能依据原文改正。这也是尊重学术规范的时代性。所以如果我们梳理学术史，要注意这一点。

作为公认的学术规范，还包括一些技术性问题。比如怎么做论文的注释。现在的论文注释，有什么学报体、论文体。还有要不要罗列论文的参考文献，怎样列。论文摘要、主题词（关键词）怎么做，以及是否翻译为英文等等。

上面这些，都是技术性问题。坦率说，有些规范，比如什么学报体、论文体，我到现在也没有闹明白。反正这个杂志的要求是什么，我尽量按照要求做。好在杂志编辑都比较敬业，有时作者做得不到位，编辑就代劳了。因为作者有时的确搞不清。

我这里想讲的是我们对技术性问题的态度。一个研究者可以不明白学报体、论文体的注释到底有什么不同。但不能为同一篇文章做注释时，这条引文出处这样标注，那条出处那样标注；标注参考文献的方式也随心所欲。那就不行。这里体现出一种学风，一个研究者的学养。严格遵守学术规范可以让研究者养成严谨的学风。

讲到学风，我个人认为学风包括两个方面：一个是学术规范，一个是学术道德。规范和道德是两个不同层面的问题。有关学术道德，诸如不能抄袭、有错必纠等等，是另一个问题，那与人品相关，所以称之为"道德"。这里只讲学术研究的第一个要素：公认的学术规范。

学术研究的第二个要素，是创造性思维劳动。

学术研究，就其本质而言，是一种个人的思维劳动。当然也有集体进行学术研究，比如若干人共同完成一个课题、一部著作。那也是把个人的思维劳动集中起来，予以协调的结果。学术研究这种思维劳动的价值，就在于它的创造性。如果某人的某个学术研究没有创新，那应该说，即使他劳动了，由于没有创造出学术价值，所以属于无效劳动。

每一个做学术研究的人，实际都处在学术发展的长链上，是这条长链上的一环。这条学术发展的长链，与河流一样，有主流，有支流，还有断流。主流、支流，不用解释，大家都明白。所谓"断流"，就是水到这里进了死胡同，流不下去了。刚才说，"每一个做学术研究的人，实际都处在学术发展的长链上，是这条长链上的一环"。但由于学术长链形态不同，所以每个研究者所处的位置是不同的。能够成为主流中的一环，承上启下，用自己的研究成果为学术发展做出积累，当然很好，这是我们做学问应该追求的、奋斗的目标。如果是支流上的一环，虽然不显耀，但最终你的成果能够汇入主流，成为主流的一部分，本身也属于学术积累。其实有些所谓"支流"，实际上完全有可能是开风气之先。长江从唐古拉山脉各拉丹冬峰发源，还是一条清清的小溪流。就它仅仅是一条小溪流而言，它与其他的小溪流有什么区别呢？但它汇拢百川，最终成为浩浩荡荡的长江。所以，很多所谓"支流"是非常值得我们关注的，因为它不但属于学术积累,而且有开拓创新的可能,我把这样的学术小溪流称为"学术增长点"。经济有增长点,学术也有增长点。如果发现学术增长点,成为学术增长点的开拓者,哪怕仅仅是其中的一环,对学术的贡献是显而易见的。但如果是断流上的一环呢?如果你的位置在断流上,就有点麻烦了。如果仅仅是断流上靠后的环节,还可以说是做了无用功,白白浪费自己的精力。如果是断流上的首环,不但自己没有做出学术积累,并且导人邪途,误人子弟。当然了,从另一个角度讲,学术允许犯错,允许试错。犯了错误只要认错,不固执己见、坚持错误就行。这样,错误成为教训,让大家知道那条路走不得,是条死胡同。这同样是一种学术积累,虽然是反面的积累。

但现在的问题是大量的学术劳动实际上是低水平的、重复的、无效的劳动。看起来也在那里做研究,也在出书,发表文章,实际上对整个学术发展没有起到学术积累的作用。也就是刚才讲的:劳动了,但没有创造出价值,属于无效劳动。现在每年的文章、专著汗牛充栋,实际上真正有学术价值的寥寥可数。这是目前社会浮躁,由此产生的学术浮躁的表现。当然,这里还存在一个目前通行的学术评价体系的问题。

怎么才叫学术积累?就是看你的学术活动是否有创造性,或者说创新性。什么叫做创新?我认为可以从三个方面来衡量。大家从中学开始,学习写作文。记叙文有四要素或者六要素。论述文有三要素:论点、论据、论证。一篇学术论文,所谓创新,无非表现在论点、论据、论证这三个方面。

第一是论点。文章有没有新的观点？如果有新观点，并能够把这个新观点讲清楚，让大家觉得有道理，值得考虑，这就是创新。不一定要人人都接受这一新观点，只要大家觉得是一个过去忽略了的、值得考虑的问题，就可以。真理有时候在少数人的手里。让大家都接受真理需要时间，需要实践的检验。第二是论据。论文有没有发现或使用了新的资料？如果没有新观点，但用新材料把过去别人提出的老观点又论证一遍，使这个老观点更加强大，这也很好。第三是论证，就是新的论证方法。总而言之，无论是论点、论据、论证，或者说观点、资料、方法等三个方面的任何一个方面能有创新，那某人的这个思维劳动就是有价值的，他所做的就属于学术积累。否则，他的思维劳动实际上没有什么价值。因为那种劳动属于重复劳动、无效劳动。发表为文章，印成书，最终无非两个结果：一是浪费读者的时间，用鲁迅的话来讲，"无端地耗费别人的时间，无异于谋财害命"；一是浪费纸张，灾梨祸枣，有碍环境保护。称之为"学术垃圾"，也不为过。

这里当然涉及人的思维方法乃至人品问题。因为思维劳动和一个人的思维方法分不开。有的人偏激，有的人狭隘，有的人拘谨，有的人粗疏。有的人一脑子糨糊，平时思考问题就逻辑混乱。此外，还有的人喜欢天马行空，跳跃性思维。当然，跳跃性思维有时不是坏事，但总是天马行空，恐怕不行。有的人懒——他就是不爱思考问题。反过来，有的人思维缜密，考虑周全，探讨问题，一环扣一环，逻辑非常清楚、非常强大。看那样的文章，是一种享受。有的人思考问题善于抓住要点，直入要害。当然，也有人啰里啰唆，钝刀子割肉，半天不出血。人的种种思维方式，都反映在他的思维劳动成果，就是他的论著中。至于人品问题，从来有一句话，叫作"文如其人"。有的人狡诈，写文章也兜圈子。有的人蛮横，写文章也不讲理。有的人喜欢信口开河，写文章也是胡说八道。有的人假大空，文章也是满篇口号、满篇空话。当然，这里也还有一个时代潮流、时代文风的影响问题。

所以，搞学术研究实际上又涉及研究者的自我提升、自我完善的问题。老师培养学生，就要注意这些问题。当然，好学生都是自己学出来的，不是靠老师教出来的。教与学这对矛盾，学是矛盾的主要方面。但这个问题不是今天要讲的主题。总之，学术研究和研究者的思维方式乃至人品都有关系。

第三，既然是学术研究，研究者仅是自己在那里思维劳动，倒是想明白好多问题，但不把这些想法拿出来，满足于自得其乐，行不行？当然也行，但这对学术发展、对社会有什么作用呢？所以，应该把研究成果发表出来，供其他的研究者检验、参考。前面提到的百度上"学术研究"的定义，没有包括研究成果的发表，所以说它不全面。这也是我修改百度定义，把"发表"作为学术研究的定义内容之一的原因。

文章既然要发表，就涉及一个公共平台问题。就是研究成果一定要有一个符合规范的表述，就是要按照学术规范来写成学术论文。

写论文时，对自己想要表达的观点，首先要想清楚、想明白。"以其昏昏，使人昭昭"，那是不可能的。真正想清楚、想明白了，便如鲁迅所说："从血管里流出来的都是血。"当然，他还有一句话："从水管里流出来的都是水。"

我这里想讲一下论据问题。数字化时代，对学术文章中的论据，我们应该提倡以前中学论证几何题时讲的"充要"条件，即"充分"且"必要"。能够论证清楚就可以，不需要重复罗列大量的资料。现在，由于科技的发展，信息大爆炸，我们要想找资料，途径真是太多了。网上一查，资料多得看不过来。过去的学者没有今天这种条件。以前学者写文章，靠自己翻书。所以往往会把翻到的材料，一条一条都列出来。即使重复，也不厌其烦地罗列上去。学界的评价也会很高：这位先生做学问下苦工夫了，找到这么多的资料。季羡林先生曾经写过一篇非常长的论文，叫《商人与佛教》。文章中用了大量的资料，特别是从律藏里发现的资料，论述了初期佛教与商人之间的关系。现在有了电子佛典再写这样的文章，自然比较容易。但是，当年没有电子佛典。所有的材料，都是季先生从《大正藏》里一张纸、一张纸地翻着看过来，自己用笔一个字一个字抄下来。像这样做学问的方式，的确非常不容易，令人佩服。但现在如果有人写文章，把找到的同类的材料罗列一大堆，除了说明他很会用计算机，其他什么也说明不了。过多的东西堆上去，就是累赘。总之，由于信息技术的发展，对我们的学术评价标准也提出了新的要求。这也可以说是学术规范的时代性。

当然，一篇文章还要注意逻辑、语法、修辞，要有简洁的书面语言，如此等等，有关这些，我们今天就不讲了。

这是我对学术研究的理解，它包括三个要素：公认的学术规范，创造性的思维劳动，符合规范的论文表述。三者缺一不可。

一般来说，从事学术研究，自己不能随便创造新名词。如果现有词汇实在无法表达自己所想表达的内容，只好创一个，那就需要作出定义。此外可以对现有名词重新定义。不管怎样，定义一定要明确，然后在以后的论述中，始终保持这个定义的逻辑一贯性。不能创造一个词，但不作解释。也不能前面这样说，后面那样说。那都是非学术性的。

(二) 什么叫学术资料及"学术资料四原则"

讨论前，也先对"学术资料"作一个定义。

什么叫"学术资料"？学术资料就是从事学术研究所需要的各种材料。佛教认为，学佛要有资粮。其实，无论做什么，凡是"空手套白狼"的，恐怕都不是正道。从事学术研究，除了其他条件之外，必不可少的一条，就是要有资料。这里说明一点："资料"这个词含义比较广。比如文献、雕塑、壁画、器具、建筑乃至河流山脉等等，都可以成为研究的"资料"。我们在此讲的是文献，所以，以下所谓"资料"，仅指文献资料，不包括其他资料。

学术资料包括三类：原始资料、研究资料、动态资料。

第一，原始资料。对佛教研究来讲，无论是保存在大藏经中，还是保存在大藏经以外，凡是古人翻译、撰写的与佛教有关的文献，都属于原始资料。

第二，研究资料。就是近现代佛教界、学术界，亦即我们的前辈、现在的研究者,也包括在座诸位所写的对佛教进行研究的各种论文及著作,是我们现在从事学术研究必须参考的。 前面提到,从事某课题研究,首先要梳理它的学术史。 怎么梳理? 就是把有关这个问题的研究资料找来,看前人对这个问题有些什么研究,取得了什么成果,留下了什么问题。 现在从事学术研究,有没有可能发现过去从来没有被人关注过的问题,有这种可能。 但一般来说,大部分题目可能都是别人做过的,但还有进一步开拓的余地。 所以,前人的研究成果,都是后人必须参考的。 实际上,我们现在从事学术研究,很多地方都必须继承、参考前人的学术成果,才能真正做好。 也就是所谓"站在巨人的肩上"。

第三,动态资料。 有时我们会发现,你做的题目,其他研究者也在做,就是撞车了。 为了不撞车,就要注意学术界的研究动态。 其实关注学术界的动态,不仅仅为了不撞车。 经常关注学术界目前在关心什么? 讨论什么? 为什么要关心与讨论这些问题? 自己的关注点与学术界目前的关注点是否一样? 有没有关联? 有时我们说"学术思潮",学术的确有思潮,就是一个时期有一个时期的学术兴奋点。 这种学术兴奋点的出现,往往由于社会的需要,或者由于学术发展本身的需要,所以大家都来关注。 关注的人多了,容易引起争论,进而把问题引向深入。 所以思潮上的研究,和非思潮的研究,最终结果自然不一样。 当然,我这里说要关注学术动态,不是提倡赶浪头。 天下的事情是辩证的,属于学术思潮的研究,如果没有创新,依然是学术垃圾。 非学术思潮的研究,也许正好属于"学术增长点",有着无限的生命力。

关于学术资料，我想讲四句话，我称之为"学术资料四原则"。这四句话是：

1. 学术研究必须依靠学术资料。
2. 学术资料因其利用者学养的高低而显示其不同的价值。
3. 学术资料的使用价值与它的被整理程度成正比。
4. 学术资料价值的被利用程度与它所处的平台水平成正比。

第一个原则：学术研究必须依靠学术资料。

这真是一句大白话。我想，正因为是大白话，所以表述的是颠扑不破的真理。可以这么说，依靠扎扎实实的资料，做老老实实的学问，这是我国学术界始终倡导与秉持的优良传统。

我读硕士研究生时，导师黄心川先生把范文澜的两句名言转告给我们："板凳要坐十年冷，文章不写半句空。"要求我们做学问一定要老老实实地从学术资料开始。季羡林先生给我们上课，说：研究某个问题，必须把有关资料一网打尽。当时我坐在下面听，觉得：天呐，一网打尽！学海无涯，谈何容易。但后来自己从事研究才体会到，在学术资料方面下了苦工夫，真正掌握了那些资料，做学问，提观点，就有了底气。否则还真不行。任继愈先生有几句话："有几份资料说几分话，有几分把握说几分话。""我只讲自己想明白的话。"大家知道，任先生对《老子》的评价曾有反复，像任先生这样一个著名的老先生，大家都认为他是一个大师级的人物。他完全不考虑自己改变观点后，外界会怎么看自己。考虑的就是如何追求真理，修正错误。我觉得这真正体现了"古之学者为己"的风骨。这里的"为己"，指的是为了追求真理，虽千万人吾往矣！任先生就有这样的古君子风。由于自己掌握资料的原因，由于自己思辨方面的局限，诸如此类，天下谁都会犯错误。关键是犯了错误以后，发现不足以后，是强词夺理，还是坚持真理，修正错误？我觉得任先生给我们树立了一个很好的榜样，树立了一个人格的典范，做学问、追求真理的典范。错了就承认，就修正错误。任何时候，只讲自己当时想通的话。任先生并不认为自己是大师，他对我说：现在不是出大师的时代，是整理资料的时代。这是他对中国当今文化发展阶段以及当今知识分子使命的思考。我很认同这一观点。正因为任先生有这样的思考与判断，他后半生的主要精力，放在资料整理上。如《中华大藏经》、《中华大典》、重新标点《二十四史》等，他费很大的精力做这些资料性的工作。他说：我们的任务是把学术资料整理好，好比是我们要把高速公路建好。等我们把高速公路建好以后，后人就可以在路上高速开车。就是后人可以成为大师。我觉得这种精神也是非常值得我们学习的。任先生是我的老师，我现在就是按照任先生描绘的蓝图，老老实实当"铺路工"，老老实实修那个高速公路。我们力争把资料整理好，让后人利用这些资料去做好研究。

现在我也当老师，总要把任先生对我说的这些话，转述给我的学生。我对他们说：学术研究，谁掌握了资料，谁就有发言权。谁掌握的资料越多，谁的发言权就越大。现在我给你们当老师，不过是我在这个领域里时间长一点，掌握的资料多一点，思考得多一点。但还有很多资料是我没有看到的。我没有看到的，你们看到了，你们有想法，那你们讲，我听。我的学生经常会向我讲一些他们看到的论著、材料，讲他们的一些观点。我觉得学术大概就是如此，我们每个人都是学术长链中的一环。历史对每个研究者的评价，就看他对中华文化增添了多少实实在在的学术积累。在这一方面，我觉得老先生们给我们树立了一个非常好的榜样。所以我们要继承老一代学者的优良传统，依靠扎扎实实的资料，做老老实实的学问，肩负起中华学术命脉的传承。

第二个原则：学术资料因其利用者学养的高低而显示其不同的价值。

以前我曾把这句话表述为"学术资料只有在行家手里才能显示其价值"。后来改为"学术资料因其利用者学养的高低而显示其不同的价值"。为什么改，有一个故事。

在座的诸位有的可能知道，温州妙果寺的达照法师，当年在中国佛学院当研究生，我曾经指导他从事佛教文献学研究。我给他拟定的毕业论文主题是清理《梁朝傅大士颂金刚经》的诸多异本。因为《梁朝傅大士颂金刚经》是从敦煌遗书收入《大正藏·古逸部》的第一个文献，影响很大。但它在敦煌遗书里有各种各样不同的异本。最后达照法师所做的工作出乎我的预料。他发现《梁朝傅大士颂金刚经》的源头是所谓《金刚经赞》，又从文本中的一个"七义句"敏感地意识到这个《金刚经赞》与《无著论》之间的关系。然后从不同文本中"一大阿僧劫"与"三大阿僧劫"的差异，追索到天台思想的介入。这样，他的论文从"书皮"与"内涵"两个方面全面地突破了前人的研究。坦率地说，我当初给他确定这个题目仅仅希望通过研究，进一步理清这个文献的演变，也为我们研究写本的异本提供资料。我自己并没有意识到这个题目能够发掘出这么多成果。所以后来达照出版他的论文，我写序的时候，很感慨地写了一句话，就是："资料只有在行家手里才能显示它的价值。"我带高校的研究生、社科院的研究生，也带佛学院的研究生，我就觉得高校的研究生在文史知识方面，比佛学院的法师们要强。但是佛学院的法师在佛教知识、在佛教经典方面，比高校的研究生要强。达照属于天台法系，对天台理论比我熟悉，所以能够敏感地发现问题。就我自己来说，我也看了这个材料，但没有看到这两点。起码在这方面，达照的学养比我强。所以我很感慨。但后来有一位先生，批评我的这句话，写文章说，方广锠说"资料只有在行家手里才能显示它的价值"，那么是不是说，只有你们搞佛教的人才能研究佛教，我们非佛教专业的就不能研究佛教？这句话体现出方广锠学阀的态度。所以，我把那句话改为"学术资料因其利用者学养的高低而显示其不同的价值"。

对于任何一个研究者来讲，他所收集到的学术资料都是他能够把握的客观存在。但是，客观存在的资料，自存着诸多面向，并由此显示其内在价值。比如这个杯子，我现在从这个角度看，看到的只是它的这一面，实际它有着诸多的面向。它的诸多面向合起来，由此才显示出它的真实价值。另外，事物的性质只有在与周围其他事物的联系中才真正显示出来。比如氧，在它与氢、碳、铁、铝等各种元素的关系中反映其特性。人，在他如何处理各种社会关系中反映其品行。所以，作为一个研究者，就要全面考察该事物的诸多面向、诸多联系。但研究者是观察的主观者，他的观察角度是主观的。 所以，如果仅从某个角度观察，就无法全面把握某事物的全部面向，也就无法真正全面认识该事物。 所以需要研究者多角度、全方位，掰开了、揉碎了，仔细地去看，从而穿透和把握它的内在价值，它与其他事物的诸多联系。 能不能做到这一点，是因人而异的。 这就和人的学养有关。 这里所谓的"学养"，其实与一个人的学历、职称没有关系。 而是韩愈所谓的"道之所存，师之所存"，亦即"能者为师"的意思。 因为一个人，本事再大，总有他的局限性。 像我前面所说，我在天台理论方面，就不如达照。

前面提到范文澜先生。 范文澜先生是我们国家一个很有影响的历史学家。 但是他写的《中国通史简编》中关于佛教的部分，很多是值得商榷的。 他晚年曾经对赵朴初先生说，我不懂佛教。 说明后来他明白自己的不足。 范文澜先生是一个优秀的历史学家，但缺少必要的佛教、佛学的学养。 在他写的佛教部分中，比如他讲到，小和尚病了，老和尚就让小和尚喝黄龙汤。 黄龙汤原本是一种中药，由大黄、芒硝、厚朴、人参、当归、甘草、枳实等配伍。 但范文澜讲的黄龙汤不是指那种中药，而是把人的粪便，用水搅拌，澄清以后的液体。 古代喝这种东西治病是一个历史事实，无可讳言。 因为古人认为那东西可以治病。 但范文澜说，这说明了寺院内部的阶级斗争。

最近不知大家注意到没有，网上消息，有一个尿疗协会，主张自己喝自己的尿，认为可以养生。 据说西南政法大学 88 岁离休干部周某某从 1990 年开始进行尿疗，喝了 24 年，却在今年 5 月 7 日因肾功能衰竭住进医院。 于是有人说这个尿疗如何如何没道理，不科学。我觉得一个88岁的老头,不喝尿,也可能得肾衰竭吧。恐怕这位老先生喝尿和他的肾衰竭没有必然的关系。尿疗协会会长,79岁的保亚夫,退休前是武汉冶金设备制造公司领导。他自称喝尿22年。他说,你没喝过尿的没有发言权。他说,我喝第一天是什么感觉,喝两天是什么感觉,喝三天是什么感觉,等等。所以范文澜先生把喝黄龙汤当作阶级斗争,这个观点恐怕需要再研究。当然,范文澜先生在这里反映的不仅仅是学养问题,还有治学的方法与立场问题。当时人们把佛教看作封建迷信的代表,不破不立,批判佛教就是批判封建迷信,是为传播新思想、新文化开路。这是二十世纪上半叶中国思想文化界的主流思潮,并非范文澜一个人的问题。所以太虚主张佛教要三大革命。但话说回来,如果范文澜先生对佛教有相应的学养,就不会用黄龙汤来举例子。佛教内部有没有阶级斗争?我想肯定有。但可以举其他更有说服力的例子。所以,这里依然与"学术资料因其利用者学养的高低而显示其不同的价值"这一论断有关。

我再举个例子。当年我写《道安评传》,里面有一段说道安当年到襄阳,受到了热烈欢迎。其中东晋名士郗超送了一千斛白米给道安教团,还写了一封很长的信向道安致意。但道安的回信据说只有一句话:"损米千斛,弥觉有待之为烦。"

"有待"这个词,出自庄子《逍遥游》。列子御风,"此虽免乎行,犹有所待者也"。意思说:列子虽然不用走路了,但还要"御风",就是还要靠有风才能行动,还是有所凭借,有所依靠。庄子要的是超越一切的"逍遥游",但万物均有所依恃,不可能随心所欲。

　　钱锺书先生是我国著名的学术大家，他的《管锥编》也非常有名。《管锥编》第一百六十一篇专门讨论道安的这一段话。考证说：这个"有待""晋人每狭用"，就是说晋人把它的内涵给收缩了。"以口体所需、衣食之资为'有待'，如道安此处即谓粮食。"

　　我觉得钱锺书先生这里的解释恐怕有问题。道安这句话的依据是佛教的缘起论。佛教认为一切事物都依凭一定的条件而存在，这就是有待。人在三界生活，必须四缘具足。四缘具足，安心行道。这就是生命的有待。如果说超越三界，到达涅槃，自然一切因缘关系、一切条件都不要了。所以这里的有待实际是指需要各种条件的支持才能够存续下去的人的生命，而不是仅仅指郗超送来的粮食。道安这封信的意思应该是说："糟蹋着这千斛的白米，才更觉得生命的累赘。"言简意赅。就好比老子的"吾有大患，为吾有身；及吾无身，吾有何患"。东晋玄学家喜欢老庄，佛教的这一观点与《老子》暗通。道安用这一句话回答郗超，宣传了佛教的理论，也让对方易于接受，感到亲切。

　　但按照钱锺书先生的解释呢，道安的信就变成："糟蹋着这千斛的白米，更加觉得你送来的这些粮食是多么讨厌，令人烦恼啊！"那岂非笑话。道安怎么会这样说呢？钱锺书先生绝对比我们在座所有的人都要强得多，起码比我不知道强多少倍。但在这一点上，他犯了个小错误。

　　所以，研究者面对学术资料，需要将自己主体的观察角度无缝地对接客体的诸多面向，多角度、全方位地考察这些资料，由表及里地把握它的本质，充分挖掘它蕴含的学术价值。这样才能做到"善用物者无弃物"。这个道理，大家谁都懂，但能否做得到、做得好，就要看各自的学养。我觉得学养包括两个方面，一个是知识，一是方法。知识靠积累，方法靠训练。每一个人，包括我本人，比如我在敦煌遗书领域搞了几十年，知道得多一点，但是在另一些领域，我就知道得很少。即使敦煌遗书，毕竟我是搞佛教的，对敦煌遗书中的佛教文献，熟悉一点；但对其中的四部书资料、天文资料、历法资料、道教资料、占卜资料等等，就不行了，得去请教其他研究者。俗话说：活到老，学到老。我们需要在科研实践中不断地培育自己的学养。

第三个原则：学术资料的使用价值与它的被整理程度成正比。

资料整理的第一层含义：只有经过整理的资料，我们才能对它心中有数，才能更好地把握它、驾驭它、研究它。

还是拿敦煌遗书做例子。

纵观百年敦煌学史，敦煌研究的发展和敦煌遗书的整理，基本是同步的。敦煌研究取得成果的数量与质量，和敦煌遗书被整理的深度与广度成正比。坦率地说，到现在为止，敦煌遗书大部分还缺少有效的整理。目前已经被研究的卷号只占敦煌遗书总量的少部分，大部分遗书至今还没有被人们利用。甚至还有不少重要遗书至今都没有人去关注。我这些年一直在做敦煌遗书的编目，一号、一号地过手，看到很多重要遗书。看了好资料，产生想法，想写。所谓"眼也馋，手也馋"。但没有时间。因为我要做编目，我要铺路。敦煌遗书中重要的资料很多，可惜没有人关注，没有人利用。2000

年，季羡林先生在纪念藏经洞发现一百周年时曾经讲，敦煌学还要再搞100年。我很赞同这一观点，敦煌学研究的确还要搞100年。

为什么敦煌藏经洞发现至今已经100年，只有少量的遗书被研究？主要原因之一，就是敦煌遗书散藏在世界各地，研究者很难把握它的全貌。2013年在台湾，遇到某国一位博士生。他告诉我，他的博士论文是做敦煌遗书里的《大般涅槃经》。我吃了一惊，问：你已经掌握了多少号《大般涅槃经》？他说：我掌握了1 000多号。我问：你知道一共有多少号？他说：也就是1 000多号吧。我把数据库打开给他一看，已经输入数据库的共有3 000多号。他愣了。我问：你要做，就需要囊括全部3 000多号。你三年时间够吗？

前此有一个杂志寄给我一篇文章，让我来评审。文章是对某个敦煌疑伪经的研究。这位先生找到29号，但我在数据库里一查，共有38号。也就是说，还缺少9号。应该说，能够找到29号，已经很下工夫了，但毕竟没有做到一网打尽。总之，我们的研究成果是和我们在资料的搜集、整理上下的工夫成正比的。否则你的工作做完以后，别人还得重新做。比如敦煌本《坛经》、敦煌变文的整理本，出了一本又一本。有的就是因为前人没有把资料一网打尽，后人又发现新资料，然后再整理一遍。我跟从任先生读研究生，任先生要求我：你做过的工作，不要让别人再做第二遍。当然，我做得很不够，还要努力。

资料整理的第二层含义，是随着研究者视野的开拓，资料的研究价值不断被深入挖掘。同样一个资料会展现出新的内涵。

依然以敦煌遗书为例。早期中国主要是文学和历史的研究者研究敦煌。所以，至今为止，我国敦煌研究领域，文学、历史的成果最多。后来，艺术、考古、音乐、舞蹈、医药、民族、古文字、宗教等领域的研究逐渐发展。遗憾的是，研究佛教的人，研究敦煌的不多。敦煌遗书中90%左右都是佛教典籍，或者是和佛教有关的资料。但以前我国研究敦煌的，基本不研究佛教；研究佛教的，基本不研究敦煌。但现在很多研究敦煌的不得不研究佛教，就是很多敦煌研究者开始介入佛教研究；但研究佛教的依然很少去研究敦煌。这一点和日本形成对照。在日本，很多敦煌学者都是搞佛教的。大家都知道，过去有一句话说：敦煌在中国，敦煌学在日本。很多中国学者听了不高兴。但是，这句话在二十世纪八十年代是一个客观的事实。当时，日本的敦煌学的确比中国兴盛，成果数量比中国多，质量比中国高。这些年来，中国的敦煌文学、敦煌历史、洞窟、壁画等各方面的研究，出了很多成果，不少成果世界一流。但是在敦煌佛教方面，很不好意思，我们不敢说，敦煌佛教的研究也是世界一流。至于敦煌遗书中非汉文遗书的研究，现在除了藏文好一点，其他也不敢说是世界一流。现状就是如此。

至于新的学术内涵的发掘，比如说，近年来"写本学"等敦煌研究的新的学术增长点逐渐被大家所注意。这些我就不多讲了。

其实敦煌遗书里，有很多新的问题。史经鹏曾经在上海师范大学作博士后，入站时给他的任务是对敦煌遗书里50多件南北朝的《涅槃经》注疏作一个系统的整理，包括录文、标点，进行研究。下面是他的博士后出站报告《中国南北朝时期涅槃学基础研究——

研究史与资料》的四个新观点:

一、"涅槃师"这一概念出现在隋唐之际,内涵复杂,外延不一,难以用它指称南北朝所有研习《涅槃经》的人众。

二、从学说、师承和派别三方面考察,都说明南北朝并不存在涅槃学派。

三、本文主张采用"涅槃学"一词。所谓"涅槃学",指中国南北朝佛教学者通过修习、讲解、注疏、传授《大般涅槃经》而形成的,以佛性论为核心范畴的一种学术思潮。涅槃学与其他佛学思潮相互浸润、相互影响。本文认为"涅槃学"一词可以更好地表述南北朝佛教思想发展的特征。

四、本文主张将南北朝涅槃学的发展划分为三个阶段:初期,在与般若学的互动中初步架构;中期,在与其他经论的交涉中继续发展;后期,建立起三种佛性论模式。通过上述三个阶段,中国佛教涅槃学在从般若性空实相论到涅槃佛性心性论的转向和会通中,完成了佛教心性本体论的建构,对中国哲学之心性思想产生深远的影响。

这对中国佛教史研究是一个突破。这就是在充分整理敦煌遗书原始资料的基础上,并且在前人研究的基础上,结合了两者以后,所做出来的一个成果。我觉得学问就要这样做,这样做出的学问,它才经得起历史的考验。

我们知道敦煌遗书还有文字研究价值。怎样进一步发掘这一价值?我们现在就做了这么一个工作:把敦煌遗书里的文字,一个字、一个字地全部把它切分。现在已经切了4 000多万字。切下来以后，做成字库，可以进行各种检索。还可以编制软件，让电脑对相关文献自动进行校勘。有关工作，目前正在推进。

资料整理的第三层含义，是努力构建相关的知识之网。还是以敦煌遗书为例。这些敦煌遗书虽然是古代废弃的，但是，古代的知识，有它原有的体系，这些遗书都是那个体系、那个知识之网的一个组成部分。只是由于历史的原因，这个知识之网破碎了。我们现在得到的是一段一段破碎的资料。我们现在如何通过资料整理，把这一破碎的知识之网重新织补起来，把这些零碎的知识点回归原位？如果成功，无疑对我们的研究可以起到很大的作用。那么如何建构呢？

举例说，敦煌有个道真，曾经补经。我们可以在数据库里检索一下道真。由于网上数据库目前只包括北京图书馆16 000号和英国图书馆1 000号，也就是17 000号遗书。我们在这17 000号里面找到有关道真的材料共33条。我们可以发现，在敦煌有两个道真，吐蕃时期有一个道真，姓高；归义军时期三界寺有一个道真，姓张。补经的是后一个，33号中，有关补经的材料好几条。如果把这些资料全部汇总，我们对道真补经的研究就会进一步推进。

第四个原则：学术资料价值的被利用程度与它所处的平台的水平成正比。

在深入整理资料的过程中，我们发现，传统的方法已经远远不能满足资料整理与学术研究的需要。传统的书册式目录的平面树状结构，既无法呈现学科本身纷繁复杂的网状知识，也难以追踪学术界日新月异的学术发展。为了让已经被深度整理的资料充分体现其内蕴的学术价值,真正为研究者所利用,应该建设一个与之相适应的平台。

那么像刚才我举的例子,大家也可以看到,在数据库这个平台上,很多资料可以相互关联起来。资料关联起来后,使用时起的作用就不一样。就如上面讲的道真的资料,如果不是数据库,很难收集齐全,一网打尽。

二、敦煌遗书与佛教研究

——新材料与新问题①

敦煌藏经洞发现于1900年,至今已经100多年。从1909年起,以中国、日本为首的国际学术界就从各个不同角度,开始对敦煌遗书进行研究,并开始发表第一批成果。根据现有资料,最迟在1925年8月,日本学者石滨纯太郎在大阪怀德堂举行夏期讲演时,已经提出"敦煌学"这个名词。我曾经在一篇文章中说:"敦煌学"这一名词的提出,标志着早在二十世纪二十年代中期日本学术界已经对敦煌学"产生了理论的自觉"②。如果从1909年起算,敦煌学今年正好满100岁。如果从1925年起算,敦煌学也已经走过80多年的岁月。

藏经洞敦煌遗书的面世,促成敦煌学在二十世纪成为世界的

---

① 本文最早为讲演稿,曾发表在《佛学百年》(武汉大学出版社,2008年)。此次按照《佛学百年》文稿收入,文字略有修订。
② 方广锠:《日本对敦煌佛教文献之研究(1909年~1954年)》,载方广锠:《敦煌学佛教学论丛》,香港中国佛教文化出版有限公司,1998年,第359~360页。

显学。藏经洞中所存的敦煌遗书为我们研究中古中国社会的政治、历史、宗教、文学、艺术、音乐、舞蹈、语言、文字、民族、对外关系、西域史地等提供了大量珍贵的资料。百年来，各国学者通过对敦煌遗书、敦煌莫高窟及相关文献、文物的深入研究，在世界上创建了一门新的学问——敦煌学，并在各个相关学科领域取得骄人的成果。可以预期，随着人们对敦煌遗书及相关文物的进一步深入研究，敦煌学将愈来愈放射出璀璨的光芒，显示其强大的生命力。

为什么敦煌学会成为一门世界性的显学？我以为主要有两个原因。

第一，敦煌是古代连接东西方的丝绸之路上的重镇，是东西方文化的交汇之地。敦煌在古代世界的这一地理位置，使得中国文化、印度文化、伊朗文化、以古希腊文化为起源的古代西方文化这古代世界的四大文化，儒教、佛教、道教、摩尼教、袄教、景教这古代世界的六种宗教在这里汇合。这决定了敦煌遗书所蕴含的文化信息的世界性，从而决定了敦煌学的世界性。

第二，由于历史原因，敦煌遗书发现之后的10多年间，流散到世界各地。如何用历史的眼光科学地评价敦煌遗书的流散，这是另一个问题。但敦煌遗书流散到全世界，也是敦煌学能够在二十世纪成为世界性显学的重要原因之一。

上述两个因素，第一个因素是内在的、必然的。无论敦煌遗书流散与否，由于第一个因素的存在，决定了敦煌学必然是一门世界性的学问，迟早会成为世界性的显学。第二个因素则是外在的、偶然的。我们可以对藏经洞的发现及敦煌遗书的流散，做出种种假设，但历史研究不能建在假设的基础上。所以，我们应该承认敦煌学所以在二十世纪形成，第二个因素也起到重大作用。

虽然敦煌遗书中蕴含了古代世界四大文化、六种宗教的文化信息，但是，敦煌遗书毕竟是佛教寺院的弃藏，佛教典籍及与佛教相关的文献要占到全部敦煌遗书的90%以上。这个数字，决定了佛教研究在敦煌学中所占据的举足轻重的地位；同时也说明了敦煌遗书对佛教研究的重大价值。

1930年，我国著名历史学家陈寅恪曾以其敏锐的学术洞察力与预见力，高度评价了敦煌学引领世界学术新潮流的重要地位。他说：

> 一时代之学术，必有其新材料与新问题。取用此材料，以研求问题，则为此时代学术之新潮流。……"敦煌学"者，今日世界学术之新潮流也。①

什么叫一代学术的新潮流？陈寅恪先生在此向我们提出两个标准：取用新材料，研究新问题。那么，就佛教研究而言，敦煌遗书到底提供哪些新材料？可以让我们研究哪些新问题，从而推动佛教研究的发展呢？

限于时间，我们无法详细叙述百年来人们利用敦煌遗书中的新材料研究佛教所得到的各种成果。在这里，选择一些有代表性的例子，作一个简单的介绍。这种介绍，自然是挂一漏万，还要请诸位原谅。

---

① 陈寅恪：《敦煌劫余录·序》，载《国立中央研究院历史语言研究所专刊》之四《敦煌劫余录》第一册，1931年3月刊印，第1页。

第一,对三阶教的研究。

三阶教是我国古代的一个佛教宗派,它产生在隋朝,创始人是信行。

佛教有一个传统的观点,认为一代佛传一代佛法,现在世界上流传的佛法是释迦牟尼佛证悟传播的。释迦牟尼佛以前,曾有其他很多佛证悟传播佛法。释迦牟尼佛以后,还会有很多佛出世证悟传播佛法。比如下一个证悟传播佛法的是弥勒佛,他现在正在兜率天等待下生。佛教还有一个基本的理论,就是"诸行无常",意思是任何事物,只要有产生,必然会灭亡。按照这种理论,既然释迦牟尼证悟之前,世上并无佛法;由于释迦牟尼佛证悟传播,佛法才流行开来。那么逻辑的结论是,释迦牟尼佛传播的这一代佛法必然有灭亡的那一天。佛教把释迦牟尼佛的这一代佛法分为正法、像法、末法三个时期。正法时期的佛教非常纯正,人们认真修行,也能够得到解脱,共计 500 年。像法时期的佛教似是而非,好像镜子里面的影像,这一时期虽然有人修行,却很难得到解脱,共计 1 000 年。末法时期的佛教完全变了样,出现许多乱象,这时既没有人去修行,也没有人得到解脱,共计 10 000 年。末法以后,佛教就灭亡了。按照中国佛教的一种传说,南北朝晚期,释迦牟尼佛的一代佛法开始进入末法时期。既然末法时期的条件变了,佛教徒应该怎样修行,并争取最后的解脱呢?不同的派别提出不同的方案。信行提出一套与传统佛教完全不同的新的理论。

因为时间的关系,我们对信行的理论不做详细的介绍。总之,它的一套方法与传统佛教有很大的差距。比如,信行本来是个比丘，他特意舍去比丘戒，自降身份，以沙弥的身份活动。他主张所有的人，不是过去佛，就是现在佛，要不然就是将来佛，总之人人是佛，人人应拜。所以他走在路上，不分男女老少，见人就拜。他们主张依靠做功德来争取解脱，并且认为一个人做功德，不如集体做功德效果更大。一个人布施一万元，不如一万个人每人拿出一元，集中在一起布施，功德更大。为此他们特意建立无尽藏，让众人布施，也通过这种方式，聚敛了大量的财富。有了大量的财富，他们到处建立寺院，势力迅速扩张。他们还主张死后还要做功德，就是把遗体扔到树林中，供养野兽、虫蚁，等到只剩骨头，再建塔供奉。总之，从理论到实践，他们都与传统佛教有很大的不同。

由于三阶教的理论和实践与传统佛教差距太大，也因为它们的势力发展得太快，引起传统佛教的反弹。传统佛教便借用官方的力量，对三阶教进行镇压。武则天时期，就下令禁绝三阶教。唐德宗贞元年间，曾经一度开禁，后来又被禁绝。最终灭亡。

由于三阶教最终灭亡，所以，敦煌遗书发现以前，人们讲佛教，几乎从来不提这个宗派。为什么？没有资料。搞社会科学研究，靠资料讲话。我们的老师教我们，我们教学生，经常说的一句话，就是"有几分资料说几分话，有几分把握说几分话"。虽然在古代的文献中，留下了一个关于三阶教经典的目录，但只有目录，没有文献，没法反映三阶教的真实情况。在日本的寺院中，倒是留下了一些古代三阶教的资料，但比较零碎，没有人去注意与研究。非常令人震惊的是，敦煌遗书中发现了大量的三阶教典籍，根据不完全统计，到现在为止，陆陆续续共发现50多种。敦煌遗书中三阶教资料的出现，为人们研究这个已经消亡的宗派提供了丰富的资料，加上日本寺院保存的资料，这样，通过艰苦的努力，现在，三阶教的轮廓越来越清楚。过去，大家都说中国佛教有八宗。现在，这种说法应该改变，还要加上一个三阶教，就是中国佛教有九宗。没有敦煌遗书，我们不会有这样的成果出现。

第二，对禅宗的研究。

禅宗是最为中国化的佛教宗派，也是晚唐、五代以后，中国佛教中势力最大的两大宗派之一。禅宗最初到底是怎样发生、发展的？著名的六祖惠能到底怎样战胜禅宗内部的其他派别，独占鳌头？他的禅法思想到底是什么？敦煌遗书发现以前，我们所能够看到的，基本上是宋代禅宗僧人对本宗历史的介绍，或者在宋代僧人介绍的基础上的发挥。这些故事告诉我们，初祖达摩怎么与梁武帝见面，话不投机，然后一苇渡江，在嵩山少林寺面壁九年。二祖慧可怎样断臂立雪，以求禅宗大法。如此等等。敦煌遗书的发现，告诉我们上面的这些故事，都不可信。告诉我们一个真实的禅宗早期发展史，一个真实的惠能。这里举一个例子，现在最通行的《坛经》，是元代僧人改编的宗宝本。对于什么叫"坐禅"，宗宝本这样解释：

何名坐禅？此法门中，无障无碍。外于一切善恶境界心念不起，名为坐；内见自性不动，名为禅。

但是，在敦煌本《坛经》中，这段话是这样讲的：

此法门中,何名坐禅? 此法门中,一切无碍。外于一切境界上念不去为坐,见本性不乱为禅。

两段文字,有一个关键区别:宗宝本主张对于外界的一切境界,"心念不起",做到"自性不动";而敦煌本主张"念不去",做到"自性不乱"。 也就是说,宗宝本主张面对外界善恶美丑等任何境界,行者都要做到六识不动心,不起念,同时要观照内在的自性,也要完全不受影响,如如不动。 但敦煌本认为,六识随境起念,这是人正常的反映,完全不必大惊小怪。 关键在于无论外境怎样变化,六识怎样起念,内在的自性始终要保持原样,不随外境而变化,即所谓"不乱"。

以明镜为例,在敦煌本看来,明镜本身湛然清净,如如不动。 无论外界什么景象,明镜都能照样反映,历历分明。 但是,任何外物,都像行云流水,过去了也就过去了,不会给明镜留下什么痕迹,明镜依然是明镜,湛然清净,如如不动。 而宗宝本实际上不准明镜去影像外界,也就是要闭目塞听,行枯木禅。 这里境界的高下,截然分明。 用上面的分析再来考察神秀的"无相偈"与惠能的"得法偈",两人禅法理论的差异也是十分清楚的。 也就是说,敦煌遗书告诉我们,宗宝本在这里表达的,实际是神秀的思想,而不是惠能的思想。 拿宗宝本来做早期禅宗研究,靠不住。

第三,再举一个小例子。 法鼓山这些年在佛典电子化方面做了非常卓越的工作,厥功甚伟。 而工作步步深入,越做越好。 其中一个方面就是校正了《大正藏》不少错误。 下面是一个例子:

《大般涅槃经》卷38〈12 迦叶菩萨品〉："善男子。是故此经摄一切法。如我先说此经虽摄一切诸法。我说［梵〉梵］行即是三十七助道法。"(CBETA，T12，No. 374，p. 586，c22—24)

《大正藏》校勘了多种藏经，但对这个字没有出校记。《大正藏》这里的错误，到底是排字错误，还是所依据的底校本统统都错，这还需要进一步调查。但无论如何，《大正藏》这里肯定错了。《电子佛典集成》进行理校，纠正了这个错误。我发现敦煌遗书 BD14499 号正是"梵"字，为《电子佛典集成》的校改提供了文本依据。

敦煌遗书中类似的例子很多。我曾经发现《大正藏》的律本，有些文字根本读不通，与敦煌遗书对照，才知道《大正藏》文字有误。包括《法华经》这样的经典，敦煌遗书与《大正藏》本也有文字的歧异，而且歧异之处没有校记，与上面的例子一样，可能排字有误，可能所有的底校本文字一样。仔细推敲，敦煌遗书的文意为长。至今为止，人们研究敦煌遗书，精力主要放在藏外佛教文献上，实际上，已经收入大藏经的那些文献，同样也是富矿，有待我们去发掘。

下面我想讲两个问题：

第一，敦煌遗书既然提供了这么重要的新材料，那么我们到哪里去找这些材料呢？为此，下面简单介绍世界敦煌遗书的收藏情况、现有目录以及已经出版的图录。

第二，想谈一下我自己的一点思考，就是除了已经取得的研究成果外，敦煌遗书还为佛教研究提出了一些什么新的问题，需要我们进一步去研究、去解决。

(一) 世界敦煌遗书的收藏、目录与图录

(略)①

(二) 敦煌遗书与佛教研究中的学术增长点

敦煌遗书发现以来,在佛教研究领域中,研究者利用敦煌遗书,已经做出了许许多多卓越的成果。比如前面谈到的对早期禅宗的研究、对三阶教的研究,还有对敦煌寺院教团及僧尼的研究、对汉藏佛教交流的研究、对佛教忏仪的研究、对疑伪经的研究、对吐蕃时期敦煌佛教的研究、对写本大藏经与佛教经录的研究、对藏外佛教文献的研究,等等。但我们今天没有时间全面回顾这些成果。在此仅就敦煌遗书可能为我们提供的学术增长点谈一点粗浅的看法。

1. 关于学术增长点

什么叫"学术增长点"?简单地讲,就是学术研究中的新问题、新的研究点、新的突破点。我们知道,经济要发展,要有新的经济增长点。同样,学术要发展,也要有新的学术增长点。我们有些研究者,不注意从总体把握学科建设的大局,不注意回顾学术

---

① 这一部分介绍世界敦煌遗书的收藏及目录编纂、图录出版等情况,篇幅较长,且资料已经过时,故删去。

的发展史，温故可以知新，鉴往可以知来。不注意研究当今的学术动态，也就很难发现学术的新的增长点，于是只能在老问题中打圈圈。另外，这些年出现的新材料非常多，但没有引起佛教研究者的充分重视。有些研究者注意到新材料，但依旧拿新材料来研究老问题。老问题已经让别人研究得差不多了，于是自己的成果总是难以突破前贤，充其量只能小修小补，在一些细节上作些论证。这样的做法，只能守成，不能创新。但学术研究的生命力在于创新。它与一切事物一样，逆水行舟，不进则退。

学术要前进，要发展，必须注意寻求新的突破点，也就是新的学术增长点。新的增长点找到了，大家共同向这个方向去努力，就会形成陈寅恪所说的"学术新潮流"。

佛教研究的现状如何呢？我因为担任过几年中国社科院宗教所的佛教研究室主任，所以曾经认真考察过中国佛教研究的现状。我发现，改革开放 20 多年来，中国佛教研究在各个方面都取得巨大的成绩。如果说，这 20 多年是中国近代史上佛教发展的黄金时期，那么对佛教研究来说，也进入了一个黄金时期。然而，考察这 20 年来的中国佛教研究，我们可以发现，它的研究成果，主要集中在唐五代以前与近现代这两个阶段。对宋元明清佛教的研究，相对比较薄弱。从总体看，形成一个哑铃状。近七八年来，中国各大学、科研机构的佛教教学比较兴盛，每年培养的佛教硕士生、博士生数量可观；佛教界办了一系列学术刊物，每种刊物容量巨大，少则每期 40 万字，多则 80 万字；每年召开的佛教学术研讨会有数十个。既然有那么多研究者，又有这么多发表论文的园地，那佛教研究的成果自然会急速膨胀。我曾经做过统计，近年来，每年发表的佛教论文超过1 000篇，出版的佛教著作超过100部。这么多的专著与论文，有些的确很不错；但遗憾的是大部分没有新意，大多数是用老材料在老问题中打圈圈，主要在唐五代以前与近现代这两个阶段中打圈圈。

2. 以仪轨佛教为核心的信仰层面佛教是宋元明清佛教的主流之一

为什么我们在宋元明清的佛教研究方面难以取得突破？我认为，这是由于研究者顺着惯性思维，过于注目所谓佛教八宗的存在。天台宗等中国佛教八宗，是隋唐以来形成的中国佛教宗派。这些宗派在隋唐时期的中国意识形态领域，可谓独擅胜场。但是，会昌废佛之后，八宗中除了禅宗与净土宗，以及局于一隅的天台宗，大抵趋于衰落。实际上，宋元明清佛教的主流有两条线，一条是以禅净合一为标志的义理层面佛教；一条是以仪轨化佛教为核心的信仰层面佛教。坦率地说，此时的禅宗、净土宗已经没有了创宗时代的活力。禅宗除了师徒教学方式的不同，在佛教理论上没有太多的创新。净土宗则本来就没有什么高深的理论。因此，此时的所谓义理层面佛教，与隋唐时代宗派佛教的义理相比，已经不可同日而语。只不过相对于仪轨佛教，它的义理色彩浓厚一些罢了。

佛教作为一种宗教，既有比较精细、高深的哲学形态，也有比较粗俗、普及的信仰形态。由此，它能够适应不同层次人们的不同需要。我把前一种形态称为"佛教的义理层面"，把后一种形态称为"佛教的信仰层面"。义理层面的佛教以探究诸法实相与自我证悟为特征，以大藏经中收入的印度译典及中国高僧著述为依据，以追求最终解脱为主要目标；而信仰层面的佛教则以功德思想与他力拯救为基础，以汉译典籍中的信仰性论述及中国人撰著乃至诸多疑伪经为依据，以追求现世与来世利益乃至最终解脱为主要目标。义理层面的佛教在我国佛教史上处于主导地位，它为佛教提供了高水平的骨干与活泼泼的灵魂，它的兴衰决定了中国佛教的兴衰；但信仰层面的佛教较义理层面的佛教影响更大、更深、更远，为中国佛教奠定了雄厚的群众基础，是中国佛教绵长生命力的基本保证。这两种层面的佛教虽然各有特点，有时看来截然不同，甚至尖锐对立；但又相互渗透、互为依存，绞缠在一起，相比较而存在。两个层面合为一个完整的佛教，而不是分别成为两种不同的、可以截然区别的佛教。当两者相对平衡，佛教的发展便相对顺畅；当两者的力量相对失衡，佛教的发展便出现危机。在中国佛教的研究中，两者不可偏废。

从中国佛教初传期起，义理层面佛教与信仰层面佛教的分野已见端倪。如当时人们把佛教等同于"清虚无为"的"黄老之学"，可归入义理层面佛教的范畴；而把浮屠与老子一起祭祀，且把佛教视同"黄老之术"，实为信仰层面佛教之滥觞。其后两种形态的佛教交织在一起，共同发展。但到初传期的末期，两者的分野已经非常明显，其标志有二：一是道安整理佛经，提出疑伪经问题；一是此时的义理层面佛教与信仰层面佛教都出现了自己的领袖人物——释道安与刘萨诃。其后信仰层面佛教持续发展，并出现种种表现形态。其表现形态之一，就是出现组织化的仪轨。

关于佛教仪轨的形成、发展等，前此已经有不少学者研究。在此想要指出的是，到了宋代，佛教仪轨已经高度组织化，并形成多种大型的仪轨①。其中有些被历代大藏经所收，大部分则散佚在大藏经之外。如《藏外佛教文献》连续整理发表的云南阿咤力教典籍，都是散佚在大藏经之外的佛教仪轨。以这些大型仪轨为代表的仪轨化佛教，在当时影响极大。实际上，只有我们瞩目于这一仪轨化佛教的形态，我们才会明白何以明初朱元璋会采取禅、教、律分治的政策。只有我们注意到这一仪轨化佛教从广义的祈福避祸逐渐偏重于单纯的超度荐亡，也就明白何以到了清朝末年，它被佛教内部的改革派称为"死人佛教"，被佛教外部的先进知识分子视为封建迷信的代表。由此，也就解释了中国社会习俗的演变：在唐、宋时代，佛教僧人被知识分子看重，是知识分子乐于交游的对象；而到了清末，有些民众出门遇到僧人，会以为晦气，要向地上吐唾沫，以驱除晦气。

在中国，仪轨化佛教有一个发生、发展、壮大的过程。如果把宋代大规模组织化仪轨的出现，看作仪轨化佛教壮大的标志，则敦煌遗书中大量反映佛教仪轨、祭祀、法事活动的遗书，则为我们提供了研究仪轨化佛教发生、发展、演变的钥匙。

比如斯4494号就是一件值得注意的反映南北朝佛教仪轨的遗书。该遗书抄写于西魏大统十一年（535），但包含了北凉玄始十一年（422）的珍贵信息。遗书中两次提到"刘师"，估计应该是后来在

---

① 有的学者认为可以用水陆道场统一所有的佛教仪轨。本文对此不展开讨论。

北方信仰层面佛教中占据重要地位的刘萨诃（刘师佛）。遗书中的一些挂名在"刘师"名下的崇拜形式，后来被挂在玄奘名下，并演化为"地藏菩萨十斋日"，在中国民间广泛流传。而"地藏菩萨十斋日"中蕴含的天神伺察思想，则是中国佛教信仰的重要组成部分。

斯4494号遗书还包含了礼忏、念佛、菩萨证明、诵咒、招请观音等大菩萨、建道场、施食等后世组织化仪轨的许多基本要素，需要我们进行认真地研究。我们从这件遗书及其他相关资料可以看到，佛教仪轨原为佛教徒的修持方式之一，但后来的仪轨化佛教则与修持完全脱节。其间的演变过程，也值得我们注意与总结。

也就是说，对敦煌遗书中大量佛教仪轨及其他相关资料的研究，可以使我们明白中国仪轨化佛教形成的历史，从而了解仪轨化佛教是怎样一步一步成长，从而到宋代成为中国佛教的主流，进而怎样逐渐走向其反面，促成佛教的进一步衰落。对仪轨化佛教为核心的信仰层面佛教的研究，将使中国佛教研究中宋元明清佛教研究的局面完全改观，产生新的突破。

过于注重思想层面的研究，忽略信仰层面的研究，是大陆佛教研究的一个倾向。这种倾向的产生，既有历史的原因，也有现实的原因。各种原因交织在一起，乃至积重难返。不过，近年以来，情况逐渐在改变。我希望将来越来越好。

3. 佛教发展中的文化汇流

（略）①

---

① 关于"文化汇流"，请参见方广锠：《疑伪经研究与"文化汇流"》，广西师范大学出版社，2018年。此处限于篇幅，予以删除。

4. 其他问题

敦煌遗书还提示我们考虑很多问题。

比如佛教宗派的实际地位问题。每当谈到隋唐佛教，一般都会提到这时形成的八个佛教宗派，并把它们当作隋唐佛教的代表进行研究。但如果我们考察敦煌地区的佛教，就会发现虽然可以看到有不同宗派思想的影响，比如吐蕃占领时期后期，法成曾经在这里传承唯识思想；比如敦煌发现大批早期禅宗典籍，包括神会派藉以传宗的《坛经》在内。但是，隋唐时期的这些宗派，到底以什么形式传入敦煌，在敦煌地区的实际影响究竟如何？敦煌地区长期活动着10多个寺院，这些寺院似乎并没有派别的区分，起码现在我们没有足够的资料，可以把某个寺院归为某派。如果敦煌的寺院不分宗派，那么上述佛教宗派以怎样的形式在敦煌存在？

这里实际还涉及地方性佛教与佛教寺院的形态问题。以往我们研究中国佛教，一般把它看成一个整体，除了南北朝时期，谈到南北佛教的不同风格；以及讲到禅宗诸派，提到不同派别的学风与不同地区特点的联系外，较少注意地方性佛教的特点。这些年中国出现了不少以地方命名的佛教史。但总体看，内容大同小异，都像是缩小了的中国佛教史。敦煌遗书的发现，为我们重建敦煌佛教史提供了可能。也就是说，我们要从敦煌的实际情况出发，而不能以长安一类大都市为标准来研究敦煌佛教。就寺院形态而言，敦煌10多个寺院，有统一的组织与领导。这与日本的本山制不同，与中国古代有些寺院流传的下院制也不同。敦煌的这种情况，在中国古代有多大的代表性？这种地方性佛教与佛教寺院的形态，对佛教在当地的发展，起到什么作用？对上述佛教宗派在敦煌的传播起到什么作用？

谈到敦煌地方性佛教，不能不注意世家大族的影响。敦煌有一些在社会上占据重要地位的世家大族，我们可以发现它们在佛教中也占据重要地位。我们要问，产生这种现象的原因是什么？它对佛教的发展有什么影响。敦煌的现象在全国有多大的典型意义？

还有，敦煌遗书中发现一批南北朝时期的佛教疏释，为我们深入研究南北朝佛教学派提供了难得的资料。已经有不少研究者注意到这一点，并做出优秀的成果。但这方面可以发掘的资料还非常多。

敦煌遗书不但是一批 1 000 多年以前人们实际使用的写本，而且涵盖的时间约达 700 年。它告诉我们 700 年来中国古代的写本是怎样演变的。这里的演变，包括文物、文献、文字三个方面。从文物的角度考察，包括装帧形式的变化；不同装帧形式本身所包含的各种要素及其变化等等。从文献的角度考察，可以分为两个方面：一个是外在的，比如写本中出现的各种抄写符号，出现的题记、印章、杂写，一件遗书上抄写的多个文献的相互关系，遗书正背面抄写的文献的关系等等；一个是内在的，即写本所抄写的文献内容，怎样因为写本这一形式而不停流变，也就是由于写本本身的唯一性，造成文献内容的不稳定性，从而使同一种文献，在流传中形成不同的异本。从文字的角度考察，即考察古今文字的演变。因此，我和同事正在利用敦煌遗书提供的珍贵资料，努力开拓"写本形态学"这样一个新的研究领域，并由此考察敦煌佛教文献的解读与流变。

总之，敦煌遗书发现之后，出现了"敦煌宝藏"这样一个名词。敦煌遗书的确是一个宝藏，其中还有很多珍宝有待我们发掘。

今天演讲的题目是"敦煌遗书与佛教研究——新材料与新问题"。我演讲的中心思想是：敦煌遗书中有一大批新材料；佛教研究必须提出新问题、解决新问题。而敦煌遗书中的大量新材料，恰恰可以让我们来发现与解决佛教研究中的新问题。至于我对佛教研究中目前存在着的几个新的学术增长点的论述，只是提出问题，不但没能解决这些问题，甚至没能把问题完全讲清楚。所以只是抛砖引玉，敬待能者。我本人陷身敦煌遗书编目 20 多年，至今仍在努力之中。此生能把敦煌遗书总目录完成，于愿足矣，估计没有余力从事其他研究。希望在座诸位能利用敦煌遗书中的新材料，把佛教研究推向更新的高潮。

2

学术研究与学术资料(下)

三、关于敦煌本《坛经》的几个问题

(一) 前言

敦煌遗书中早期禅文献的发现,开启了禅宗研究的新阶段。在这些早期禅文献中,尤以敦煌本《坛经》引起人们持久的兴趣。近百年来,关于敦煌本《坛经》的各种录校本已超过 20 种,并有英、日译本问世。上述诸多录校本为敦煌本《坛经》的研究,奠定了厚实的基础,但也存在一些问题。

本文拟探讨如下三个问题:

第一,如何正确看待已经发现的五个敦煌本《坛经》在录校中的作用。

目前发现的五个敦煌本《坛经》,因其所存文字多少有别,校勘价值也不一样,这是一个客观事实。但是,在以往的录校实践中,录校者对这五个《坛经》写本,存在着厚此薄彼的倾向。那么,我们应该如何正确看待已经发现的这些敦煌本《坛经》在录校中的作用?

第二，如何正确处理敦煌本与其他各种版本《坛经》的关系。

经过近百年的研究，现在学术界的主流意见，都主张敦煌本《坛经》是现存时代最早的写本，是神会系的传本。它与后代流传的惠昕本、德异本、契嵩本、宗宝本等并非同一个系统。我们目前正在研读敦煌本《坛经》，研读中有人对上述传统观点提出质疑。但无论如何，敦煌本《坛经》出现于唐代，其他诸本出现于宋代乃至宋代以下，这一点没有疑义。目前诸多录校本整理敦煌本《坛经》时，时有依据后出的惠昕本等诸本来校改敦煌本文字者。这种做法是否合适？

第三，如何正确认识敦煌本《坛经》中的经论引用现象。

禅宗虽然标榜"教外别传"，但在敦煌本《坛经》中却找不到这样的表述。不仅如此，《坛经》还引用经论以证成己说。但如何正确认识、录校敦煌本《坛经》中的经论引用，却是一个值得我们探讨的问题。

以下分别论述。

(二) 敦煌遗书中所存《坛经》写本及其录校价值

敦煌遗书中所存《坛经》写本，学术界统称为"敦煌本《坛经》"。现知敦煌本《坛经》共5号：

1. 英国图书馆藏斯5475号(以下简称"斯本")，缝缀装，首尾完整。二十世纪二十年代由日本矢吹庆辉发现、摄影，其后著录于《鸣沙余韵》。1934年日本铃木大拙、公田连太郎首次发表录校。

2. 敦煌县博物馆藏 77 号(以下简称"敦博本"),缝缀装,首尾完整。二十世纪四十年代由向达发现并两度录文,但仅在《西征小记》中披露该写本的存在,没有公布原文。1983 年由周绍良再发现并组织拍摄照片。其后杨曾文得到照片,并于 1993 年首次发表录校。

3. 中国国家图书馆藏 BD04548 号背 1(岗 48 号,以下简称"北本"),卷轴装,首残尾全。二十世纪二十年代陈垣首先发现并著录于《敦煌劫余录》,但未引起学术界注意。1991 年日本田中良昭注意到该写卷并首次发表录校。

4. 原旅顺博物馆藏本(以下简称"旅博本"),缝缀装,首尾完整。二十世纪一十年代日本橘瑞超得于敦煌并著录,该著录最早由罗振玉公布。原件辗转存旅顺博物馆,后下落不明。1989 年日本龙谷大学公布该校所存照片 3 拍,其中属于《坛经》仅 2 拍,一首一尾。另一拍为尾部其他文献。其后潘重规从方广锠论文①得到线索,1995 年首次利用该照片进行录校②。

5. 中国国家图书馆藏 BD08958 号(有 79 号,以下简称"北残片"),卷轴装,首尾均断,原为兑废稿。1996 年由方广锠发现,1998 年发表录文。

上述 5 号《坛经》,斯本、敦博本首尾完整,北本残剩后半卷,旅博本现存首尾照片各一张,北残片则仅存 5 行文字且有错抄之

---

① 方广锠:《敦煌佛教研究的回顾与展望》,载《中国文化》1990 年第 2 期。
② 后旅顺博物馆王振芬再发现此本,发表全文的图版及录校。因本文写作在前,为保持原貌,故文中论述未涉及旅博本。

处。其文献价值之大小,自然不能等同。

从近百年来的敦煌本《坛经》整理历史看,二十世纪二十年代,斯本便引起研究者的注意。在其他敦煌本《坛经》没有进入研究者视野之前,半个多世纪中,斯本成为人们研究敦煌本《坛经》的唯一依据。但该本书法拙劣,俗字、异体字、笔画加减字、方言讹写字、通假字、偏旁连写变体字等诸种情况较多,辨认困难,一时被部分日本学者称为所谓"恶本"。关于"恶本"问题,潘重规的《敦煌坛经新书及附册》[1](以下简称"潘重规本")有详尽论述,可以参看。二十世纪八十年代,敦博本被再发现。敦博本书写规整,大批在斯本中难以辨认的文字,在敦博本中得到确认。因此,研究者对敦博本倾注更大的热情,至今出现的20多种敦煌本《坛经》录校本,绝大部分是敦博本发现后问世的,有的录校本更号称自己整理的目的就是为了恢复敦博本的原貌。但也必须指出,部分研究者过于信任敦博本,在整理时,凡遇异文,往往不加分析地肯定敦博本,否定斯本,造成一些不必要的错误。

在此举两个例子。

1. 关于"福门"问题

斯本:

> 五祖忽于一日唤门人尽来门人集记五祖曰吾/向与说世人生死事大汝等门人终日供养只求福田/不求出离生死苦海汝等自姓迷福门何可救汝汝惣/且归房自看有知惠者自取本姓般若

---

[1] 潘重规:《敦煌坛经新书及附册》,台湾佛陀教育基金会,1995年7月第一版,2001年6月第二版。两版内容相同,没有修订。本文所用为2001年本。

知之各作一偈/呈吾吾看汝偈若吾大意者付汝衣法禀为六代火/急急(第21页～第22页)①

敦博本：

　　五/祖忽于一日唤门人尽来门人集记五祖曰吾向汝说世人生/死事大汝等门人终日供养只求福田不求出离生死苦海汝等自/性迷福门何可求汝汝惣且归房自看有智事者自取本性般/若之知各作一偈呈吾吾看汝偈若悟大意者付汝衣法禀为/六代火急作(第66页)

就这里讨论的"福门"而言，上述两段文字的差别在于：斯本作"汝等自姓迷，福门何可救汝"；敦博本作"汝等自性迷，福门何可求汝"。这里的关键是"救"(斯本)、"求"(敦博本)二字。若为"救"，这句话的意思是福门不能救人于生死苦海；若为"求"，则意为福门根本不可能求得。相关联的问题是，斯本的"救"，在这里是及物动词，下面应该带宾语"汝"；敦博本的"求"，在这里是不及物动词，下面不能带宾语，"汝"字必须下属。

杨曾文《敦煌新本六祖坛经》②(以下简称"杨曾文本")依据敦博本作"求"，录校如下：

---

①　本文中敦煌本《坛经》原文之录文，均依据图版进行。所用图版为周绍良《敦煌写本坛经原本》(文物出版社，1997年)所附。故行文仅注明页码，不再标注版本。下同。

　　录文时，不加标点，每行末尾加一行号"/"。不加行号的，表示该行文字并未结束。下同。

②　杨曾文：《新版敦煌新本六祖坛经》，宗教文化出版社，2001年。杨曾文此书为修订本，初版时书名为《敦煌新本六祖坛经》(上海古籍出版社，1993年)。本文主要依据后出的宗教文化出版社之修订本。

> 汝等门人终日供养,只求福田,不求出离生死苦海。汝等自性迷,福门何可求?汝等总且归房自看……(第9页)

潘重规本依据斯本作"救",录校如下:

> 汝等门人,终日供养,只求福田,不求出离生死苦海。汝等自性迷,福门何可救汝。汝总且归房自看……(第140页)

其他诸种录校本,或同杨,或同潘,在此不一一列举。

上述录校产生两个问题:

第一,按照杨曾文本的录校,五祖认为"福门"不可求。而按照潘重规本的录校,五祖没有否认"福门"之可求,只是强调福门不能救人出离生死苦海。两种录校意义完全不同,福门到底可不可求?这涉及佛教义理。

第二,按照潘重规本的录校,"汝等自性迷,福门何可救汝"之后,紧接下句"汝总且归房自看"云云,文从字顺。按照杨曾文本的录校,"福门何可求"之后,"汝"字必须下属。这样下文变成"汝汝总且归房自看"云云,文字别扭,窒碍不通。于是,杨曾文本依据惠昕本等后出的《坛经》版本,改敦煌本之"汝汝"为"汝等"。文句是通顺了,但这种依据后出《坛经》版本改动敦煌本的做法妥当吗?

关于第二个问题,我想放在下一节讨论,在此仅讨论福门是否可求的问题。

"福门"一词最早出于西晋竺法护译《文殊师利净律经》之"道门品第四"。称"行四意止,不失宿德,诸所福门"[①]。其后经

---

① 《大正藏》,第14卷第451页下栏。

论，屡有论述。用《电子佛典集成》检索，有100余处。唐窥基《金刚般若经赞述》卷二称："今令受持、读诵，发生智慧故，方得菩提。定是福门故，但能助道也。"①因此，就佛教而言，并不否认福门之可求。五祖所强调的，只是福门不能救人出离生死苦海，这正是禅宗一贯的观点。

结论，潘重规本依据斯本录校是正确的，杨曾文本过分信任敦博本，录校错误。

2.关于"念不去"与"念不起"

斯本：

> 此法门中何名座禅/此法门中一切无碍外于一切境界上念不去为座见本姓/不乱为禅（第31页）

敦博本：

> 此法门中何/名座禅此法门中一切无碍外于一切境界上念不起为座见本/性不乱为禅（第74页）

上面一段话论述什么叫坐禅。两段文字的差异，关键是斯本作"念不去"，敦博本作"念不起"。一字之差，禅法思想完全相反。

《坛经》主张无念为宗，无相为体，无住为本。所谓"无念"，是"于念而不念"；所谓"无相"，是"于相而离相"；所谓"无住"，是"念念时中，于一切法上无住"。在这里，惠能强调："为人本性，念念不住。前念念念，后念念念，相续无有断绝。若一

---

① 《大正藏》，第33卷第142页中栏。

念断绝,法身即离色身。"所以,要活人不产生念头是不可能的,关键是要保持一种"外离一切相""于一切境上不染"的境界,也就是"于念而不念"。因此,就惠能的禅法思想而言,此句的正确表述无疑是"念不去"。而敦博本的"念不起",恰恰是惠能批评的"若一念断绝,法身即离色身"。

那么,诸录校本如何处理此句?

郭朋《坛经导读》①(以下简称"郭朋本")作:"外于一切境界上念不起为坐"(第99页);

孟东燮《关于敦煌本〈坛经〉》②(以下简称"孟东燮本")作:"外于一切境界上、念不起为坐"(第26页);

杨曾文本:"外于一切境界上,念不起为坐"(第22页);

李申《敦煌坛经合校简注》③(以下简称"李申本")作:"外于一切境界上,念不去为坐"(第38页)。

上面除了李申本采用斯本的"念不去"外,郭朋本、孟东燮本、杨曾文本均采用敦博本的"念不起"。此外,潘重规本、李富华《惠能与〈坛经〉》④(以下简称"李富华本")、中岛志郎《六祖坛经》⑤(以下简称"中岛本")、周绍良《敦煌写本坛经原本》⑥(以

---

① 郭朋:《坛经导读》,巴蜀书社,1987年。
② 孟东燮:《关于敦煌本〈坛经〉》,载《禅学研究》第75号,京都禅学研究会,1997年3月。
③ 李申合校、方广锠简注:《敦煌坛经合校简注》,山西古籍出版社,1999年。
④ 李富华:《惠能与〈坛经〉》,珠海出版社,1999年。
⑤ 中岛志郎:《六祖坛经》,东京四季社,2006年。
⑥ 周绍良:《敦煌写本坛经原本》,文物出版社,1997年。

下简称"周绍良本")乃至邓荣本①、邓辽本②、黄连忠本③等诸多录校本,亦均为"念不起",在此不一一罗列。

这么多的录校者,都因受敦博本的影响,而在这个反映了惠能禅法基本思想的问题上犯错误。实在令人遗憾。

如上所述,斯本、敦博本首尾完整,北本保存《坛经》约有一半,当然都有较大的校勘价值。而旅博本、北残片所存文字寥寥无几,是否就没有价值了呢?事实并非如此。

旅博本虽然仅有首尾照片,但它的首题格式鲜明,并有明确标记,以说明这种格式的确定性。这对我们研究敦煌本《坛经》的标题,具有无可替代的价值。详情参见拙作《敦煌本〈坛经〉首章校释疏义》④,此不赘述。北残片虽然仅存5行,且是兑废稿,但依然有它的校勘价值。请看北残片如下录文:

　　今既发四弘誓愿讫,与善知识无相忏悔三世罪障。(第4页)

相应的文字,斯本作:

　　今既发四弘誓愿讫,与善知识无相忏悔三世罪障。(第34页)

敦博本作:

　　今即发四弘誓愿说,与善知识无相忏悔三世罪障。(第77页)

---

① 邓荣本,指邓文宽、荣新江:《敦博本禅籍录校》,江苏古籍出版社,1998年。
② 邓辽本,指邓文宽:《六祖坛经——敦煌〈坛经〉读本》,辽宁教育出版社,2005年。
③ 黄连忠本,指黄连忠:《敦博本六祖坛经校释》,台北万卷楼图书股份有限公司,2006年。
④ 方广锠:《敦煌本〈坛经〉首章校释疏义》,载《中国禅学》第一期,中华书局,2002年。

比较上述三本，显然斯本、北残片为正，敦博本为误。北残片的发现，支持了斯本的行文，为我们依据斯本定稿提供了更充分的证据①。

总之，目前发现的五号敦煌本《坛经》，所存文字多少有别，校勘价值也不一样。敦博本虽然因其诸多优点，为人们所推崇，但依然存在不少问题。因此，在校勘实践中，对这五种文本，不可怀有先入之见，而应一视同仁。这样才能客观对待各本的优劣，取长补短，录校出一个相对较为理想的敦煌本《坛经》整理本。

(三) 如何正确处理敦煌本与其他各种版本《坛经》的关系

上一节讨论"福门"问题时，已经涉及依据惠昕本等后出版本改动敦煌本的问题。在那个例子中，依据惠昕等本把"汝汝"校改为"汝等"，显然是错误的。这里，我们不能排除存在这样的可能：因为惠昕等本的行文为"汝等"，从而对录校者产生误导，促使他们把自以为敦煌本中读不通的"汝汝"改为"汝等"。由此，在敦煌本《坛经》的录校中，如何正确处理惠昕本等后代版本与敦煌本的关系，是我们必需注意的问题。

在此再举几例。

---

① 由于多种原因，诸录校本对这段文字的录校，五花八门，不一而足。但将"讫"校读为"说"而引申之，是使诸录校本歧杂多样的重要原因。为避文繁，在此不一一罗列。

1. 论"道须通流"

斯本：

但/行真心于一切法无上有执著名一行三昧迷人着法相执/一行三昧真心座不动除妄不起心即是一行三昧若如/是此法同无清却是障道因缘道顺通流何以却滞/心在住即通流住即彼缚若座不动是维摩诘不合/呵舍利弗宴座林中（第28页）

敦博本：

但行真心于一切/法上无有执著名一行三昧迷人着法相执一行三昧真心坐不动除/妄不起心即是一行三昧若如是此法同无情却是障道因缘/道须通流何以却滞心在住即通流住即彼缚若坐不动是维/摩诘不合呵舍利弗宴坐林中（第72页）

上段文字可以讨论的地方非常多，本文仅探讨"道须通流……住即被缚"一句。考察诸多录校本对这句的录校，出现如下六种不同的录校、标点方式。为避文繁，在此仅抄录诸家录校定稿的文字，其校记则一概省略。有兴趣的先生可覆按原文。

郭朋本作："道须通流，何以却滞？心不住法，即通流；住，即被缚。"（第88页）

孟东燮本作："道须通流、何以却滞。心不住即通流、住即被缚。"（第22页）

周绍良本作："道须通流，何以却滞？心不住，即通流；住即被缚。"（第120页）

李申本作："道须通流，何以却滞？心在住，即通流住，即被缚。"（第36页）

杨曾文本作:"道须通流,何以却滞?心不住法,道即通流,住即被缚。"(第17页)

中岛本作:"道须通流、何以却滞。心在不住、即通流、住即被缚。"(第73页)

从上文可知,上述六家的录校,文句、标点虽然不同,如从义理上讲,都符合禅宗的思想。但从其录校方式区分,可以分为两类:一类是李申一家,完全尊重敦煌本原文;一类是其余五家,均依据惠昕等本乃至理校,对敦煌本原文有所增删修订。所修订的,是"心在住,即通流住,即被缚"句。按照李申本的理解,这是一个句子,表明真心如停滞,道的通流就会停滞,其结果是被缚。其余五家录校、标点虽有不同,都把这句话修改为"不住"与"住"对举的对比句式,即"真心如果不住法,道就通流;如果住法,就被缚",成为分句结构。

到底哪一种方式更加符合敦煌本《坛经》的原意呢?在此考察原文。考察所用文字,采用李申本。为避文繁,校记一律忽略。在此先将原文抄录如下:

> 但行真心,于一切法上无有执著,名一行三昧。迷人着法相,执一行三昧,真心坐不动,除妄不起心,即是一行三昧。若如是,此法同无情,却是障道因缘。道须通流,何以却滞?心在住,即通流住,即被缚。若坐不动是,维摩诘不合呵舍利弗宴坐林中。(李申本,第36页)

上面这段论"道须通流"的话,可以分为五个层次。

第一个层次,正面宣示自己的观点:"但行真心,于一切法上无有执著，名一行三昧。"亦即所谓一心三昧，应该是真心行于一切法，而于一切法上无有执著。

第二个层次，反面揭示迷人行状："迷人着法相，执一行三昧，真心坐不动，除妄不起心，即是一行三昧。"亦即迷人相反，执著于法相。其表现形式是把"真心""妄念"对立起来，把一心三昧理解成"真心坐不动，除妄不起心"。

在"真心坐不动，除妄不起心"句中，有两个"心"。前一个"心"指真如佛性之体，故用"真"作修饰；后一个"心"指真如佛性发动时的"用"，亦即心念。《坛经》在这里指出，迷人的错误在于他们主张让真如法性之体如如地安坐不动，同时还想努力地去除妄念，不起心念。

第三个层次，正面指斥迷人行状："若如是，此法同无情，却是障道因缘。"《坛经》认为，有情必有心念，无情才无思想。迷人这种让真心不动，尽力去除妄念、不起心念的方法，等于把有情视同无情。这样不能进道，只能障道。

第四个层次，正面说明指斥的理由："道须通流，何以却滞？心在住，即通流住，即被缚。"亦即"道"需要通流，不能停滞的。心念如停滞，道的通流也就停滞了。这样做，其结果不是解脱，而是被缚。

第五个层次，引经证己，说明自己批评得对："若坐不动是，维摩诘不合呵舍利弗宴坐林中。"亦即如果迷人的那种方法对，维摩诘也就不会指斥舍利弗宴坐林中是错误的。

上面这段论述"道须通流"的话，一气呵成，非常严谨。也符合佛教正面破斥然后引经举证的论述传统。按照上述分析，第四个层次中的"道须通流，何以却滞？心在住，即通流住，即被缚"的确应该是一句完整的破斥句，这样便顺利下接"若坐不动是，维摩诘不合呵舍利弗宴坐林中"。如果按照其他五家，把第四个层次的文句改为"不住"与"住"的对举句式，行文到此便起曲折，有窒碍。从义理上讲虽然不错，但从行文气势上讲，原文用两个"即"，强调"心在住，即通流住，即被缚"，语势直泻而下，体现了惠能对自己的禅法极度的自信。正因为有这样的自信，所以下文惠能对北宗禅作了一番严厉的批评。请注意，这段批评依然是反面破斥，而不是正面标宗：

> 善知识！又见有人教人坐，看心看净，不动不起，从此置功。迷人不悟，便执成颠倒。即有数百般如此教道者，故知大错。

（李申本，第 36 页）

本文第二部分讨论"念不去"与"念不起"时，笔者认为正确的行文应该是"念不去"，将它校改为"念不起"是错误的。在上文关于"道须通流"的讨论中，我们也可以发现，惠能对"念不起"的批评是多么严厉。

当然，敦煌本原文的文采较差，"心在住，即通流住，即被缚"10 个字，形成 3、4、3 句式，不像杨曾文本，改为"心不住法，道即通流，住即被缚"12 个字后，形成 4、4、4 句式，琅琅上口。这也许是诸录校者热衷修改敦煌本原文的理由。但是，我们都知道，惠能的文化程度不高，这种文采较差的形态，或许正是惠能当时的原状。

我认为，敦煌本原文的文采虽差，但文从字顺，意义清晰。在这种情况下，不应该用后起的版本作为依据来校改原文。

2. 关于"不言动"与"不言不动"

斯本：

> 善诸识此法门中座禅元不著心亦不著/净亦不言动（第30页）

敦博本：

> 善诸识此法门中座禅元不著心亦/不著净亦不言动（第74页）

此句论述惠能对禅定的基本态度，斯本与敦博本文句完全一致。本句话前后的文字，都与本句的论述有关，为避文繁，不一一列出，仅在下文讨论时，列出最需要内容。

在此依然先考察诸录校本的录校：

郭朋本："善诸识！此法门中，坐禅元不著心，亦不著净，亦不言不动。"（第97页）

孟东燮本："善诸识、此法门中坐禅、元不著心、亦不著净、亦不言动。"（第25页）

周绍良本："善诸识，此法门中，坐禅元不看心，亦不看净，亦不言动。"（第123页）

李申本："善诸识！此法门中，坐禅元不著心，亦不著净，亦不言动。"（第37页）

杨曾文本："善诸识，此法门中坐禅原不看心，亦不看净，亦不言不动。"（第21页）

潘重规本："善诸识！此法门中，坐禅元不著心，亦不著净，亦不言不动。"（第153页）

中岛本:"善诸识、此法门中、坐禅元不看心、亦不看净、亦不言不动。"(第 95 页)

上面罗列了七种不同的录校,其他的录校本,情况与此大同小异,故不再列出。上述七种录校,除了座(坐)、元(原)、著(看)等文字的校订与标点的差异外,最关键的是:

孟东燮本、周绍良本、李申本尊重敦煌本原文,将末句录为"亦不言动"。而郭朋本、杨曾文本、潘重规本、中岛本均依据惠昕等本,将原文改作"亦不言不动"。

这里到底应该是"不言动",还是"不言不动"? 在此我们需要把这句话放在它原本的语境中,考察惠能在这句话的前面说的是什么:

然此教门立无念为宗。世人离境,不起于念。若无有念,无念亦不立。无者无何事? 念者何物? 无者,离二相诸尘劳。真如是念之体,念是真如之用。性起念,虽即见闻觉知,不染万境,而常自在。《维摩诘》云:"外能善分别诸法相,内于第一义而不动。"(李申本,第 37 页)

根据上文,《坛经》在此句之前论述的是"无念",强调"无念为宗"。众所周知,《坛经》中惠能的"无念",不是"百物不思,念尽除却",而是"于一切法上念念不住""于一切境上不染"。特别值得注意的是,惠能在上文提出"真如是念之体,念是真如之用"。这一体用观念,是惠能思想的一大特征。从这一基本理论出发,惠能提出:"性起念,虽即见闻觉知,不染万境,而常自在。"由此可见,这里的"性",就是"真如",就是"佛性"。真如佛性从其本义来讲，当然是如如不动，湛然清静。惠能引证《维摩诘》称："外能善分别诸法相，内于第一义而不动。"就是进一步说明真如佛性的如如不动。正因为真如佛性如如不动，湛然清静，所以能够观照万物、分别法相。

所以，惠能主张以真如为体，以真如起念。当真如起念之时，因其能观照万物，故"于一切法上念念不住"；因其如如不动、湛然清静，故能"于一切境上不染"。这也就是所谓"外能善分别诸法相，内于第一义而不动"。后代禅宗特别强调要时时把握自己的真如佛性，于一切境上分明观照，但不能随境而去。根源就在这里。

站在上述分析的基础上，再看"善诸识！此法门中，坐禅元不著心，亦不著净，亦不言动"这句话，惠能在此不但公开反对北宗看心看净的修持法，而且强调"不言动"，也就是强调要保持真如佛性之如如不动。惠能在下文接着说："若不动者，见一切人过患，是性不动。"亦即明确地说：所谓不动，是指真如佛性时时不动，这才能明朗地观照外境，既能明见一切，又不执著一切。不像那些主张坐禅的，入定的时候身不动，一旦出定，开口便说人是非。

郭朋本、杨曾文本、潘重规本、中岛本等依据惠昕等本，将原文改作"亦不言不动"。便与惠能原意大相径庭。

什么叫"不言不动"？可以有两种解释：

第一，"不动"是"不言"的宾语。"不言不动"成为双重否定句，也就是"言动"。如上所述，这完全违反惠能原意。

第二，"不言不动"是动宾式并列结构，也就是"既不说话，也不行动"。按照这种解释，似乎惠能在这里宣扬一种不看心、不看净,同时不言语、不行为的禅法。我们知道,惠能主张"外离相曰禅",怎么会主张这种"不言不动"的禅法呢?

惠昕等本歪曲了惠能的思想。为什么后代的《坛经》会出现这种歪曲?这是我们今后需要研究的新课题。敦煌本的出现,给了我们一个厘清惠能原意,探讨惠能以后禅宗思想演变的好机会。而采用惠昕等本来改动敦煌本,将使我们模糊敦煌本《坛经》与后代《坛经》的区别,从而丧失厘清禅宗思想发展演变的好机会。

总之,既然敦煌本与惠昕等本并非一个时代的传本,我们整理敦煌本《坛经》时,应该尽量致力于保持敦煌本《坛经》的本来面貌,不应采用其他《坛经》来改动敦煌本的文字,使得敦煌本固有的研究信息丧失或改变。

(四) 如何正确对待敦煌本《坛经》中的经论引用现象

《坛经》多处引用经论以证成己说。但如何正确认识与录校敦煌本《坛经》中的经论引用,是一个值得我们探讨的问题。下面举"我本源自性清净"与"戒本源自性清净"这一例子说明:

敦煌本《坛经》两处引用《菩萨戒经》,情况如下:

斯本:

  菩萨戒云本源白/姓清净(第31页)

  菩萨戒经云我本愿自姓清净(第38页)

敦博本:

  菩萨戒云本原自性清净(第75页)

菩萨戒经云/我本源自性清净(第83页)

所谓《菩萨戒》或《菩萨戒经》,亦即《梵网经》。这段话,《梵网经》原文作"是一切众生戒,本源自性清净"①。因此,杨曾文本把这两处都录校为:

《菩萨戒经》云:"戒,本源自性清净。"(第22页、第35页)

杨曾文本出校记说明校改的理由:

按,此处之《菩萨戒经》即中国内地通行的大乘戒律《梵网经》。其卷下有曰:"……是一切众生戒,本源自性清净。"是谓大乘戒源自法身佛(或谓报身佛)的"心地中",它也就是"佛性种子""一切佛本源"。因此,此句校为"戒,本源自性清净"为宜。因为"戒"前已省去"一切众生",故校为"戒,本源自性清净"亦可。如校为"我本源自性清净",不仅违背经文,也不通。大小乘皆把"我"看作是五蕴的和合,属无常法,把执著"我"的见解称"有身见"或"我见",主张断除。实际上,各本《坛经》的"我本源自性清净"中的"我"字,都是误写和误传。(杨曾文本,第23页)

情况是否如杨曾文本所批评的,敦煌本,乃至各种版本《坛经》中的"我本源自性清净",都是"戒,本源自性清净"的"误写和误传"呢?

探讨这个问题,还是应该先仔细考察《坛经》原文。在此把两段含有《梵网经》引文的《坛经》文字具录如下。为避文繁,所引文字为我重新录校,校记一概从略。

---

① 《大正藏》,第24卷第1003页下栏。

第一段：

此法门中，何名坐禅？此法门中，一切无碍。外于一切境界上念不去为坐，见本性不乱为禅。何名为禅定？外离相曰禅，内不乱曰定。外若有相，内性不乱，本性自净曰定。只缘境触，触即乱。离相不乱即定。外离相即禅，内外不乱即定。外禅内定，故名禅定。《维摩经》云："实时豁然，还得本心。"《菩萨戒》云："本源自性清净。"善知识！见自性自净，自修自作，自性法身，自行佛行，自作自成佛道。

通篇讲禅定。 如何实现"外离相曰禅，内不乱曰定"？落脚点是"本性不乱"。 而本性不乱的前提，在于"本性自净"。 因此，这一段文字中所引《梵网经》之"本源自性清净"，虽然没有主词，但显然这个主词只能是"我"，不能是"戒"。 此段《梵网经》及下段《梵网经》引文都与《维摩诘经》的"实时豁然，还得本心"一起引用，也说明这里论述的不是什么戒律，而是自性本我。

第二段：

一切经书及文字、小大二乘十二部经，皆因人置。因智惠性故，故然能建立。我若无智人，一切万法本亦不有。故知万法本从人兴。一切经书，因人说有。缘在人中，有愚有智。愚为小故，智为大人。问迷人于智者。智人与愚人说法，令使愚者悟解心开。迷人若悟心开，与大智人无别。故智不悟，即佛是众生；一念若悟，即众生是佛。故知一切万法，尽在自身心中。何不从于自心，顿见真如本性。《菩萨戒经》云："我本源自性清净。"识心见性，自成佛道。实时豁然，还得本心。

通篇的主题，是万法本从人兴，万法尽在自心。要求行者从自心顿见真如本性。识心见性，自成佛道。因此，无论《梵网经》原文如何，这里的引文，只能是"我本源自性清净"，绝不可能是"戒，本源自性清净"。

在此需要探讨《坛经》中"我"的用法。杨曾文本指出："大小乘皆把'我'看作是五蕴的和合，属无常法，把执著'我'的见解称'有身见'或'我见'，主张断除。"这是录校者把"我"改为"戒"的主要理由之一。那么，敦煌本《坛经》是否符合上述情况呢？

敦煌本《坛经》出现"我"的用例甚多。除了作为人称代词使用外，尚有如下用例：

1. 不断胜负，却生法我，不离四相。

2. 外行恭敬，若轻一切人，吾我不断，即自无功德。

3. 人我即是须弥，邪心即是海水……无人我，须弥自倒；除邪心，海水竭。

4. 我心自有佛，自佛是真佛。

5. 如来入涅槃，法教流东土。共传无住，即我心无住。

五个用例中，前三个用例属于佛教批评的人我见或法我见。后两个用例显然与前不同，指内在的心性、自性。惠能一贯强调迷误的关键在于自心。自心不悟，佛是众生；一念若悟，众生是佛。所以要求行者"于自心顿悟真如本性"。这里的"自心"，就是"我心"。

我们再仔细考察上述第二段末尾的这几句：

故知一切万法，尽在自身心中。何不从于自心，顿见真如本性。《菩萨戒经》云："我本源自性清净。"识心见性，自成佛道。

实时豁然,还得本心。

惠能在此要求行者于自心顿悟真如本性,那么逻辑的问题是:为什么能够从自心顿悟真如本性呢?惠能在此引用经证说明:"我本源自性清净",这就是"自心顿悟真如本性"的依据。有了这一依据,自然可以"识心见性,自成佛道"。

同样的例子还有敦煌本《坛经》引用《维摩诘经》时的"直心"与"真心"。限于篇幅,此处从略。

总之,古人引用文献,往往有为我所用的倾向,不像现代人那样严格遵守学术规范。古代僧人引用佛经,也不像我们想象的那样严肃、严谨;那些创宗立说的大家,尤其如此,如智顗之解释"悉檀",完全是为我所用。我们整理古代文献,一定不能用今人的标准来要求古人。

(五) 结语

上面从三个方面对敦煌本《坛经》录校,提出若干思考。应该指出,正因为有了诸多录校者辛勤的劳动,才使得敦煌本《坛经》的性质越来越为人们了解,录校中的问题也越来越暴露。做学问也如积薪,必须站在前人的基础上,所谓"前人种树,后人乘凉"。本文对前贤录校颇多讨论,这些讨论并非是对前贤的批评,恰恰相反,笔者满怀感激之情。正因为有了前贤的工作,才会有笔者今天的讨论。希望这一讨论能够促使敦煌本《坛经》的录校工作,提高到一个新的高度。

四、敦煌本《坛经》惠能"得法偈"与陈寅恪先生之批评①

敦煌本《坛经》载录,五祖弘忍宣布:拟通过公开征集偈颂的方式,考察弟子们的修为水平,选拔接班人。神秀特意写了一首偈颂。这首偈颂,当时被称为"无相偈"。但弘忍认为神秀的《无相偈》尚未见性,不予认可。

惠能读了神秀的偈颂,针锋相对地创作了自己的偈颂,请人题写在寺院墙上。据敦煌本《坛经》载述,惠能的偈颂共有两首:

惠能偈曰:

菩提本无树,明镜亦无台。

佛性常清净,何处有尘埃?

又偈曰:

心是菩提树,身为明镜台。

---

① 本文曾作为《敦煌本坛经·第八章》校释疏议》的疏议部分,发表在《藏外佛教文献》第十二辑。发表前,该第八章的疏议的原稿由我执笔重写。收入本书时略有修订。

明镜本清净,何处染尘埃?①

惠能的偈颂成为惠能得法的契机,以下称之为"得法偈"。惠能的《得法偈》是针对神秀的《无相偈》而作的。因此,两者必须对举研究。

神秀的《无相偈》原文如下:

身是菩提树,心如明镜台。

时时勤拂拭,莫使有尘埃。

无论是《无相偈》,还是《得法偈》,都用譬喻手法写成。因此,如何正确理解作者使用这些譬喻的手法及其真意,成为理解这些偈颂意义的关键。

在神秀的偈颂中,首句所谓的"身",显然指因缘所成的五蕴色身,这应该没有问题。由于"树"也是因缘所成,所以如果把五蕴色身譬喻为一般的树,应该也没有问题。问题在于佛教为了强调五蕴色身"无我",脆危可厌,无常变迁,不可依恃,常常把它譬喻为中空的芭蕉树。如王维的《袁安卧雪图》特意用"雪中芭蕉"来比喻人命脆危。而神秀却用"冬夏不凋,光鲜无比"的佛教宝树菩提树来譬喻五蕴色身,超出了佛教的常规比喻手法。那么,神秀在此想表述的是什么呢?

菩提树原名毕钵罗树,据说释迦牟尼在该树下觉悟成佛。"觉悟",梵文作"Bodhi",音译为"菩提",由此该树被佛教称为"菩提树",并成为佛教的圣树。印度佛教认为佛已经涅槃,无形无

---

① 据斯坦因本、敦博本、旅博本校勘定文,校记省略。

象。当印度佛教早期造像中需要表现释迦牟尼觉悟成佛这一主题时，就雕刻一棵菩提树作为象征物。

由于菩提树可以用来象征释迦牟尼觉悟（菩提）成佛，所以神秀的"身是菩提树"，显然不是指人的五蕴色身脆危可厌，而是指犹如菩提树象征菩提、觉性那样，每个修行者的肉身也内蕴着佛性。所以"身是菩提树"这句偈颂，正确的读法应该是"身是菩提之树"，强调了众生的五蕴色身中都蕴藏有"菩提"，亦即强调人人都有佛性。

下句"心如明镜台"则正面论述佛性。"心"的意义在佛教中甚为复杂，有时等同于"心识"，指在现实世界中活动的人的精神作用；有时等同于"心性"，则指本性、佛性。神秀《无相偈》中的"心"是后者。这可以在神秀系著作《天竺国菩提达摩禅师论》中得到印证。如"言达心门者，由常看守心故，渐达自心本性清净，不为一切烦恼诸垢之所染污，犹如虚空"①。"觉心者，是觉悟之心，即是真佛，即是菩提。"②"心"既指佛性，则"心如明镜台"这句偈颂，究其本意，是指人的心性，亦即佛性像明镜一样，本体湛然常净，且可观照万物。

所以，神秀偈颂第一句讲人身内蕴佛性，第二句讲佛性湛然常净、观照万物。第三、四两句"时时勤拂拭，莫使有尘埃"，则表述了"心性本净，客尘所染"这一印度部派佛教的古老命题。只是

---

① 《藏外佛教文献》第一辑，宗教文化出版社，1995年，第36页。
② 同上书，第41页。

"心性本净，客尘所染"论述的是"心性"与"客尘"的关系；而神秀的《无相偈》则强调修行者必须时刻警惕，使其内在的心性永远保持湛然清净的本来面目，不要被外界客尘所染。各有侧重不同。

由此看来，神秀在本质上也是一个佛性论者，与惠能并无差异。他在偈颂中以菩提树譬喻"身"，虽然并不符合佛教对"身"的传统解义，但就其论述的"一切众生皆有佛性"的主题而言，并无什么错误。但菩提（觉性、佛性）本身是无形象的，而菩提树是有形象的。神秀的这句偈颂，有给无形象的菩提赋予形象之嫌。而下句的"心如明镜台"却大有问题。虽说神秀这句话的本意，是指"心如明镜"，即指心性（佛性）像明镜一样，本体湛然、观照万物，但由于偈颂字数的限制与对仗、押韵的需要，他在这句偈颂的末尾加了一个"台"字。这样，全句可紧缩为"心如台"。也就是说，"明镜"一词由原来限定、说明主语"心"的宾语变成了修饰"台"的定语，而"台"却成了宾语。这样一偏移，该句的意思就与神秀的原意大相径庭，也为惠能的反驳留下了契机。

至于第三、第四两句，反映了神秀的思想实际没有能够脱出小乘"诸恶莫作，众善奉行，自净其意，是诸佛教"的窠臼，难免受到惠能的批评。

惠能的两首偈颂都是针对神秀偈颂而作。这一"对机"而作的特点，是我们分析惠能《得法偈》时必须牢牢把握的。

神秀说"身是菩提树"，主要目的在于表述"众生内蕴佛性"。对"众生内蕴佛性"这一主题，惠能自然不会反对。但惠能从另一个角度提出问题，亦即"菩提本无树"。

菩提树明明是一种树，为什么惠能说"菩提本无树"呢？从俗谛来说，菩提树是树，这一点惠能与神秀极成，不会有疑问。但神秀《无相偈》中的"菩提树"并非指自然界中普通的菩提树，而是"菩提之树"，是用菩提树来譬喻众生内蕴的"菩提"，就好像古印度用菩提树来象征释迦牟尼觉悟成道一样。但用菩提树来象征释迦牟尼觉悟成道，所象征的是一个事件。而"菩提"作为真如佛性本来是无形无象的，怎么能够用"菩提树"来比喻呢？如前所说，这有给"菩提"赋予形象之嫌。这个漏洞，被惠能抓住了。"菩提""佛性"这类范畴，正如后代禅师所说："说似一物即不中。"所以，惠能的"菩提本无树"并非说菩提树不是树，而是说"菩提本身并无形象"，批评神秀将佛性比喻为"树"，赋予了形象，对佛性的认识有偏差。

如前所述，神秀之"心如明镜台"的正确表述应该是"心如明镜"，指佛性像明镜那样湛然常净、观照万物。但由于末尾多缀了一个"台"字，使全句的语法重心发生偏移。于是惠能抓住这一破绽发起攻击，指出"明镜亦非台"。亦即："湛然的佛性也不是什么'台'。"

从主观上看，神秀《无相偈》论述的是人人均有佛性以及行者如何保持佛性的湛然常净，本身并没有涉及佛性有无形象的问题，也没有着意去论述身心关系问题。但从《无相偈》表述的客观效果看，第一、第二两句的确都可以引申出佛性的形象问题，并且涉及了身心关系。其中，第一句用菩提树来譬喻"菩提"，还可以说只是依从佛教的传统习惯而已，情有可原；第二句末尾多缀的这个

"台"字，使神秀无论如何也无法自圆其说。我认为，佛性无形无象，已经是当时佛教僧人的共识。神秀不至于连这点基本知识都没有。但他在《无相偈》中的表述的确不妥当，出现疏漏。这说明神秀的思维及表述还不够严密。

但佛性是否有形象、身心关系如何等问题，实际都不是惠能、神秀交锋的要点，两者交锋的关键在第三、第四两句。

在神秀看来，世界有净有染，要守净防染；而惠能则坚定地维护缘起性空，当下即净。神秀是有善有恶，故有分别；而惠能则"不思善，不思恶"，超脱分别，任运自然。神秀要起心看净；惠能则认为执著善恶、净染，本身就是迷人的妄念，佛弟子应该于一切法上无有执著。"佛性本亦无差别，只缘迷悟。迷即为愚，悟即成智。"所以神秀在《无相偈》中主张："时时勤拂拭，莫使有尘埃。"而惠能在《得法偈》中主张："佛性常清净，何处有尘埃？"两人的境界不同，修行方法的"顿""渐"不同，在这里截然分明。

如果说惠能的第一首偈颂是专门破斥神秀的观点，第二首偈颂则借用神秀的偈颂正面阐述自己的观点。

"心是菩提树"，实际是说"心是菩提"。这里的"心"就是《坛经》中反复提到的"真心"。这句偈颂表述的是：人内蕴的"真心"就其本质来说就是佛性，与佛性完全等同。由于沿用神秀的原偈颂，也由于偈颂体裁的限制，惠能在这里也多缀了一个"树"字。如果单纯地就这句偈颂来讲，可以说惠能的这句话也犯有与《无相偈》同样的毛病。但是有了第一首偈颂中的"菩提本无树"作铺垫，则惠能的这句话就无过了。

"身为明镜台",这一句讲身心关系,亦即"身"只是"明镜(佛性)"的依托。《无相偈》虽然并没有特意论述身心关系,但其表述中却有"身"、有"心",这自然使《无相偈》涉及身心关系,而《无相偈》中"身是树""心如台"这种说法,显然经不起认真推敲。比较而言,惠能第二首偈颂的这一说法就准确得多。

"明镜本清净,何处染尘埃",这两句与第一首偈颂的后两句意思完全一样,再次批评了神秀强分染净的错误观点,强调了自己的论点。但上一首中的"佛性",这一首改为"明镜",就身心关系而言,使惠能的观点更加明晰。亦即明确表示:"身为明镜台"中的"明镜"就是指"佛性"。

如上所述,惠能的这两首偈颂虽是对机而作,却是一个完整的整体。先破后立,破中有立,阐述了彻底的一元佛性论的立场,批评了神秀的错误表述。后代的《坛经》修订者不能真正领会惠能的思想,将上述两首偈颂修改成:

菩提本无树,明镜亦非台。

本来无一物,何处惹尘埃。

关于这一修订,郭朋曾经提出批评,指出:"就拿为后人所篡改的'本来无一物'这句偈语来说吧,千百年来,人们认为这就是惠能的思想。其实,只能说它是被误解了的般若思想,而决不能说它是惠能的思想。"[①]我认为郭朋的上述批评有道理,但还可以说得更清楚一些。这里的"本来无一物",应该是指"般若空"。"般若

---

① 郭朋:《坛经校释·序》,中华书局,1983年,第6页。

空"与"佛性有"虽然互通互融,但在佛学上是两个流派。 即使大乘"般若空",其准确的表述应该是"离四句、绝百非"的离两边而行中道。 后代出现的《坛经》把它表述为"本来无一物",则未免有"恶趣空"之嫌。 所以郭朋说它是"被误解了的般若思想"。

陈寅恪先生曾对敦煌本《坛经》中惠能的上述《得法偈》提出三条批评。 但我认为惠能的偈颂逻辑严密,无可指责,陈寅恪先生的三条批评都站不住脚。

陈寅恪先生的三条批评如下:

第一,"惠能第二偈中'心'、'身'应须互易,当是传写之误"[1]。

亦即陈寅恪先生认为惠能第二首偈颂的"心是菩提树,身为明镜台"原文应该如神秀偈颂一样,是"身是菩提树,心如明镜台",因传抄致误。

或许陈寅恪先生认为用"树"来比喻"心"不妥,故有是说。但如上文所分析的,惠能的两首《得法偈》是一个整体,有了第一首偈颂中的"菩提本无树"作铺垫,第二首的"心是菩提树"就不存在错误。 所以陈寅恪先生的这一批评有点"抓住一点,不及其余"的味道。 当年陈寅恪先生掌握的敦煌本只有英国的斯坦因本,现在又出现了敦博本、旅博本,诸本中该偈颂的文字与斯坦因本相同。 陈寅恪先生所谓"当是传写之误"的推测也缺乏依据。 杨曾文主张:"第二首偈颂原是借用神秀的前两句偈,但'心'、'身'次

---

[1] 陈寅恪:《禅宗六祖传法偈之分析》,载陈寅恪:《金明馆丛稿二编》,中华书局,1980年,第166页。

序似是有意弄颠倒了。"①言下之意也肯定原文本身并非传写之误，而是有意为之。

学术界若干敦煌本《坛经》的整理本在校勘定文时，受陈寅恪先生的上述观点的影响，将《得法偈》第二首偈颂中的"身""心"互换，反而是错误的。

第二，"此偈之譬喻不适当"②。陈寅恪先生解释说："菩提树为永久坚牢之宝树，决不能取以比譬变灭无常之肉身，致反乎重心神而轻肉体之教义。此所谓譬喻不适当者也。"③

如前所述，神秀《无相偈》起首一句的着眼点在一切众生均有佛性。着眼点不同，取喻亦不同，虽然与佛教传统的解义有异，却也不算大过，他的错误是表述不严密，留下了让惠能攻击的漏洞。至于惠能的偈颂，则完全无过。陈寅恪先生既没有搞明白《无相偈》的真意，也没有搞明白《得法偈》的真意。先是率意地假设惠能《得法偈》第二首偈颂中的"身""心"两句在传抄中发生了错误，"身""心"两字应该互换，亦即把《得法偈》中的"心是菩提树"改为"身是菩提树"。然后再来批评按照自己的主张互换以后的"身是菩提树"，说什么"菩提树为永久坚牢之宝树，决不能取以比譬变灭无常之肉身，致反乎重心神而轻肉体之教义"，批评这种按照自己的意见修改过的譬喻不适当。这等于是自己先用毛笔在

---

① 杨曾文：《敦煌新本六祖坛经》，上海古籍出版社，1993年，第230页。
② 陈寅恪：《禅宗六祖传法偈之分析》，载陈寅恪：《金明馆丛稿二编》，第166页。
③ 同上书，第168页。

别人脸上抹一个黑道，然后批评说："你早晨没有认真洗脸，脸上有个黑道。"这样的批评自然不能说服人。很多人称陈寅恪是大师。我想，大师也是人。是人就会犯错误，甚至犯低级错误。

第三，"此偈之意义未完备"①。陈寅恪先生解释说："何谓意义未完备？细绎偈文，其意在身心对举。言身则如树，分析皆空。心则如镜，光明普照。今偈文关于心之一方面，已将譬喻及其本体作用叙说详尽，词显而意赅。身之一方面，仅言及譬喻。无论其取譬不伦，即使比拟适当，亦缺少继续之下文，是仅得文意之一半。此所谓意义不完备者也。"②

这一批评也站不住脚。因为这一偈颂固然论述了身心关系，但这只是惠能就神秀《无相偈》的缺点借题发挥而已。归根结底，惠能偈颂的本意不是论述身心关系，而是论述自己的一元佛性论，也就是两首偈颂反复强调的"佛性常清净，何处有尘埃"，"明镜本清净，何处染尘埃"。正如敦煌本《坛经》所记叙，惠能在大梵寺说法，讲到请人书写《得法偈》之前，向大众宣称："不识本心，学法无益；识心见性，即吾大意"③，亦即他《得法偈》的主题是论述"明心见性"。但陈寅恪先生说惠能的偈颂"意在身心对举"，这说明陈寅恪先生没有真正理解惠能的偈颂到底表达的是什么，故而误读了这一偈颂的原意。然后又以自己的误读去批评惠能

---

① 陈寅恪：《禅宗六祖传法偈之分析》，载陈寅恪：《金明馆丛稿二编》，第166页。
② 同上书，第168页。
③ 遗憾的是，除周绍良先生外，诸多录校本均将文中的"吾"误校为"悟"，模糊了惠能的这一宗旨。

的偈颂，说惠能的偈颂对"心"的论述"详尽"，对"身"的论述"仅言及譬喻"。

以陈寅恪先生的学术地位，所以他对惠能《得法偈》的批评，在学术界影响很大。就笔者耳目所及，赞同者多，有人甚至将他的上述批评誉之为"堪称石破天惊的议论"。如上所述，有的整理者依据陈寅恪先生的观点改篡敦煌本《坛经》的原文。即使有人想为惠能辩护，也仅从惠能文化程度不高的角度出发，希望能够对惠能网开一面，不要苛求。不管怎样，至今大家都认为陈寅恪先生批评得正确，没有人提出不同意见，似乎陈寅恪先生的批评，已成不刊之论。但是，如笔者的上述研究所示，陈寅恪先生的三点批评，都是他自己的误读，都不能成立。

上面仅就慧能《得法偈》略谈自己的心得。实际上，敦煌本《坛经》的研究，现在可以说刚刚起步。可以研究的问题还相当多。比如说，周绍良先生提出：敦煌本《坛经》实际就是慧能最初的原本。这个观点是否可以成立？就是一个值得重视的大问题。比如说，现在的整理本虽然已经有好几个，但还都不能尽如人意，仔细地整理，认真地解说，仍然是我们面临的迫切任务。

敦煌遗书与敦煌藏经洞(上)

一、关于敦煌遗书的流散、回归、保护与编目[①]

（一）你如何看待二十世纪初敦煌遗书流散这一事件？

答：敦煌遗书的流散，是在一个特定的历史条件下发生的一件特定的历史事件。十九世纪末与二十世纪初，东西方许多国家的探险家在我国西部地区所进行的一系列探险活动，是在帝国主义列强争相侵略、瓜分中国的总背景上进行的，具有强烈的帝国主义的、殖民主义的色彩。这是不容抹杀的历史事实。许多探险队除了挖掘古墓、收集文物之外，还进行测绘地图，调查物产等一系列活动，就充分说明了这一点。在这些活动中，他们从中国搞走了大量的文物，包括敦煌文物。这是对中国主权的侵犯，也是对中国人民感情的极大伤害。当然，我们也应该指出，这些探险家之所以能够得逞，也与清政府的腐败无能，与当时各有关人等的因循渎责与愚昧无知有关。我们不能推卸自己的责任。

[①] 本文原为接受阳光卫视采访的采访稿，修订后在《中国社会科学院通讯》改版试刊12号、13号（1998年11月18日、27日）连载。但因某领导反对，中途腰斩。其后一直在网上流传。此次按照网上原稿收入，文字略有修订，并新加附注、附录。

就敦煌文物流散而言，各国探险队的手段也有所不同。有的干脆采取盗窃的伎俩，像美国的华尔纳；有的采取了不光彩的欺骗手段，像英国的斯坦因、法国的伯希和；也有的部分是在敦煌购买的，部分是在莫高窟各洞窟收集、发掘的，像日本的大谷探险队、沙俄的奥登堡探险队。问题在于他们有没有权力在莫高窟作这种收集与发掘？这当然又涉及政府的腐败问题，当时没有人管，所以这些探险家可以在中国的土地上为所欲为。此外，国外公私收藏的敦煌遗书，也有一些是后来从中国的私人收藏者手中购买的。总之，情况比较复杂，不可一概而论。

在审视这些探险家在敦煌与中国官员及王道士的交往时，我以为还应该看到在这里反映出的两种文化、两种思想方法的碰撞。举例来说，斯坦因在用花言巧语欺骗王道士及采用蒋师爷的"秘计"之外，还给了王道士200两银子。所以，虽然他知道自己的行为并不光彩，所给的银子也实在微不足道，但他总算为这批敦煌遗书支付了代价，自以为这就算涂上了"购买"的色彩，很多西方人也由此认为斯坦因是购买。但从王道士的角度来讲，他主要是被斯坦因的把佛经传回印度的花言巧语所蒙蔽，而将那些敦煌遗书交给斯坦因的。至于斯坦因的银子，就王道士而言，乃是斯坦因支持自己修复莫高窟而作的布施。正因为这样，1914年斯坦因第二次到敦煌，王道士便迫不及待地拿出账本，向施主斯坦因汇报所布施银两的花费情况。这些银子，对王道士将敦煌遗书交给斯坦因或许起到润滑油的作用，但王道士并没有把它们作为出售遗书的代价。因此，我们现在客观地看，从斯坦因的角度来说，他即使是购，也是"骗购"；而从王道士的角度来说，纯属受欺骗，连一点出售的因素也没有。这里反映出巨大的思想方法、行为模式的反差。再进一步探讨，这里还涉及两种不同的道德标准、行为准则等一系列问题，这里就不详细谈了。

敦煌遗书的发现，是我国近代四大学术发现之一，对研究中国中古历史与中外文化交流史价值之大，怎么形容也不过分。敦煌遗书的流散，是我们民族的不幸。任何一个中国人讲起这件事就痛心疾首，所以有"敦煌者，吾国学术之伤心史也"这样的说法。不过，在百年后的今天，我们客观地回顾这一问题，则应该说，与世界上一切事情都有两重性一样，敦煌遗书流散这件坏事，却促成了敦煌学在世界范围内的兴起。直至今日，敦煌学成为一门国际的显学，形成"敦煌在中国，敦煌学在世界"这样一个蓬勃发展的局面，促进了中外文化的交流。当然，这里不是说这样一来，那些探险家就无过有功了。这是两回事。也不是说，如果这些遗书全部保存在中国，敦煌学就不会成为世界显学。历史是无法假设的。这里只是陈述一个事实。我们应该承认这个事实。

总之，作为一个中国学者，在百年以后重新回顾敦煌遗书流散这一段历史时，当然要申述民族的尊严。但同时，还应该保持一个学者的客观的历史理念与实事求是的科学精神。两者是统一的。我们应该少一些情绪的冲动，多一些理智的分析，以总结其经验教训，使我们整个民族都更加成熟一点、聪明一点。作为一个从事敦煌研究的中国学者，尤其应该带头从事这种总结，并引导整个民族的反省，提高整个民族的历史科学意识、文物保护意识。二十世纪五六十年代有一种倾向，把敦煌遗书的流散全部说成是外国探险家的抢劫、盗窃。这并不科学。最近出版的某些著作则有另一种倾向，就是不顾历史事实，丑化王道士等中国人，美化斯坦因、伯希和等探险家，我认为这样很不好。

（二）有的人认为敦煌遗书的精华部分已经都被外国探险家挑走了，剩下的都是研究价值不大的糟粕。您认为这是不是事实？

答：这不是事实。

最早大批得到敦煌遗书的是英国的斯坦因。当时藏经洞的敦煌遗书都捆扎为包，王道士成包地给他搬。王道士给什么，斯坦因就收什么，基本上没有自由挑选的余地。斯坦因不懂中文，也没有能力挑选。他的助手蒋孝琬办事干练，但学问不多，在挑选卷子方面似乎也没有帮什么忙。

其次是伯希和。伯希和是一个汉学家，中文不错。他虽然进入藏经洞，得以任意挑选。但第一，伯希和不懂佛教，而藏经洞遗书以佛教为主，这就限制了伯希和挑选的水平。伯希和的注意力主要集中在传统的经、史、子、集四部书，非汉文文献等。至于佛教文献，他主要选取比较完整的、带有题记的、抄写精美的，以及佛经目录等。此外，伯希和还比较注意选择有特点的文献，如帛书、金银字写经、石刻拓片、折装本等等。第二，伯希和进入藏经洞时，洞中还有较为完整的遗书20 000件以上。伯希和费时三周，以每天1 000件的速度查阅了一遍。接触过敦煌卷子的人都知道，这是一个相当惊人的速度。一个长卷子，打开到最后，检查有无题记，然后再卷起，相当费时。陈垣先生当年为北图编目，一天只能看100件。我自己编目，一天工作超过十个小时，最顺利时一天完成过近 40 件，还是小卷子。当然，伯希和仅是翻检，与编目不同。但一天 1 000 件这样的速度决定了他的翻检只能是非常粗略的。所以虽然伯希和自称经过他的翻检，精华已经完全选出，但事实证明他是在说大话。即使以他的标准来衡量，剩余的精华仍非常多。当然，被伯希和选走的，相当大一部分的确是精华。

1910 年，敦煌遗书启运北京。到了北京以后，有关人员上下其手，监守自盗，这是敦煌遗书的第三次浩劫，后果相当严重。这些人本身是识货的人，又有充分的时间。这一次偷盗，把非佛教的精华文献几乎偷盗一空。只是因为他们对佛教不甚熟悉，所盗的佛教文献也大抵局限在比较完整的、带有题记的、抄写精美的等几方面，因此，很多非常有价值的佛教文献逃过劫难。因为他们不懂摩尼教，摩尼教的文献逃过劫难。值得庆幸的是，解放后，当年被这些人盗走的敦煌遗书，大部分又重新回到北京图书馆或国内其他图书馆、博物馆。当然，还有若干现在还流散在私人手中，或者流散到国外，主要是日本。

早在三十年代，著名学者陈寅恪先生就曾经列举事实，批驳了所谓北图所藏是"糟粕空存"的说法。在大量被偷盗的精华文献重新回到北京图书馆的今天，北图的敦煌遗书不但在实际数量上占据世界第一位，而且在质量上也足以与世界上任何一个敦煌遗书收藏机构相媲美。当然，不同的研究者，研究的侧重点不同，对不同收藏机构所藏敦煌遗书的价值的观感也会不同。比如研究文学与历史的，会觉得英国、法国的相关资料在数量上要超过北图；而研究佛教的，必然会把注意力放到北京图书馆。比如我们现在编纂出版的《藏外佛教文献》主要依据北京图书馆藏敦煌遗书的资料整理而成。已经出版了三辑，在国内外引起广泛的注意与好评。

（三）您如何看待敦煌遗书回归这件事？

答：敦煌遗书是中国文化遗产中的璀璨明珠，是中国人民宝贵的文化财富。敦煌遗书如果能够回归，以敉平我们民族百年来的又一创伤，我们当然欢喜赞叹，中国人民会对所有为这一回归作出贡献的人士表示衷心的感谢，历史也将铭记他们的功绩。不过，敦煌遗书的流散是历史形成的，流散的方式也各不相同，因此，敦煌遗书的回归也就是一件十分复杂的事情。它的牵动面非常大，需要中外有识之士的共同努力，也需要很大的智慧与耐心，需要各种因缘条件的汇合。目前，这些因缘条件显然还不成熟。但将来的某个时候，回归的因缘条件一定会成熟，到那个时候，敦煌遗书的回归，就会瓜熟蒂落，水到渠成。

在敦煌遗书回归的条件还不成熟的今天，如何进一步加强各收藏机构及各国学者之间的合作及学术交流，使散藏世界各国的敦煌遗书能进一步为人类文明的进步与学术研究的发展发挥其应有的作用，是需要我们认真考虑与规划的。

我们说需要加强世界各收藏机构与各国学者的合作与交流，是基于如下两个基本原因：

首先，敦煌是丝绸之路上的重镇，是东西方文化交汇之地。中国文化、印度文化、伊朗文化以及以古希腊文化为起源的西方文化这古代世界的四大文化，佛教、道教、摩尼教、祆教、景教这五大宗教在这里汇合。如果把儒教再加上，就是六大宗教。因此，我们现在说"敦煌在中国,敦煌学在世界",不仅仅是反映敦煌学在世界范围内蓬勃发展的现状,同时也是指出敦煌学本身所蕴涵的文化信息的世界性。 从这个意义上讲,敦煌与敦煌遗书不仅是中华民族的文化遗产,也是世界人类共同的文化遗产。 联合国教科文组织已经将敦煌列入人类文化遗产名录,这恰如其分地反映了敦煌学的这一特性。 敦煌学本身所蕴涵的文化信息的世界性势必相应地要求其研究也必须是世界性的,这只有依靠各国、各学科的学者共同合作,相互交流才能够做到,才能真正将敦煌学推向前进。

其次,由于敦煌遗书散藏在世界各地,给研究者带来许多不便。 因为毕竟不是任何一个学者都有条件跑遍世界去查询、阅览这些敦煌遗书。 尤其有不少遗书被分割为几段,分别收藏在不同的国家,更为研究者带来困难。 要解决这些问题,也必须依靠相互的交流与合作。

应该怎样来解决这些问题呢?

首先应该编纂出一个世界敦煌遗书的总目录。 至今为止,敦煌学界还没有这样一个总目录,这使研究者面对散藏在世界各国的六万余号遗书难免有茫然失措之感,也使得敦煌学研究至今没有摆脱找宝式的研究倾向。 而总目录的编纂将彻底改变目前敦煌学界的这一被动局面。

编纂这样一个总目录,就需要各收藏机构的充分合作。 现在有些机构对这一工作热情比较高,积极支持。 有些机构则相反,将自己收藏的敦煌遗书居为奇货,秘不示人。 有些机构口头上不断要求别人开放资料,而行动上却对自己收藏的资料严密封锁。 在提倡资源共享的信息时代，这样的做法实在落伍，也有碍敦煌学的进一步发展。应该指出的是，在资料开放这一方面，从总体看，国外比国内做得好；在国外，欧洲比日本做得好。希望国内的有关收藏机构，都能够向北京图书馆学习，从大局出发，将敦煌遗书充分开放给研究者，以共同促进总目录的编纂与敦煌学的发展。

其次应该加紧敦煌遗书图版的刊布。这些年来，这项工作正在逐步展开，如国内有关机构与英国图书馆合作的《英藏敦煌文献（非佛经部分）》已经出版，与俄国合作的《俄藏敦煌文献》及与法国合作的《法藏敦煌文献》正在出版。国内其他一些收藏机构，如天津艺术博物馆、北京大学图书馆、上海博物馆的敦煌遗书也已经出版。在这方面，四川人民出版社、上海古籍出版社作了大量的工作。尤其是上海古籍出版社克服种种困难，为敦煌遗书图版的刊布立功甚伟，得到普遍的好评。现在江苏古籍出版社也正努力工作，计划年内推出北京图书馆所藏敦煌遗书的图版。总的形势很好，缺点是这些图版的价格太高，不是一般的研究者所能问津的。为了解决这一问题，英国图书馆主持的"国际敦煌项目"（IDP）提出一个网上刊布敦煌遗书的计划，这个计划如果实现，则研究者可以通过国际互联网直接得到自己所需的某一敦煌遗书图版，将非常方便。当然，实现这一点的前提仍然是需要有一个前面提到过的总目录，可以让研究者按图索骥。否则就需要将几万号遗书一一过滤，来查找自己所需要的某一资料。这是无法想象的。另外，大的收藏机构可以设立网站，小的收藏机构的遗书资料则需要相对集中到大网站。还有散落在个人收藏者手中的遗书资料如何利用的问题。

总之，目前在敦煌遗书资料的交流与合作方面，还有许多工作要做。这些工作做好了，可以大大推进敦煌学的发展。这些工作也只有在各国学者与各收藏机构的充分协作与谅解下才能够完成。我本人从事敦煌遗书目录的编纂已经14年。在这14年中，得到国内外许多收藏机构的热情支持，我在此向这些机构表示衷心的感谢。也受到过冷遇，受到拒绝，实在遗憾。现在工作还在继续，甚望能够进一步得到有关机构的支持与理解。此外，在我国，在日本，还有一批敦煌遗书至今散藏在个人手中，在此我想向这些个人收藏者作一个呼吁。按照传统，文物应该流传有绪，这就需要著录，尤其需要著录到有关的总目录中，这样的文物才可靠，才有价值。由于种种原因，现散藏在个人手中的敦煌遗书有真有伪，这就更加需要对这些遗书进行鉴别与著录。因此，将散藏的敦煌遗书著录到总目录中，无论对个人收藏者本身，还是对敦煌学的发展都有好处。因此，希望个人收藏者能够在妥善保管所藏敦煌遗书的同时，与我们联系，将所收藏的遗书鉴定后收录在正在编纂的总目录中。如果收藏者希望在总目录中对自己的姓名予以保密，我们一定会充分尊重。

今日是昨日的继续，回顾历史是为了更好地前进。敦煌遗书为我们提供了解答历史之谜的钥匙，接续起历史上迷失的环节，由此为人们所重视。

地球越来越小，交流越来越大。温故而知新，研究古代的交流史可以为今天的文化交流提供借鉴。敦煌遗书为我们研究四种文化、六大宗教在古代的交流提供了不可多得的宝贵资料，由此为人们重视。

我们希望在各收藏机构及各国学者的共同努力下，在诸有识之士的支持下，在不远的将来，首先完成诸如敦煌遗书总目录的编纂、敦煌遗书图版的出版、网上敦煌遗书资料的发布等等。从而一步一步、扎扎实实地把敦煌学推向前进。

（四）人们也十分关心国内外对敦煌遗书保护的情况。您考察过英国、法国、俄国、日本的敦煌遗书，又在北京图书馆工作多年，并对国内散藏的敦煌遗书做过调查，被称为是当今世界上接触敦煌遗书原件最多的人，请您谈谈这方面的情况。

答：保护的问题可以分保管与修复两方面谈。

从保管的角度来讲，我所考察的各国情况互有不同，总的来说还是比较好的。英国图书馆的敦煌遗书现存放在恒温、恒湿的书库内，绝大部分备有特制的专用藏柜。每号遗书均有特定的架位，不挤不靠，整齐码放。这些遗书对所有的读者都开放。最近英国图书馆修建了新馆，据说新馆的条件更好。今年（1998年）6月底，他们将完成敦煌遗书从老馆到新馆的搬迁工作。法国的书库条件差一点，但敦煌遗书均放在特制的纸盒中，按照遗书大小不同，有的一盒一号，有的一盒数号。不论盒内藏数多少，每号遗书均有专门藏位，整整齐齐。也对读者开放。我所考察过的俄藏敦煌遗书大多也有特制的纸筒，遗书一一存放在这些纸筒中。虽然没有机会参观俄国的书库，但看到过照片。照片上书库中排放着一排排书柜，纸筒罗列在书柜中。日本各收藏机构的敦煌遗书保管得也都很好，但一般查阅起来手续比较麻烦。有些机构不甚愿意让人看；有些机构索费甚高；有些至今秘不示人。当然，也有不少机构热情接待，有求必应，甚至倾囊出示的。

北京图书馆对所藏敦煌遗书十分珍视，被称为"四大镇库之宝"之一。这些遗书原收藏在文津街七号北京图书馆旧址。1936年，因日本帝国主义侵华不断升级，为防止这批珍宝被日本帝国主义劫夺或受到战争的破坏，北图特意将敦煌遗书转移到上海，秘藏在某外国银行。直到全国解放，才运回北图。白石桥路的北图新馆修成以后，敦煌遗书全部移存新馆。库房按照"三防"要求设计，恒温恒湿，条件很好，只是遗书数量很多，库房空间略嫌狭窄①。北图的敦煌遗书也向所有的研究者开放。

北宋著名文学家、书画家苏轼曾称"纸寿千年"②。敦煌遗书的发现本身已经突破了这一说法。藏经洞开启至今已有百年。从各国所收藏的敦煌遗书现状看，其形态与开启之初相比，没有什么显著的变化。可以预期，这批敦煌遗书将在人们精心的保护下，子子孙孙永远留存下去。

由于敦煌遗书大部分残破不全，这就有一个修复的问题。世界敦煌遗书的修复，大体可以分如下三种类型：

第一种类型以英国图书馆、法国图书馆为代表，其中英国最为典型，即近百年来一直孜孜不倦地努力采用各种方法致力于敦煌遗

---

① 这里讲的是 1998 年，即本文写作时的情况。其后在国家财政部的支持下，经过北图的努力，为敦煌遗书修造了专库、专柜、专盒，保管条件大为改观，达到世界一流水平。——2010 年 6 月注

② 陈闻敦煌遗书题跋多处提到："苏子瞻云：纸寿一千年。"笔者未作考察，遽尔引用。自笔者引用后，亦常见其他文章引用这一说法。一日忽觉应作查核，遍查苏轼著作，未见此语。终在北宋洪咨夔撰《平斋集》卷三十《题西岳降猎图》中发现有"绢寿止五百年，纸寿千年"的说法。引文不慎，有误读者，歉甚。——2010 年 6 月注

书的保护与修复。

从敦煌遗书入藏开始，英国图书馆（当时是大英博物馆）就十分重视对这批稀世之珍的保护，对一些残破较甚的经卷，采取了一些保护的措施。当时的图书保护专家在比较了各种方法以后，认为用丝网加固最为合适，一批敦煌遗书采用这种方式来加固。有些是单面加固，有些是双面加固。这种方法虽然使残破经卷得到护持，但丝网的遮蔽还是会对文字的识别造成阻碍，这在照相图版上反映得较为明显。尤其有些墨迹较淡的字，本需要在阳光下侧视识别，但此时会因丝网反光而干扰识别。随着时间的流逝，丝网加固的弊病日益显露。主要是丝网老化变硬，使得一些卷子很难舒展，且边角容易损坏。我还看到这样一个卷子，系双面加固，由于背面有一处文字，加固者为避免丝网遮蔽文字，特意在文字处的丝网上挖留一孔。这样处理，在当时确是好意，但随着时间的流逝，文字处背面丝网与纸张分离，最终造成文字部分脱落，不知去向。如今，我们在五十年代拍摄的缩微胶卷上还能看到这处文字，而在原卷上则是一个空洞。或许鉴于这些原因，英国图书馆后来废弃了丝网加固法，遇到残破经卷便干脆将它粘贴在一张硬纸上，如果该卷子两面都有字，便用半透明的纸予以裱糊。对一些较短小的经卷，则粘接护首、拖尾。或十号为一个单元，整个粘贴在一个长卷上。这样卷子是被保护了，但造成形态的改变（厚度）及识别的困难（遮裱）。再后来，英国图书馆特意学习东方，特别是日本的书画装裱技术，并从日本采买有关材料，开始采用东方的装裱技术来对付这些破旧的经卷。其实，传统的装裱技术虽然有其优点，但对有些敦煌遗书并不十分适合,主要的问题还是改变了文物的原貌,从而降低了它的研究价值。 经过如此反复的努力,英国图书馆最终认识到,不作任何处理,也许是对这批遗书最好的保存方法。 最后,他们多次邀请中国的图书装修专家赴英,与英国的专家一起,把最后的一批残卷经过简单的展平处理后,统统夹放在透明的塑料硬膜中,用缝纫机扎上边线,固定起来。 这样,既满足研究者阅读的需要,又保护了原件。 这样做也有一定的问题,如前所述,如果想在阳光下侧视,依然有硬膜反光的问题;同时也无法测量厚度与触摸纸张,以得到关于纸张的感性知识。 但英国图书馆的有关负责人表示,只要研究者需要,他们可以随时拆开缝线,取出原件,以供研究。 最近,他们又将一些较长的写卷重新装裱,并仿照中国的传统,特制木盒,外套特制纸盒,单存专放。 装帧美观精致。

我先后两次赴英考察敦煌遗书及进行编目,亲眼目睹了英国在保护敦煌遗书方面所做的种种努力以及现在正在付出的努力。 我是很感动的。 作为一个中国学者,我对有关人员对此付出的精力与心血表示由衷的感谢。

第二种类型以北京图书馆为代表。 谨慎从事,务求最好效果。

北京图书馆对敦煌遗书的修复极其重视。 但除了二三十年代编目时,曾对个别实在残破的经卷作过简单的技术处理外,直到九十年代,基本上没有对这些遗书做过任何修复处理。 主要原因是没有找到好的修复方法,因此宁肯让它原封不动,也不随便处理。 八十年代,北京图书馆曾经有意开展这项工作,为此先用几个经卷做试验。 方法仍是传统的装裱。 但修复后发现效果并不理想,于是停顿下来。 九十年代以来，与国外的交流日益频繁，在充分考察了国外在修复敦煌遗书方面的经验与教训以后，北图制定了自己独特的修复方案。 应该说，北图的这一方案是比较理想的，既充分保持了遗书的原貌，真正达到"整旧如旧"的目的，又使这些原来已经无法上手的残破经卷能够从此为研究者使用。 整个方案可用"多快好省"四个字来评价。 我个人的看法，北图的这个修复方案，处在世界敦煌遗书修复的前列。 目前北图大规模的修复工作已经完成，还有一些卷子正在陆续修复。

第三种类型以当年的日本大谷探险队为代表。 完全采用传统的装裱技术。

大谷探险队共得到 600 余号敦煌遗书，其中 300 余号采用传统的装裱技术予以通卷托裱，接出护首、拖尾。 装帧不可谓不考究，护首为黄底云龙织锦，引首为洒金纸，配以玻璃水晶轴头。 从当时有关人员的本心来说，保护敦煌遗书也不可不谓尽心尽力。 但这种装裱对遗书原貌改变极大，包括纸张的厚度、尺幅、颜色。 个别甚至有错乱次序及遮裱背面文字的情况。 其直接后果之一，是引起部分研究者对这批遗书的真伪产生疑问。 中国与日本民间散藏的不少敦煌遗书都采用这种方式装裱。 从收藏者本意来说，当然是一片好心，但这种方法，实际应该归入"保护性破坏"。

总之，我恳切希望所有的敦煌遗书收藏机构与收藏者，最好不要随便对自己所收藏的敦煌遗书作任何形态上的变动，以最大限度地保存该遗书的各种研究信息。

我想顺便提及的是，国际、国内都有这样的说法：如果这些遗书不被外国探险家搞走,也许早已散失不存,不会保留到今天。 我不赞同这种说法。 历史不能假设,上述说法是没有依据的。 被外国探险家搞走的敦煌遗书得到较好的保护,这是事实,我们应该承认这个事实。 但是否说如果留在国内就一定会流散丧失呢? 北京图书馆的敦煌遗书得到很好的保护,保存在中国其他收藏机构及私人手中的敦煌遗书也得到很好的保护。 很多流散在社会上的私人收藏品后来通过各种途径汇聚到北图或其他图书馆、博物馆。 都说明上述说法是错误的。

(五)您刚才提到应该编纂世界的敦煌遗书总目录。 据我们所知,您现在正在主编《北京图书馆藏敦煌遗书总目录》,也正在从事英国残卷的编目。 请您介绍一下目前世界各收藏机构的敦煌遗书及编目的情况。

答:全世界收藏的敦煌遗书,大约是60 000多号。 英国大约收藏15 000号,法国7 000号,北京图书馆16 000多号,俄国19 000号。 中国散藏约两三千号,国外,主要是日本散藏约1 000号。 所谓"号"是各收藏机构为管理方便起见对所收藏的敦煌遗书所给的编号。 大体上是每一个独立的单位给一个号。 几米、十几米以上的长卷子是一号,巴掌大的残片也是一号。 所以号实际并不能真正反映所藏敦煌遗书的多少。 60 000多号中,真正大一点的卷子只有30 000号左右,其他都是残片①。

从1910年敦煌遗书入藏北图,北图就开始对这批遗书进行整理

---

① 本段对世界所存敦煌遗书总量的叙述,所依据当时掌握的资料,已经过时。 详情请参见附注。——2010年6月注

编目。 首先整理出8 600多号较为完整的遗书，编纂为《敦煌石室经卷总目》。 这是一个流水目录，一直没有正式公开过。 1930年，著名学者陈垣先生整理发表分类的《敦煌劫余录》，这是敦煌学史上第一个公开发表的目录。 当时，北京图书馆已经成立了一个写经组，专门从事敦煌遗书的编目。 写经组在为上述8 600多号遗书重新编目的同时，从残片中又整理出近1 200号，也予以编目，到1936年，先后完成了《敦煌石室写经详目》及《敦煌石室写经项目续编》两个目录的初稿，著录遗书总数达1万号。 但遇日本侵略，遗书南运，目录也被束之高阁。 除了敦煌调京的敦煌遗书外，北图一直十分重视社会上流散遗书的征集，解放后，文化部也对此事予以极大的关注与支持。 到八十年代初，后续入藏的遗书已达1 000多号。 北图又从中挑选若干，编为《敦煌劫余录续编》。

1990年，我们在书库中发现从敦煌调京，经两次整理后剩余的残片两木箱，并开始编纂《北京图书馆藏敦煌遗书总目录》，以著录北图所藏的全部敦煌遗书。 该目录由我主编，至今历时8年，先后参加过这项工作的近30人，现该目录的编纂已经接近尾声。

英国的汉文敦煌遗书约为13 600多号，另有藏文及其他文字文献约2 000号。 英国学者翟林奈从1919年到1957年，历时38年，为较为完整的6 980号汉文遗书编纂了目录，称《大英博物馆藏敦煌汉文写本注记目录》。 由于下剩的近7 000号均为残片，一直没有编目。 1991年，英国图书馆在完成对这批残片的技术处理后，邀请中国学者前往编目。 目前由北京大学历史系荣新江教授负责的《英国图书馆藏敦煌汉文非佛教文献残卷目录》（约收入遗书500

余号)已经由台湾新文丰出版公司出版。由我本人负责的佛教文献已经完成前1400号,由于经费无着,至今无法出版。其余部分的目录,由我负责,也正在继续编纂中。

法国的汉文遗书共4000余号,另有藏文等其他文字文献约3000号。三十年代著名学者王重民曾在巴黎编纂了《伯希和劫经录》,著录了全部汉文遗书,但是一个草目。该目录后编入由王重民先生主编的《敦煌遗书总目索引》,1962年由商务印书馆出版。1950年法国学者开始对汉文文献进行编目,全五卷,费时45年,到1995年为止完成4卷,还有第2卷没有完成。[①]藏文文献的编目大部分已经完成。

俄国的敦煌遗书现已编到19000号,但较大的卷子只有200多个,加上稍微大一点的残片总计约3000号,其他绝大部分为甚小的残片,其中包括若干非藏经洞敦煌遗书及非敦煌遗书。俄国汉学家孟列夫于1963年、1967年分别发表《苏联科学院亚洲民族研究所藏敦煌汉文写本注记目录》第一、第二计两册。对约3000号略大的遗书整理编目。至于其余的小残片,至今尚未编纂目录。

除了上述四大收藏机构外,国内有些收藏机构也公布了自己的收藏目录或公布了部分收藏目录。已经全部公布的有上海图书馆、北京大学图书馆、天津艺术博物馆、甘肃省博物馆、敦煌县博物馆等,部分公布的有敦煌研究院等。日本的情况也大致相同,有的公布目录,有的尚未公布。

---

① 其后又编纂第六卷,主要为书写在藏文遗书中的汉文文献,计2册。故实际完成5卷6册。

由于世界敦煌遗书的整体情况已经清楚，主体部分也已经公开，因此，编纂世界性的《敦煌遗书总目》的条件已基本成熟。中国社会科学院也已经把这项工作列为院重点项目，由我主持。这项工作难度很大，我们将竭尽全力，努力为学术界提供一部尽可能完整全面、详实可靠、使用方便的总目录，为敦煌学的进一步发展做出中国学者应有的贡献，也希望得到各收藏机构的通力合作与各界人士的大力支持。

附注：

本文写于1998年5月。

1998年，随着藏经洞封闭100周年的即将到来，我国部分人士曾有通过法律手段索要流散在国外的敦煌遗书的呼吁，媒体亦有报道，一时成为热点。笔者始终认为，对于敦煌遗书的流散，应该放在一个更大的视角，客观、科学地分析。

本文在敦煌学界第一次提出敦煌遗书蕴藏四大文化、六大宗教的研究信息。2000年，季羡林先生在《文史知识》发表文章，也提出敦煌遗书蕴藏"四大文化说"，但为中国文化、印度文化、西方文化、伊斯兰文化，与本文所提有所不同。

本文对各国各收藏单位对敦煌遗书的开放、保管、修复等情况的介绍，均为当时调查所得。经过这些年的调查，情况有了新的变化。比如上海古籍出版社已经完成《俄藏敦煌文献》（全17册）、《法藏敦煌西域文献》（全34册）的刊布，北京图书馆出版社即将完成《国家图书馆藏敦煌遗书》（全约160册，已出版123册）的刊布。

日本书道博物馆的敦煌遗书已经公布，日本杏雨书屋的敦煌遗书正在公布，英国图书馆所藏敦煌遗书的公布也已经纳入出版计划，正在陆续推出。这些都是好消息。当然，把敦煌遗书当做可居之奇货者，依然大有人在。但是，敦煌学的发展如大河东下，它的前进脚步是任何人也阻挡不住的。

本文第五个问题第一个自然段介绍世界敦煌遗书收藏情况，乃根据当时掌握的资料所写，很不全面。下面将笔者的最新统计列表在下（见表1），以供参考。

表1　世界敦煌遗书分布简况

收藏地	编号数量	总长度	总面积	总字数	占敦煌遗书总数的百分比
中国国图	16 579 号	约 34 613 米	约 9 080 平方米	约 3 824 万字	约 40%
英国国图	约 14 000 号	约 24 021 米	约 6 233 平方米	约 2 398 万字	约 28%
法国	约 4 400 号	待查	待查	待查	约 10%
俄国	约 19 000 号	待查	待查	待查	约 4%
中国散藏	约 4 000 号	待查	待查	待查	约 9%
日本散藏	约 3 000 号	待查	待查	待查	约 8%
其他散藏	约数百号	待查	待查	待查	约不足 1%
总计	约 61 000 号	约 87 000 米	约 22 700 平方米	约 1 亿字	100%

说明：
1. 中国国家图书馆、英国国家图书馆藏敦煌遗书的长度、面积、字数等统计资料为现场依据原卷逐纸测量以后计算所得。其他收藏单位的相关数据均为依据图录、调查的估计数，仅供参考。
2. 因每号敦煌遗书残卷长短不一，故本文所谓"占敦煌遗书总数的百分比"，系按照长度或面积计算，并非按照各收藏单位的收藏编号计算。

2018 年 10 月附注

二、敦煌藏经洞封闭原因之我见①

(一)

由于敦煌莫高窟第十七窟藏经洞封闭的原因直接关系着对洞内文物的认识,是敦煌研究中的大问题,因而曾引起许多学者的思考。

最早论及这一问题的当推伯希和。他在1908年所撰《敦煌石室访书记》中说:

> 首当研究之问题,厥为卷本入洞之约略年代,此实有准确之凭证在焉。卷本所题年号,其最后者为宋初太平兴国(公历976年至983年)及至道(公历995年至997年),且全洞卷本,无一作西夏字者。是洞之封闭,必在十一世纪之前半期,盖无可疑。以意度之,殆即1035年西夏侵占西陲时也。洞中藏弃,至

---

① 本文原为敦煌莫高窟1990年敦煌学国际研讨会论文。在《中国社会科学》1991年第5期发表时限于篇幅,对原稿作了缩略,并删去附记。《北京图书馆同人文选》第二辑、《中国社会科学》(英文版)1994年第3期所收均据缩略本。收入方广锠《敦煌学佛教学论丛》(香港中国佛教文化出版有限公司,1998年)时恢复原稿。此次按《敦煌学佛教学论丛》稿刊出,文字略有修订,并加附注。

为凌乱,藏文卷本、汉文卷本、绢本画幅、缯画壁衣、铜制佛像及唐大中刻之丰碑,均杂沓堆置,由是可见藏置时必畏外寇侵掠而仓皇出此。①

这里,伯希和主张藏经洞乃因畏西夏侵掠而被封闭,此可称为"避难说"。其后,伯希和在华演说时,又绘声绘色地进一步申说这一观点:

（藏经洞之被封闭）,当是1035年,藏人（当为"西夏人"之误——方按）侵掠敦煌时,寺僧闻警,仓卒窖藏书画,寇至僧歼,后遂无知窖处者。②

从上述引文可知,伯希和因洞中卷本之年款为至道以前及无西夏文而主张藏经洞应当封闭于十一世纪前半期,避难说则是他用以支持其藏经洞封闭年代说的一条依据。而用以支持避难说的根据则是:"洞中藏弆,至为凌乱……（各种物品）均杂沓堆置,由是可见藏置时必畏外寇侵掠而仓皇出此。"我们知道,莫高窟藏经洞发现于1900年农历五月二十六日,而伯希和于1908年3月3日才进入洞中,距藏经洞之被发现已近八年。在此期间,敦煌遗书已开始流散,斯坦因也已将大量石室文物运走。也就是说,在伯希和之前,不知已有多少人、多少次曾进入藏经洞。据情理推测,起码在藏经洞发现之初,王道士就曾把洞内藏品全部翻腾过一遍,看看洞里到底藏了些什么。伯希和自己也了解这一情况,他在同一篇文章中

---

① 伯希和:《敦煌石室访书记》,陆翔译,见《国立北平图书馆馆刊》第九卷第五号,1935年,第7页。
② 《伯希和氏演说》,见《敦煌丛刊初集》第7册,台北新文丰出版股份有限公司,第205页。

说:"此扃秘千年之宝库,发露迄今,已逾八载,往来搜索,实繁有徒。"①可见,伯希和所见的藏经洞内物品"杂沓堆置"之状并非启封时的初貌。因此,据此推出的"避难说"是难以成立的。联系到藏经洞被人用土坯封闭后,外壁被抹上墙泥,涂以白垩,饰以壁画,可见它的封闭绝不是一种"仓皇"的举动,伯希和此说的漏洞是显而易见的。

虽则如此,伯希和的避难说仍然为多数中外学者所接受。如斯坦因说:"就卷尾以及文书中间所记载的正确年代……再加上以伯希和教授的材料,比观互校,可知这一部大藏书室之封闭,一定在十一世纪初期左右。其时西夏人征服此地,有危及当地宗教寺宇之势,因而如此。"②罗振玉说:"一洞藏书满中,乃西夏兵革时所藏,壁外加像饰,故不能知其为藏书之所。"③姜亮夫说:"宋时西夏之乱,千佛洞下寺僧人,欲避乱他乡",便把经卷佛像杂书等藏入洞中封存起来④。

在藏经洞封闭的年代上,有些学者虽不赞成伯希和的藏经洞封闭于西夏侵掠时之说,但他们在提出各自的看法时,也都把"避难说"当作立论的前提。

这些人又可分为两部分。一部分以陈垣先生为代表。陈垣先

---

① 伯希和:《敦煌石室访书记》,陆翔译,第7页。
② 斯坦因:《斯坦因西域考古记》,向达译,上海书店影印中华书局1936年版,中华书局、上海书店联合出版,1987年,第151页。
③ 罗振玉:《莫高窟石室秘录》,宣统乙酉(1909)诵芬室校印本,第1页A~B。
④ 姜亮夫:《敦煌——伟大的文化宝藏》,古典文学出版社,1956年。

生主张藏经洞封闭于北宋皇祐（1049~1053年）以后，他说："《通考》载大中祥符末，沙州归义军节度使曹贤顺犹表乞金字藏经。景祐至皇祐中，朝贡不绝。知此等经洞之封闭，大约在皇祐以后。"①这里，陈垣先生立论的思路是：皇祐以前敦煌政局平稳，并无避难之必要，故藏经洞的封闭应在皇祐以后。

另一部分学者则认为，西夏亦崇信佛教，因此，西夏之西向攻略不应引起敦煌佛教僧人如此之恐慌。当年吐蕃占领敦煌，佛教依旧平稳发展。因此，避西夏侵掠的观点根据不足。他们认为，可能是某种主张消灭佛教的势力威胁了敦煌，才使敦煌僧人决心把经卷画像藏入洞中避难。从这一假设出发，他们努力寻找曾威胁过敦煌的反佛势力，从而提出了宋绍圣中黑汗王朝（该王朝废佛）攻打前封闭说、元初避丘处机毁佛封闭说，以及因元末兵乱而于元明之间封闭说等等。然而，由于避难说本身难以成立，故以此为前提得出的上述诸说也难以使人信服。

避难说本来只是一种没有多少根据的推测，为什么竟然能够在敦煌学界流传几十年，至今仍然占有统治地位？为什么至今人们仍然以它作为研究其他问题的出发点？我认为这主要是由于一种思维定势在作怪，一种感情因素在起作用。敦煌藏经洞的发现，为人们打开了一个崭新的世界，被誉为近代中国四大学术发现之一，由此并产生了一门世界性的显学——敦煌学。最初发现藏经洞的王道士，据说是："一身俗骨，佛教事物盲无所知"，"对于中国相传的学

---

① 陈垣：《敦煌劫余录·序》，载《国立中央研究院历史语言研究所专刊》之四《敦煌劫余录》第一册，1931年3月刊印，第3~4页。

问一无所知","他不知道他所保管的是什么"①。 早期接触藏经洞遗书的汪宗翰等人也未能充分认识石室文物的价值,故听任王道士保管。 伯希和解释说:"洞中佛经最多,中国文人之于此发现不甚重视者,以此耳。"②说得极有见地。 一般的中国士大夫传统只重视经史子集四部书,而将其余的释、道、小说等都视为邪道或小道,不予理会。 但外国探险家斯坦因、伯希和等人心中却十分清楚他们面对的是什么。 中国的一流学问家罗振玉等人一见到敦煌遗书,马上敏锐地认识到它们在学术上是无价之宝,陈寅恪先生更是以非凡的洞察力预见到一门新学问将因此而兴起。 他满腔热情地讴歌这门学问将是"时代学术之新潮流,治学之士得预此潮流者谓之'预流',其未得预者谓之'未入流'"③。 果然,其后几十年中,人们从敦煌遗书中爬梳整理出无数宝贵的资料,解决了不少学术上的疑难问题,填补了许多学术上的空白,开拓了不少新的研究领域,推动了学术的发展。 于是,由中外敦煌学者倡导的"敦煌遗书乃学术研究之宝库"的观点在学术界深入人心,并由此辐射到全社会。

　　人们思考问题,总容易由近及远,以己推人。 既然今人如此珍重这批东西,便以为古人也同样珍重之。 且藏之石室,饰以壁画这种藏弆方式也容易让人误解为古人非常珍视这批东西,故郑重藏匿之。 这就使"避难说"很自然地为人们所接受,并逐渐成为一种思

---

① 斯坦因:《斯坦因西域考古记》,向达译,第142页。
② 伯希和:《敦煌石室访书记》,陆翔译,第14页。
③ 陈寅恪:《金明馆丛稿二编》,上海古籍出版社,1980年,第236页。

维定势。思维一旦成为定势，势必要阻碍与自己相左的观点的产生。其实，古今流驰，时代变迁，古人与今人的价值观念并不完全相同。今人以今人的价值观念去推测古人，就难免产生认识上的"盲点"，正是这个盲点使人们难以发现"避难说"本身的不合理性，因因相袭，至于今日。

另外，不少学者在敦煌学这个领域里辛勤耕耘了很长时间，取得了丰硕的成果，因此在感情上很难接受敦煌遗书"废弃说"这种观点。这就是"避难说"得以继续流行的感情因素。导致感情因素形成的还有一些原因，这儿就不一一详述了。

(二)

我认为"避难说"是不足信的。为了论证这一点，首先需要确立一个基本前提：敦煌遗书是佛教寺院藏书。现在，世界各地所藏敦煌遗书的概貌已大体清楚。遗书总数约为60 000号，文献的种类在5 000种至6 000种之间。其中，佛教文书要占全部遗书的90%以上，非佛教文书不足10%，包括四部书以及官文书、道教典籍、摩尼教典籍、景教典籍、社会经济文书、文学作品、启蒙读物乃至各种杂写等等。显然，为了论证敦煌遗书为佛教寺庙藏书，必须对上述非佛教文书收藏在佛寺的合理性作出解释。以我之见，这可以从如下几个方面来考虑。

第一，一般来说，在古代，佛教寺庙便是当地的文化中心之一，故而收贮各种图书是不足为怪的。如《续高僧传》卷二十载：

"丹阳牛头山佛窟寺,现有辟支佛窟,因得名焉。 有七藏经书①:一佛经;二道书;三佛经史;四俗经史;五医方图符。 昔宋初有刘司空造寺,其家巨富,用访写之,永镇山寺,相传守护。"②又如白居易曾将自己的文集录为几个副本,分别藏于庐山东林寺经藏中、洛阳圣善寺钵塔院律疏库楼中、苏州南禅院千佛堂中、洛阳香山寺经藏堂中。 再者,敦煌地处西陲,寺庙在文化方面所起的作用更大,如大云寺、灵图寺、龙兴寺、金光明寺、永安寺、三界寺、净土寺、显德寺等均先后设过寺学,兼授僧俗生徒。 当年率领敦煌民众光复敦煌的归义军领袖张议潮就曾在寺学中学习。 既要办寺学,寺院收藏四部书、文学作品、启蒙读物等非佛教图书就更是合乎情理的了。

第二,佛教徒为了攻读佛经,必须先学文化。 不少僧人从小学习六经老庄,出家后仍耽玩外典。 为了钻研佛经奥义、批判外道思想,佛教徒还必须专门研习外道的著作。 如陈真谛曾译出印度外道数论派的《金七十论》,玄奘曾译出印度外道胜论派的《胜宗十句义论》,这两部著作还被收入佛教大藏经。 因此,佛教寺庙收藏外道的典籍,亦不足怪。

第三,关于敦煌遗书中的道教、景教、摩尼教典籍。 以上各种宗教在敦煌均有流传,但势力都不大,远不能与佛教相比。 以道教而言,敦煌曾建有道观,但至唐德宗建中二年(781),"吐蕃占据敦煌,赞普独尊佛教,而道教式微,道观亦随之影销响寂。 大中二年

---

① 原文作"画",疑为"书"之误。
② 《大正藏》第50卷,第604页中。

(848),张议潮逐蕃归唐,道教虽有流传,然道观之迹寥寥。 仅一'玉女娘子观'而已"①。 道教典籍何以藏于敦煌石窟之中,伯希和对此曾有论述:"千佛洞中之道经写本,流传渊源,不难于其题志中考得,盖皆神泉观物也。 一睹斯名,即可知为道观。 ……此类道经写本,均极整洁,580 年至 750 年间墨迹也。 760 年时,藏僧遍占敦煌,道士绝迹,其在斯时欤? 神泉观既被废毁,则此类道经自为僧徒狼藉弃置于千佛洞。 其一部分尚能流传迄今者,则以僧徒利其纸质厚韧,于其背面缮写佛经及种种纪录。 随意着笔,书皆率劣。 吾所得千佛洞道经,几无不若是。 数量较寡(此次得道经百卷),且皆残阙。"②也就是说,原属道教文书,后以其背面可供书写而为佛教所利用。 伯希和所言不虚,这种情况在敦煌遗书中所见极多。 有意思的是斯 3071 号,正面是道家为皇帝祈福文,背面被僧人用以记录佛典流通录(《敦煌宝藏》将此号名称误定作《道经目录》),中间还有一行文字,谓"道士文书,并无用处"。 这大概是佛教徒对手中这份道教文书的批语,说明此道教文书此后的确落入佛教徒手中。 道教情况既是如此,景教、摩尼教的情况亦可以想见。

第四,古代纸张相当珍贵,凡是可以利用的绝不轻易抛弃。 以官文书为例,敦煌遗书所存官文书中多唐开元、天宝年间的乡籍、里籍、差科簿,其背面多写有佛教疏释、账契、牒状等。 这些官文书为什么被保存在佛寺之中? 细究起来,藏经洞封闭的时间距开

---

① 李正宇:《敦煌地区古代祠庙寺观简并》,载《敦煌学辑刊》1988 年第一、二期合刊。

② 伯希和:《敦煌石室访书记》,陆翔译,第 15 页。

元、天宝年间有几百年，显然，人们不会对保存几百年前的乡籍、里籍有多大兴趣，合理的解释只能是为了利用其背面另抄其他东西。再者，敦煌遗书中的非佛教典籍多残缺不全，这也说明它们之所以被保留，不是因为其本身的价值，而是利用其背面另抄东西的结果，而所抄内容又多属佛教，被收藏在佛教寺庙也就在情理之中。

第五，敦煌遗书所存的经济文书可分两大类：一类为佛教寺庙经济文书，一类为世俗人等的经济文书。前一类为佛教寺庙收藏自不待言，后一类为什么会收藏在寺庙中呢？我认为，很可能是因为它的关系人（借方、贷方、中人）是寺庙僧人，或文书是请寺庙僧人所写。还有这样的情况，如吐蕃占领时曾有人上书赞普，要求允许他出家。此人既能上书赞普，必是当地有势力的富户。这样的人出家后，他在俗时的各种财产关系若不解除，也会把有关文书带入寺庙①。

如果敦煌遗书是佛教寺院藏书之说可以成立，则以此观点审视占敦煌遗书90%以上的佛教典籍，"避难说"之不合情理就不难理解了。

按常理说，如为避难而收藏，则所收物品当是收藏者认为最为珍贵的东西。对于佛教寺庙来说，最珍贵的文献自然是佛教大藏经。我国汉文大藏经的形成经历了一个漫长的历史过程，从"会昌废佛"到宋初，全国的藏经基本上均以《开元录·入藏录》为基础

---

① 此材料承贺世哲先生提供，特致谢意。

而组织(为行文方便,以下把这种大藏简称为《开元大藏》),逐渐统一、定型,敦煌也不例外①。 如果我们以《开元大藏》为标准去考察敦煌遗书,便可以发现如下几个问题:

1.《开元大藏》共收佛典1 076部,据粗略统计,敦煌遗书中的佛典只有170部左右,约占《开元大藏》的七分之一。 也就是说,在藏经洞内远远不能具足一部完整的《开元大藏》。

2.《开元大藏》共收佛典5 048卷。 以此检视敦煌遗书,后者所缺则更多。 除少数单卷经、小部头经及若干当时极为流通的经典尚称完整之外,绝大部分佛典在藏经洞中虽有收藏,却是帙残卷缺,珠零璧碎。 其中,尤以一些大部头的大乘论著和小乘经论为甚。 如《大毗婆娑论》应有200卷,藏经洞中所存不足10卷。 如此等等,不胜枚举。 即使是藏经洞中所存极多的《大般若经》,仍不足凑成600卷之全帙。

3. 所留下来的五六万号遗书,绝大部分是残破不全的,或者首残,或者尾残,或者首尾均残。 有的中间洞穿,有的有火烧痕迹。 若依"避难说",敦煌僧人所珍重的大藏经竟是这般模样,实在说不过去。

4. 一方面是不少佛典一号也未留存;另一方面是有些佛典重复奇多。 据粗略估计,《金刚经》留存至少有2 000号以上;《法华经》卷一、卷二均超过500号,卷七则超过700号,总数在6 000号以上;《大乘无量寿宗要经》超过千号。 两相对照,反差太大。

---

① 参见方广锠:《八—十世纪佛教大藏经史》第三章,中国社会科学出版社,1991年3月。

5. 敦煌遗书中保存了一大批《开元大藏》不收的佛教典籍。这一点本无足怪，因各地都流传一些标准大藏所没有的典籍。但敦煌遗书中还保存了一批被传统视为应禁绝流通、秘寝以救世的疑伪经，其数量还相当多，据粗略统计，约为100多部。按照佛教的观点，它们无论如何不应被视作珍宝。

6. 敦煌遗书中还收存了一批无论从哪个角度来说都是毫无用处的废纸，如毫无意义的杂写，习字后的废稿，错抄后的废纸，作废的文书，过时的契约，如此等等。

如果说，在外敌威胁时，敦煌僧人竟然把上述这些东西当作宝贝坚壁收藏，那实在使人觉得有悖常理，不可思议。

那么，是否有这么一种可能：当时敦煌已没有完整的大藏，所剩的就是这么一批东西，所以只好把它们当作宝贝收藏起来？事实并非如此。据我研究，在晚唐、五代全国大藏经统一的过程中，敦煌教团也依据《开元录·入藏录》点勘本地藏经，并向内地乞求经本，补足了本地的大藏①。我们知道，曹氏归义军时期，敦煌佛教十分兴盛，曹议金、曹元忠、曹宗寿、曹延禄、曹贤顺等都十分崇信佛教，他们开凿洞窟，塑像画画，并向寺庙布施财物，包括用于制作经帙的锦帛。因此，当时敦煌教团的大藏不可能卷残帙零至此地步②。

---

① 参见方广锠：《敦煌遗书〈沙州乞经状〉研究》，载《敦煌研究》1989年第2期。

② 宋咸平五年（1002），曹宗寿及夫人曾为敦煌报恩寺添写新旧经律论等，将报恩寺的大藏经修造完具，还为藏经编造新的经帙。其时离藏经洞的封闭最多只有十余年。

另外，曹延禄主政时期，敦煌曾从北宋请得一部金银字大藏经，此事见于《宋会要辑稿》蕃夷五之三，内载：先是，沙州乞赐国朝新译佛典，后又乞赐金字经："五月，沙州僧正会请诣阙，以延禄表乞赐金字藏一部，诏益州写金银字经一藏赐之。"①此后，大中祥符七年（1014），曹贤顺又乞得金字藏经一部。皇祐年间，曹贤顺再次表乞金字藏经②。据此，且不说手写本大藏，也不谈其时很可能已传到敦煌的木刻本《开宝藏》，仅就金银字大藏经而言，敦煌地区至少就有两三部。从现存之敦煌遗书中，我们确也可以看到敦煌当时存有金银字藏经的痕迹。如伯4512号为金书残经；伯3017号为金字《大宝积经》内略出交错及伤损字数之查核记录；北盈18号提到敦煌有锦帙包裹、金字题头的《大般若经》③。如果避难，所珍藏的无疑应是完整的大藏及宝贵的金银字大藏，然而它们却均不见于藏经洞中，因而"避难说"实在无法自圆其说。

是否还会有这么一种可能：藏经洞所藏大藏原本完好无损，启封后因种种原因而被扯成断简碎片了？也不是的。在斯坦因之前，敦煌遗书尚未大批流散。斯坦因是较早接触并大批获得敦煌遗书的第一人。故此，斯坦因敦煌特藏可反映出敦煌遗书入藏之

---

① 此材料承黎明同志代为查找，特致谢意。
② 《宋史》卷四九〇《外国六》也提到曹贤顺表乞金字藏经事，并称"诏赐之"。
③ 《敦煌遗书总目索引》之散录载，日本三井源卫门藏有金书敦煌遗书四号：散1035号、散1036号、散1037号、散1042号。另《日本未详所藏者敦煌写经目录》中还著录金银字经多号，如散1099号、散1104号、散1105号、散1106号、散1107号、散1108号等。但它们是否确从敦煌藏经洞逸出，尚需认真考证。其余散在社会上、传为出自敦煌藏经洞的金银字佛典，亦均需考证鉴别。

初的若干情况。斯坦因敦煌特藏卷背经常可发现简单的经名著录及用苏州码子作的编号，其中大量的著录为"破无名目经""经破无名""破经""破无头尾经""破烂杂碎一包""破烂不堪杂碎经一包"等等。这些数码和著录出自斯坦因的助手、该批敦煌遗书的最早整理者蒋孝琬之手。由此可见，斯坦因得到这些遗书时就已经残破不全了。那么，经卷之残破是否乃王道士所为呢？我以为不是。不错，在斯坦因之前，王道士或者还有其他什么人曾在藏经洞内翻腾寻宝，但是，他们可能把东西翻乱，却不会有意把经卷大批扯破。因此，斯坦因所见的经卷的残破之状当与藏经洞启封时的原状，也即入藏时的原状相差无几。现知世界各地所藏约五六万号敦煌遗书的绝大部分都是残破不全的，我们不排除其中若干卷子的撕破可能因藏经洞启封后人为因素所致，但那是极少数的，且主要局限在北京图书馆所藏的若干卷子。就总体而言，绝大部分卷子入藏之初已经残破。

根据藏经洞封闭前敦煌存有的完整的写本大藏经以及多部金银字大藏经没有被收入藏经洞，收入藏经洞的全部是单卷残部，碎篇断简，乃至破烂不堪的残卷废纸的事实，"避难说"确难使人信服。藏经洞中还保存了一批佛教幡画。现在，它们主要流散在英国、法国和印度，国内收藏极为稀少。据日本藤枝晃教授说，英法两国所存佛教幡画残破者居多。又斯坦因在其所撰《中亚细亚探险谈》一文中述及他在敦煌从王道士手中骗取敦煌文物经过时说，王道士竭力向他推销这些绘画，"此殆由道士不重绘画，或故以此为饵，使余之耳目不能专注于汉文整卷，特于其所谓废物之中多出杂束以示余"①。斯坦因所以会称王道士把这些幡画认作"废物",可能由于它们因在寺院悬挂日久,烟熏火燎,已褪色变旧。它们之所以被存放在藏经洞,当是因其破旧而被更换下来之故。所以这些幡画同样不能为"避难说"提供根据。

有的同志提出这么一种假设:也许在莫高窟还有另外的藏经洞,里面收藏的正是前述整部大藏或金银字大藏,它们确系因避难而藏入,只是尚未被发现而已。为学者都知道:说有容易说无难。在没有把整个莫高窟全部掘透之前,我们没有理由否定上述假设。但是,科学研究是不能以假设为依据的。何况,即使今后真的发现了那样一个藏经洞,也无法证明我们现在讨论的莫高窟第17窟藏经洞与避难有关。

(三)

敦煌僧人为什么要把这批东西搬放到第17窟中坚壁收藏呢?我认为这是因为它们在当时已经失去了使用价值,于是被扔掉了。我把这种观点称为"废弃说"。"废弃说"建立在这么几个背景情况之上:

1. 中国人自来对文字抱有敬畏的态度,认为文字的产生是夺天地之造化,钟自然之神秀,因此有仓颉造字鬼夜哭的传说,并且还

---

① 斯坦因:《中亚细亚探险谈》,王国维译,载《敦煌丛刊初集》第7册,台北新文丰出版股份有限公司,1985年,第145页。

形成了敬惜字纸的传统心理与习俗，敬惜字纸的行为在文人墨客中也传为雅谈。 如《文泉子·兜率寺文冢铭序》载："文冢者，长沙刘蜕复愚为文不忍弃其草，聚而封之也。"①与之相反，如糟蹋字纸，传统观念则认为理应受罚，是伤阴鹜的。 如《聊斋并异·司文郎》中叙述一个前朝文学大家，因生前抛弃字纸过多，死后罚作盲鬼而漂泊人间的故事。 直到二十一世纪初，我国的公厕中还常有"敬惜字纸"的招贴，提醒人们不要把字纸当作手纸使用。 字纸既不能随便丢弃，必得有一妥善的处置，如文冢然。

2. 古代纸张比较珍贵，敦煌地处西陲，纸张得来更为不易，斯2952号题记中便有"纸墨难得"之叹。 纸张的珍贵难得，可以当时对纸张管理的严格为证。 如敦煌遗书中存有不少抄经记录，每个抄经人领走几张纸都一一记录在案，抄完后必须如数交回。 如若抄错，则在错抄的纸上写一"兑"字，凭此纸领取新纸。 因为纸张珍贵难得，所以每张纸常常是正面用过反面再用。 敦煌遗书中现存不少这种两面抄写的写卷。 因为同样的原因，即使两面都抄写过东西的纸张，仍不随意丢弃而充分利用之。 如用来修裱其他残破经卷，以及将多层纸粘合起来做成经帙等等。 纸张的珍贵难得是敦煌之所以保存这么多陈年废纸的一个重要原因。 当然，这与佛教的"惜福"观念也有关。

3. 从现存敦煌遗书可知，敦煌寺庙经常清点寺内的佛典与各类藏书。 现已发现各种清点记录共30多号。 清点佛典与藏书，无非

---

① 《全唐文》卷七八九，中华书局，1966年，影印本第八册，第8266页。

是查看有无借出而没有归还的；有无残破而不堪使用的。若有未归还的，则须抓紧催还。敦煌遗书中存有几件催还状，正是这种活动的实录。若有残破的，经修补可继续使用者则修补之。敦煌三界寺宋初著名僧人道真年轻时就曾从各个寺庙搜罗残破古旧经卷，进行修补、编目，使其能够继续使用。而那些残破而不堪使用的，则需将它们从藏书中剔除，并视需要而进行相应的配补。敦煌遗书中存有一批配补录，就是这种活动之证明。那些被剔除的佛典，不仅是应予敬惜的字纸，而且是佛教"佛、法、僧"三宝中"法宝"的体现与代表。佛教从来视敬礼三宝为最大的功德，亵渎三宝则是最大的罪恶。各种佛经几乎都有这样的内容：凡宣传、书写、持诵本经的，将会积下多少功德；诽谤、糟蹋本经的，将会有什么罪过。不少感应记也大量宣传这方面的内容。因而，处理残破经卷是一个十分严肃的问题。我国的佛教徒在长期的宗教生活中形成了一种传统的处理方法，即把它们另行庋藏起来。或埋于地下，上起一座小塔；或置于佛像的空腹中；或置于佛塔顶层无人出没的所在①。故此，常常可在佛像、佛塔中发现古旧经卷，且这些经卷又往往残破不全。如近年在山西应县木塔佛像腹内发现的大字本《契丹藏》残

---

① 将佛经置入佛像空腹及佛塔中的原因，除了因该经已破旧不堪，无法使用外，也有在新像刚塑造好、新塔刚修好，举行开光仪式时，将一些经书置入，以示佛、法之统一。前者所放多为残破经卷；后者所放则为完整的经典。另外，也有因做功德而放置的，但这样做时，经卷后必有施主题记。1939年重修陕西扶风法门寺塔时，曾征求写经置塔内以做功德。当时对应征写经有四项要求：一、用纸要纯白、耐久。二、字以真楷为好。三、经文由笔者随喜择取，整部或零品均可。四、写经之末要附有年、月、日，写经者姓名，或加籍贯、官阶，或加"供养法门寺真身宝塔""愿此功德为现生眷属延福"或"为己之眷属回向资福"等。

卷及其他辽刻佛典与书籍就是一例。又如近年陕西扶风法门寺在发现法门寺塔地宫宝物的同时，于塔上发现1938年重修法门寺塔《纪略》一文，内称：当年重修法门寺塔，从塔上清理出佛经二百余卷，"塔上藏经，初为尘所埋。此次取下者共装两小箱余。不但无一整部，几无完整之一册，约二百余卷。……又某卷经背草写洪武七年某书，为父母作功德，其字潦草，且在经文背乱写，尤不敬"①。说明塔上的佛经均为残破废弃者。

4. 还有一个必须考虑的背景情况是《开宝藏》的刊刻与流通。我们知道，《开宝藏》始雕于北宋开宝四年（971），完成于太平兴国八年（983）。后版片自四川运至汴京（今开封），贮于太平兴国寺西侧之印经院，供印经颁赐之用。据史料记载，雍熙元年（984），《开宝藏》传入日本；乾兴元年（1022）传入契丹与高丽；熙宁五年（1072）传入西夏；元丰六年（1083）再次传入高丽。该藏并传入越南。另外，吐鲁番出土的若干印本佛经残片显然属于《开宝藏》，说明该藏也传到吐鲁番。就是说，诸周边国家先后都得到了《开宝藏》。那么，敦煌的情况如何呢？现存史料中没有敦煌得到《开宝藏》的明确记载。不过，我们知道敦煌的曹氏归义军政权一直与北宋王朝保持良好的关系，朝贡不绝。由于曹氏崇佛，曾数次求乞金银字大藏经，北宋王朝均予赠赐。从这些情况看，《开宝藏》已经传到敦煌的可能性很大。固然，敦煌遗书中至今没有发现《开宝

---

① 此材料承《法门寺》一书作者陕西长安佛教研究中心陈景富同志提供，特致谢意。

藏》印本①，但这并不能证明《开宝藏》没有传到敦煌，因为敦煌地区确曾拥有的金银字大藏经也不见于敦煌遗书。我认为，很可能传到敦煌的《开宝藏》与金银字大藏经一样，都是当时正在流通使用的经本，自然也就不会被放到藏经洞中。总之，我们不能以敦煌遗书中佛经的有无来推断当年敦煌地区实际流通使用的佛经的有无。

了解了上述背景情况，对于藏经洞的封闭原因，也就比较好理解了。直到五代，由于内地战乱，敦煌又偏处一隅，经典的来源是很困难的。从《沙州乞经状》可知，五代时，敦煌教团曾数次遣人赴内地各处搜寻配补敦煌所缺经典。进入北宋后，由于敦煌曹氏政权与北宋、辽、西夏等保持朝贡关系，对外交涉较多，经典的来源也就比较丰裕。虽然尚无确证，但《开宝藏》有极大可能已传入敦煌，其他地方所刻的一些刻本佛典则确已传入敦煌。与此同时，纸张的生产、流通情况也有了变化。晚唐、五代以来，敦煌地区一直自己造纸。进入北宋后，随着对外交通的发展及敦煌地区自身经济的发展，纸张紧张的状况想必也大大缓解。经典来源的充裕产生了淘汰残旧经卷的需要，纸张状况的缓解又使人们不再想到其背面可

---

① 日本中村不折于1923年得到一卷《开宝藏》印本，传为敦煌藏经洞所出，乃《十诵律尼律》，卷末有"大宋开宝七年甲戌岁奉敕雕造"题记及小字刻工题记"陆永"，本卷首末完整，共由46张纸粘连而成，全长为21.66米。经末捺有一个木印，文为："盖闻施经妙善，获三乘之惠因；赞颂真诠，超五趣之业果。然愿普穷法界，广及无边水陆群生，同登觉岸。时皇宋大观二年岁次戊子十月日毕。"以下并有主事僧姓名。从上述题记可知，此卷乃大观二年（1108）印本，年代较迟，且流传过程无考，是否确系敦煌藏经洞所出颇可怀疑，故此本文不把它作为《开宝藏》已传入敦煌之证据。此材料承童玮先生提供，特致谢意。——原注

经考证，此卷出自山西青莲寺，并非出自敦煌。——2010年6月又注

资利用的价值。于是，非常可能的情况是，在曹氏政权的某一年，敦煌各寺院进行了一次寺院藏书大清点。清点后，将一大批残破无用的经卷、积存多年的过时文书与废纸以及用旧的幡画、多余的佛像等等，统统集中起来，封存到第 17 窟中。由于它们被认为是一堆无用的废物，年深日久，就逐渐被人们遗忘。至于洞外抹的墙泥、绘的壁画，也许与这一封存活动直接有关，也许与这封存活动并无直接关系，而是其后若干年的另一次宗教活动的结果。

那么，敦煌僧人为什么选中第 17 窟作为藏经洞？其间是否如有的学者认为的，有着什么特殊的考虑？第 17 窟原为洪辩的影窟。洪辩是敦煌蕃占晚期及归义军初期的重要佛教领袖，他在张议潮收复敦煌的过程中发挥过积极的作用，故后被唐王朝封为京城内外临坛大德，赐紫衣，充河西释门都僧统摄沙州法律三学教主。有学者因敦煌遗书中存有一些赞颂洪辩的资料而认为，把洪辩影窟当作藏经洞可能是出于对这位高僧的追念。我以为这种说法有点牵强。洪辩生活于公元九世纪中叶，下距藏经洞之封闭几近 200 年。200 年后的敦煌僧人对洪辩其实并不尊敬，人们将洪辩的塑像搬出洞外而将经卷置于洞中就是证明。仔细考察第 17 窟的情况，我认为，敦煌僧人之所以选中它作为藏经洞，大约因其大小适中，刚好可放需藏之物；位置合适，不需爬上爬下，便于搬运。至于敦煌遗书中的一些赞颂洪辩的资料，与数万号遗书相比，其数量实在微不足道；与遗书中所存赞颂其他僧人、其他人物的资料相比，也不见什么奇特之处。因此，可以推测，赞颂洪辩的资料只是偶然被保存下来，又碰巧被送入藏经洞而已。这并不足以说明选中此洞乃因对他的追念。

1990年8月，当我们清点、整理北京图书馆藏原甘肃解京之两箱敦煌遗书残卷时，于中发现两枚鸟粪，它们紧粘在残卷上。据清点工作参加者之一、刚从英国伦敦清理完斯坦因敦煌特藏残剩部分后返京的北京图书馆善本部图书修整组组长杜伟生同志讲，在伦敦也发现了同样的鸟粪。既然这样，就排除了这些鸟粪是解运北京途中混入的可能性。我们知道，藏经洞是个开凿于甬道壁上的密封的洞窟，鸟类无飞入之可能。因此，合乎逻辑的解释只有一个：它们是先附着于敦煌遗书之上，与敦煌遗书一起进入藏经洞的。这说明，这些残破遗书在入洞之前早已被敦煌僧人所废弃，故而粘上鸟粪。

用"废弃说"来观察敦煌遗书，可以使许多问题得到较为合理的解释。为什么在敦煌佛典中，经藏的数量远远超过论藏？那是由于从总体来讲，这儿的佛教义学水平一直不是很高，虽然敦煌也出现过昙旷这样的义学高僧。但自晚唐至宋初，敦煌佛教更注重读经、转藏等修积功德的活动，不太注意义学的钻研。因此，经藏翻得多，需用量大，损坏得也多；相对而言，论藏用处较少，需用量小，损坏也少。所以藏经洞内经藏多，论藏少。例如，据斯1604号，敦煌有"每夜礼《大佛名经》一卷"的宗教活动，《大佛名经》使用频繁，损坏得就多，故现藏经洞遗书中《大佛名经》特别多。又如《大般若经》被当时的僧人们当作"镇国宝典"，也是人们转经的重要对象，故藏经洞所存亦相当多。

为什么敦煌遗书中有的经典留存奇多，达成百上千号，有的经典却一号也没有？一般来说，没有保存在藏经洞中的经典，大体为当时不甚流行的，而留存奇多的经典，一般是当时被认为读诵书写可以有莫大功德，故而十分流行的，如《金刚经》《法华经》《大般若经》《大乘无量寿宗要经》等等。由于十分流行，流通量大，损坏得自然也多。这是问题的一个方面。另一方面，人们为了做功德，常向寺庙施舍经典，所施舍的一般也是那几部被认为功德最大的经典。于是必然造成寺庙积存的某几部同类经典过多，以至最后一股脑儿把它们送入藏经洞。因此，与其他经典相比，敦煌遗书中的上述几种经典往往首尾完具，抄写工整。为什么敦煌遗书中的有些卷子，往往将同一种经典连续抄写好几遍？那是因为在施舍佛经时，有人是自己亲自抄写；有人则是请人抄写。由于下层人民往往不识字，而识字的豪富们又往往懒于动手，于是一批以写经为业的人便应运而生。这种人在当时称为"经生"或"写经生"。他们有的受雇于寺院，帮助寺院抄写、配补佛经；有的自己设肆写经，把写好的佛经卖给那些想做功德的人。经生们设肆写经，自然专写那些在人们的观念中施舍后功德最大的经。遇到篇幅较小的经，如《大乘无量寿宗要经》《般若心经》等时，往往在一个卷子上连抄好几部，任凭施舍者决定，想买几部就剪下几部，送入寺院以求功德。

废弃说也解释了为什么敦煌遗书不是一部完整的大藏经，甚至整部、整帙的都很少，大抵为残头缺尾，破烂碎损；说明为什么其中会有大批本应禁绝的疑伪经，大批过时的文书，作废的契约，错抄的废纸，涂鸦的习字。

我认为，搞清藏经洞的封闭原因，对我们认识藏经洞中文物的性质进而整理研究这些文物都具有重要意义。

例如，有些同志一见藏经洞中存有某种文献，便以为该文献在敦煌有重大影响，并据此立论发挥。站在"避难说"的立场上，这或许可以成立；但站在"废弃说"的立场上则不尽然，必须具体问题具体分析。

又如，在讨论藏经洞封闭年代时，不少同志总是千方百计设法找出到底是哪一种外部势力威胁了敦煌，从而确定藏经洞封闭于何时。以"避难说"为前提，这种研究方法是合理的；以"废弃说"为前提，这种方法则失去其合理性。正确的方法应该排除外部因素，而以藏经洞本身作为考察对象来研究之。具体地讲，藏经洞内遗书所反映的年代当是它封闭的上限；藏经洞外壁画所反映的年代则是它封闭的下限。

最后，应该强调说明的是，主张"废弃说"并不是否定，也不会影响敦煌遗书本身的价值。藏经洞中的只字片纸，对我们来说都是极其珍贵的。即使是一片白纸，也是一张唐纸或宋纸，堪称文物，更无论遗书中包含着的大量可供研究的信息。这里，汉简对我们是一极好的启示。汉简与甲骨、敦煌遗书、明清大内档案一起，被誉为近代四大学术发现。然而究其源，大抵是被守卫西陲烽燧的军士们扔到垃圾堆中的作废文书。又，读《斯坦因考古记》，每每看到他从古垃圾堆中发现文物的记载，以至后来斯坦因每到一地，均把古垃圾堆作为他搜寻宝物的主要目标之一。古今人物价值观念之变迁，此为一证。

附记：

本文写完后，承敦煌研究院贺世哲先生见告，日本藤枝晃、土肥义和两位先生均曾发表论文，主张敦煌遗书"废弃说"，观点与我的相近。并赠以两位先生的有关论文。

藤枝先生的论文是他 1979 年出席在巴黎举行的"伯希和诞生一百周年纪念会"时发表的。中译文发表于《敦煌学研究》，题作：《敦煌藏经洞的一次复原》①。文章较短，不足两千字，主旨是主张从整体对藏经洞文书进行一次整理与复原。文内提出，藏经洞内"封闭的手抄本和残破的祭器同样都是废品"，认为废弃的原因是因为"折装本"的木刻佛经已经传到敦煌，故此手抄写经便无用了，"当作废纸抛弃在其他废物中"。由于我国第一部木刻大藏经《开宝藏》是卷轴本，而藤枝先生这儿讲的显然应该是《开宝藏》。所以，这儿的"折装本"佛经恐怕应该是"卷轴本"佛经之误。因为第一部折装本大藏经《崇宁藏》完成于宋徽宗崇宁三年(1104)，其时敦煌藏经洞已经封闭。藤枝先生并提出敦煌遗书部分佛经的基础是存于一个或两个佛教寺庙中的一部或两部大藏经。

土肥先生的论文发表于 1987 年 11 月出版之 *Monthly Mitsubishi*，当时未见原文，贺世哲先生赠送给我的是一篇未发表的中译文复印稿，1991 年我在英国伦敦时见到日文原文。该文题为《因废弃而留存至今——推测敦煌遗书之谜》。文章也不长，认为："从宋初到第三代皇帝，都把复兴佛教作为国家的政策之一。从 960 年到 1004 年，以首都开封的寺院为中心，举行了全国规模的大藏经的整理与编纂。为了翻译新的佛典还设立了官办的翻译所。这一影响波及敦煌，敦煌的十八所大寺在教团的领导下也进行了大规模的写经事

---

① 参见《西北师院学报增刊》，1984 年 11 月。

业与一切经的整理。……约在990年至1002年左右，诸寺代代积累的无用的旧经典、课本、古文书，以及新的无用的玉池、反面已经用过的纸张等等，大概已经堆积如山。于是，敦煌的佛教教团便把它们统统放到远离城镇的第十七窟中。"亦即把废弃的原因主要归结为敦煌当地写经事业的发展。

得知两位先生均持废弃说，我既高兴，又惶恐。高兴的是遇到了学术观点上的知音，也进一步增加了自信。惶恐的是两位先生早就对此问题发表了论文，而我竟然一点也不知道，实在太孤陋寡闻。我一方面对两位先生率先提出这一问题表示钦佩；同时也觉得把废弃的原因完全归结为《开宝藏》的传入，或完全归结为敦煌本地造藏事业的发展都不太全面。这些遗书所以被废弃，原因是多方面的，应该立体地看。

藤枝先生认为敦煌遗书中的佛经主要是保存在一个或两个寺院中的一两部大藏经的残剩部分，这一观点恐怕还值得再斟酌。从敦煌遗书可知，敦煌各寺庙或多或少都藏有佛典。敦煌各寺庙处在统一的佛教教团的管辖之下，进行统一的活动。因此，藏经洞的遗书实际并不是从一两个寺庙清理出来的；而是在敦煌教团的统一安排下，从各个寺庙清理出来的。从现存敦煌遗书之题记，也可以知道它们不是出于一两个寺庙。

另外，虽然对新藏经的来源尚有不同看法，但两位先生都主张随着新藏经的流通，原来的旧藏经统统没用了，全部被放入藏经洞。从而提出依据藏经洞遗书来复原其旧藏经。我认为这一看法也值得斟酌。虽说其时《开宝藏》很可能已经传入敦煌，但当时刻本藏经是非常珍贵与罕见的，民间仍然以写本藏经为主要的流通本。这只要看看在人文荟萃的浙江等地，北宋时还修造了《金粟山大藏经》等好几部写本藏经即可明白。由于写本藏经还在流通，所以放进藏经洞里的只能是那些已经实在不堪使用的部分与多余无用的部分。今天我们整理敦煌遗书，固然应该尽量把这些佛典放到它们当时所处的学术位置上[①]，但恐怕已经无法完全恢复其原貌。

附注：

(一)

敦煌遗书原属佛教寺院。关于这一问题，前此研究者或未注意，或注意但作为当然事实接受，未作论证。本文论证了敦煌遗书原属佛教寺院，由此揭示了传统"避难说"难以自圆其说的内在矛盾，进而系统论证了敦煌遗书"废弃说"。"避难说""废弃说"两词为本文首创。

从现有资料看，斯坦因早期曾经有"废弃说"的想法，但后来放弃，改而接受伯希和的观点。藏经洞发现后，中国早期收藏题跋中，也有人提过这种猜测，但未作论证与引起重视。藤枝晃、土肥义和曾提出这一观点，但论证粗略。因此，统治敦煌学界的"避难说"没有被撼动。

---

① 参见方广锠：《敦煌汉文遗书分类法（草案）及说明》，载香港《九州学刊》第四卷第四期，1992年4月。

1990年"废弃说"提出后，1991年1月2日《光明日报》作了报道，4、5月间的《人民日报》（海外版）作了报道，论文发表在《中国社会科学》1991年第5期，对"避难说"产生重大冲击。其后，荣新江先生提出的"图书馆说"，企图解释敦煌遗书何以大多残破，以弥补"避难说"的漏洞。曾有先生撰文指出，最早提出"图书馆说"者为藤枝晃。但藤枝晃以"图书馆说"证成"废弃说"，荣新江则以"图书馆说"证成"避难说"，两者立足点不同。

荣新江"图书馆说"对本文提出的支持"废弃说"的大部分论据基本没有应对。他的主要依据是三界寺道真（约915～987年）补经，主张藏经洞是道真储经处，亦即三界寺的图书馆。道真补经确是一个历史事实，这一点本文也曾经提到。有关这一事实的遗书存有多件，特别是存有完整的道真补经目录2号，说明道真补经的规模有限。荣新江谈道真补经而回避这2号道真补经目录，在文章中有意无意地夸大了道真补经的规模及涉及的时段。此外，"道真储经处"与"三界寺图书馆"是两个不同的概念，主张两者同一，需要拿出证据，荣新江却没有提供证据。又，道真补经乃其早年的活动，长兴五年（934）已经完成。藏经洞封闭于咸平五年（1002）之后，间隔了约70年。即使以道真逝世的987年起算，距离藏经洞封闭也有约20年。敦煌遗书中有一大批产生于道真补经之后的并非三界寺的东西，特别是集中出现一批1002年报恩寺补修藏经的资料，荣新江对此完全回避。荣新江赞同避黑汗王朝之难，其实，打开地图便知，这是站不住脚的。诸多资料证明，当时敦煌诸寺存有多部精美藏经，按照"图书馆说"，则唯有三界寺为避黑汉王朝之难而藏匿破烂,且顺便藏匿了其他寺院的破烂,而其他10余寺院却均无动于衷,岂非咄咄怪事?总之,"图书馆说"企图弥补"避难说"的漏洞,却捉襟见肘,无法自圆其说。

此后,又有研究者先后提出"末法说""供养说"。

"末法说"可谓"避难说"的又一变种,它不但依然无法解释传统"避难说"的内在矛盾,且增加了新的矛盾——中国末法思潮的产生年代与藏经洞封闭时代完全无法吻合。故"末法说"也不能成立。

"供养说"则是"废弃说"的延伸,力求解答神圣之物何以被废弃。佛教对三宝的供养有多种形态,但总的来说,如为供养,需要常年进行;香火如废,则无所谓供养。故按照佛教处理破旧经书、法物的传统,了解佛教的供养仪轨,可知即使这批遗书在被废弃前曾举行过供养仪式,但其后并无持续香火。故无论最初动机,还是实际结果,这批遗书依然是被废弃。

(二)

本文初稿写于1990年,距今已有20年。20年来,本人一直从事敦煌遗书的调查与编目,掌握了更多的资料。因此,本文的有些数据,现在应该修订。

本文第二部分提到,"《开元大藏》共收佛典1076部,据粗略统计,敦煌遗书中的佛典只有170部左右"。这个数字已经过时。根据数据库最新统计,藏经洞中属于《开元大藏》已收的佛典有近400部。参见拙作《敦煌已入藏佛教文献简目》,载《敦煌研究》2006年第一期。部数虽然增加,结论不受影响。

第二部分提到,敦煌遗书绝大部分残缺不全,但没有提供具体数据。根据最近统计,截至 2010 年年初,中国国家图书馆收藏敦煌遗书总计为 16 578 号。其中同时具有天竿与尾轴的佛典,只有 8 号。也就是说,从文物状态考察,16 578 号中,真正完整的卷轴装只有 8 号。如果说,中国国家图书馆所藏乃劫余之物,不足为据,则我们可以拿最有典型代表性的英国斯坦因特藏为例。英国共收藏汉文敦煌遗书 14 000 号,其中真正完整的卷轴装,只有 30 号。

如果我们不从文物形态考察,仅考察其文献形态,亦即不管有无天竿、护首、尾轴,只要文献本身首尾抄写完整,就算做完整(编目实践中,我们的尺度更宽:哪怕首部残缺,只要略存首题,就算首全;哪怕尾题失落,只要尾部经文完整,就算尾全),则中国国家图书馆敦煌遗书中数量最多的 8 种经典的情况如下:

表 2 中国国家图书馆敦煌遗书中数量最多的 8 种经典统计表

经　名	总数	首尾完整数	占总数比例
无量寿宗要经	1 150 号	204 号	17.7%
大般涅槃经	898 号	70 号	7.8%
佛名经类	480 号	26 号	5.4%
大般若波罗蜜多经	2 502 号	89 号	3.6%
维摩诘所说经	693 号	20 号	2.9%
金光明最胜王经	920 号	16 号	1.7%
妙法莲华经	2 826 号	31 号	1.1%
金刚般若波罗蜜经	1 471 号	10 号	0.7%
总　计	10 940 号	817 号	7.5%

第二部分还提到的："一方面是不少佛典一号也未留存；另一方面是有些佛典重复奇多。"上表所列，已经充分说明这一点，因为国家图书馆共有敦煌遗书 16 578 号，8 种数量最多的经典便有 10 940 号，占总数的 66.3%。 如果说国家图书馆乃挑剩的残余，故佛典居多，则我们可以看一下敦煌遗书整体的相关数据。

目前我的数据库中共输入中、英、法、俄四大收藏及散藏敦煌遗书数据近 60 000 多条，其中：

妙法莲华经　约 7 800 条

大般若波罗蜜多经　约 5 400 条

金刚般若波罗蜜经　约 3 500 条

大般涅槃经　约 3 200 条

金光明最胜王经　约 2 000 条

无量寿宗要经　约 1 800 条

维摩诘所说经　约 1 500 条

佛名经类　约 1 200 条

以上 8 种共计 28 700 条，占总数的约 44.2%。 也就是说，全部敦煌遗书中，仅上述 8 种经典的数量，几近总数的一半。

本文最初发表时，提到北宋《开宝藏》当时可能已经传到敦煌，但没有作明确的结论。 现在，我们可以肯定地说，藏经洞封闭时，《开宝藏》已经传入敦煌。 依据即上文已经提到的《宋会要辑稿》蕃夷五之三所载"沙州乞赐国朝新译佛典"，此事发生在曹延禄主政期间。 我们知道，《开宝藏》第一批版片，开雕于开宝四年(971)，完成于太平兴国八年(983)，计 13 万块。 当年运到东京，存入开封府内太平兴国寺译经院西侧印经院。第一批版片只包括《开元释教录·入藏录》部分，咸平初年，由译场证义字学沙门云胜主持，改正错误文句，并补充从太平兴国七年到咸平二年（982～999）间新翻译的279卷入藏。曹延禄咸平四年（1001）被授予归义军节度使，可知咸平年间沙州与北宋往来频繁。据《宋会要辑稿》，曹延禄所请仅为新刻印的"国朝新译佛典"，这说明沙州原本已经得到《开宝藏》第一批印本，咸平年得知《开宝藏》增补宋朝新译佛典，便遣使求情，以为补缺。故此事很可能发生在咸平三年（1000）或咸平四年（1001）。

2018年，笔者带领一个团队在法国国家图书馆从事敦煌遗书编目，意外发现《开宝藏》残卷一件。此《开宝藏》非出于藏经洞，而是伯希和在伯编181号窟（今莫高窟北区494窟）发现的。出土文物与文献资料相互印证，证明《开宝藏》的确已经传到敦煌。此残卷不存于藏经洞，说明藏经洞封闭时，此《开宝藏》属于尚在使用状态。这也是对所谓"避难说"的有力反驳。

如前所述，我不赞同藤枝晃主张《开宝藏》传入，写本藏经废弃的观点。因为这不符合藏经洞中敦煌遗书的实际情况：藏经洞中没有一部完整的大藏经。正因为藏经洞中没有完整的大藏经，故从学理上说，我们现在整理敦煌遗书中的佛教经典，可以编纂为《敦煌遗书佛教典籍集成》，却无法编出一部《敦煌大藏经》。藤枝晃没有把握北宋大藏经流通的基本特征：写本藏经、刻本藏经共同流通，且以写本藏经为主。以为刻本一旦出现，写本马上退位，这是不对的。但是，经典来源的丰富多样，可用的经典的充裕易得，应该是藏经洞封闭的客观环境。

图1　粘有鸟粪的敦煌遗书

这些年整理敦煌遗书,面对大量年代久远不同,但均残破、油污、水渍、霉烂、火烧、脏污、沾满鸟粪、结有虫茧、洞穿、剪破的敦煌遗书,心驰鸣沙山下,遥想当年沙州僧人到底是如何处理这些废弃佛典的。我发现一件佛经(见图1),背面写有帙号,显然曾当帙皮使用。其中一小段密密麻麻全是鸟粪,其他地方洁净无鸟粪。当我们尝试依然用它当经帙,卷裹起若干卷经时,发现有鸟粪的一段恰好在表面。也就是说,当年这一帙经典可能放在诸多废弃经帙的最上面,旁边挤挨着其他经帙。年长日久,裸露在上边的部分便积满鸟粪,而被挤挨的左右两边及经帙下端依然洁净。也就是说,在古代敦煌寺院,应该有一个专门存放废弃经卷的房屋,它不是一个封闭的洞窟,而是一个开放的场所,小鸟可以飞入。

功夫不负有心人,我们终于发现了这一场所。敦煌遗书北敦07711号(千字文号:始11)(见图2),为《大般若波罗蜜多经》(兑废稿)卷五一六,仅一纸。卷上边有1个"兑"字,说明此乃错抄以后的兑废纸。卷尾有题记:"此一纸请于故经处安置为宜(?),恐得罪。"这条题记充分证明为了防止亵渎字纸、亵渎佛典,敦煌寺院的确有专门存放废弃经典的地方,名称叫"故经处"。

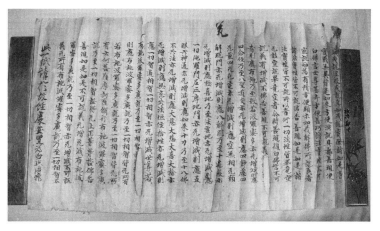

图 2　敦煌遗书北敦 07711 号

(三)

需要强调的是，我所以执著于鼓吹"废弃说"，目的是想提醒敦煌学界的诸位研究者真正把握藏经洞遗书的性质。只有真正把握藏经洞遗书的性质，才能更好地开展对它的研究。遗憾的是，由于研究者一般很难接触原件，特别是大量接触原件，故难以对敦煌遗书形成一种全局的把握。更遗憾的是，学风的浮躁，使有些研究者既不看原始资料，也不看原创性论文。有人论述问题，对原始资料采取随意剪裁的态度，对不符合自己观点的材料，视同不见。而对"废弃说"，却没有几个人是真正看了我的原文再来评论的，大抵是人云亦云。

原来有意写一系列文章，进一步阐明我的观点。后来觉得没有必要。在上述两个问题没有得到改善的情况下，再写文章也没有用。再说,提倡一个观点,固然离不开宣传;但真理之所以是真理,主要不在宣传,而在于它自己的生命力。"废弃说"揭示了藏经洞封闭的真相,则它迟早会得到人们的普遍赞同。我现在应该做的,是尽快把《敦煌遗书总目录》编纂出来,等到研究者都能够从总体来把握敦煌遗书之后,"废弃说"就是一个顺理成章的结论,藏经洞的封闭之谜也就不是一个谜了。

4

敦煌遗书与敦煌藏经洞(下)

三、敦煌经帙[1]

经帙,即用来包裹经卷的用品。一般称为"帙""帙皮""帙子"。也称为"书衣",喻其如书之衣裳。经帙的形制有的如囊,但大多如包裹皮。后者又有种种形态,有的缀有缥带,有的无缥带。有缥带的帙皮,其缥带的数量及部位又互有不同。从经帙质料来讲,有纸质、布质、竹质等等。考究者则用绸、绫、锦等制成。经帙的产生,与大藏经篇幅剧增,故而采用合帙管理有关。

南北朝时,我国大藏经的收经数量已经达到三千卷以上,到了唐高宗时,已达五千余卷。这么多的经卷集中在一起,没有一个较好的管理办法,将很难查寻。合帙就是我国古代僧人管理大藏的办法之一。所谓合帙是依照经典本身的内容与篇幅,大体每十个卷轴分作一个单位,叫做"一帙"。合帙起于何时,现在很难查

---

[1] 本文原为1992年北京房山敦煌学术研讨会论文。略作修订后载《敦煌学辑刊》1995年第一辑。后收入《敦煌吐鲁番学研究论集》(书目文献出版社,1996年)、方广锠《敦煌学佛教学论丛》(香港中国佛教文化出版有限公司,1998年)。此次按《敦煌学佛教学论丛》收入,略有修订,并新加附注。——2010年6月注

考。南朝梁沈约《内典序》曰:"经记繁广,条流舛散。一事始末,帙异卷分。"①可见当时已经流行合帙。我国有着深厚的文化传统,历代典籍浩如烟海,其中鸿制巨篇不在少数,公私藏书也十分兴盛。因此,合帙的出现,想来并非佛教僧人的首创,而是公私藏书家在整理传统文献时的一种创造,僧人们只是采用了传统的合帙方法以管理日益增长的佛教大藏经而已。不过,世事流迁,沧海桑田,古代合帙情况究竟如何,帙皮的规格、用法究竟如何,我们今天只能依据古籍有关记述而略知其仿佛。赖有敦煌藏经洞保留大批古代佛典,其中不少存有帙皮,使我们增加了许多新的知识。因此,研究敦煌经帙,不但可以使我们了解古代僧人是怎样管理佛教大藏经的,而且可以由此了解我国传统的书籍管理庋藏制度以及有关知识。

本文即拟介绍我所见到的藏经洞出土的若干帙皮以及关于经帙的一些资料。

(一) 竹帙

不少敦煌遗书均反映敦煌当时流通使用竹制帙皮,如下文要提到的孟1704号就提到竹帙子。又如斯5594号提到竹帙皮可分两种:细竹帙与粗竹帙。据我所见的现存敦煌竹帙共有四件,一件存于英国,三件存于法国集美博物馆。

---

① 《艺文类聚》卷七七。

1. 现存英国的那件编号为 MAS859(ch.xx006)，长方形，长 43.0 厘米，宽 26.8 厘米。褐红色。表面有粗细相间九条锦带，带上有各种花纹。全帙系靠锦带连缀而成。做工细致考究。上下竹条已经缺损。左上角有一方形织锦签条，上为"阴"字，意义待考。在 Roderick Whitfield 所编 The Art of Central Asia，The Stein Collection in the British Museum Ⅲ中有图版。编为第 7 号。

2. 集美博物馆藏 EO1209/1 号，因考察时没有带尺子，无法度量长度与宽度。形制与英国所藏完全相同，长度、宽度想必也相同。下方竖贴一张纸签，上面墨书："《摩诃般若经》，第一帙。" 边缘已经破损，竹条有残缺。

3. 集美博物馆藏 EO1200 号，大小形制与前相同。但左上角有一织锦签条，上为："《大智论》，第一帙。"保存尚好。

4. 集美博物馆藏 EO1208 号，大小形制与前亦相同，但竹条甚细。所以我认为这一号或许就是所谓的"细竹帙"。值得注意的是，该号背面粘有一份文书，是一件唐王朝的正式告身。现据考察时的录文过录如下：

录文：

（前残）

1. □经年载挺刃推锋屡闻克

左丞

2. 护军　令狐怀寂

3. 书右符到奉　行

4. 主事　师伦

5. 令史

6. 书令史　苏淳

（后残）

说明：

1. 第一行前有两个残字，已不可辨认，可辨者唯两字的偏旁，一为"马"，一为"方"。

2. "左丞"为细字，附注于"载挺"旁。故录文时亦不占行。

3. 第一、第三两行从上至下各排印四颗官印，文甚漫漶，经辨认，为"尚书吏部之印"。

4. 第五行上部有四个字，前三字不清，后一字为"梵"。这四个字似为后来所加，非原告身所有。

5. 第六行后有六字，前四字为"前件至者"，后两字不清，唯可认出偏旁，一为"方"、一为"亻"。此六字倒写，且与前述告身不是同一张纸，估计也非告身原文。

6. 据荣新江先生告知，集美博物馆已在 Crientataions 中发表了这一竹帙及其背面文书的照片。唯照片较小，文字差可辨认，印章无法看清。

"令狐"是敦煌大姓，可以肯定，这份告身是唐中央政府发给家居敦煌的这一令狐怀寂，作为对他历年屡建军功的奖掖。所以这份告身流落在敦煌，最终被人粘贴在竹帙上。这份告身虽未署年月，但时代不会很迟，估计当在敦煌陷蕃之前。由此，我们可以认为上述四件竹帙的年代也不会很迟，也应在敦煌陷蕃之前。英国学者把英藏的那件竹帙定为七至八世纪的遗物，我认为是可以信从的。

敦煌地处西北，本地并不出产竹子。这些竹帙的做工非常精良、考究，织锦华美、精致，甚至附有工艺难度相当大的织锦的经名签。因此，我认为这些竹帙并非敦煌当地所产，而是从中原传入的。具体地讲，它们应是唐王朝御赐之物。我们知道，唐王朝曾向敦煌御赐过大藏经，因此，上述竹帙很可能就是随着那批御赐藏经一起到敦煌的。如果上述推测可以成立，那么，唐朝宫廷皇家官藏的帙皮是否也是竹帙呢？

大历八年(773)十月，唐代宗为祈求女儿琼华真人身体健康，发大内藏经一部，赐给大兴善寺的不空。不空为此拜表谢恩，表中称此藏经："并是旃檀香轴，织成彩帙。"①这儿的"彩帙"当然很可能是指用锦缎制成的帙皮。不过我觉得这儿的"织"字很值得吟味。如果帙皮确是用锦缎制成，则一般似乎应该用"裁""制"之类的词。但这儿用"织"，则似乎意味着这些帙皮是直接织成的。当然，下文将提及的孟1704号中就有"独织帙子"的说法，因此，看来当时的确有直接织成的帙皮。但是，如果把这儿的"织"字理解为"编织"，则这部御赐藏经的经帙也很可能就是竹帙。现存敦煌竹帙本色为红褐色，上有九条五彩的锦带，当其崭新时，想必一定光彩焕然。

比较而言，竹帙硬实挺拔，要比其他质料的帙子更能起到保护经卷的作用。竹帙的宽度与经卷的宽度大体相同，由此可以推测其包裹方式应为：先将经卷平放在竹帙上，然后卷起，再用绳子捆

---

① 《大正藏》第52卷，第843页。

绑。经卷的轴头露在外面，轴头上有书签，人们可以依据轴头的颜色和书签来判别经卷的内容。帙皮上也有经名签条，也可据以取、放、管理。

(二) 织物帙皮

织物帙皮（包括布、锦、绫、缎等各种织物质料的经帙）可分两种，一种纯用织物为原料，一种同时用纸作衬里。有纸质衬里的又可以分为两种，一种中间用纸做夹层，两面为织物；另一种一面用织物做表层，一面用纸做衬里。我见到的织物帙皮有如下一些。

1. 法国集美博物馆藏 MG23082 号，单层麻布做成，大体为正方形，形如包裹皮。两角各缀有一根带子。上有墨书四行：

道/

大方广佛华/

严经第四帙/

旧译/

如果把这块正方形帙皮的四角按照正东、正南、正西、正北的方向摆放，它的两根缥带分别缀在正东、正南两角。经名则写在正北角的下方。

2. 法国集美博物馆藏 MG23083 号，形制与前完全相同，上面有墨书经名二行：

姜/

摩诃般若第一帙/

3. 上海博物馆与香港中文大学文物馆合作编辑出版的《敦煌吐鲁番文物》（1978年6月）第9页有一张照片，题为"自藏经洞取出之经卷"，照片上均为用帙皮包裹着的一帙帙经卷。其中有一个帙皮露出如下两行字：

海/

　摩诃般若□□□/

这张照片应是伯希和或斯坦因所摄，也就是说，这个帙皮也应藏在法国或英国，遗憾的是，此次在英、法考察，未能找到这块帙皮。

上面三块麻布帙皮形制完全相同，字体也都一样，可以肯定，它们属于同一批。帙皮上的"道""姜""海"都是千字文帙号，与我复原的《开元释教录·入藏录》[①]上所附帙号完全相符。根据帙号，完全可以肯定，照片上被压住的字应该是："第二帙"。

根据照片，用这种帙皮包裹经卷时，连同轴头一起包裹在内。因此，其包裹法应该是：把经卷按照正南、正北方向摆放在帙皮上，然后把正西角翻上，包裹好，再将正东角翻上，包裹好，其缥带先虚放着。最后把正南、正北两个角提起，打结。正南角的缥带横向环绕，方向与正东角缥带相反，两带环绕捆绑打结。这样，原来写在正北方角下的经名刚好在轴头处，不致被其他经帙压没。MG23082号的经名、帙号所以分写成四行，就是为了让它们全部在轴头部位显示出来，不致被压没。

---

① 参见方广锠：《八—十世纪佛教大藏经史》，中国社会科学出版社，1991年。

千字文帙号产生于会昌废佛之后，流传到敦煌已是晚唐、五代以后的事。因此，上面几块帙皮的年代应属归义军时期。

4. 斯 10855 号，长 47.6 厘米，宽 28.1 厘米。麻布为表，左上端书："《大般涅盘经》第二帙"。右部有红墨水书写"FRAGS Class I"。表面正中缀有长带，带长约 86 厘米，正中订在帙皮的中央，两头可捆物。内糊纸衬，四边麻布折边，所折宽度不一，为 0.4～1.3 厘米。从这块帙皮的宽度以及缥带所在的位置，可以推测其捆法应是先把帙皮表面向下，内面向上放好，然后把经卷放在内面，用帙皮包起，再用订在帙皮上的带子环绕捆绑。用这种帙皮包裹经卷，轴头也全部在外面裸露着。

5. 斯 11463 号，长 43.7 厘米，宽 27.5 厘米。表面为麻布，内糊纸衬。与上一号不同的是，本号表面四边均用麻布缝一条护边，约 3.5 厘米宽。另外，本号表面、内面两面均订有缥带。表面的缥带约 2.5 厘米宽，一端尚完整，一端已残。据完整的一端推测，全长应为 64 厘米。内面的缥带宽 2～4 厘米不等，全长 68 厘米。其捆绑方式应为将帙皮表面向下放好后，把经卷放在摊平的内面，先用内面的缥带缥好，然后把帙皮裹起，再用表面的缥带重缥一次。轴头也裸露在外。

6. 斯 11464 号，长 46 厘米，宽 28 厘米。麻布为面，内糊纸衬。形制与斯 11463 号完全相同。但表面所订之缥带已经残缺，只剩订在帙皮上的一小截。内面缥带也仅存 41 厘米长的一段。表面有蒋孝琬书"番经"，"由 1080 至 1098 择去"。数字为苏州码子。可见这块帙皮原来所包裹的是藏文经典，后经蒋孝琬整理过。

另外，表面还有红墨水书写"FRAGS Class I"。

7. 藏于英国维多利亚博物馆，编号不详，两面均为绸子，中间为纸衬。用线缝起，针脚粗，为回文。上端缝有两根缥带，带脚不在帙皮的角上，而是略微向里。捆绑时想必把经卷放在帙皮的一端，顺势卷起，到另一端后用两根缥带反向缠绕捆绑。

8. 新1852号，北京图书馆藏。长49厘米，宽27.5厘米。麻布为面，内有纸衬。四周向里折边，折边不等，约5～2.5厘米。现纸衬大多残损脱落，仅余少许。不见缥带痕迹，不知为已经脱落，还是本来就没有。残纸上有"木斋审定"方形朱印一枚。此经帙原出于敦煌藏经洞，后为李盛铎所得，转于何遂，五十年代初何遂先生捐赠给北京图书馆。

9. 斯13880号，麻布经帙，长19.8厘米，宽20.7厘米。基本上为一正方形。四角缀有缥带，带长8厘米，宽2.7厘米。从这块经帙的大小，可以推测它不是包裹卷轴装的经卷，而是包裹书册形经典用的。方法应是将书册平放在经帙上，再分别将对角的两根缥带缥起。我们知道，宋以后，书册装的书籍都采用各种形制的函套。这块帙皮则告诉我们在函套出现之前，书册装的书籍是用什么方法保护的。

上述有纸质衬里的帙皮，这些纸衬上大多写有各种文献，出于保留原件原貌的考虑，未作揭开处理。

10. 大英博物馆藏，编号为MAS858(ch.x/VIII, 001)，长78.6厘米，宽30.6厘米。在前述Roderick Whitfield书中亦有图版。编为第6号。该书定其为经帙，但该经帙的形制比较古怪，与本文前述袋形、包裹形均不相同，而与敦煌出土的许多经幡的幡头完全相似。可参见该书中第10、11、12等号经幡的图版。所以我怀疑它或者不是经帙。如果确实是经帙的话，想必是利用残破经幡的幡头改制的。表面有一"开"字，意义待查。

大英图书馆还藏有一些麻布残片，其中包括一个布囊，编号都在斯10000号之后。是否也属于经帙，尚需进一步研究。

(三) 纸质帙皮

敦煌遗书中保存下来的纸质帙皮很多，本文无法一一介绍。这里仅介绍几件比较特殊的。

1. 斯10856号，为较厚的硬麻纸，单层。长48.9厘米，宽29.5厘米。正反两面的四边均用2.5厘米宽的紫色纸粘了一条护边。护边的作用想必是为了保护帙皮的四边不致磨损。有意思的是在表面上下各约5厘米处用墨笔打了两条宽为2.1厘米的框格，涂为黄色。我以为这种彩条大约是为模仿竹帙或织物帙皮的样子而画的。本帙皮右上角有："摩诃帙"三个大字，"第四"二个小字。意为系《摩诃般若波罗蜜经》第四帙。

2. 斯11455号，形制与上一号完全相同。长50厘米，宽29.7厘米。左上角写："四十三帙""净土"。可知是净土寺收藏《大般若经》第四十三帙用的帙皮。

3. 斯11049号，形制与上两号完全相同，但左端部分已经残缺，现存长44厘米，宽29.8厘米。据残存笔形，可知左边有墨书:"五十九帙","净土"。亦即为净土寺收藏《大般若经》第五十九帙所用的帙皮。表面并有蒋孝琬写:"608至622,内提去608,有如意年号在外。外又有番经二卷提在外。"文内"内"至"如意年号在外"等十余字又被用红笔划去,旁用红笔加注"仍放在内"。数字均为苏州码子。由此可知,当蒋孝琬整理时,该帙中汉、藏文混杂捆绑。此应是该帙进入藏经洞的原貌。

敦煌经帙的纸质帙皮大多为多层纸粘贴而成。所以上述单层纸质帙皮就显得比较特殊。尤其他们有意仿照其他质料的帙皮,画上彩条,更为稀见。蒋孝琬等人的著录,又使我们对英藏敦煌遗书的早期整理情况增加了知识,也说明它们在入藏之初就是一堆杂物。

至于多层纸制成的帙皮,在大英图书馆、北京图书馆都藏有多号。大英图书馆所藏除个别留作标本外,已经全部揭开。这里仅介绍其中已经揭开的二件,由此可见其余诸纸质帙皮的情况。

(1)斯11453号,全帙系用十三张破纸粘贴而成。简况如下:

A 引首残纸,上有"三十、队、三"字样,旁注"三帙(?),十"。

B《大般若经》残片,与E同纸。

C《大般若经》残片,与D同纸。

D《大般若经》残片,与C同纸。

E《大般若经》残片,与B同纸。

F 签条,上书"三十四帙"。

G 帙皮护边,存三边。

H 印历,(详见下文),背面两纸接缝处有朱印。背有"一百六十五,了"。

I 同上，背面为"一百六十六，了"。

J 牒状。

K 同上。

L 同上。

M 帙皮之表层，上面有墨书"《大菩萨藏经》第二帙十卷，莫"。

（2）斯11459号，全帙系用九张纸粘贴而成。简况如下：

A 似为小乘论，待考。卷面有一大"兑"字，显系兑废之纸。

B 帙皮的护边。素纸无字。

C、D、E、F、G、H均为印历。

上述C到G六号的纸张、内容完全相同，与前述斯11453号中提到的H、I两号也完全相同，故原为同一文献。因年久无用，所以被撕为数纸，粘贴为帙皮。G号尚留有首题，谓："兵曹司开元十五年十二月印历，典柱言，官梁元"。可见原件应为开元年间兵曹司用印的记录。在C、D、E等号上都有残留印文，似为"翰海军之印"。C号背面有"二百四十三，了"字样。与前格式一致。至今我国不少单位用印仍都有记录，以备查考。看来这一制度源远流长。此亦可供研究我国古代行政制度、公文制度者参考。

I 帙皮之表层，上面有墨书"《阿毗达磨顺正理论》第四帙十卷，古，若"。

（四）草帙皮

法国集美博物馆藏有一件帙皮，编号为EO3664，粗看以为是竹帙，但条篾甚细。仔细审察，方知为用编草席的同一原料编成的。在以往的各种典籍中似乎还没有用草作原料来编织经帙的记载。这件经帙的发现，为我们提供了新的资料。

上面我根据目前所掌握的情况，介绍了竹、织物、纸、草四种帙皮共20号，其中一号原来是否确为经帙待考。从其余19号的情况，也可知敦煌经帙五花八门，十分复杂。这种情况在其他敦煌遗书中也有反映。可以参见下面这份敦煌遗书：

孟1704号(ДX1058)，见载于孟列夫教授所撰《亚洲民族研究所所藏敦煌汉文写本注记目录》第一辑，书后并附有该号的书影。书影有若干字不甚清楚，本文据我在列宁格勒考察时的录文过录。原件残破，25.5×32厘米，卷面有残洞。录文时保留原文行款，加行号，错别字照录，将正字注于其后的（）内。据残存字形及上下文意补出的字用［］表示之。原件残破且无法确知其残缺字数者用☐…☐表示之。

录文：

（前残）

01. ☐…☐《［大方］广十轮经》竹［帙］子／

02. ☐…☐《日藏分》紫绵绫帙子壹个／

03. ☐…☐《十住经》非(绯)绵油(绸)帙子壹个，《度世经》非(绯)／

04. ☐…☐子壹个，《本行集经》竹帙子陆个，《摩诃［般若］／

05. ☐…☐绵绫帙子肆个，《大集譬喻王经》绯绵绸帙子壹［个］／

06. □…□帙子壹个,《最胜王经》紫绵绫帙子壹个,《入[尊]/

07. □…□绵绸帙子壹个,《维摩诘经》绯绵绸帙子壹个,/

08. □…□独织帙子壹个,《法集经》竹帙子壹个,/

09. □…□轮经》竹帙子壹个,《等集众德经》无,/

10. □…□《[萨]遮女(尼)干子经》绯绵绸帙子壹个,《大法炬陀罗/

11. □…□《大方等大雨经》竹帙子壹个,《菩萨璎珞/

12. □…□子壹个,第二无帙子,《菩萨善戒/

13. □…□[报]恩经》绯绵绸帙子壹个,《大树/

14. □…□[帙]子壹个,《观佛三昧海经》竹帙/

15. □…□伽经》绯绵绸帙子壹个,《般若道/

16. □…□个,《解节经》无帙子,《五千五/

(后残)

上述孟1704号提到的帙皮有：竹帙子、紫绵绫帙子、绯绵绸帙子、独织帙子等多种。由于该遗书显然是对于某寺某部藏经的帙皮情况的实录，故而，看来在有些寺庙中，藏经所用的帙皮五花八门，并不统一。一般来讲，同一部大藏经的经帙应当基本统一。但孟1704号所示的敦煌经帙却是如此繁杂，这是为什么呢？我想，这大概是因为这些藏经使用的年代久远，原来的帙皮不断地因为破旧不堪而被淘汰，被新的帙皮更新。但由于这种更新不是大规模地进行，而是不断地个别地进行，时间一长，就形成孟1704号这样的情况。因此，间隔一定的时间，有条件时，对全部帙皮进行更新便是敦煌教团的宗教活动之一。下面两份遗书反映的就是这种情况。

这两份遗书是现知敦煌遗书中有确切纪年而且年代最迟的卷子,现藏于圣彼得堡东方研究所,编号为孟1696号。该号为两个单张,分别编为Φ32A(1)与Φ32A(2)。现录文如下:

Φ32A(1),长16厘米,宽30.3厘米。有文字四行。录文时行间添加字径直加入行内。

录文:

1. 施主敦煌王曹宗寿与滲北郡夫人汜氏同/
2. 发信心,命当府匠人编户造帙子及添写卷轴入报恩寺/
3. 藏经讫。维大宋咸平五年壬寅岁五月。/
4. 十五日记。

(录文讫)

说明:

1. 首行"敦煌王"旁有"节度使"三字,又抹去。
2. 尾有"报恩寺藏经印"两方。

Φ32A(2),长17.2厘米,宽30厘米。有文字四行。录文时行间添加字径直录入行内。

录文:

1. 施主敦煌王曹某与滲北郡夫人汜氏同发信/
2. 心先命当府匠人编造帙子,后请手笔添/
3. 写新旧经律论等,通共成满报恩寺藏/
4. 教讫者。维大宋咸平五年壬寅岁七月十五日记。/

(录文讫)

上述两号,一号写于咸平五年(1002)五月十五日;一号写于七月十五日。据此可大致推测，在咸平五年，曹宗寿曾经为报恩寺配补藏经，包括编造帙皮及配补经卷两个方面。大约是从五月十五日开始，到七月十五日结束，两个月间，把报恩寺的藏经配补齐全。至于经帙，在宋代，一部大藏经一般均为五百帙以上，需要帙皮五百多个。如果全部换成新的，需要一定的财力。因此，寺院一般均要找一个曹宗寿这样有钱有势的外护。敦煌遗书中还有曹元忠布施做帙皮用锦的记载，想必也属同类。此次之配补经帙，不知是将原帙全部换新，还是只替换其中的不堪使用者。但不管怎样，此次已将报恩寺藏经的经帙配补齐全，这是可以肯定的。

咸平五年下距藏经洞封闭的年代只有十余年，据上述两号遗书，在咸平五年，起码在报恩寺，保存有一部新配补完整的大藏经，并且编造了新的帙皮。如果说，藏经洞的封闭确如传统所说是避难而为的话，那么，这部藏经及其帙皮无疑应该保存在藏经洞中。然而事实并非如此，因此，藏经洞的封闭之并非出于避难是很显然的。藏经洞出土的帙皮种类杂多，残破缺损。除少数帙皮外，大多质量较低。其数量也远远不到一部大藏经所应有之五百余个。这种种情况也说明它们都是一些被剔除不用的东西。

附注：

如我在《中国写本大藏经研究》所附《法藏文库版序》中所说：

1984年秋天起，我跟从任继愈先生攻读博士学位。先生给我的任务是通读敦煌遗书，搞清楚哪些佛教文献是大藏经中不收的，整理后收入新编的《中华大藏经》。先生并要求我在阅读敦煌遗书的过程中，注意敦煌佛教的特点，争取写出一部《敦煌佛教史》。

从1984年下半年到1987年底，三年多的的时间里，我基本沉在敦煌遗书与大藏经中。开始是一号一号地阅读敦煌遗书，越读越茫然。见木不见林，自然难免会坠入五里雾中。心里着急，怎么办呢？当时我还是敦煌遗书"避难说"的信奉者。我想，既然这批遗书是敦煌僧人在遭遇危险时宝藏的典籍，想必会把有关目录也收藏在一起。如果能够把这个目录找到，就可以掌握敦煌遗书的全貌。这时再来清理其中到底哪些典籍未入藏，就可以事半功倍。于是我开始注意收集与研究敦煌遗书中保存的那些各式各样的佛经目录。

当时共收集到300多号各种各样的佛经目录，但没有发现藏经洞敦煌遗书的总目录。于是我开始把目光投向经帙，因为佛教藏经均按照一定的规律分帙，分帙的情况往往记录在经帙上，经帙可以成为清理藏经洞敦煌遗书的重要线索。虽然这时我已经放弃"避难说"，主张"废弃说"，但一切能够支持"避难说"的资料也都不能轻易放过。从此，无论是在中国、英国、法国，还是苏联、日本、印度，我都着力搜寻经帙。还记得1991年夏我在法国集美博物馆库房看到敦煌经帙多种，喜出望外，一一详细著录。回到英国，向荣新江先生介绍这些资料。荣新江当时也很兴奋，说其中的EO1208号，他曾经见过照片，却不知原来收藏在集美博物馆库房。我们互相提供了资料。他提供的资料，我用在这篇文章中，并说明资料来源。

本文介绍了 20 号较有特点的经帙，19 号为实地考察所得，1 号根据照片著录，未找到原件。此外还有一些纸质经帙，本文予以省略。从早期探险家斯坦因、伯希和所摄照片，所作记录，我们可以知道藏经洞中典籍，均分帙卷裹，帙数庞大，而我们掌握的经帙数量远不足照片所显示的。原因何在？

早期探险家的照片告诉我们，藏经洞中的经典，大量是用纸卷的，少数是用布包的。在整理北图敦煌遗书的过程中，我们发现藏经洞中用来卷裹残破经典的经帙，绝大部分本身就是残破经典，而非真正的经帙。由于用残破经典包裹残破经典，用作经帙的残破经典与被卷裹的残破经典形态一致，一旦打散，一一予以编号，则若非有心，便很难再予区别。这就是我们在敦煌遗书中找不到照片与资料中显示的那么多经帙的原因。

由于北图敦煌遗书是劫余残剩，在北图发现的这一现象，是否能够代表藏经洞的原貌呢？笔者把目光投向英国图书馆。斯坦因到敦煌时，藏经洞中经典基本保持开启时的原貌。斯坦因是唯一大批、成帙得到敦煌遗书的人，考察英国的敦煌遗书，应该可以窥得藏经洞的原初状态。当然，这一考察不能依据英国敦煌遗书目前的收藏形态，必须考察斯坦因当年的原始编号以及诸多经卷上现存的蒋孝琬著录。对英国敦煌遗书中经帙考察的结果，与笔者在北图的考察完全吻合。

如我在《从"敦煌学"的词源谈起》一文中所说："如何看待敦煌经帙在研究藏经洞封闭问题上的价值，我与荣新江先生有着截然不同的看法。"这里顺便谈一下这个问题。

笔者对英国藏敦煌遗书所存经帙的考察，彻底否定了荣新江在《敦煌藏经洞的性质及其封闭原因》[①]（以下简称"荣文"）中主张"图书馆说"时提出的另一个重要论据：藏经洞的经典原来是"经帙合一"（第29页）并"分帙整齐地存放"（第28页）。

"经帙合一"，是荣文创造的新词。什么叫"经帙合一"，荣文没有解释。但是从整篇文章的论述看，显然是指藏经洞中的一帙一帙的经典，原本都按照某种经录或入藏经有机组织并包裹。也只有这样的"经帙合一"，才能成为"图书馆说"的支撑点。但实际情况恰恰相反，那些在漫长岁月因各种原因废弃的经典，因各种偶然因素而被卷裹在一起。同帙经典，除了少数例外，相互之间基本上没有什么有机的联系，也完全不符合任何一部藏经或经录的记载。所以，荣文所说的"整齐存放"固然是事实，却与"图书馆说"毫无关系。因为这些遗书虽然被废弃，毕竟是法宝，应该整齐存放。荣文所说的"分帙"则要辨析：是按照大藏经的规范分帙？还是任意分帙？荣文的意思显然是前者，但实际情况恰恰是后者。而荣文所说的"经帙合一"，亦即他用来证明"图书馆说"的这一重要论据，则完全没有依据。

在此考察荣文是如何论证"经帙合一"的。

荣文先依据斯坦因对藏经洞的描述与照片，称"这两张照片确证了这些所谓'正规的图书包裹'正是分帙存放的佛经"（第26页）。

---

① 《敦煌藏经洞的性质及其封闭原因》，载《敦煌吐鲁番研究》第二卷，北京大学出版社，1997年。

但斯坦因乃至蒋师爷完全不懂汉文大藏经的结构,而且斯坦因的描述及照片纯属外观的介绍,并没有说明,也不可能说明帙中经典乃按照大藏经规范"分帙存放"。所以荣文所谓的"确证",没有任何依据。

其实荣文也明了这一点,所以下文说:"斯坦因当时不懂得汉文佛典在中古时代的图书馆中是分帙存放的。"(第27页)斯坦因"当然不懂得中国古代的经帙制度"(第27页)。既然如此,荣文怎么言之凿凿地得出"这两张照片确证了这些所谓'正规的图书包裹'正是分帙存放的佛经"这一"经帙合一"的结论呢?

荣文称:斯坦因"当然不懂得中国古代的经帙制度,……但他以严谨的考古学方法,将他获得的材料一一给予了以 Ch.('千佛洞'的缩写)为字头的原始编号;他还用小罗马数字作为'正规包裹'的编号,可以使人得知藏品的原貌"(第27页)。从这段话看,原来荣文并非依据斯坦因的描述与照片,而是研究了斯坦因的原始编号以后,依据原始编号"得知藏品的原貌",最后得出"经帙合一"这一结论。如果真的是这样,论证当然是严谨的。像利用原始编号恢复原帙这样的事情,只要有一点可能,就值得花十倍力气去做。否则相关论点只能成为建立在沙滩上的大厦。

然而,荣文接着又说:"遗憾的是……更为不幸的是……目前想恢复藏经洞汉文佛典经帙合一的状态已经不可能了。"(第28页)也就是说,他认为依据斯坦因原始编号"得知藏品的原貌",从而论证"经帙合一"这条路也走不通,所以荣文并没有去做这样的工作。

至此为止，荣文提供了论证"经帙合一"的两种可能，又一一予以驳斥并放弃。按照写学术论文的常规，遇到这种情况，如果没有新的论证办法，"经帙合一"至此已经无法成立。但奇怪的是，荣文行文到此，却把"经帙合一"作为一个已经论证完成观点，并把它当作"图书馆说"的有力支撑。

对上述考察如有疑义，则原文俱在，可以覆按。

学术研究的确需要"大胆地假设"，但一定不能缺少"小心地求证"。学术研究应该遵循学术规范，论点需要有论据支撑，论据与论据之间应该形成严密的证据链。这一证据链应该是真实的、经得起检验的。尤其不能任意剪裁资料，有意无意地用似是而非的东西去误导读者，混淆视听。

其实，复原藏经洞原帙的工作，虽然有很多困难，但并非"不可能"，起码可以恢复部分经帙。笔者发现，不少斯坦因原始编号与蒋师爷的苏州码子可以相互印证，这为复原藏经洞原帙提供了可贵的线索。早在1990年，亦即荣文写作之前，笔者就在《斯坦因敦煌特藏所附数码著录考》一文中做过复原尝试。现在正在更大的范围内进行这一工作，并已经取得可观成果，将在适当时候公布。

四、从"敦煌学"的词源谈起①

——兼为王冀青先生补白

身为敦煌学研究者,自然会对"敦煌学"这个词感兴趣。除了"敦煌学"到底能不能成为"学"之外,"敦煌学"这个词到底什么时候出现? 敦煌学这门学问到底什么时候正式形成? 敦煌学发展至今,经历了几个阶段? 每个阶段的成果与特征为何? 如此等等,都在兴趣之内。

近日拜读《敦煌学辑刊》2000 年第 2 期所载王冀青先生的《论"敦煌学"一词的词源》②,作者根据大量的调查资料,详尽论证了"敦煌学"一词由日本的敦煌学者石滨纯太郎首先使用,该词的首创权应该归于日本敦煌学者,而不是中国的陈寅恪。 这虽然只涉及一个名词的首创权,但确是敦煌学史上不可回避的问题。 随着敦煌学的蓬勃发展,敦煌学史的研究也日益发展。 由于敦煌学已经是一

---

① 本文原载《敦煌学辑刊》2001 年第 2 期。此次按原文收入。——2010 年 6 月注
② 王冀青:《论"敦煌学"一词的词源》,载《敦煌学辑刊》2000 年第 2 期。

门国际性的显学，从事敦煌学史的研究需要出东洋、下西洋，到处爬梳资料，实为不易。王冀青先生这些年来在敦煌学史方面用力甚勤，成果甚丰。从该文对日本敦煌学早期活动的种种描述，也可以看到王冀青先生用功之深，掌握资料之多，甚为感佩。

"敦煌学"这个名词确由日本学者首创。但正如王冀青先生文章指出的"自从20世纪40年代以来，中国学术界普遍认为'敦煌学'一词是中国敦煌学家陈寅恪在1930年首先提出来的"。我以前也持这一观点。站在"陈氏首创说"的立场上，我在1992年发表的《敦煌汉文遗书分类法（草案）及说明》①一文的一条注释中，提出"我认为把陈寅恪对敦煌学进行命名的1930年看作敦煌学正式问世之年是适宜的"。但既然"陈氏首创说"是不对的，我的上述敦煌学起点说自然也站不住脚。

应该说明的是，1993年，我发现了这一错误。于是在后来所撰的《日本对敦煌佛教文献之研究（1909年～1954年）》一文中纠正了自己的错误。在该文中，我这样表述这一问题：

> 1925年8月，石滨纯太郎在大阪怀德堂举行夏期讲演时，首次提出"敦煌学"这个名词，标志着早在二十年代中期日本学术界已经对敦煌学这门学科产生了理论的自觉。②

《日本对敦煌佛教文献之研究（1909年～1954年）》一文是应邀

---

① 方广锠：《敦煌汉文遗书分类法（草案）及说明》，载《香港九州学刊》第四卷第四期，1992年4月。
② 方广锠：《日本对敦煌佛教文献之研究（1909年～1954年）》，载方广锠：《敦煌学佛教学论丛》，香港中国佛教文化出版有限公司，1998年，第359～360页。

为楼宇烈先生主持的项目——"中日近现代佛教交流和比较研究"——而写的。由于种种原因，汇集该项目研究成果的论文集迟迟未能出版。于是我把《日本对敦煌佛教文献之研究(1909年～1954年)》一文收入我的论文集《敦煌学佛教学论丛》，于1998年8月在香港出版。该《敦煌学佛教学论丛》也收入了我的《敦煌汉文遗书分类法(草案)及说明》，收入时对该文作了若干修订，包括删除敦煌学问世60年的说法，以及前述那条将"陈氏首创说"作为敦煌学起点的注释①。2000年6月，《日本对敦煌佛教文献之研究(1909年～1954年)》一文在内地正式发表②。

王冀青先生的《论"敦煌学"一词的词源》对我1992年的说法提出批评，在此我表示诚恳接受。虽然王冀青先生批评的是我已经放弃的观点，但我毕竟曾正式撰文表述过那样的观点，所以理应受到批评。当然，私心还是希望王冀青先生能够在批评我的已经放弃的观点的同时，提一下我现在的观点。话又说回来，由于我的《敦煌学佛教学论丛》在香港出版，而《中日近现代佛教交流和比较研究》一书又不易引起敦煌学研究者的注意，所以也许王冀青先生没有能够看到我的上述文章。每个人的见闻总会受到某些局限，实在不应该以此苛责王冀青先生。

走笔至此，想起另一个类似的例子。在1992年房山的敦煌学

---

① 方广锠：《敦煌汉文遗书分类法（草案）及说明》，载方广锠：《敦煌学佛教学论丛》，第87页。

② 方广锠：《日本对敦煌佛教文献之研究（1909年～1954年）》，载楼宇烈主编：《中日近现代佛教交流和比较研究》，宗教文化出版社，2000年。

术研讨会上，我提交了一篇名为《敦煌经帙》的论文。文中介绍了我所见到的各种敦煌经帙，其中提到斯坦因《西域考古图记》发表的那张著名的敦煌遗书刚刚搬出藏经洞时的照片。由于我写论文时参考的照片是上海博物馆与香港中文大学所出的《敦煌吐鲁番文物》所刊，更主要由于匆匆赶写论文疏忽了，在打印稿中误称该照片是伯希和拍摄的。此后发觉了这个疏漏，在文章收入会议论文集——《敦煌吐鲁番学研究论集》——正式发表时作了修订。改为"这张照片应是伯希和或斯坦因所摄，也就是说，这个帙皮应藏在法国或英国"①。既然当时已经知道该照片出于斯坦因，为什么还要这样含含糊糊地叙述？自己现在怎么也回忆不起当时的想法了，因此也不想对此作什么辩解。但不管怎样，总算对提交会议的打印初稿作了些许修正。《敦煌吐鲁番学研究论集》1996年6月由书目文献出版社出版，1997年10月出版的《敦煌吐鲁番研究》第二卷刊登了荣新江先生的《敦煌藏经洞的性质及其封闭原因》。该文在批评我主张的"废弃说"的同时，于注释中提到我的上述论文与这张照片，并这样批评："遗憾的是他把这张照片当作是伯希和所摄，见所撰《敦煌经帙》（1992年敦煌学术讨论会论文，北京房山）第4页，从而忽视了它在研究敦煌藏经洞封闭问题上的价值。"②关于如何看待敦煌经帙在研究藏经洞封闭问题上的价值，我与荣新江先生有着

---

① 方广锠：《敦煌经帙》，载《敦煌吐鲁番学研究论集》，书目文献出版社，1996年，第150页。

② 荣新江：《敦煌藏经洞的性质及其封闭原因》，载《敦煌吐鲁番研究》第二卷，北京大学出版社，1997年，第41页。

截然不同的看法。这是另一个问题，这里不谈。从荣新江先生对我文章引注的内容与方式看，他所批评的是我提交会议的打印稿。我想，1996年6月出版的那本《敦煌吐鲁番学论集》也发表了荣新江先生的文章，所以，荣新江先生于1997年10月发表《敦煌藏经洞的性质及其封闭原因》时，应该已经看到同书中的我的正式发表稿。在这种情况下，评论我的观点时，无视我的正式发表稿，选用我的未定打印稿，这不符合学术界的惯例。

在拙作《敦煌学佛教学论丛》的"后记"中，我写了这么一段话：

> 收入本论丛的二十二篇论文，部分已经发表过，部分尚未发表。发表过的文章，在收入本书时程度不等地均有所修订。鲁迅先生曾说他是"不悔少作"，那当然由于他的文章都是千锤百炼，以至字字如金。我则深感写文章也是一种"遗憾的艺术"。常常是文章刚写完时，自己觉得在文章中提出了或解决了一个或几个问题，既轻松，又自得。但后来就觉得不满意，且随着时间的推移及新资料的发现，不满意的程度越来越深，有时甚至觉得无地自容。所以我总不放过可能的修改机会，以免谬种害人。①

或许真的存在一些从来不犯错误的"天才"式人物，但像我这样的后知后觉者总在不断地犯错误。我想，如果我们能够形成一种允许犯错误，允许改正错误的学术氛围，我们的敦煌学将会更加健康地发展。

---

① 方广锠：《敦煌学佛教学论丛后记》，载方广锠：《敦煌学佛教学论丛》，第388~389页。

还是回到"敦煌学"一词的首创权上。

"敦煌学"一词是日本学者首创的，几十年来，中国学术界异口同声，都说是中国学者发明的，日本学者对此的态度如何呢？

王冀青先生特别论述了这个问题：

> 关于"敦煌学"一词的起源,很难看出日本学术界对于"陈氏首创说"或"日本人首创说"到底抱有怎样的态度。从第二次世界大战之后出版的日本敦煌学著作中,似乎找不到有关这方面的论述。对于中国学者一贯所持的"陈氏首创说",战后日本学术界从来没有做出过反应。在涉及日本敦煌学史时,学术界一般将神田喜一郎的《敦煌学五十年》奉为最具权威性的著作,但该文中在专门提到"敦煌学"一词时并没有涉及该词的起源问题。近年来,日本还出版发表了一些有可能涉及"敦煌学"一名起源问题的论著,譬如池田温曾发表《陈寅恪先生和日本》一文,但避而未谈陈寅恪与"敦煌学"一名的关系。又池田温写有一篇题为《日本人和敦煌学》的文章,有可能涉及"敦煌学"一词在日本的起源问题,但笔者一直无缘拜读原文,现无法评说。①

王冀青先生在上述文章中提到池田温的《日本人和敦煌学》，推测该文可能涉及"敦煌学"一词在日本的起源问题，为未能看到该文而遗憾。王冀青先生的推测是正确的，该文的确涉及这个问题。池田温先生是这样讲的：

---

① 王冀青：《论"敦煌学"一词的词源》，载《敦煌学辑刊》2000年第2期，第118页。

敦煌学一词，何时由何人开始使用的不详。向达（1900—1966）在《敦煌学六十年》（北京大学中文系中国古文献专业讲义，1959?）中说："敦煌学一词，是陈寅恪先生提出的。他为陈垣先生《敦煌劫余录》作序时，始创此名。"目前，这种说法在中国通行。（参照姜伯勤《陈寅恪先生与敦煌学》，载《广东社会科学》1988年2期，67页。）陈寅恪（1890—1969）序文写于民国十九年（1930）四月，按向达观点，敦煌学一词是由于1930年陈寅恪使用，才在学术界通行的。其实，早几年的1925年8月，石滨纯太郎（1888—1968）在大阪怀德堂夏期讲演时，已经几次使用敦煌学一词了（石滨纯太郎《东洋学漫谈》，创元社，1943年7月。56、74页等）。可以说，敦煌学一词在二十年代就已部分使用了。[①]

池田温先生在上文中称："敦煌学一词，何时由何人开始使用的不详。"非常严谨。对于同一个问题，王冀青先生是这样说的："但是，'敦煌学'一词是否肯定为石滨纯太郎首创，现在还难以回答。……我们将'敦煌学'一词首先出现的地点确定在日本，将'敦煌学'一词的产生时间确定在日本大正年间（1912—1925年），应该是没有问题的。"[②]可以说是在池田温先生的结论基础上，又有所发展。池田温在论述日本人比中国人更早使用"敦煌学"一词后，说："可以说，敦煌学一词在二十年代就已部分使用了。"措辞

---

① 池田温撰、陈汉玉译：《敦煌学与日本人》，载《国际汉学》第一辑，商务印书馆，1995年，第205页。
② 王冀青：《论"敦煌学"一词的词源》，载《敦煌学辑刊》2000年第2期，第118页。

非常谨慎，非常客气，没有排除陈寅恪先生在不知道日本已经出现"敦煌学"一词的情况下，再次发明此词的可能性。大家风范，令人心折。

对照而言，日本学者的一句"敦煌在中国，敦煌学在日本"，我们的一些学者耿耿不忘，经常要揪一揪。坦率地说，我也不喜欢"敦煌在中国，敦煌学在日本"这样的说法，我也赞同"知耻而后勇"的奋起，而且我本人也在奋起者之列。但是，不能不承认，"敦煌在中国，敦煌学在日本"这一说法，在某种程度上反映了当时的真实。那么，今天我们为什么不能用一种更加科学、平和、大度的态度来对待这句话呢？

池田温先生文章的原文发表在日本的《日本学》第13期上（1989年5月），后由陈汉玉女士翻译为中文，名为《敦煌学与日本人》，发表在《国际汉学》第一辑中。《国际汉学》第一辑于1995年1月出版。我是1993年从陈汉玉女士那里看到池田温先生的原稿与陈汉玉女士的译文，由此改变了原来所持的"陈寅恪首创说"。

上述资料，特作为对王冀青先生这篇重要文章的一个补白。

附记：

网上看到荣新江先生的《陈寅恪先生〈陈垣敦煌劫余录序〉读后》[①]，文中有些内容涉及我，在这里作一个回应。

---

① 荣新江：《陈寅恪先生〈陈垣敦煌劫余录序〉读后》，载陈寅恪著，蔡鸿生、荣新江、孟宪实读解：《中西学术名篇精读·陈寅恪卷》，中西书局，2014年，第34~74页。

第一,到底是谁最早提出"敦煌学"这个名词。我想现在应该没有争议了。至于敦煌学界对这个问题有一个认识过程,这很正常。如本文所述,我本人就有一个认识过程。荣新江在《陈寅恪先生〈陈垣敦煌劫余录序〉读后》中说:"方广锠提示王氏没有看到池田温和他自己关于这个观点的文章。"指的就是本文对王冀青先生批评的回应。其实本文讲得很清楚,由于我的文章发表的地方比较偏,"所以也许王冀青先生没有能够看到我的上述文章。每个人的见闻总会受到某些局限,实在不应该以此苛责王冀青先生"。本文批评的实际上是荣新江先生,因为他明明看到了我的正式发表文章,但"评论我的观点时,无视我的正式发表稿,选用我的未定打印稿,这不符合学术界的惯例"。

第二,在《陈寅恪先生〈陈垣敦煌劫余录序〉读后》中,荣新江先生主张,由于陈寅恪先生本人后来曾说过:"寅恪昔年序陈援庵先生《敦煌劫余录》,首创'敦煌学'之名。"由此证明陈先生并不知道石滨的演讲,"所以他才会说这是自己的首创"。"从实际效果来说,寅恪先生是'敦煌学'的首创人。"

陈寅恪先生不知道石滨的发言,故自称"首创"。这毫不奇怪,所谓"英雄所见略同"。任何人都不应该,也不会因此指责陈先生不遵守学术规范。如本文所说:"池田温在论述日本人比中国人更早使用'敦煌学'一词后,说:'可以说,敦煌学一词在二十年代就已部分使用了。'措辞非常谨慎,非常客气,没有排除陈寅恪先生在不知道日本已经出现'敦煌学'一词的情况下,再次发明此词的可能性。"

我认为，事实是石滨首创在前，陈寅恪再创在后。作为历史研究，还是应该尊重最基本的事实。我们可以讲，由于《敦煌劫余录》的缘故，人们更多是从陈寅恪的序得知"敦煌学"一词，所以陈寅恪的说法影响更大。不仅如此，陈寅恪对敦煌遗书的定位，从王国维的"近代中国四大学术发现"提升到"世界学术之新潮流"，这也是划时代的。关于这一点，我在2011年的博文《遐思敦煌遗书》及2013年发表的《谈傅斯年图书馆敦煌遗书特藏》[①]一文中已有涉及，但荣新江先生似乎都没有看到，故此不赘述。总之，固然可以说陈寅恪的说法影响更大，但作为一个严谨的研究者，依然应该承认这个词最早是石滨首创。

---

① 方广锠：《谈傅斯年图书馆敦煌遗书特藏》，载《历史语言研究所傅斯年图书馆藏敦煌遗书》，2013年12月。

写本学视野的敦煌遗书(上)

一、遐思敦煌遗书[①]

1900年,敦煌藏经洞被发现。

1903年,叶昌炽得知这一消息。遗憾的是,出于我们目前还不太清楚的原因,他被假消息误导,从而与藏经洞擦肩而过。

1909年,伯希和携洞中经卷赴京,北京学者大为耸动,敦煌遗书研究从此拉开帷幕。

1910年,洞中剩余运抵北京,北京的学者得以进一步把握敦煌遗书的面貌,加深了对敦煌遗书的认识。

1925年,王国维先生在清华大学做过一次讲演,题为《最近二三十年中国新发见之学问》,他说:

> 自汉以来,中国学问上之最大发见者有三:一为孔子壁中书;二为汲冢书;三则今之殷墟甲骨文字,敦煌塞上及西域各处之汉晋木简,敦煌千佛洞之六朝及唐人写本书卷,内阁大库之元明以来书籍档册。此四者之一已足当孔壁、汲冢所出。[②]

---

① 原文为博文。首次正式发表。
② 王国维:《最近二三十年中国新发见之学问》,载《清华周刊》第350期。

据笔者耳目所及，上述讲演首次将殷墟甲骨、西域木简、敦煌遗书、大内档案并提，并称之为"中国学问上之最大发现"。我想，这大约就是"近代中国四大学术发现"这一后来非常流行的提法的滥觞。

王国维首倡学术考据应该运用"二重证据法"，亦即要将地下出土文物与传世文献典籍相印证。"二重证据法"的提出，从理论上论证了出土文物作为学术研究资料的合理性、必要性，这也说明王国维关注四大学术发现的原因。从此文物不仅是士大夫的清玩，更是学术研究的重要对象。但是，王国维将近代中国四大学术发现与孔壁、汲冢并列，称之为"中国学问上之最大发现"，则可见他仅把上述新材料视为充实中国传统国学研究的资料，这不能不说是王国维视野的局限。

陈寅恪先生自称专治"不今不古"学，很自然地关注到四大发现中的敦煌遗书。他有着出东洋、下西洋多年留学的经历，从而比王国维多了一点广纳世界的胸襟。他在1930年所撰《敦煌劫余录·序》中，以广阔的学术视野与敏锐的学术洞察力，提出"敦煌学者，今日世界学术之新潮流也"的论断，并发出"治学之士，得预此潮流者，谓之预流"[①]的呼吁。亦即把敦煌学的内涵从中国扩展到世界。陈寅恪的论断代表了中国学者对敦煌学性质与发展方向的新把握。

---

① 陈寅恪：《敦煌劫余录·序》，载《国立中央研究院历史语言研究所专刊》之四《敦煌劫余录》第一册，1931年3月刊印。

可惜终陈寅恪一生，虽然对若干敦煌遗书做过研究，但没有对他的上述论断做过全面的论证。

1998年，我曾经撰文指出，中国乃欧亚大陆四大文明古国之一，丝绸之路为古代中国联通西域的交通要道，而敦煌扼守着丝绸之路要冲。敦煌的地理位置，不仅使其成为丝绸之路之重镇，成为中原王朝经营西域之基地；也使其成为古代世界中国文化、印度文化、伊朗文化、西方文化这四大文化，以及儒教、佛教、道教、景教、祆教、摩尼教这六大宗教的荟萃之地，这一文化特性也反映在敦煌遗书中。正因为敦煌遗书内涵的研究信息是世界性的，所以这一门学问必然是世界性的。从上述背景考察敦煌遗书，可以进一步充实陈寅恪所谓"世界学术之新潮流"的重大意义，并对敦煌遗书在近代四大学术发现中的独特价值作出更加准确的定位。

常年浸润于敦煌遗书，我以为，敦煌遗书还蕴含一个有待发掘的重大价值。

文化主要依靠典籍传承。造纸术是中国贡献给世界的四大发明之一，最早产生于西汉，自东汉起，纸张开始广泛流传。最迟至东汉，手写的纸本典籍，亦即"写本"开始出现。东汉、三国、西晋，是写本逐步取代缣帛、简牍的时代。东晋以下，写本已成典籍的主要载体。最迟至唐代，中国发明雕版印刷术，刻本开始出现。五代宋初雕版大行，北宋成为刻本取代写本的时代。南宋以下，典籍以刻本为主，写本失去典籍主要载体的历史地位。南宋以后，写本虽存，功能已变。

也就是说，从东汉到北宋，写本的流通期约1 100年；而从东晋到五代，写本的盛行期约为700年。遗憾的是，敦煌藏经洞发现之前，中国传世的宋以前写本极为稀见，大多深锁于宫掖，少数秘藏于私家。一般的学人，既难得一睹，亦无从研究。即使少数有幸者得以摩挲古写本，亦因缺乏相关知识而难以准确把握其特点。毛晋曾经收藏一卷假造的《金粟山大藏经》零本，上有钱谦益题跋。罗振玉曾经把这卷假《金粟山大藏经》送到日本参加大藏会。赵之谦将北宋《金粟山大藏经》误认为唐人写经，叶德辉进而以《金粟山大藏经》为标准来评价敦煌遗书。上述事例，说明即使中国的一流文人，亦缺乏必要的写本知识。后人论古籍，言必称"版本"，且唯以"宋版"为矜贵。写本研究的缺失，起码使700年学术文化之依托难明。

所谓写本研究的缺失，起码包括如下内容：

第一，对写本形态研究的缺失。

举其小者，写本上的界栏是怎样画出的，至今众说纷纭，大多不得要领。举其大者，古代写本究竟有些什么样的装帧形式，这些装帧形式各有什么特点，其渊源与发展如何？许多治书史者依然若明若暗。许多错误说法至今在书史学界占据统治地位。

第二，无人关注写本对学者治学、学术沿革之影响。

今人做学问，依据的书籍只要版本相同，内容均一致。学人仅因其学养的高低或角度之不同，而有理解的差异，评价的不同。古人依据的是写本，写本因其流变性，极易产生异本。因此，学术观点的不同，很可能不是学养的不同，而是各自所依典籍的不同。对此，敦煌本《坛经》、敦煌遗书中的《般若心经注》均提供了极好的例证。

　　此外，除少数文献外，写本中的异本、异卷、异品及其流变嬗演，基本还没有引起人们的注意。还有写本中多主题文献的类型问题、写本的规范化问题、写本中的书写符号问题、写本对刻本的影响问题等等，诸多课题有待进行。

　　由此，敦煌遗书还将孕育一门新的学问——写本学，这一学问的产生将对中国中古学术研究的进一步开拓作出贡献。

　　一时代有一时代的学问。随着敦煌遗书的逐次公布，开创写本学的条件也逐渐成熟。那么，写本学是否会成为 21 世纪中国的学问之一呢？

2011 年 8 月 21 日于通州皇木厂

二、敦煌遗书中多主题遗书的类型研究①
——写本学札记

雕版印刷术被发明以前,书籍的产生主要依靠书写。人们一般把用雕版印刷方式产生的书籍称为"刻本",故用书写方式产生的书籍可相应称为"写本"。研究刻本的学问有所谓"版本学",研究写本的学问,即"写本学"至今还没有建立起来。究其原因,乃因明清以来,刻本风靡天下,写本基本退出流通领域。敦煌遗书被发现之前,我国存世的古代书籍,属于写本者极为稀见。人们难得一睹,故而无从研究。少数有机会见到古代写本的文人,也因其缺乏相关的知识而难以准确把握写本的特点。毛晋、钱谦益、罗振玉被假《金粟山大藏经》欺骗②;赵之谦、叶德辉将北宋《金粟山大藏

---

① 原载《中国社会科学院敦煌学回顾与前瞻学术研讨会论文集》,上海古籍出版社,2012年。
② 参见方广锠:《敦煌遗书鉴别三题》,载《佛教与中国传统文化》,宗教文化出版社,1997年。已收入本书第241—259页。

经》当做唐人写经的标本①；均说明连中国当时的一流文人，也缺少必要的写本知识。

敦煌藏经洞出土数万件古遗书，其中有年款可考者，上溯东晋，下到宋初。为我们提供了700多年的漫长历史中流传的中国古代写本的实物标本，从而为我们建立写本学提供了珍贵的资料。

写本学包括很多内容，本文主要探索在同一写本上抄写多个主题文献时，这些主题文献之间的相互关系。我曾在《漫谈敦煌遗书》②一文的"主题文献、非主题文献与多主题遗书"一节中提到这一课题，并称"我们或者可以采用分析文献类型的方式来解决这个问题"。本文则拟结合具体写本来作一番尝试。敦煌遗书兼有文物、文献、文字三方面的研究价值，就本课题而言，我们既可以从遗书的文物属性，也可以从它的文献属性来开展研究。比较而言，文献抄写在遗书上，遗书的文物属性与文献属性有时很难绝对剥离，所以更应该将文物、文献两种属性结合起来进行研究。但当笔者尝试把遗书的文物、文献属性一并纳入研究时，发现问题变得极为复杂。为简便起见，本文主要从遗书的文物属性出发对这一问题进行探讨，适当兼顾它的文献属性。具体情况，随文说明。

严格地说，同一本书籍中包含若干不同的文献，并非古代写本的特例。古代刻本乃至现代印刷本也有这种情况。写本、刻本、

---

① 参见方广锠：《初创期的敦煌学——以写经题跋为中心》，载《草創期的敦煌学》，东京知泉書館，2002年；又载《行愿大千》，宗教文化出版社，2006年；收入《敦煌遗书散论》，上海古籍出版社，2010年。

② 参见方广锠：《漫谈敦煌遗书》，原载《学习与探索》2008年第3期。收入《敦煌遗书散论》。

现代印刷本在这一方面的相同与相异,尚需在今后进一步厘清。 本文仅讨论写本中的这一现象。

(一) 两面抄写,正面背面均只有一个文献

1. 类型一: # A ✧ + & A

我们考察斯 00615 号。

该遗书包括 2 个文献:(1)《南华真经郭象注达生品》(拟),175 行,抄写在正面,今编为斯 00615 号。 (2)《沙弥威仪》(拟),79 行,抄写在背面,今编为斯 00615 号背。

从原件考察,该遗书原抄《南华真经郭象注达生品》,后被废弃。 被人利用其背面空白纸抄写《沙弥威仪》。

这是我们在敦煌遗书中最常见,也是最简单的一种多主题遗书。 该遗书因其先后抄写两个文献而经历了初次形成、二次形成两个阶段。 如果我们把每一件遗书都比喻为一个生命体,则这件遗书生命第一个阶段(初次形成)的表现形式为《南华真经郭象注达生品》。 从文物形态或物理形态看,这一典雅的写经至今依然占据该遗书的整整一面,显示了它曾经作为正规道教经典的高贵身份。 我把每件遗书中占据类似地位的主要文献称为该遗书的"主文献",《南华真经郭象注达生品》就是该遗书的主文献。 但其后该经典残破、被废弃,象征着该遗书第一个阶段生命的结束。 此后,通过某一我们现在尚不清楚的途径,该遗书落到佛教僧人手中,从而开始

它生命的第二阶段(二次形成)。 在第二阶段中,它被人抄写另一个文献——《沙弥威仪》。 换一句话说,它所以能够有第二次生命,完全在于有人在其背面抄写《沙弥威仪》。 因此,背面的《沙弥威仪》篇幅虽然不算长,自然也算主文献。

需要指出的是,遗书上两个文献抄写时间有先后,内容毫不相关。

如果我们用"#"来表示正面,用"&"来表示背面,用"A"来表示主文献,用"✲"来表示废弃,则上述类型可以表述为:

A✲ + & A。

如前所述,这种类型的敦煌遗书最为常见,比如:

斯00524号,该遗书包括2个文献:(1)《胜鬘经疏》(拟),850行,抄写在正面,今编为斯00524号。(2)《观无量寿经义疏》,165行,抄写在背面,今编为斯00524号背。

考察原件可知,本遗书原抄的《胜鬘经疏》为延昌四年(515)五月南北朝写本。 其后原卷残破,大约在七至八世纪,有人利用其背面空白纸抄写隋慧远的《观无量寿经义疏》,但只抄写了五分之一左右,便放弃,未抄完。

该遗书正面所抄《胜鬘经疏》是主文献,这不存在疑问。《观无量寿经义疏》抄写在已经废弃的《胜鬘经疏》的背面,这也不存在疑问。 问题是《观无量寿经义疏》没有抄完,是否可以算作主文献? 我认为,由于背面再也没有其他文献,故此,不管抄写者原计划仅抄这五分之一,还是原计划完整抄写但半途而废,都不能否定

《观无量寿经义疏》的主文献身份，亦即不能否认该遗书生命的第二个阶段乃因《观无量寿经义疏》而形成。上述两个文献同样是抄写时间有先后，内容毫不相关。

斯 00545 号，该遗书包括 2 个文献：(1)《失名类书》（拟），167 行，抄写在正面，今编为斯 00545 号。(2)《戌年九月永安寺僧惠照上当寺应管主客僧牒》，10 行，抄写在背面，今编为斯 00545 号背。

该遗书原抄《失名类书》，后残破废弃。有人利用其背面空白纸书写《戌年九月永安寺僧惠照上当寺应管主客僧牒》。《戌年九月永安寺僧惠照上当寺应管主客僧牒》虽然仅 10 行，却是背面唯一的文献，按照上述标准，它也是主文献。遗书上两个文献也符合抄写时间有先后，内容毫不相关这两个特点。

在此可以对类型一（# A✧ + & A）做一个简单的小结：即遗书原抄某一文献，其后该文献因故废弃，有人在其背面抄写另一文献。两个文献的抄写时间有明显的先后之别，内容没有内在的逻辑关系。编号时，人们往往把先写的一面称为正面，把后写的一面称为背面。

2. 类型二：# A↔ & A

我们考察斯 00078 号，这是一个 9~10 世纪，归义军时期写本。

该遗书包括 2 个文献：(1)《语对》（拟），64 行，抄写在正面，今编为斯 00078 号。(2)《县令书仪》（拟），92 行，抄写在背面，今编为斯 00078 号背。

从表象上看，该遗书两面分别抄写的《语对》与《县令书仪》自然是两个独立的文献，也都具备主文献的资格。那么，该文献是否也符合类型一呢？考察原件，两个文献虽然均已残缺，但笔迹相同，乃同一人所抄。就内容而言，两者均为古代文人写作应酬书函时实用的参考工具书。《县令书仪》提供此类书函的格式、主要用语，而《语对》则为行文修饰所用。因此，表面看来两件独立的文献，实际有着不可分割的内在逻辑联系；且很难区别何者先抄，何者后抄。虽然从理论上讲，一件遗书正背两面抄写，必然有一件抄写在前，一件抄写在后。但从本文所谓的"写本学"的立场出发，类似斯00078号这样的遗书，不必去区分两个文献的抄写顺序，若称之为同时抄写，可能更加符合该遗书两个文献的本来属性。

目前诸家著录，均将《语对》著录为正面，将《县令书仪》著录为背面。但考察原件形态风格，很难区别正面、背面。就这两个文献在写作书函活动的实际地位而言，毋宁说《县令书仪》更为重要，似应当做正面。当然，既然敦煌学界对这件遗书的编号已经有约定俗成的方式，也就不必更动，以造成混乱。

如果套用前面的比喻，这件遗书的生命只有一个阶段，这是这种两面抄写的形态。由此形成类型二。如果我们用"↔"来表示两个文献的内容有逻辑相关性，则类型二可以表述为：# A ↔ & A。

在此对类型二(# A ↔ & A)也作一个简单的小结：即某遗书正面、背面各抄一个文献，抄写时间相同，内在逻辑相关，形成一个整体。有可能是同一人所写。除非有特别的标记，一般较难区别其正面、背面。

我们将类型一（# A✧ + & A）与类型二（# A↔ & A）做一个比较：

它们的相同点是：

(1) 均为两面书写。

(2) 每面各有一个主文献。

它们的不同点是：

(1) 类型一抄写时间先后不同，类型二抄写时间相同。

(2) 类型一包含一个废弃文献，类型二无废弃文献。

(3) 类型一两个文献相互无关，类型二两个文献有内在逻辑联系。

自然，本文所谓的"废弃文献"是指反映了上述遗书生命体的第一阶段的那个文献，而不是笔者主张的"废弃说"意义上的废弃文献。

3. 类型三：# A+ & A✧

考察斯 00541 号。

该遗书包括 2 个文献：(1)《因缘心释论开决记》，155 行，抄写在正面，另有补注文字 6 行，抄写在背面。今编为斯 00541 号。(2)《毛诗郑笺》，40 行，抄写在背面，今编为斯 00541 号背。

考察原件可知，遗书所抄之《因缘心释论开决记》乃吐蕃统治时期写本。现首残尾全，共存 7 纸。其中 5 纸当初属于尚未使用过的新纸，故《因缘心释论开决记》抄写在这些新纸的正面。另外 2 纸原为八世纪所抄《毛诗郑笺》，故《因缘心释论开决记》抄写在该《毛诗郑笺》的背面。且这两张纸不是缀接在《因缘心释论开决记》的卷首或卷尾，而是拼缀在《因缘心释论开决记》诸纸的中间。

特别有意思的是，现知该《毛诗郑笺》存有两段。一段即该斯00541号中的这两纸，被连缀在其他5张纸的中间。另一段现保存在法国，编号为伯2538号。两段文字相连，原为同卷。所以，我们的合理推论是：吐蕃时期，有人为了抄写《因缘心释论开决记》，生生把这两张纸与伯2538号拆开，连缀到《因缘心释论开决记》诸纸中。后来连同《因缘心释论开决记》一起流落英国。而《毛诗郑笺》下余残卷，则流落到法国。

按照著录体例，凡属可以缀接所谓遗书，我们在编目时都会在条记目录的特定缀残项中予以著录。但本号则无法按照常规著录。倒不是说它们分别存在两国，没有实际缀残的可能，所以无法著录；而是我们无法按照现有著录体例对它进行著录。按照现有体例，所谓某号与某号缀接，是指它们的首尾可以连接。而现在抄写《毛诗郑笺》的2纸被连缀在斯00541号中间，成为斯00541号《因缘心释论开决记》的有机组成部分。从文献形态说，它有自己的首尾；但从物理形态或文物形态考察，本身已经丧失独立的首尾。

借用所谓遗书生命说，这2张纸的前生后世变化太大。它的第一个阶段的生命是与其他纸一起，以《毛诗郑笺》的形态出现。其后与原来的兄弟分手，结识一帮新兄弟，共同形成《因缘心释论开决记》这样一个新的生命。这个新的生命体是这样强固，它已经不可能再认祖归宗。

就本遗书而言，《因缘心释论开决记》无疑应该视作主文献。而《毛诗郑笺》，因其是另一面的唯一文献，在编目实践中自然也具备主文献的身份。如前所述，在编号时，凡属正背两面均只有一个主文献者，人们往往将先抄写的废弃文献作为正面，而将后抄写者作为背面。就本遗书而言，这条惯例不再适用。人们把后抄的《因缘心释论开决记》作为正面，把先抄的废弃文献《毛诗郑笺》作为背面。于是，本遗书的类型只能表述为 ＃ A+ & A◎。

在此对类型三（＃ A+ & A◎）做一个小结：某遗书由多张纸缀接而成，两面抄写，各有一个文献。其中某文献虽然抄写在前，属于废弃文献，但所用纸张被连缀在二次形成的遗书中间，只占全卷的一部分。故一般将后抄写文献作为正面，而将先抄写的废弃文献作为背面。

这种类型的遗书在敦煌遗书中数量不多，但属于古人利用破旧遗书纸张抄写其他文献的一个典型事例。特别是《毛诗郑笺》被拆为两段，一段作为斯 00541 号的部分连缀在诸纸中，另一段以伯 2538 号的形态独立存在，增加了这种典型性的分量，也充分说明了敦煌遗书的性质。

如将类型一（＃ A◎ + & A）与类型三（＃ A+ & A◎）作一个比较：

它们的相同点是：

（1）均为两面书写。

（2）每面各有一个主文献。

(3) 均为先后不同时间抄写。

(4) 均含一个废弃文献。

(5) 两个文献均无内在关系。

它们的不同点是：

(1) 类型一先抄的废弃文献作正面，类型三先抄的废弃文献作背面。

(2) 从数量看，类型一全卷均由废弃文献构成，类型三废弃文献只占全卷的一部分。

(3) 从形态看，类型一全卷均为废弃文献，类型三废弃文献被夹缀在二次形成遗书的中间。

其实，上述三个不同点中，第一个不同，所谓正面、背面的命名，完全因今人的定义而成。如果我们定一条体例，凡是初次形成的文献，一律定为正面；凡是二次形成的文献，一律定为背面。则类型三与类型一也就没有任何区别。

至于第二个所谓"废弃文献只占全卷的一部分"，实践中很难作一个定量(比如50%)分析。因为在理论上我们不能排除这种可能：某人拿一个前代废弃的大卷子抄写某一篇幅很长的新文献，抄到最后，还剩若干字，譬如百十来字，原卷已到尽头，抄不下了，便找来一张小纸，缀接之后继续抄写。这时，类型三中的废弃文献可能会占到二次形成遗书纸张的80%、90%乃至更多。那么，它与类型一又有多大的本质差别呢？

所以，类型三与类型一最大的区别实际是第三个不同。但是，这种中间夹纸的情况在"两面抄写，正面背面均只有一个文献"这种限定条件下其实并不多见，而在"两面抄写，其中一面（或两面）有多个文献"，特别在"一面连缀废弃文献，一面抄写二次文献"的遗书中出现频率较高。由此，所谓类型三虽然因其"两面抄写，正面背面均只有一个文献"放在这里讨论，实际应当与其他相关类型相联系而研究。

由此需要说明的是，本文将第一个部分论述限定在"两面抄写，正面背面均只有一个文献"这一条件下来讨论，并总结出三种类型，只是简化遗书类型及写作本文的一种方便法门，并不意味着笔者将来会按照这一模式建构遗书类型。实际上，如果要让遗书类型有更广泛的适用性，就不应当在正面、背面抄写的文献数量上作硬性规定。故本文从第二部分开始，即不再对此作限定性描写。

(二) 两面抄写，一面为主文献，一面为缀接卷子

类型四：(＃＆)A＋(＆＃)B✵

考察斯00076号。

该遗书包括9个文献：1.《食疗本草》，137行，抄写在正面，今编为斯00076号。2.《长兴五年(934)正月一日行首陈鲁修牒》（拟），7行，抄写在背面，今编为斯00076号背01。3.《某年正月四日摄茶陵县令谭某状》（拟），10行，抄写在背面，今编为斯00076号背02。4.《某年十一月十六日摄茶陵县令谭某状》（拟），5行，抄写在背面，今编为斯00076号背03。5.《观岳寿寺松因课留题等

七言诗二首》（拟），12行，抄写在背面，今编为斯00076号背04。 6.《某年十二月廿四日潘复致秀才十三兄状》（拟），16行，抄写在背面，今编为斯00076号背05。 7.《宗绪致从兄状》（拟），16行，抄写在背面，今编为斯00076号背06。 8.《宗绪致从兄状》（拟），9行，抄写在背面，今编为斯00076号背07。 9.《乡贡进士刘某致尊师状并判》（拟），5行，抄写在背面，今编为斯00076号背08。

该遗书为九至十世纪所写。共8纸，纸张颜色略有差异，纸质大体相同，故其产地大约亦相同，与归义军时期敦煌当地纸张的纸质不同。郝春文认为本遗书背面8个文献并非在敦煌书写，可以信从。我认为正面的《食疗本草》也不是在敦煌书写，很可能是在内地书写以后传到敦煌。

本遗书所抄文献可以分为两类：

第一类：1个文献，即正面《食疗本草》。

第二类：另一面的8个文献。这8个文献各占一纸，纸张的年代、大小、颜色、原抄文献内容、抄写时间有的互有共同点，但8个文献均属废弃文献。

考察原件，该遗书的乃将抄写有8个废弃文献的8张纸张剪裁缀接后，利用其背面的空白纸抄写《食疗本草》。缀接时，有些纸张因被剪裁以致文字残缺；粘贴时，有些文字因被粘贴而被遮压。由此，如果我们像上文一样，按照遗书上所抄文献产生的先后顺序去探讨"本遗书的初次形成"，则必须去探讨现存8张纸上8个废弃文献的8个初次形成。这种8个"初次形成"与上文"本遗书的初次形成"的内涵显然是有差异的。故就本遗书而言，我们不采用

"初次形成""二次形成"之类的名词，仅仅借用遗书生命的比喻，也许更加直观。亦即本遗书目前的生命形态，是由八个小生命轮回投胎，汇聚而成。

第二类的 8 个文献的相互关系比较复杂，在此暂不讨论。这 8 个文献中，没有一个文献可以占据主导性地位。我把这种抄写在同一面、且不存在主导型文献的诸多文献合称为"杂文献"，以与"主文献"相对。此外，就其由抄写诸多废弃文献的废卷缀接而成这一文物、文献综合属性，称之为"缀接卷子"。如前所述，缀接卷子上所抄诸文献时间虽早，却是已经作废的；《食疗本草》虽然抄写在后，却是本遗书得以产生的主文献。所以以往研究者一般均将《食疗本草》作为正面，将其余 8 个文献作为背面。如果我们用"B"表示"缀接卷子"，则类型四可标注为：# A + & B ⬡。

在此对类型四作一个简单的小结：原卷由若干废弃遗书连缀而成，用以抄写新的遗书。

如将类型四与类型一、类型二作比较，其差异是显而易见的。如将它与类型三作比较，则除了类型四是若干废弃文献连缀，类型三只有一个废弃文献这一数量的差别之外，两者的废弃文献，都是"从物理形态或文物形态考察，本身已经丧失独立的首尾"。

以往敦煌学界对这类遗书没有进行过认真的研究，因此，类型四遗书正、背面的认定便显得随意性比较强。

如 BD04548 号（岗 048，275：8024）情况如下：

该遗书包括 4 个文献：1.《佛说无量寿宗要经》，85 行，抄写在正面，今编为 BD04548 号 1。 2.《佛说无量寿宗要经》，113 行，抄写在正面，今编为 BD04548 号 2。 3.《南宗顿教最上大乘摩诃般若波罗蜜经六祖惠能大师于韶州大梵寺施法坛经》，抄写在背面，56 行。 今编为 BD04548 号背 1。 4.《佛说大辩邪正经》，抄写在背面，17 行，今编为 BD04548 号背 2。

考察该遗书，它实际是将几部废弃的《无量寿宗要经》拼缀在一起，利用其背面的空白纸抄写《坛经》与《大辩邪正经》。 就本遗书而言，《无量寿宗要经》属于废弃文献，而《坛经》与《大辩邪正经》才是抄写者的抄写对象。 如果我们暂且忽略《坛经》与《大辩邪正经》在文献属性上的差异，把它们看作是一个整体①，则 BD04548 号与斯 00076 号的类型可说完全一样，都是由几个小生命轮回投胎成为一个新的生命。

但是，从 BD04548 号进入北图起，历来编目，抄写《无量寿宗要经》的一面均被著录为正面，抄写《坛经》与《大辩邪正经》的一面则被著录为背面。 早期的编目，一件遗书大抵只著录其正面，背面文献或写入备注，或忽略不计。 就本号而言，陈垣先生的《敦煌劫余录》将《坛经》写入备注，于是造成该文献长期没有引起研究者的注意，直到二十世纪九十年代，才有日本田中良昭首次发表录文与研究。

---

① 旅博本《坛经》的面世，证明《大辩邪正经》与《坛经》有着密切的联系，以致我们需要考虑是否有一个"《坛经》文献群"的问题。参见方广锠：《旅博本〈坛经〉序》，载《旅顺博物馆藏敦煌本〈坛经〉》，上海古籍出版社，2011 年。当然，这只是从两个文献相互关系角度出发的考察，并不否定它们原本是两个不同的文献。

如前所述，我把类型四标注为：# A + & B✡。具体到 BD04548 号，则其标注似乎要改为"# B✡ + & A"，才符合该号目前的编号实际。我们既然不能随便改变既定的编号，那么看来只有把类型四的标注改为："(# &)A+(& #)B✡"，以求迁就现实。

(三) 两面抄写，一面为废弃的主文献，一面为杂写卷子，附属裱补纸文献

类型五：# A✡ + & C+ @ Z

在此先考察斯 00329 号 + 斯 00361 号，两号可缀接。

斯 00361 号包括 10 个文献：1.《书仪镜》，225 行，抄写在正面，今编为斯 00329 号。2.《游通信状钞》（拟），11 行，抄写在背面，今编为斯 00329 号背 1。3.《毛诗残片二块》（拟），4 行，抄写在背面古代裱补纸上，今编为斯 00329 号背 2。4.《咒愿新郎》，14 行，抄写在背面，今编为斯 00329 号背 3。5.《木兰花辞·曲子名》（拟），7 行，抄写在背面，今编为斯 00329 号背 4。6.《社司转帖》，27 行，抄写在背面，今编为斯 00329 号背 5。7.《通信上曲子名一首》，26 行，抄写在背面，今编为斯 00329 号背 6。8.《社司转帖钞》（拟），8 行，抄写在背面，今编为斯 00329 号背 7。9.《儿郎伟驱傩之法》，15 行，抄写在背面，今编为斯 00329 号背 8。10.《裙帔绫锦钞》（拟），6 行，抄写在背面，今编为斯 00329 号背 9。

该遗书原抄《书仪镜》，后残破废弃。乃有游通信者利用其背面空白纸抄写各种诗歌、杂文，以及用作草稿。背面内容甚为杂乱，相互大致没有关系。值得注意的是《儿郎伟驱傩之法》提到希望表章早到天子案前，天子秋初夏末便派遣天使前来赐虎节。而其后的杂写中有"一轴令书则未多，要来不得"。可见当时归义军急于得到唐王朝的承认，及对唐王朝未能及时赐节的不满。从杂写中出现的诸多年号，可判定背面的杂写多写于 875~895 年之间。其中有些文献可以判定确定的年代。本号与斯 00361 号可以前后缀接。

斯 00361 号包括 7 个文献：1.《书仪镜》，156 行，抄写在正面，今编为斯 00361 号。2.《闺情诗钞》（拟），10 行，抄写在背面，今编为斯 00361 号背 1。3.《五言诗（长信草）》（拟），6 行，抄写在背面，今编为斯 00361 号背 2。4.《五言诗（日落影西山）》（拟），6 行，抄写在背面，今编为斯 00361 号背 3。5.《七言诗（三月三日泛龙舟）》（拟），4 行，抄写在背面，今编为斯 00361 号背 4。6.《十二月书仪》（拟），20 行，抄写在背面，今编为斯 00361 号背 5。7.《游通信状钞》（拟），3 行，抄写在背面，今编为斯 00361 号背 6[①]。

该遗书原抄《书仪镜》，后残破废弃。被人利用其背面抄写各种诗歌、杂文。今依据内容著录为 7 个文献。与斯 00329 号可以缀接。

上述两个遗书缀接以后（以下简称"本遗书"），共抄写 15 个文献，可以分为三类：

---

① 为避文繁，下文引用这些文献名称时，均省略"（拟）"。下同。

第一类：1个文献，即正面所抄的《书仪镜》。该《书仪镜》为唐写本，约抄写于8世纪中叶。

从形态考察，本遗书原本只抄一个文献，即正面的这个《书仪镜》，后该《书仪镜》残破。现在无法确定《书仪镜》的原主人是谁，但从背面"大中十二年(857)五月廿三日夜于王家色女壹头""大顺二载(891)壬子岁二月日牒""景福二年(893)十一月学士安君"等杂写年款看，可知该残卷其后曾在多人手中流转，并曾在其背面写有杂写。后来落到游通信手中。

由于对本遗书来说，《书仪镜》原本是该遗书上唯一的文献，虽然其后残破，并在背面抄写其他文献，但从文物形态或物理形态看，《书仪镜》依然占据整个遗书的整整一面。在该遗书所存15个文献中，《书仪镜》的篇幅最大。我把这样的文献称为"主文献"。

第二类：13个文献，包括斯00329号背面除《毛诗残片二块》之外的其余8个文献及斯00361号背面除《游通信状钞》的5个文献。斯00361号背面《游通信状钞》因为可以与斯00329号背面的同文献缀接，故不重复计算。这些文献绝大部分抄写于归义军统治时期，约九世纪末、十世纪初。这13个文献亦属杂文献。

该《书仪镜》残卷落在游通信手中以后，游通信没有企图去将残破的《书仪镜》修复补足，而是利用其背面抄写各种文献。这证明对游通信来说，有价值的不是《书仪镜》，而是它背面的空白纸。所抄写的13个文献，有的保留了游通信的姓名，可以肯定是他亲笔所写；有的笔迹与他亲笔所写的文献相同，也可以断定是他所抄。我们虽然不能肯定这13个文献全部都是游通信所抄，但可以肯定大部分文献是他抄写的。这些文献笔墨浓淡不一，说明并非一次性抄写。通观这13个文献，内容杂乱无章，很难说哪个文献最重要，占据着核心地位，这说明游通信并非有目的地利用《书仪镜》背面抄写某种特定典籍。如上所述，游通信得到这一《书仪镜》残卷时，背面已经有他人书写的各种杂写，这大概也是游通信无法用它抄写某一特定典籍的原因。我的总体印象是，游通信得到《书仪镜》残卷后，仅利用其背面空白纸作为底稿与杂抄用纸，从而使该遗书背面成为"杂抄卷子"。

"杂抄卷子"这个名词，前人已经使用，但没有把它作为专用名词。本文拟将该词作为一个专有名词来使用，以指代与本遗书背面状态类似的写卷。至于"杂抄卷子"到底应该如何定义，涉及的问题比较复杂，我想把这个问题放到以后再作讨论。由于本遗书杂抄卷子所涉文献关系复杂，在此不做进一步的文献分析。仅从遗书的文物属性出发，将上述杂抄卷子看作一个整体。

第三类：1个文献，《毛诗残片二块》。唐写本。约抄写于8世纪。

本遗书背面有裱补纸2块，薄皮纸。一块粘贴在《游通信状抄》之杂写"行人转帖"下，一块粘贴在《咒愿新郎》之杂写"今月日队"下。每纸抄写2行，字迹向里。纸张、字体相同，应为同一文献。其中一纸可见有"东方之日二章章五句□/□/居无苴□今不□/"，应为《毛诗》，故拟此名。

很显然，这两块裱补纸是该《书仪镜》尚未废弃时粘补上去的，与该遗书后来的所有者游通信无关。由于裱补纸上残留的文字构成主题文献,故按照著录体例单独予以著录。但裱补纸文献原非该遗书所有,从遗书整体看,应属于附属物。

由此,本遗书所呈现的诸主题文献之间的相互关系可以归结为:正面为主文献,已作废;背面为杂抄卷子;附有裱补纸文献。如果依旧用遗书生命论来比喻,该遗书第一阶段曾经有过光辉的生命,即《书仪镜》;后来生病吃药,吃的是《毛诗残片二块》;最终死亡。第二阶段的生命则命运不济,干杂活、拉帮套,勉强度日。

如果我们用"C"表示杂抄卷子,用"Z"表示裱补纸文献,"@"表示附属文献,则类型五可表述为:# A✡ + & B+ @ Z。

如将类型五附属的裱补纸文献删略不计,则可将类型四【(# &)A+(& #)B✡】与类型五的简化形态(# A✡ + & C)比较如下:

它们的相同点是:

(1)均有主文献与杂文献。

(2)均有废弃文献。

它们的不同点是:

(1)类型四中的废弃文献为杂文献,类型五中的废弃文献为主文献。

(2)类型四通卷由若干废弃杂文献缀接而成,类型五则与类型一相同,通卷为废弃主文献。

(3)类型四的杂文献是缀接卷子,类型五的杂文献是杂抄卷子。

下面再考察斯00343号。

该遗书包括10个文献：1.《斋意文》（拟），258行，抄在正面。今编为斯00343号。 2.《观世音经杂钞(加序分)》（拟），10行，抄写在背面，今编为斯00343号背1。 3.《要行舍身经钞》（拟），19行，抄写在背面，今编为斯00343号背2。 4.《述大唐三藏述圣记》，34行，抄写在背面，今编为斯00343号背3。 5.《要行舍身经钞》（拟），24行，抄写在背面，今编为斯00343号背4。 6.《唐三藏圣教序》，42行，抄写在背面，今编为斯00343号背5。 7.《大般若经第六会序》，12行，抄写在背面，今编为斯00343号背6。 8.《观世音经(袖珍本)》，7行，抄写在背面裱补纸上，今编为斯00343号背7。 9.《斋意文钞》（拟），26行，抄写在背面，今编为斯00343号背8。 10.《应用文文样钞》（拟），36行，抄写在背面，今编为斯00343号背9。

该遗书所抄文献也可以分为三类：

第一类：1个文献，正面的《斋意文》。9～10世纪。归义军时期写本。

第二类：8个文献，背面除了《观世音经(袖珍本)》之外的其余8号。属于杂抄。9～10世纪，归义军时期的一个写本。

第三类：1个文献，背面的《观世音经(袖珍本)》，裱补纸文献。9～10世纪，归义军时期的一个写本。

考察该遗书，其正面原本抄写《斋意文》，其后残破。后人利用背面空白纸，从卷首背面起抄写《应用文文样钞》。其后又有人在背面抄写《斋意文钞》。方向与《应用文文样钞》相反，因结尾处与《应用文文样钞》尾部相遇，于是《斋意文钞》末尾的2行文字跳过《应用文文样钞》，写到《应用文文样钞》的首部（卷首背面的顶端）。

其后此卷再次残破，有人用袖珍本《观世音经》残片在背面裱补。裱补时将背面已经抄写的《斋意文》的前 6 行文字上部遮压。接着又有人利用背面空白纸抄写各种杂写。此次抄写，颇为杂乱。但所抄文字与《斋意文》方向相同。大体是先在《斋意文》前面抄写《大般若经第六会序》。接着在《大般若经第六会序》前面抄写《三藏圣教序》与《三藏述圣记》。抄完《三藏圣教序》后因空白纸张不够，故仅抄《三藏述圣记》的标题，而将《三藏述圣记》的正文移到卷前部。此后又插空抄写《遗嘱文样》（拟）两道及《要行舍身经》《观世音经》等各种经文杂写及其他杂写。

上述文献分别若干次抄写而成，仔细分析该遗书目前的形态，我们可以清楚分辨出上述 10 个文献的先后抄写次序。

如果我们依然按照文物属性进行分析，即将第二类文献视为一个杂文献，则斯 00343 号也符合 # A✧ + & C + @ Z 这一类型。

本文以具体的敦煌遗书为对象，尝试对写本中多主题文献的相互关系进行类型分析，并从简到繁提出五种类型。其实，这五种类型只是写本中实际存在的诸多类型的一小部分。笔者写这篇文章，只是想抛砖引玉，得到诸位的指教。

2011 年 4 月 1 日星期五于通州皇木厂

6

写本学视野的敦煌遗书(下)

三、敦煌遗书中写本的特异性[①]

——写本学札记

敦煌遗书为我们重建写本学提供了丰富的资料。

写本由抄写者逐一抄写而成。这一形成方式决定了写本的两个基本特点——唯一性与流变性。

如果我们考察某一具体写本,并将它与其他写本相比较,则可以发现,任何一部写本,它的谋篇布局、分段起讫、点捺撇横、墨色行款,与其他写本——哪怕是同一个人抄写的同一部典籍——均不可能完全一致。从这个角度讲,任何一部写本都是唯一的。我把写本的这一特性,称之为写本的"唯一性"。这与后代刻本之凡同一副版片刷印的典籍,相互间完全相同,形成鲜明对照。

正因为写本具有上述"唯一性",所以当我们从总体考察某一类写经时,可以发现它们又表现出另一种特性,亦即同一种典籍,或同一时期抄写的某一批经典,它们虽然或相互继承,表现出亲缘

[①] 原载《敦煌吐鲁番研究》第十四辑,上海古籍出版社,2014年。收入本书时文字略有修订。

关系，或相互类似，表现出具有若干"同类项"特性，但从总体看，相互间形态千差万别，表现出某种不确定性。我把写本的这一特性，称之为写本的"流变性"。

写本"唯一性"与"流变性"互为表里，成为我们考察写本的基本关注点。

需要指出的是，上述写本的"唯一性"与"流变性"，均建立在写本有迹可循的基本规范上。诸如写本如非稿本，均依据某一底本抄出，抄本与底本形成递承亲缘关系；与这一基本规范相应的流变性，则表现为写本可能出现异本。又如篇幅较长的文献均从右向左抄写在粘接起来的纸张上，若文献篇幅太长，所粘接纸张太多，则会分截为若干卷；与这一基本规范相应的流变性，则表现为随着底本或纸张的不同，同一典籍有时会出现异卷。再如，一般来说，写本的字体会逐渐趋近时代风尚，但写经生书体的变化往往会有所滞后。还有，某一时间段内，某种纸张会集中出现，某种抄写风格会集中出现。如此等等。

但是，正因为写本是抄写者逐一抄写而成，便会出现某些难以预测的个性化特点，从而使写本形态违反写本的基本规范。此外，敦煌遗书发现以来，人们曾对它进行种种加工，包括著录、修复、作伪等等，也会使它的形态发生变化，从而可能误导人们对敦煌遗书的认识。我把敦煌遗书中的写本偶尔会出现的违反写本基本规范的性质，称之为写本的"特异性"。下面举例说明。至于今人对敦煌遗书进行修复、作伪而形成的问题，将另文论述，不包括在本论文中。

(一) 反向抄写，错乱行款

下面是斯 01624 号背的图版：

图 3　斯 01624 号背面

斯 01624 号正面原抄《天福七年(942)大乘寺常住什物点检历》（拟），其后作废，有人利用其背面空白纸抄写《泗州僧伽大师实录钞》（拟）、《唐虢州万回和尚传钞》（拟）、《三宝感应录·宋宝志传钞》（拟）等三个有关高僧行状的文献。前两个文献连续抄写，然后略留空白，抄写《三宝感应录·宋宝志传钞》（拟）。三者均属神通感应类，故卷尾有"感通"两个大字。在此讨论第三个文献。

现按照图版，将《三宝感应录·宋宝志传钞》（拟）录文如下。每行用(1)～(14)数字编号，行末加行号"/"。

(1) 真容而福至闻　尊号以灾消福利昭彰/
(2) 今日当将慈悲不替观到此土存殁三十/
(3) 六化具载传记辞　帝归钟山入灭矣昔泗/

(4) 州大师忏悔却复本形重归大内且化缘/
(5) 毕十二面观音菩萨形相僧谣乃哀求谣/
(6) 变容证言　和尚乃以爪厘面开示下笔/
(7) 和尚或其形貌莫能得定僧真　和尚曰可/
(8) 与吾写真否僧谣圣者僧宝意处/
(9) 见供奉张僧谣邀入山远迎请入内殿/
(10) 道场供养因诣贤衔花岩神献果梁武/
(11) 帝遣使并宝辇人家供敬分形赴斋寻/
(12) 隐钟山百兽者游于杨州擎杖每悬剪刀/
(13) 尺拂谨按三宝感通录曰宋末沙门宝/
(14) 志/

上述文献难以卒读。但文中提到张僧繇为宝志邈真故事，该故事在大藏经所收宋代佛教典籍中颇见记叙。按照这一线索细读原文，又因《泗州僧伽大师实录钞》（拟）开头文字作"谨按《唐泗州僧伽大师实录》云"、《唐虢州万回和尚传钞》（拟）开头文字作"谨按《传记》"，而本文献倒数第二行有"谨按《三宝感通录》曰"云云，可以得知此文献的底本原系从左向右抄写，但斯01624号背的抄写者不察，按照从右向左的惯例抄写，且没有保持底本的行款，以致出现目前这种爪剖正文，文理错乱的状况。

为了读通这篇文字，首先需要恢复底本的行款。下文依据佛典中相关记载，按照本文献的文气，拟出底本的行款。底本行款用"||"表示，"||"前的1.~15.等数字为所拟底本从左向右每行的编号。斯01624号背原文献的行款"/"保持不变。

15.||真容而福至闻　尊号以灾消 14.||福利昭彰/
今日当将慈悲不替观 13.||到此土存殁三十/
六化具载传记 12.||辞　帝归钟山入灭矣昔泗/
州大师 11.||忏悔却复本形重归大内且化缘/
毕 10.||十二面观音菩萨形相僧谣乃哀求 9.||,谣/
变容诳言　和尚乃以爪厘面开示 8.||下笔/
和尚或其形貌莫能得定僧 7.||真　和尚曰可/
与吾写真否僧谣 6.||圣者僧宝意处/
见供奉张僧谣邈 5.||入山远迎请入内殿/
道场供养因诣贤 4.||衔花岩神献果梁武/
帝遣使并宝輂 3.||人家供敬分形赴斋寻/
隐钟山百兽 2.||者游于杨州擎杖每悬剪刀/
尺拂 1.||谨按《三宝感通录》曰宋末沙门宝/
志/

按照上述考订结果，可按照从左向右抄写的形式，恢复底本的形态。

15. 真容而福至闻　尊号以灾消。

14. 福利昭彰/今日当将慈悲不替观

13. 到此土存殁三十/六化具载传记

12. 辞　帝归钟山入灭矣昔泗/州大师

11. 忏悔却复本形重归大内且化缘/毕

10. 十二面观音菩萨形相僧谣乃哀求

9. 谣/变容诳言　和尚乃以爪厘面,开示

8. 下笔/和尚或其形貌莫能得定僧

7. 真。　和尚曰可/与吾写真否僧谣

6. 圣者僧宝意处/见供奉张僧谣逸

5. 入山远迎请入内殿/道场供养因诣贤

4. 衔花岩神献果梁武/帝遣使并宝辇

3. 人家供敬分形赴斋寻/隐钟山百兽

2. 者游于杨州擎杖每悬剪刀/尺拂

1. 谨按三宝感通录曰宋末沙门宝/志/

故本文献的正确行文应该如下。录文中加上底本的每行编号 1.～15.、斯 01624 号背抄本的原行款编号(1)～(14)。

录文：

1. 谨按《三宝感通录》曰：宋末沙门宝(13)/志(14)/

2. 者,游于杨(扬)州。擎杖每悬剪刀、(12)/尺拂(绋)。

3. 人家供敬,分形赴斋。寻(11)/隐钟山,百兽

4. 衔花,岩神献果。梁武(10)/帝遣使并宝辇,

5. 入山远迎,请入内殿(9)/道场供养。因诣贤

6. 圣者僧宝意处,(8)/见供奉张僧谣(繇)逸

7. 真。和尚曰:"可(7)/与吾写真否?"僧谣(繇)

8. 下笔。(6)/和尚或(惑)其形貌,莫能得定。僧

9. 谣(繇)(5)/变容,诳(诳)言:"和尚!"乃以爪厘(劙)面,

开示

10. 十二面观音菩萨形相。僧谣(繇)乃哀求、

11. 忏悔。却复本形,重归大内。且化缘(4)/毕,

12. 辞　帝，归钟山入灭矣。昔泗(3)/州大师

13. 到此土存殁，三十(2)/六化，具载传记，

14. 福利昭彰。(1)/今日、当时，慈悲不替。观

15. 真容而福至，闻　尊号以灾消。

(录文完)

如将所标底本行编号、抄本行号、抄本行编号都去掉，按内容分段，则录文如下：

录文：

　　谨按《三宝感通录》曰：

　　宋末沙门宝志者，游于杨(扬)州。擎杖每悬剪刀、尺拂(绋)。人家供敬，分形赴斋。寻隐钟山，百兽衔花，岩神献果。

　　梁武帝遣使并宝辇，入山远迎，请入内殿道场供养。因诣贤圣者僧宝意处，见供奉张僧谣(繇)邈真。和尚曰："可与吾写真否？"僧谣(繇)下笔。和尚或(惑)其形貌，莫能得定。僧谣(繇)变容，诬(径)言："和尚！"乃以爪厘(劙)面，开示十二面观音菩萨形相。僧谣(繇)乃哀求、忏悔。却复本形，重归大内。

　　且化缘毕，辞　帝，归钟山入灭矣。

　　昔泗州大师到此土存殁，三十六化，具载传记，福利昭彰。今日、当时，慈悲不替。观真容而福至，闻　尊号以灾消。

(录文完)

因为宝志被视作观音的化身，而泗州僧伽大师也被认为是观音的化身，故有最后一段议论。但文首所谓"谨按《三宝感通录》曰"云云，似谓该故事出于《集神州三宝感通录》。《集神州三宝感

通录》,唐道宣著,三卷,其中并无张僧繇为宝志邈真故事。 则或上述出处有误;或该《三宝感通录》并非道宣所著,而是目前尚不知道的另一种典籍。 待考。

如前所述,就大藏经资料而言,张僧繇为宝志邈真故事最早出现在宋代的典籍中,但从斯01624号可知,早在晚唐五代,这一故事已经成型并广泛流传。

(二) 正面可缀,背面不可缀

一般情况下,一个写卷如正反面均抄写文献,一旦被撕裂,则正面的文献可以缀接,背面的文献也可以缀接。 这属于写本的常态或基本规范,无需赘言。 但有时也有例外。

此次整理英国敦煌遗书,发现斯01611号与斯01624号、斯01625号、斯01774号、斯01776号A、斯01776号B等诸号相互有一定的关联。

斯01611号,正面抄写隋朝第三祖僧璨行状。 背面大致为杂写。

斯01624号,正面抄写某寺常住什物点检历,尾与斯01776号B可缀接。 背面为僧伽、万回、宝志行状。

斯01625号,正面抄写天福三年某寺入破历计会。 背面为佛图澄因缘传、释智兴判。

斯01774号,正面抄写天福七年大乘寺智定等一伴交历。 背面为禅师泛惠净颂。

斯01776号A，正面抄写显德五年某寺库内什物点检历。背面为唐朝第五组弘忍行状。

斯01776号B，正面抄写某寺常住什物点检历，首与斯01624号可缀接。背面为唐朝第六祖惠能行状。

考察上述6号，可以得出如下几点印象：

1. 由于斯01624号与斯01776号B可以缀接，所以以上遗书实际共包括4件寺院经济文书。据前此研究成果，这三件遗书情况如下：

斯01625号为天福三年(938)大乘寺文书。

斯01774号为天福七年(942)大乘寺文书。

斯01624号与斯01776号B为天福七年(942)大乘寺文书。

斯01776号A为显德五年(958)大乘寺文书。

亦即年代虽然不同，内容虽有参差，但均为大乘寺的寺院经济文书。

2. 6号均抄有僧人行状。其中斯01611号抄在两面均空白的纸上，其余5号抄在大乘寺文书的背面。

5号文书中所涉及僧人，包括禅宗三祖、五祖、六祖等3人。此外有佛图澄、释智兴、泛惠净、僧伽、万回、宝志等6人。值得注意的是：

从字体、墨色判定，斯01611号(三祖)与斯01776号A背(五祖)、斯01776号B背(六祖)、斯1625号背(佛图澄、释智兴)为同一人、同时所写。墨色虽有不同，但从字迹判定，斯01774号与前诸号亦为同一人所写。但斯01624号背(僧伽、万回、宝志)的墨色不同，字体与前者有异，虽然主题近似，与前恐非同一人所写。

考察文献中对上述 9 位僧人行状的行文，斯 01611 号有"璨大师付法并袈裟与道信时"云云，明确表现出壁画榜题的形态，故我将它定名为《禅宗诸师受法壁画榜题稿·三祖》（拟）。 可以推论，斯 01776 号 A 背（五祖）、斯 01776 号 B 背（六祖）为同一人出于同一目的所写，故亦可仿此定名。 斯 1625 号背（佛图澄、释智兴）虽为同一人所抄，但故事完整，且均有首题，抄写形态与前述禅宗三祖不同，主题主要体现神通感应。 虽然不排除它们也是壁画榜题稿的可能，但在没有可靠证据的情况下，按照其本身的首题定名为妥。 斯 01774 号背（泛惠净颂）形态与斯 1625 号背（佛图澄、释智兴）相同，有首题，故事完整，亦为神通感应。 至于斯 01624 号背（僧伽、万回、宝志），其主题虽然也是神通感应，且集中表现观世音灵验，卷尾之"感通"二字揭示该卷主题。 因此，斯 01624 号、斯 1625 号背、斯 01774 号背所抄文献即使也可以视作壁画榜题稿，那也应该是另一组壁画，与前此之禅宗祖师无关。 由此，从内容判定，僧伽、万回、宝志与惠能亦非同一文献，应分别录文。

上述三件大乘寺文书中年代最迟者为显德五年（958），故上述 9 位僧人行状均应抄写于显德五年（958）之后。

当时应还抄写有禅宗初祖、二祖、四祖的行状以为壁画榜书稿，尚待考寻。

3. 斯 01624 号与斯 01776 号 B 之天福七年（942）大乘寺文书可以缀接。

下面两张图版，右边（见图 5）为斯 01624 号的尾部，左边（见图 4）

是斯 01776 号 B 的首部。 从图版可以看出，这两个遗书首尾的可以缀接，所抄为《天福七年(942)大乘寺常住什物点检历》（拟）。

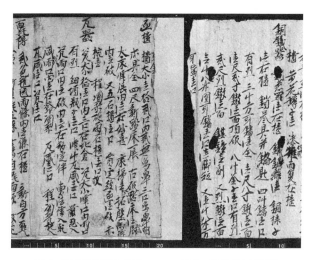

图 4　斯 01776 号 B 首部　　图 5　斯 01624 号尾部

由于斯 01624 号、斯 01776 号 B 两号可以缀接，故前此研究者录文时将这两号背面的六祖、僧伽、万回、宝志行状也合并录为一个文献。 如前所述，斯 01624 号与其他诸号墨笔、字体略有异，恐非同一人所写，则将六祖、僧伽、万回、宝志三者合并为一个文献亦可商榷。 毋宁说，禅宗三祖、五祖、六祖应为同一组文献。

此外，由于没有正确考察这组文献的关系，前此将斯 01624 号抄写僧伽、万回、宝志行状的一面当做正面，而将《天福七年(942)大乘寺常住什物点检历》（拟）当做背面。 但《天福七年(942)大乘寺常住什物点检历》（拟）又与斯 01776 号 B 可以缀接。 于是有的研究著作将这一缀接表述为"斯01624号背＋斯01776号B",显得非常别扭。

仔细考察这批遗书,实为将过时作废的大乘寺文书撕开以后,分别作为独立的单位予以利用。因此,虽然斯01624号、斯01776号B等两号正面的大乘寺文书可以缀接,不等于背面的文献也可以缀接,也属于同一文献。这是敦煌遗书录文时需要注意辨别的。

(三) 爪剖旧卷,另组新卷

凡属正反面抄写的卷子,比较常见的是该卷原为同一遗书,仅是在正面、反面各抄一个或几个其他文献。借用我在《敦煌遗书中多主题遗书的类型研究》[1]中的"遗书生命体说",常见有两种情况:第一种,该遗书在生命的第一阶段就已经是正反面各被抄写一个或几个文献,此时正反面文献往往有内在逻辑联系。如《敦煌遗书中多主题遗书的类型研究》中的类型二。第二种,该遗书在生命的第一阶段仅在正面有文献,后来因为被人利用其背面空白纸抄写其他文献,进入生命的第二阶段。此时正反面文献往往无内在逻辑联系。如上文中的类型一、类型四。

这里讨论的"爪剖旧卷,另组新卷"与上文的类型四有点相似,应该看做是类型四的一个变种。典型的类型四,是指将若干破

---

[1] 《敦煌遗书中多主题遗书的类型研究》,载《中国社会科学院敦煌学回顾与前瞻学术研讨会论文集》,上海古籍出版社,2012年。已收入本书第182～202页。

旧废弃的卷子剪接拼粘，形成新卷子，然后利用其背面空白纸抄写其他文献。借用"遗书生命体说"，即遗书目前的生命形态，是由若干个小生命轮回投胎，汇聚而成。这些小生命在聚集成新生命时，本身基本保持了相对的完整性。它的变种则"爪剖旧卷，另组新卷"，亦即这些小生命被五马分尸，然后胡乱缀接成一个新卷子。遇到这种情况，编目时如何厘定那些被爪剖的旧卷之间的相互关系，颇费思量。

如斯00721号，用74张废弃写卷缀接而成，然后利用连缀废卷的背面空白纸抄写《金刚般若经旨赞》卷下。这74张纸，纸质不一、长短不一，原分属《涅槃经疏》（拟）、《净住子》卷十八、《维摩义记》卷二、《大乘法界无尽藏法释》（拟）等4个文献。大约因这4个文献原已残破，为了利用其中保存较好的纸张，便将残破较甚的纸张剪除。故除了《大乘法界无尽藏法释》（拟）文字集中，没有被剪开外，其余3个文献均被剪开为若干段，每段长短不一，然后错杂缀接。故原卷背面从右向左，现大致分为如下20个单元：

01. 第01纸～第06纸，133行，原属《涅槃经疏》（拟）。

02. 第07纸～第10纸，042行，原属《净住子》卷十八。

03. 第11纸～第12纸，011行，原属《涅槃经疏》（拟）。

04. 第13纸，017行，原属《净住子》卷十八。

05. 第14纸～第16纸，050行，原属《净住子》卷十八。

以上两个单元虽均属《净住子》卷十八，但不能缀接。

06. 第17纸～第18纸，029行，原属《涅槃经疏》（拟）。

07. 第19纸～第20纸，023行，原属《净住子》卷十八。

08. 第 21 纸，012 行，原属《涅槃经疏》（拟）。

09. 第 22 纸~第 30 纸，155 行，原属《净住子》卷十八。

10. 第 31 纸~第 33 纸，043 行，原属《涅槃经疏》（拟）。

11. 第 34 纸，002 行，原属《净住子》卷十八。

12. 第 35 纸~第 40 纸，129 行，原属《维摩义记》卷二。

第 35 纸上边原有数字编号"卅二"，但在与第 34 纸粘接时被叠压。

上述 6 纸，每两纸接缝处上边均有数字编号，依次有 5 个，为"卅一""卅""卅九""卅八""卅七"。

13. 第 41 纸，019 行，原属《涅槃经疏》（拟）。

14. 第 42 纸~第 44 纸，069 行，原属《维摩义记》卷二。

第 42 纸与第 43 纸，第 43 纸与第 44 纸接缝处上边有数字编号，依次为"卅五""卅四"。

15. 第 45 纸~第 47 纸，046 行，原属《维摩义记》卷二。

第 45 纸与第 46 纸、第 46 纸与第 47 纸接缝处上边有数字编号，依次为"卅三""卅二"。

以上两个单元虽属《维摩义记》卷二，但不能缀接。

16. 第 48 纸，013 行，原属《涅槃经疏》（拟）。

17. 第 49 纸~第 54 纸，128 行，原属《维摩义记》卷二。

上述 6 纸，每两纸接缝处上边均有数字编号，依次有 5 个，为"卅""廿九""廿八""廿七""廿六"。

18. 第 55 纸~第 56 纸，028 行，原属《涅槃经疏》（拟）。

19. 第 57 纸~第 61 纸，107 行，原属《维摩义记》卷二。

上述5纸，每两纸接缝处上边均有数字编号，依次有4个，为"廿四""廿三""廿二""廿一"。

第61纸与第62纸接缝处上边亦有数字编号，为"廿"。

20. 第62纸～第74纸，357行，原属《大乘法界无尽藏法释》（拟）。

上述13纸，每两纸接缝处上边均有数字编号，依次有12个，为"十九""十八""十七""十六""十五""十四""十三""十二""十一""十""九""八"。

第62纸与第61纸接缝处上边亦有数字编号，为"廿"。

从上边接缝处的编号，可知该连缀废卷的形成过程为：先连缀《大乘法界无尽藏法释》（拟）与《维摩义记》卷二，其后曾经被剪开，再连缀《净住子》卷十八与《涅槃经疏》（拟），然后用背面空白纸抄写《金刚般若经旨赞》卷下。其后《金刚般若经旨赞》卷下首部残破，从而形成目前形态。现存《涅槃经疏》（拟）包括01、03、06、08、10、13、16、18等8个单元，《维摩义记》卷二包括12、14、15、17、19等5个单元，《净住子》卷十八包括02、04、05、07、09、11等6个单元。上述19个单元相互错杂，文字互不关联。即使04、05两个单元均为《净住子》，实际这两个单元的文字并不连接。

编目时，将这些被五马分尸的19个单元逐一辨析，尽可能查找出处，最终归并著录为《涅槃经疏》（拟）、《维摩义记》卷二、《净住子》卷十八等三个文献。

关于上述文献的著录及其文献研究价值，可参见《英国图书馆藏敦煌遗书》第十二册中的相关条记目录，此不赘述。

严格地说，《敦煌遗书中多主题遗书的类型研究》中的类型三，也属于本文论述的"爪剖旧卷，另组新卷"的特异形态，只是该旧卷被分尸两处罢了。

(四) 后人著录，误作原题

敦煌遗书，特别是英国的敦煌遗书，卷背常有一种特殊的数码及对写卷内容的著录。关于这种数码，我已经于 1990 年发表论文《斯坦因敦煌特藏所附数码著录考》[①]，指出它为苏州码子，这种苏州码子及对写卷内容的著录，绝大部分为蒋孝琬所写，个别为斯坦因所写[②]。在那篇论文中，我对蒋孝琬的著录工作作了评价，称他比较谨慎，"凡是原卷存有经名可资参考者，蒋氏的著录基本上都准确，但有时也因过分机械地依据原卷经名而定名，不省察具体情况，故而有误，凡原卷残破，未留经名可资参考者除个别特征明显的给予定名外，其余几乎都未定名。总的来说，凡已定名者，基本上可以信从"。现在看来，这一评价应该修订。因为蒋孝琬曾经凭印象或臆测为若干遗书定名，而他的错误定名曾长期误导敦煌学界，乃至直到今天。

---

① 《斯坦因敦煌特藏所附数码著录考》，载《一九九〇年国际敦煌学学术讨论会论文集》，辽宁美术出版社，1995 年。

② 在《斯坦因敦煌特藏所附数码著录考》一文中，我推测那些比较拙劣的汉文著录为斯坦因所写。现在这一推测已经证实。详情将另文论述。

如斯 01638 号，所抄为《法句譬喻经》卷一"多闻品第三"的第一个故事，参见大正 0211，04/0578B06～0579A12。原文无首尾题，抄录时行文较为自由，个别字句有修改，但内容没有大的变化。

蒋孝琬为本号编目时，因不识内容，自行拟名作"释家劝化愚顽经"，作为注记写在背面。日本《大正藏》将该"释家劝化愚顽经"误认为该文献之原题，便将本文献作为疑伪经收入第 85 卷疑伪部，即为大正 2918 号，录文略有误。《翟林奈目录》亦犯同样错误。刘铭恕在《敦煌遗书总目索引·斯坦因劫经录》中虽然沿用"释家劝化愚顽经"这一名称，但指出它实际抄自《法句譬喻经》卷一，故特别注明："此晋法炬、法立合译之《法句譬喻经》第一卷一品之别行单出者。"第一个发现该文献的原始出处，功不可没。《敦煌遗书总目索引新编》沿用刘铭恕著录，但在文献名称"释家劝化愚顽经"后误标"首题"。

此次编目，拟名作《法句譬喻经多闻品钞》。

上面几条，都是对英国藏敦煌遗书编目时做的一点札记。它们说明，虽然从总体看，敦煌遗书符合写本的一般规范。但由于写本本身的特点，加上敦煌遗书特有的传播、整理史，也使它显示出若干特异的形态。我们在整理、研究敦煌遗书的时候，既要关注它的一般规范，也要注意它的特异形态，才能把整理、研究工作做好。

2013 年 6 月 28 日于古运河北端

四、从敦煌遗书谈中国纸质写本的装帧①

(一) 引言

文字出现于人类社会发展的一定阶段。由文字组成的文献超出一定的篇幅，非其载体之单一单位可容纳时，便需要用某种方式编联其载体之相关单位，使所抄文献成为一个整体，顺畅可读。这是书籍装帧所以产生的前提。不言而喻，书籍装帧所以产生的另一个前提是出现可移动的书写载体。如果书写载体不可移动，假设文献书写或刻画在大地、洞窟、岩壁、壁画(如榜题)，则不存在载体的装帧问题，存在的是如何指示所刻画文献的阅读次序的问题②。

由此，笔者认为：所谓"装帧"，其基本含义是用某种方式将可移动书写载体的不同单位汇拢、编联起来，使载体上的文献成为一

---

① 原载《文献》2018年第1期；《新华文摘》2018年第6期全文转载。收入本书时略有修订。
② 任何一般都有例外。如匾牌、楹联大多书写在可移动载体上，它们一般有装饰而无装帧，其阅读顺序依据人们长期以来形成的阅读习惯决定。

体,有序可读。由于不同载体适用的装帧方式不同,故书写载体便与装帧形式及其发展息息相关。

《尚书·多方》称:"唯殷先人,有册有典。"可知殷商时期已使用简牍及甲骨作为书写文献的载体。此外我们知道,有些殷周彝器上铸有文献。但至今为止,我们所发现的铸在彝器上的文献均为短篇,这应该与彝器本身的形制有关。笔者寡闻,不知是否有长篇文献,分别铸在不同的彝器上,使这些彝器成为完整的一组。如果真有这样的情况,则彝器文献的装帧自然应该成为研究的对象。但所谓一组那样的彝器,仅为本文的假设,故此处不赘。①且如上所述,《尚书》仅谓"册""典",不言其他载体。起码在《尚书·多方》作者心目中,彝器上的文献与"册""典"中的文献,是否可以归为同一类,恐怕也可以再研究。

据目前所知,甲骨一般用于占卜,卜辞一般较短,一块甲骨可以刻下。诚如此,则甲骨文献无需编联。但是否有较长卜辞需要分别刻写在不同的甲骨上?起码我们知道,针对同一事件的占卜活动有可能连续举行数次,分别使用不同的甲骨,故不同甲骨上的卜辞可能相互有关。据说,安阳殷墟出土的甲骨,其原始存放状态往往是一窝一窝的,每窝所存甲骨数量不等,且甲骨上附有刻契符号。则每窝甲骨所刻文献是否相互有关?又,所谓的"一窝一

---

① 编钟非文献,故不在本文讨论之列。作为类似对象,需要考虑的是秦石鼓。一般认为十个秦石鼓所刻《猎碣》应为同一文献。但石鼓流传历史比较复杂,其原始形态已难以复原。故在其原始形态复原之前,对不同石鼓的先后编联形式,目前缺乏进行科学研究的条件。

窝",是否即为当时的档案存放方式？诚如此，每窝所存甲骨应有关联，其上的刻契符号或即为反映其关联的标记，亦可视为中国古籍装帧的原始形态①。 此外，甲骨是否仅用以占卜，不用于记录其他的文献？凡此等等，笔者知见有限，不敢遽断，敬待能者。

至于简牍，"册"字之形态已经说明其装帧形式。 可以想象，如《盘庚》那样篇幅的文献，书写时一定使用了多枚简牍。 故如将《盘庚》书之于简牍，一定需要编联成"册"。

与简牍大体同时的书写载体还有所谓"缣帛"。 从墓葬出土及敦煌遗书可知，帛书至少有两种保存方式：折叠与卷条。 笔者尚未考察过折叠帛书的原物，故此处不赘。 卷条的帛书，无疑影响了后代纸质卷轴装的产生。 也就是说，古籍装帧的演化除了与书写载体相关外，还与本民族一定的文化传承有关。

本文拟介绍敦煌遗书中纸质写本的装帧形式并探讨它们形成与演变的由来。 需要说明的是：本文仅探讨汉文纸质写本，不涉及其他文字的纸质写本。

(二) 敦煌遗书中的纸质写本装帧简介

现知纸质写本敦煌遗书中保存着如下装帧形式：

1. 卷轴装

如前所述，卷轴装上承帛书而来。 从敦煌遗书看，卷轴装有两

---

① 甲骨学界另一种观点认为：所谓刻契符号，实际是制备甲骨时留下的刮削痕。

种形态：手卷与挂轴。

（1）手卷

手卷在敦煌遗书中为最大宗，亦为我国古籍写本时代最通行的装帧形式。从敦煌遗书看，一个标准的手卷，从右到左应具备缥带、天竿、护首、卷芯、拖尾、尾轴等部件。各部件均有丰富多彩的表现形态，此不赘述。

（2）挂轴

敦煌遗书中挂轴仅数件，如塔形《般若波罗蜜多心经》等，其形态与现代挂轴基本相同。

2. 梵夹装

汉文梵夹装这种装帧形式源于随佛教入华的西来"梵夹"。说明中国古代书籍装帧形式的演变亦受到外来文化的影响。

关于西来"梵夹"及由此衍生的汉文梵夹装，前此国内外中国书史研究者有种种模糊认识。笔者在《谈梵夹与梵夹装》（上）[1]一文中对西来"梵夹"作了澄清。指出由于载体的不同，西域"梵夹"的形态也不同。古代汉文典籍中的"梵夹"，主要指代两种不同的形态：一种为贝叶式梵夹，一种为桦树皮式梵夹。

汉文梵夹装乃仿照贝叶式梵夹而来，又出现若干略有不同的变种。其中有的变种与所用纸张的厚薄有关，故将纸张粘贴为双层使用；有的变种显然受吐蕃统治时期传入敦煌的藏文佛典的影响，故中间不打穿线孔洞，直接用绳捆绑；有的则根据所用纸张大小剪裁

---

[1] 方广锠：《谈梵夹与梵夹装》（上），载《版本目录学研究》第三辑，国家图书馆出版社，2012年。

成自认为合适的大小，不顾及西来梵夹应为长方形的规范。具体情况，将在《谈梵夹与梵夹装》（下）中进一步说明。

3. 缝缀装

缝缀装的基本形式是以若干张（一般为三到四张）纸摞为一个单元，每单元对折以后，按序叠摞。然后用一种复杂的穿线技术，将如上叠摞的单元连缀起来。每个单元的外观有类于现代洋装书的一个印张。如其散落，折痕上会有针缝孔洞。从渊源上讲，它应源自桦树皮式梵夹。

在此对"缝缀装"的命名做一个说明。

二十世纪九十年代初，在国家图书馆整理敦煌遗书时发现这一装帧形式，一时无以命名。一日正在研究，图书修整组组长杜伟生先生到敦煌编目组来，共同研究之下，他忽然回忆起：曾在某本古书看到对这种装帧形态的记载，说回去找找。过了几天，拿来《四库备要》本宋张邦基著《墨庄漫录》。其中引王洙言，谓："作书册粘叶为上，久脱烂苟不逸去，寻其次第足可抄录。屡得逸书，以此获全。若缝缋，岁久断绝，即难次序。初得董氏《繁露》数册，错乱颠倒。伏读岁余，寻绎缀次，方稍完复，乃缝缋之弊也。"既然古代有记载，于是我们商议可以把这种装帧形式称之为"缝缋装"，并由此顺带解决了敦煌遗书中出现的另一种装帧形态——粘叶装——的命名。

最初，我们仅在国图敦煌遗书的目录草稿中使用这一称呼，没有正式撰写文章。九十年代后期，应宁夏社科院牛达生先生之邀，帮助他整理从拜寺沟方塔出土的西夏汉文文献时，亦发现这种装帧，且形态有新的变化。我把考订结果交给牛达生先生，并告诉他这种装帧应称为"缝缋装"。2000年，牛达生先生在《文献》第二期发表《从拜寺沟方塔出土西夏文献看古籍中的缝缋装》，公布了这一成果。其后，我在2000年5月由宗教文化出版社所出《藏外佛教文献》第七辑所收《宁夏西夏方塔出土汉文佛典叙录》的行文中，对缝缋装有顺带介绍，杜伟生在2003年1月由北京图书馆出版社出版的《中国古籍修复与装裱技术图解》中，专节介绍了这种装帧的形态。

10多年后，从网上看到台湾温台祥先生2014年11月在一次讲座中[1]批评"缝缋装"这一命名，指出张邦基所引王洙言有误。王洙原文作"缝缀"，而非"缝缋"。查核王洙原书，确如所言。我觉得温台祥先生的这一批评有道理，其后撰文，一律改为"缝缀装"。

由于各种原因，笔者至今尚未对缝缀装撰写专门的论文，拟待暇时详述笔者对这一装帧的观点。

4. 粘叶装

粘叶装乃将一张长方形的纸张对折，使之成为近似方形的1纸2叶4个半叶。然后在折痕处抹上浆糊，使其与另一张同样对折的纸张粘接。如此逐一粘接，成为一册。

在实际考察中，发现粘叶装亦有种种变种：有中间夹杂有未经

---

[1] 温台祥：《是缝缀装不是缝缋装之考证》（节录），http：//grace2002.pixnet.net/blog/post/59456806－%E7%AC%AC%E5%8D%81%E7%AB%A0－－%E6%98%AF%E7%B8%AB%E7%B6%B4%E8%A3%9D%E4%B8%8D%E6%98%AF%E7%B8%AB%E7%B9%A2%E8%A3%9D%E4%B9%8B%E8%80%83%E8%AD%89。

对折的纸张，亦即仅为 1 纸 1 叶 2 个半叶者。有利用已废弃佛经的空白背面制成，其法为两次对折，第一次对折将有字的正面折在里面，无字的背面折在外面，然后再次对折，由此形成 1 纸 4 叶 8 个半叶。原来抄写经文的正面，折叠为 4 个半叶，均在内；原来背面的空白处均折叠在外，亦为 4 个半叶，用来抄写新的文献。有粘叶以后包背者；有粘叶以后线缀者；线缀者，其线缀方式又有不同。此外还衍生出混合装，请参见下文。

关于粘叶装，笔者曾有《谈粘叶装》①加以研究，因篇幅关系，该文在发表时有较大删节，很多问题没有讲清楚。故在将该文收入笔者的《敦煌遗书散论》②时，恢复该稿原貌。2016 年又发表《现存最早的粘叶装书籍——〈文心雕龙〉》③，通过对敦煌遗书粘叶装《文心雕龙》的考察，指出最迟到八世纪初，粘叶装已经非常成熟。

5. 混合装（图 30～51）

虽然前此有研究者撰文称敦煌遗书中存有蝴蝶装，但考察所指实物，其实际所指的均为粘叶装。笔者至今未见敦煌遗书中有纯粹的蝴蝶装，亦未在唐宋的写本中发现纯粹的蝴蝶装。笔者以为，这或者因为蝴蝶装更多用于刻本④。但敦煌遗书中有些粘叶装，间中

---

① 方广锠：《谈粘叶装》，载《国家图书馆学刊·西夏研究专号》，2002 年增刊。
② 方广锠：《敦煌遗书散论》，上海古籍出版社，2010 年。
③ 方广锠：《现存最早的粘叶装书籍——〈文心雕龙〉》，载《文献》2016 年第 3 期。
④ 2019 年，笔者在法国考察敦煌遗书，发现标准蝴蝶装数件，由此证明写本时代蝴蝶装已经出现。有关情况，将另文叙述。——2019 年 3 月补注。

确有若干书叶采用蝴蝶装的方式粘接而成。如 BD09159 号《天地八阳神咒经》共 20 纸，其中 10 纸的粘接方式为粘叶装，10 纸的粘接方式为蝴蝶装，且两种方式相互错杂。笔者把上述古籍的装帧方式称为"混合装"。

6. 经折装

经折装，后代大量用于佛教经典，这或者就是"经折装"一词命名的由来。由于这种装帧形式至今依然可以见到，人们对它比较熟悉，故本文不再介绍它的具体形态。

笔者曾经撰写《敦煌遗书斯 5665 号与经折装》[1]，论述敦煌遗书中的经折装。所以选用该号，乃因该号一面抄写于唐高宗时期，一面抄写于武周时期，可以由此考察经折装出现的年代。但该号被剪为几十个碎片，整理颇为费事，文章中用大量篇幅介绍各碎片的关系，显得啰嗦累赘，反而冲淡了文章主题。

或由于废弃的缘故，现存敦煌遗书经折装均无首尾护板与环包书壳。这与宋元明清[2]经折装不同。当然，也可能唐五代经折装本无护板与书壳，护板与书壳两者都是后代发展起来的。这个问题还要再研究。

7. 旋风装

旋风装是中国书史研究者至今议论纷纷，莫衷一是的装帧形式。

---

[1] 方广锠：《敦煌遗书斯 5665 号与经折装》，载《文史》2005 年第 1 期。
[2] 宋元经折装有环包书壳，但首尾护板处理相反。宋代将首纸粘在书壳底部，尾部加护板，用书壳环包。元代将卷尾粘在书壳底部，卷首加护板，用书壳环包。明清仅有首尾护板，无环包书壳。

按照古书记载，"旋风装"又称"旋风叶子""龙鳞装""鱼鳞装"，其装帧形态是将抄写好文献的纸张的一端抹上浆糊，然后逐一排比粘贴在一张底纸上，粘贴时每纸略微错开距离，如鱼鳞然，故称"鱼鳞装"或"龙鳞装"。完成以后，可以如卷轴装一样卷起。这种滚动条，如略略放松，从一端看，内部书叶逐次朝一个方向旋转，宛如自然界的旋风，故称"旋风叶子""旋风装"。

应该说，旋风状的装帧形式，在古书中记载得很清楚，并无歧义。但由于这种装帧失传已久，人们见不到实物，各以自己的理解去解释古书的记载，于是纷纷不已。美国钱存训在《中国古代书史》中主张所谓"旋风装"实指"经折装"。中国刘国均、郑如斯先生接受并发展了钱存训的观点。有的研究者主张故宫现存唐写本王仁《刊谬补缺切韵》即为现存旋风装的实物。该《刊谬补缺切韵》的确符合古书中对旋风状的记叙。但又有研究者提出，该《刊谬补缺切韵》曾经后代重新装修，装修后是否依然保持原貌，现在难以确证。故这件《刊谬补缺切韵》不能作为研究旋风状的依据。

其后，国图杜伟生发现英国图书馆斯 06349 号《易三备》，认为这种用棍子夹住纸张一端的装帧方式应该属于古书中的旋风装，并撰写《从敦煌遗书的装帧谈旋风装》①加以考订，此后又在他所撰《中国古籍修复与装裱技术图解》中有简单介绍。由于法国图书馆所藏伯 4924 号亦为《易三备》，可与斯 06349 号缀合，故国图张志

---

① 杜伟生：《从敦煌遗书的装帧谈旋风装》，载《文献》1997 年第 3 期。

清、林世田撰《S.6349 与 P.4924 易三备写卷缀合整理研究》①，赞同杜伟生的观点。此外，李怀干自己创造一种装帧形式②，认为前人所说都是错的，旋风装应该如他所制作的样品然。我认为，上述诸位先生脱离了古书对"旋风装"的记载，因名摹状，即从"旋风装"这一名称去猜测这一装帧形式的形态，然后去寻找乃至创造自己心目中所谓的"旋风装"，这种研究方法恐值得斟酌。在国家珍贵古籍评选活动中，侯冲从云南图书馆所藏大理北汤天遗书中发现与故宫《刊谬补缺切韵》同样装帧的旋风装，说明古人诚不我欺。古代确有在一张底纸上按序鳞排的"旋风装"。

我们在敦煌遗书中至今没有发现如《刊谬补缺切韵》那样的旋风装。但英国图书馆藏斯 06204 号的装帧即为在一张底纸上鳞次栉比排列粘贴诸纸，与古书记载中的旋风装相吻合，应该就是所谓的"旋风装"。由于该斯 06204 号也经过修整，诸纸已被揭下，并非原始状态，但底纸上鳞次栉比的痕迹依然清晰。

我认为，由于古代写本装帧均为手工单独操作，故既有一定的规范，又很容易出现种种变种。所谓"旋风装"，也有粘贴未折叠纸、折叠纸之不同，粘纸规格形态也不一致。但其基本特征为诸纸粘贴在一张底纸上，故粘贴完成以后可以卷成卷轴，从一端观察，其外观犹如"旋风"。

---

① 张志清、林世田：《S. 6349 与 P. 4924 易三备写卷缀合整理研究》，载《文献》2006 年第 1 期。
② 李怀干：《旋风装止谬》，见 http://blog.sina.com.cn/s/blog_5b07938f0100rmfq.html。

8. 棍夹装

那么，敦煌遗书中类似斯 6349 号那样用棍子夹住一端的装帧，如果并非古籍中所谓的"旋风装"，那又是一种什么装帧呢？

我认为，此类装帧形式，至今在古书中未见记载。应该属于古人另行创造的一种非正规的装帧方式。不妨按照它的基本特征，暂命名为"棍夹装"。此种装帧，法国图书馆亦有收藏。这种装帧是敦煌地区特有的，还是从内地传入敦煌的，目前都不清楚，有待进一步研究。

9. 单叶粘边装①

同样仅见于敦煌遗书，不见于古籍记载的装帧形式还有一种，我称之为"单叶粘边装"。实物可见中国国家图书馆藏《四分律删繁补阙行事钞》卷中，共 14 纸，现编为 15 号②，按照所抄文献的内容，这 15 号的先后排序应为 BD03510 号→BD03505 号 A→BD03505 号 B→BD03501 号→BD03542 号→BD03549 号→BD03550 号→BD03544 号→BD03546 号→BD03547 号→BD03504 号→BD03541 号→BD03507 号→BD03503 号→BD03538 号。

这种装帧的特征是：

(1) 一个文献有若干张单叶纸组成。

(2) 每张单叶纸均为两面抄写。即：正面抄写满以后，转到背

---

① 这种装帧形式，我原来把它命名为"单叶缀边装"。但最近觉得此处不应用"缀"字，故改为"单叶粘边装"。

② 原为 14 张单叶纸，但 BD03505 号被撕作两截，现按照编目体例分别编为 A、B 两号，故共为 15 号。

面接着抄写；背面抄写满以后，转到另一张单叶纸的正面接着抄写，直到文献抄写完整。

（3）每张单叶纸均有左右两端。每端用一条宽约3到4厘米左右、高度与单叶纸相等的纸张，对折以后，用糨糊粘接在该单叶纸某一端的上下，每端形成1.5到2厘米左右的一条粘边，粘边的折痕向外。该粘边对单叶纸的左右两端起到保护作用。

（4）每张单页纸及其粘边上，未见序号，未见针孔，未见硬物挤压痕迹。

这是一种目前尚需研究的装帧形式。

首先，BD03510号等14张纸是同一人所抄的同一种文献，文字相连，从实际使用需要来说，这14张纸应该用某种装帧形式予以汇拢、排序。

其次，现存14张纸的左右两端均有粘边，可知古代的确曾对每张单叶纸施加过某种加工。

但如前所述，目前这14张纸未见针孔，亦即未曾采用线缝连缀；未见硬物挤压痕迹，亦即没有采用类似棍夹装那种一端用长形木条加以夹定的方式。从保存现状看，似乎原本就是散叶，本文所谓的"粘边"，也可能只是一种保护性措施，而非"装帧"方式。比如书册中的"包背"，目前的书史著作都称之为"包背装"，我则不赞同这种观点。因为"包背"实际上不是一种独立的装帧形式，它仅作为粘叶装、缝缀装、蝴蝶装、线装等书册本装帧形式的一种辅助方式，起到进一步加固书背的作用。既然它不能独立存在，也就不能单独列为一种装帧形式。

但散叶而无序号,且多达 14 张,又如何能够正确地按序阅读?即使不采用某种连缀散叶的方式,仅用盒子将这些散叶装起来,如每叶不作编序,依然很容易产生混乱。由此看来,这种单叶粘边的文献,还是应该有一种我们现在还不了解的装帧形式(哪怕是盒装),应该有一种我们目前尚未发现的排序方式。它的装帧形式、排序方式到底是什么?有待进一步研究。这种"粘边"到底是保护方式,还是装帧形式,也需要进一步研究。

10. 单叶装

单叶装实际指用单张纸抄写的文献,如契约、书信等篇幅不长的文献,单叶纸即可抄写完整。由于这种单叶纸文献实际上并不需要装帧,所以纸上没有任何装帧的痕迹,与单叶粘边装左右两端均有粘边,形成鲜明的对照。所以,严格地讲,既然没有对此类单叶纸作任何装帧处理,就不应该列入书籍装帧的范畴。但我的敦煌遗书数据库需要格式化著录,在"装帧形式"一栏中,必须填入内容,不能空缺,故此采用"单叶装"这样的名称,特此说明。

(三) 敦煌遗书纸质写本装帧演变探略

上面简单介绍了在敦煌遗书中存在的十种(实为九种)书籍装帧形式。下面简单谈谈我对上述装帧形式演变发展的一点粗浅看法。

如上所述,古籍装帧的演化除了与书写载体相关外,还与本民族一定的文化传承有关,与外来文化的影响有关。至于敦煌遗书中各种装帧形式演变的线索,我认为大抵如下:

第一，卷轴装继承的是帛书的装帧方式。这一点没有疑问。

第二，梵夹装继承的是西来梵夹中"贝叶梵夹"的装帧方式，这一点也没有疑问。

第三，缝缀装起源于西来梵夹之"桦树皮梵夹"，两者均为缝缀而成。

第四，粘叶装则是缝缀装的改进型，是中国人的创造。前引王洙语可说明这一点。就发展源流来说，它从经折装演化而来，可参见笔者《谈粘叶装》。

第五，蝴蝶装虽然在写本时代已经出现，但大行于刻本时期，其原因主要与刻本所用纸张变薄有关。关于这一点，笔者将另文叙述。但作为一种纸张的粘接方式，蝴蝶装在写本时代已经出现，所以出现粘叶装、蝴蝶装混杂的混合装。

第六，经折装是中国卷轴装与西来"贝叶梵夹"两者结合的产物。理由如下：

梵夹之贝叶装利用贝多罗树叶制备。树叶原本一叶一叶，只要根据需要截取中段，略加修整即可。但纸质梵夹装所用载体为纸张。纸张用抄子抄成，纸幅固定。如果制备为梵夹装，需要折叠以后裁开，然后打洞穿线。古书记载，唐代纸张最长可达一丈，唐尺有大小之分。胡戟曾就国内现存唐尺30件择要予以统计，发现其短者仅28厘米，长者逾31厘米，他在比较诸家之说的基础上，推定唐大尺长度近29.5厘米[①]。本文采用胡戟的成果，则长一丈的

---

① 胡戟：《唐代度量衡与亩里制度》，载《西北大学学报》1980年第4期。

纸张约为 295 厘米。 我们在敦煌遗书中发现长达 140 多厘米的纸张，大体是唐代长纸的二分之一。 如果拿那样的长纸来制备梵夹装，无疑需要按照梵夹装的宽度割裁纸张。 即使不用那种最长的纸，依然需要按照梵夹装的宽度割裁纸张。 中国国图、英国图书馆所藏敦煌遗书中都发现已经按照梵夹装宽度正反折叠，甚至已经画好打穿线孔洞圆圈，但最终没有裁开，直接抄写文献的遗书。 即该件遗书原计划制作梵夹装，但最终直接书写，而这种正反折叠的形态，正是标准的经折装。 上述实例的发现，可以证明经折装是人们在制作梵夹装的过程中发明的、比梵夹装更简便实用的一种装帧形式。

第七，旋风装是卷轴装与粘叶装的混血。

第八，棍夹装，非常规装帧，对后代亦无影响。

第九，单叶粘边装，非常规装帧，对后代亦无影响。

第十，单叶装，不予讨论。

(四) 结语

敦煌遗书中各种装帧形式被发现以后，有研究者主张这些装帧形式出现在晚唐五代宋初，反映了中国书籍从写本到刻本演变时，曾经经历了一个装帧形式转换期，或称不定型期。 笔者最初也持这一观点，但在对上述装帧形式的产生年代进行考察以后，觉得对上述观点尚需进一步斟酌。

现有明确证据，证明经折装、粘叶装、缝缀装、梵夹装在七至八世纪已经出现。因此，丰富多彩的装帧形式的出现，其内在动力不是写本到刻本转换的推动，而是盛唐文化大发展，特别是佛教文化大发展的体现。中国书籍在这个时候出现如此丰富的装帧形式，是西来的佛教文化与中国传统文化相结合的产物。

[附注]

2018 年赴法编目，发现若干新的装祯形态，待后再作论述。

——2019 年 6 月

7

佛教文献鉴定(上)

一、敦煌遗书鉴别三题①

敦煌遗书伪卷的出现干扰了敦煌学的健康发展,引起敦煌学界的广泛关注。本文谈一谈我对敦煌遗书鉴别问题的几点思考以及鉴别实践的几点体会。

(一) 敦煌遗书的定义

要讨论敦煌遗书的真伪,首先必须明确什么叫敦煌遗书。

什么叫"敦煌遗书",这一概念以前没有作过严格的界定。在敦煌学界流行的代表性观点,即如敦煌研究院院长段文杰先生所表述的:"敦煌遗书即藏经洞出土的遗书。"②但目前敦煌遗书的实际情况显然并非如此。

---

① 本文原为笔者参加1997年伦敦"敦煌遗书辨伪研讨论"的会议论文。后载《佛教与中国传统文化》,宗教文化出版社,1997年。英译本发表在:Three puestions in the appraisal of Dunhuang manuscripts,载 3 Dunhuang Manuscript Forgeries,英国图书馆出版,2001年。收入本书时有修订。

② 段文杰:《敦煌研究院的方针与任务》,载《敦煌研究》1986年第4期。

如日本天理图书馆藏有敦煌遗书《般若心经注》一号，1990年王三庆先生曾予介绍①。 1995年我在日本东洋文库看到藤枝晃先生于1960年所摄该卷照片。 卷末有题跋多则。 第一则题跋是清道光七年丁亥（1821年）李宗瀚所题，称该卷"乃某君遣戍伊江时，得于敦煌塔中"。 后辗转流传，为李宗瀚所见。 根据种种情况分析，该卷的发现大约在十九世纪初，下距藏经洞的发现约100年。 此外，另有许乃普题跋12则，时间从1850年到1863年，所述时事与史实均可印证。 说明该卷的确流传有绪。

如日本森安孝夫先生介绍，除了藏经洞遗书外，伯希和还在伯编181窟（敦研464）发现一批元代回鹘文遗书②。 刘永增先生进而介绍：这批遗书中，有一部分与大英图书馆藏敦煌遗书为同一写本③。 诚如此，则当年斯坦因也在敦煌得到过非藏经洞的遗书。 由于敦研464号窟中出土的回鹘遗书数量较大，刘永增还进而提出所谓"莫高窟第二藏经洞"的问题。 1911年日本大谷探险队来到敦煌时，藏经洞遗书已经解京。 据日本上山大峻先生介绍，他曾听大谷探险队成员吉川小一郎亲口说过，吉川在敦煌时，曾出资雇当地乡民搭架爬梯，在莫高窟的各个洞窟中搜寻，获得若干遗书④。

---

① 王三庆：《〈般若波罗蜜多心经〉注本价值试论——敦煌塔出土文物之一》，载《敦煌学国际研讨会文集》，辽宁美术出版社，1995年，第473页。

② 森安孝夫：《回鹘语遗书》，载《讲座敦煌6·敦煌胡语遗书》，第37页。日本大东出版社，1985年。

③ 刘永增：《回鹘文写本与莫高窟第二藏经洞》，载《敦煌研究》，1988年第4期。

④ 上山大峻：《敦煌佛教之研究》，第10页。法藏馆，1990年3月笔者又曾听上山先生口述此事。

可见大谷探险队所得的敦煌遗书中，有部分并非出自藏经洞。

1914年，沙俄的奥登堡探险队最后抵达敦煌。俄罗斯敦煌学家 П.Е.斯卡奇科夫撰文介绍了奥登堡探险队在敦煌的活动：

> С.Ф.奥登堡考察团在发掘与清理洞窟垃圾的过程中，除了发现古代艺术品残片外，还发现了大量的古代写经残卷。С.Ф.奥登堡小心地收集了这些残片与残卷。此外，他还成功地从当地民众之手，搜集到大量散失的残卷与将近二百件一定程度上还算完整的写卷。……敦煌石窟常有寄居者，并在窟内燃烧篝火。石窟内满是乱七八糟的垃圾，把石窟的地面弄的一塌糊涂，难怪乎目前收藏的大量写卷的边角都被烧毁。①

根据最近的公布，俄罗斯科学院东方学研究所圣彼得堡分所收藏的敦煌遗书总共为18 000号②。奥登堡探险队到达敦煌时，不但石室已空，而且诸探险队已经往来爬梳多遍。奥登堡探险队竟能以最后到达的身份，得到以号数而言最大数量的遗书，前此一直令人迷惑不解。现在我们明白，除了少量收购于乡民外，大多是从洞窟垃圾，乃至从残余篝火堆中发掘出来的。

问题在于奥登堡探险队从哪个洞窟的垃圾中发掘到这么多遗书？是第17窟藏经洞吗？似乎不太可能。因为当时该窟所藏敦煌遗书已经全部装运北京。是在当初装运时只要大件，而将残片废弃

---

① П.Е.斯卡奇科夫：《1914—1915年俄国西域（新疆）考察团记》，载《中华文史论丛》第五十辑，上海古籍出版社，1992年，第109～118页。

② 参见孟列夫：《俄罗斯科学院东方学研究所圣彼得堡分所藏敦煌书》，载《中华文史论丛》第五十辑，第8页。又，据有关人士函告：截至1992年5月，俄藏敦煌遗书已经编到189119号。后增加的主要是修复时从其他卷子上揭下的裱补纸。

不要，故为奥氏探险队所得呢？似乎也不可能。1990年，笔者将北京图书馆历年整理之余的近4000号敦煌遗书整理、检视一过。这些遗书均为残片，甚至包括绳头残渣。显然当初装运时不论大小，扫地以净。退一步说，即使当初还在第17窟残留若干残片，想必不等奥登堡来到，大谷探险队早就如获至宝，席卷而去了。因此，奥登堡探险队从莫高窟所得遗书，应该不是出自藏经洞，而出自莫高窟的其他洞窟。当然，这个问题还可以再研究，这有待关于奥登堡探险队相关资料的公布。

在此可以提出的还有研究者熟知的原敦煌艺术研究所于1944年在敦煌土地庙清代残塑中发现的敦煌遗书，虽然这些敦煌遗书怎么会跑到清代的残塑中还是个有待索解的谜。此外，现敦煌研究院收藏的敦煌遗书中包括若干西夏文佛经残片。其中有一件残片上有管主八施经印，管主八是元代松江府僧录，曾主持雕印西夏文大藏经。可以肯定，这些西夏文残经原来没有存放在藏经洞，而是保存在敦煌的其他什么地方。又，经森安孝夫先生考订，北图藏敦煌唐代遗书北新1140号卷末写有元代回鹘文题记。法国集美博物馆藏有编号为MG17688号的伯希和所得元代木刻陀罗尼。这些都不可能出自藏经洞。

敦煌出土其他文物也有类似情况。如北京图书馆收藏有与敦煌遗书同时解京的唐卡三件，风格、年代一致，其中一件背面绘有佛塔，并有西夏文字。饶宗颐先生考察后认为，这些唐卡虽出于敦煌，但并非藏经洞的藏品。

总之，大量事实告诉我们，由于敦煌特有的地理、气候条件，除了藏经洞，敦煌的其他地方也保存了若干古代遗书。它们有的也被发现并与藏经洞遗书混杂收藏在一起。因此，为了对敦煌遗书、对藏经洞进行更加科学的研究，我们今天有必要对什么叫敦煌遗书再作定义。

我认为，一般讲，所谓"敦煌遗书"，顾名思义应指所有在敦煌地区已被发现或尚待发现的古代纸质遗书及其附属品。它涵盖藏经洞、莫高窟其他洞窟乃至敦煌其他地方发现的所有发现品。这时，我们一般不考虑该遗书最早的书写地。到目前为止，出自第17窟藏经洞的遗书是敦煌遗书的主体，可称为"藏经洞敦煌遗书"。藏经洞遗书与非藏经洞遗书既有共同的特征，也有一些差异，有必要加以区分[①]。

与上述定义紧密相关的是遗书的年代问题。虽然至今藏经洞的封闭年代还没有确切的结论，但一般认为它封闭在十一世纪的上半叶。因此，凡是超过这一年限的遗书，显然不会出自藏经洞。但如果我们现在把敦煌遗书的定义扩展为"所有在敦煌地区已被发现或尚待发现的古代纸质遗书及其附属品"，则其年代下限如何界

---

① 参见方广锠：《敦煌藏经洞封闭年代之我见——兼论"敦煌遗书"与"藏经洞遗书"之界定》，载《敦煌遗书散论》，上海古籍出版社，2010年。在指出非藏经洞敦煌遗书被混入藏经洞遗书的同时，我们还必须注意到另一种可能，即藏经洞遗书被指称为非藏经洞遗书。例如，敦煌某乡绅藏有敦煌遗书若干，自称得自莫高窟某处。但敦煌当地故老相传，敦煌遗书自莫高窟解运北京时，第一夜息于敦煌县城，即停留在该乡绅所办的学校中。据说该乡绅曾乘机窃取若干。这种传说现在已无法证实。因此，这些敦煌遗书或者确如该乡绅所说得自非藏经洞之莫高窟某处；也可能实为藏经洞遗书，但为了掩饰其真实来源而称之为非藏经洞遗书。

定？伯希和《敦煌石室访书记》谈及他在藏经洞的搜检活动时提到："光绪年刊之小本道经，遂呈现于洞中。"①如果现在在某收藏单位的敦煌遗书中发现这类光绪年刊之小本道经"，我们是否承认它们也是敦煌遗书呢？我以为敦煌学界的绝大多数研究者大约都不会承认。考虑到明王朝于洪武五年（1372年）退守嘉峪关，放弃关外诸地，是否可以把敦煌遗书的下限定在公元1372年？这当然是一个可以进一步研究的问题。

上述看法如果可以成立，则我们现在所谓的敦煌遗书鉴别，主要包括两个方面：第一是指对混入敦煌遗书的各种非敦煌遗书（含近人伪造敦煌遗书）的鉴别；第二是指对虽亦出于敦煌，但年代迟于公元1372年的遗书的鉴别。

(二) 敦煌遗书的混杂

以上述看法为标准，我们可以发现目前各收藏单位及社会上流传的敦煌遗书中，确有若干非敦煌遗书混杂其中。其形式大约可以分为两类：一类是因收藏单位不慎或其他原因，将非敦煌遗书混到敦煌遗书中；一类是有人特意作伪。由此，我们对敦煌遗书的鉴别工作也应该分为两类：对前者是辨析；对后者是辨伪。这里先谈谈第一类。大英图书馆Or8210号下共有敦煌遗书约14 000号，其中S6980号以前比较完整，自S6981号起，大抵为残片。1991年，我

---

① 伯希和：《敦煌石室访书记》，陆翔译，载《国立北平图书馆馆刊》第九卷第五号，1935年，第8页。

在为这批残片编目时,曾经注意到其中混杂了若干非敦煌遗书。 如斯 11606 号,长约 43 厘米宽约 22 厘米。 首尾均残。 画有蓝色界栏。 敦煌遗书中墨栏较为常见;朱栏虽少,但也可看到;至于蓝栏,笔者寡闻,前此从未见过。 该号有文十九行,现抄录如下。 "□"表示残缺一字;"□……□"表示连残数字,字数不清;括号内为笔者拟定的正字。

  1. 具(?)□……□/

  2. 为胎(贪)生帕(怕)死,见(?)□……□/

  3. 有李栓有、吴玉贵□……□/

  4. 事,将小的儿子故(雇)上走了。欠狄□……□/

  5. 儿子,吴玉贵故(雇)下,经管骆驼。吴玉贵两□……□/

  6. 说下,吴玉贯回来事宿安动顺患。小的儿子□……□/

  7. 来□进其(去?)了。小的要些工良(银)也不个(给)。进其(去)也不进其(去)。/

  8. 不以小的儿子□□□上。十月骆(驮)煤来了,告驾(假)回来,找吴玉贵/

  9. 祅帐(账)。叫吴玉贵自家进起(去)。吴玉贵罕帕(害怕)是年(咋),不起(去)。/

  10. 吴玉贵自家言说骆驼卖于小的,且(但)要不买,小的儿子/

  11. 不进起(去),现(显)然反(犯)法的你(呢)。小的将吴玉贵骆驼买过,言定每只驾(价)艮(银)三十两。小的见子/

  12. 工艮(银),每月一十贰两。李栓有每月祅过六两。吴玉

贵每月/

13. 六两。十月间祘帐,放过□……□月□了工艮(银)六十两,将六十两工艮(银)造(选?)过,下剩/

14. 三十两,□出艮(银)子。小的木(没)艮(银)子出,吴玉贵言说将骆驼官驾(价)/

15. 吴玉贵自家标宽(?)说了九月、十一月、十二月、正月、二月,标过□……□/

16. 玉贵叫小的上税。小的二月壤过,小的将税上过了,不□……□/

17. 子,吴玉贵言说骆驼不卖子,吴玉贵□……□/

18. 告到大老爷按(案)下。小的不得□……□/

19. 作主,以正□……□/

文多别字、俗字,且通篇用河西方言写成,但基本意思尚可通贯。 行文、口气都是清朝习俗。 可以肯定是当时用于诉讼的一件文书。

此外,斯 11607、斯 11608、斯 11609 这三号,系籍账,纸质相同,笔迹一致,应是同一个人所书。 在斯 11608 号中有"出付迪化买羊"云云。 迪化,即今新疆乌鲁木齐,清朝、民国时称迪化。 内中人名,大抵为伊斯兰教徒,如 "色易体八海" "毛拉阿布哈□" "买买得敏" "买买打利" 等等。 由边注 "KAO" 可知, 上述三号,都是斯坦因在新疆吐鲁番得到的①。

———————

① 上述四号,在荣新江先生的《英国图书馆藏敦煌汉文非佛教文献残卷目录》中已有著录,可以参看。

笔者在整理大英图书馆藏敦煌遗书时，还看到其中有些残片，背后有铅笔所做"高昌""米兰"等英文标记，显属非敦煌遗书，但被误编入敦煌遗书中。

类似情况在其他敦煌遗书收藏单位也有发生。如笔者发现俄罗斯所藏 Φ221A 号《大乘入藏录卷上》实际为西夏故地黑城出土的黑城遗书[①]。据友人相告，俄藏敦煌遗书中夹杂了一些黑城与吐鲁番的遗书。凡此种种，都是保管不慎所致。

北京图书馆也存在把其他地方出土的古代写本编入敦煌遗书的情况。如把吐鲁番遗书、四川出土的古写经、日本古写经编入敦煌遗书。这主要是受北京图书馆有关收藏惯例的影响。

(三) 敦煌遗书的辨伪

敦煌藏经洞的发现，使得敦煌遗书声名鹊起。诸种人等的多方罗致，使得一些利欲熏心之徒不惜作伪以逞。由此产生敦煌遗书的辨伪问题。

我认为，考察敦煌遗书的真伪，首先要注意作伪者的目的与手段；其次要考察作伪者的条件与限制；进而还要调查敦煌遗书的流传渊源。在这里，对敦煌遗书真迹的研究无疑是我们辨伪的基础。各不同时代的敦煌遗书，其用纸、笔体、书写风格等都有自己的特征。如果我们把确凿无疑的敦煌遗书按照年代排列起来，可以组成

---

① 参见方广锠：《俄藏大乘录研究》，载《北京图书馆馆刊》1992 年第 1 期。

一个年代参照系列，对敦煌遗书的鉴别无疑有极大的参考作用。 不过，在利用这类参照系时，我们必须注意到敦煌遗书覆盖的年代长、地域广，抄写敦煌遗书的人员复杂，因此敦煌遗书的形态也十分复杂，很难一概而论。 如果我们把标准绝对化，无论在什么时候都拿同一个尺度去衡量所有的敦煌遗书，则难免会出现偏差。

就作伪目的而言，毫无疑问，作伪者都是为了藉此谋取经济利益。 因此，当社会上客观存在着敦煌遗书自由买卖市场，且敦煌遗书名声高扬，求大于供的时候，也就是作伪活动最为猖獗的时候。 在中国，大体是在 1910 年敦煌遗书解京以后至 1937 年抗日战争全面爆发以前二十多年时间中。 因为敦煌遗书解京之前，除少数人以外，人们还不知道有所谓敦煌遗书，作伪没有市场。 1937 年以后，中国进入全面抗战与解放战争，客观形势使得文物市场大大萎缩。 作伪虽不能说完全绝迹，但已经相对少见。 当然，天下的事情是复杂的，据现有材料，二十世纪三十、四十年代，确有某敦煌遗书作伪集团在活动。 1949 年新中国成立以后，社会道德普遍高涨，文物作伪为社会所不齿，且被认为是一种犯罪行为。 加之敦煌遗书一般必须卖给文物商店，当时物价较低，文物商店卖出敦煌遗书时，一卷七米多长的卷子，定价只有人民币 120 元，一般的卷子低至几十元乃至几元，则收购价更低是可想而知的。 此时作伪已经变成无利可图，且有风险的事情，故基本绝迹。

说敦煌遗书作伪主要集中在 1949 年以前，还在于当时敦煌遗书的名气虽然很大，但社会上很多人对它并不了解，因此作伪者可以趁此而售其奸。 这与《金粟山大藏经》的情况是一样的。 北宋浙江海盐曾写造一部《金粟山大藏经》，因其特制的纸张及精美的抄写而闻名于世。待到明代，已经成为士大夫鉴玩的难得珍品。到了清初，更已成为大内秘藏。因其非常珍希，很多人只闻其名，从来没有见过真正的《金粟山大藏经》究竟是什么样的，这就给奸商以可乘之机。我见过一卷伪造的《金粟山大藏经》，无论是纸张，还是字迹，与真正的《金粟山大藏经》完全不同。若曾经见过真品，就绝对不会受这类赝品的骗。但是，就是这样一卷拙劣的赝品，竟然骗过了著名的藏书家毛晋与著名的文物鉴赏家钱谦益，还骗过了著名的文物鉴赏家罗振玉。罗振玉曾将该伪卷送往日本京都参加第三届"大藏会"（1917年）。中国保存的古代写经本来就很少，人们对写经缺乏必要的知识，一般人难得见到真正的敦煌遗书。因此，骗技就容易得逞了。如果是现在，有人想用假敦煌遗书来骗人，就没有那么容易。因为很多单位都有收藏，可以据以比较。由此，敦煌遗书作伪的可能性与社会对敦煌遗书知识水平的高低成反比。

就作伪手段而言，根据我个人所见到的伪卷来讲，可以分为两种：一种是部分作伪，包括偷梁换柱、截头去尾、伪造题记等等；另一种是通卷作伪。前者如北京图书馆藏北新1028号，题记作"贞观二十有一年唐文英写"，原卷没有问题，题记则是伪造的。上海图书馆也藏有一号，有类似的伪造题记，我没有考察过原卷，所以不能对原卷的真伪下结论，但起码这条题记是伪造的。由于伪造的题记与整卷遗书风格不一致，一般比较容易鉴别。有的题记还有各种常识性错误，由此露出马脚。例如上述"贞观二十有一年唐文英写"题记就是一例。作伪者仅知道唐文英是敦煌写经生，知道有一些敦煌遗书中有唐文英的署名，便伪造了上述题记。殊不知唐文英不是贞观年间的人物，而生活在吐蕃统治敦煌时期。他的名字，仅出现在《大乘无量寿宗要经》这么一部经典上。再说"贞观二十有一年"这种提法，是后代才有的，不是唐代书写年代的习惯。至于截去卷首残破部分，用品题冒充首题，更是比较常见的作伪手法。

通卷作伪又有两种情况，一种是利用敦煌素纸；另一种则连纸张都是伪造的。前一种我在北京某单位见过。这种伪造方式由于受纸张来源的限制，一般较少见；加之目前留下的敦煌素纸篇幅都不大，所以作份者只能斟酌纸张大小，抄写一些敦煌遗书中篇幅较小的文献。当然，从理论上讲，作伪高手也可以抄写篇幅较大的文献，然后作成残破状。这样会给鉴定造成更大的困难。但是，就作伪心理而言，由于敦煌素纸非常难得，所以对于手中的敦煌纸张，总想充分利用之。同样的敦煌遗书，完整的文献较之残缺的文献，卖价要高得多。因此一般所见均为前者。这是经济因素在起驱动作用。

连同纸张一起伪造是敦煌遗书伪卷中最为常见的伪造法。如北新1365号、北新1203号等就是这样的典型。北图《敦煌劫余录》部分的若干遗书也是这样的伪卷[①]。

---

① 参见方广锠：《国家图书馆藏敦煌遗书北敦00337号小考》，载《文献》2006年第1期。

就作伪的条件而言，凡从事敦煌遗书的作伪，起码必须具备下列条件：（1）曾经认真揣摩过敦煌遗书，对敦煌遗书的形态、内容有相当的研究。（2）有相当的中国古代文史知识。（3）有相当的毛笔字训练基础。（4）有相当的书画装裱的基础知识。（5）有一定的佛教知识。就二三十年代的中国无行文人来说，具备其中一条、两条者固然大有人在，但完全具备上述诸条者，实在是凤毛麟角。因此，造假也不那么容易。举例而言，中国传世的唐宋写经非常少，所以一般人对写经的形态并不了解。那些作伪的人既然有条件从容研究敦煌遗书，本身必然是敦煌遗书收藏家或与敦煌遗书收藏家有密切的关系。这就将伪造敦煌遗书的人群限制在一定的范围中了。

生活在二十世纪的人士企图伪造十一世纪以前的敦煌遗书，必然要受到各种条件的多方面限制。

第一要受到纸张的限制。敦煌遗书纸张非常复杂，来源不同，但都是手工造纸。手工造纸的质量，要受原料（含麻、皮等原材料及造纸过程中所用的各种中间原料）、工艺、工具乃至工匠的影响。总之，要受造纸厂当时当地风土条件的影响。而这些条件是无法复制的，从而决定我们至今无法再造原敦煌遗书用纸。

伪卷中有些是现代机器纸，与敦煌遗书用纸迥然不同。作伪者为了使伪卷的颜色接近敦煌遗书，往往采取染、熏、蒸等手法，结果缩短了纸张本身的寿命。前述北京图书馆《敦煌劫余录》部分的个别遗书被人用偷天换日的手法盗走。所换的伪卷因时间的流逝而炭化，由此露出马脚。当时的机器纸中，有一种纸张比较致密，没有帘纹，与盛唐写经纸有点类似。因此，有一批伪卷是用这种纸抄写的。仔细考察，虽然两者都没有帘纹，两种纸还是有差距。机器纸略薄，盛唐纸略厚。机器纸抖动发脆声，盛唐纸声音发沉。机器纸用木浆制作，盛唐纸是麻纸。摸起来，两者的手感也不同。在显微镜下看，两者形态不同。即使同样是手工纸，由于年代不同，原料不同，两者还是有差异。由于不同时代的敦煌遗书所用纸张往往不同，故当遗书的字体、内容与纸张三者互不协调时，就要仔细考察。当然，也有后代写经采用前代纸张的，例如五代抄写的《佛名经》，所用纸张与盛唐写经纸相同。所以必须根据当时的历史环境，予以全面考察。

第二是界栏。关于界栏的画法，藤枝晃先生已经发现并总结了若干规律。这些规律都是存在的。不过，由于敦煌遗书年代跨度大，涉及地区广，参与人数多，因此，这些规律并非对所有的敦煌遗书全部都适用，这是应该注意的。虽然如此，藤枝晃先生发现并总结的规律仍然是我们今天鉴别敦煌遗书的重要依据。此外，就我所见，敦煌遗书的墨栏均为墨画，而有的伪卷的墨栏则是铅笔所画。古代没有铅笔，也没有用石墨画界栏的记载，因此，凡是界栏用铅笔所画者，一概都是伪卷。

第三看墨色。敦煌遗书，特别是藏经洞遗书，年代大抵在千年以上。经过漫长的时间，墨色沉而不滞。在显微镜下，书写用的墨已经与纸张的纤维紧密结合，咬合度极高。部分卷面摩擦较甚者，纤维有露白现象。伪卷因时间短，墨与纸张纤维的咬合得还不够紧密，显得墨色较浮。在显微镜下，这种现象更加突出。不少敦煌遗书遇水潮湿，卷面留有水渍印。由于书写在前，潮湿在后，所以水渍印浮在字面上。有些伪卷为了加强效果，也伪造水渍印。但是，如果先写字，后造水渍印，字迹墨色必然淋漓。所以，水渍必须在写字以前伪造好，然后再写字。其最终效果是水渍印在下，字迹压在水渍印上。这样的伪卷我见过不止一个。

第四看笔迹。敦煌遗书的书写者水平不一，书品高低不一。所以，所谓看笔迹不是看书法水平，而是看通卷风格。一般来说，一号敦煌遗书是由同一个人书写的，前后的书写风格是一致的。虽然有时前后有工整与潦草的区别，但并不妨风格的一致性。少数遗书由数人抄成，风格不统一。但同一个人所抄的部分，风格还是一致的。但是，伪造的敦煌遗书的书写风格往往不一致。主要原因有两条：一是因不同时期汉字的书写字体不同所致。如东晋南北朝基本为隶书，且年代越古老，字形越局促。随着年代的流逝，字形逐渐舒展。南北朝晚期基本上是楷书，略带隶意。盛唐为流畅的楷书。吐蕃时期出现木笔，书法亦为之一变。晚唐敦煌写经书法水平下降，字体比较有特点。造伪者要想在伪卷中完全体现这些字体及风格是很困难的，以致出现书写风格与卷子内容、年代、纸张相矛盾的情况。另一个原因则是因为汉字本身的演变造成的。不同的时期，同一个汉字的书写字体往往会有变化。这种变化有的可归纳到古今字、异体字之中；有的则纯属笔形的差异或变形，如"界""男""佛"等等。如属前者，一般来说比较好掌握；如属后者，则往往为作伪者所忽略，因而露出破绽。此外，我所见的伪卷中常见这样的情况：作伪者的毛笔字本来相当有功力，但为了造伪，特意模仿敦煌遗书的那些较为拙劣的字体，但积习难改，不知不觉中常常露出马脚，使得通卷矫揉造作之气十分浓重，就好比一个五尺高的大汉假扮成三岁小童一样。

第五看内容。一般来说，伪造的敦煌遗书所抄的大抵是一些最为流通的佛教经典，诸如《金刚》《法华》之类。有的所抄虽是比较少见的佛经或注疏，但这种佛经或注疏必然已经有本传世，或在敦煌遗书中有保存且已被人们发现与整理。有时，某号遗书被人怀疑为伪卷，但由于所抄的典籍绝无伪造的可能，从而排除了该遗书本身是伪卷的可能。例如北京图书馆藏新1440号，有研究者察看时认为其墨色较新，怀疑可能是伪卷。该号所抄文有尾题，作"阿毗达磨俱舍论实义疏卷第三"。该文献是古印度著名佛教理论家安慧的重要著作，在伯希和特藏中有收藏，为卷一至卷五的撮略，而新1440号将卷三基本抄录完整，无传世本，敦煌遗书中亦仅此一件，因此不存在作伪的可能性。后来我们在北图从敦煌押运进京的两箱残片中发现从该号撕裂的首部，与该号可缀接，丝毫不差。进一步证实该号确为敦煌遗书无疑。

中国文物界对文物进行鉴别时，传统特别注意它的流传及来历。有许多著作专门著录历代文物的收藏情况。同样，对敦煌遗书进行鉴别，也必须注意它的流传及来历。比如，各收藏单位收藏的敦煌遗书，凡是通过市场得到的，均需要认真鉴别。尤其是曾由某些可疑收藏者过手者，更要注意。中国有些附庸风雅的收藏者，从各种途径得到敦煌遗书，由于本身缺乏鉴别能力，所藏敦煌遗书中伪卷不少。为了搞清敦煌遗书的流传渊源，我们必须注意对敦煌遗书收藏题跋与收藏印章的研究。藤枝晃先生曾经对李盛铎的"德化李氏凡将阁珍藏"等印做过专门研究。发现其中有真有假。不过，由于李盛铎的印章其后流落书肆，掌握在书商手中，所以，盖有真章者，原件未必是真；盖有假章者，原件也未必是假。必须作具体的分析。现在可以这样说：经过百年历史变迁，真真假假的李盛铎印章钤印在真真假假的敦煌遗书上，故现在再拿李盛铎的印章来辨析敦煌遗书的真伪，已经没有意义。

我认为，一般来讲，斯坦因第一次到敦煌、伯希和在敦煌得到的敦煌遗书，其中可能因不慎混杂其他非敦煌遗书，但不会有伪卷。1914年斯坦因第二次到敦煌所得敦煌遗书中是否有伪卷，曾有研究者有所怀疑。经笔者一一过手目鉴，可以肯定也没有问题。北京图书馆所藏由敦煌直接解京的敦煌遗书中一般不会有伪卷（上述监守自盗者除外），但在其后购入的敦煌遗书中，确有伪卷。掌握这一原则，也可以缩小我们鉴别敦煌遗书真伪的工作量。比如，北京图书馆新1272号《七祖法宝记》卷下是1963年11月由文物局拨交的。文物局拨交北图的敦煌遗书或者购自文物商店，或者调拨自其他收藏单位，详情已经很难考证。有的研究者最近研究发现，它与日本大谷大学所藏拟名为《诸经要抄》（已收入《大正藏》第85卷）属同一文献，因此怀疑该《七祖法宝记》可能是某人在看到《大正藏》第85卷上所载的《诸经要抄》后伪造的。但是，该文献在北京图书馆所藏的从敦煌直接解京的敦煌遗书中还收藏一件，编为殷38号，无论从纸质、字体、内容哪方面考察，都可以肯定与北新1272号原为同卷。由于殷38号绝无作伪的可能，因此，北新1272

自然也是真的。

　　总之，敦煌遗书的辨伪是一件十分复杂而细致的工作，必须全面考察各种因素，切忌抓住一点，不及其余。例如有一种纸张常为伪卷所用，其特点是纤维浮扎。但是，也有的纸张因磨损而纤维起毛。因此，不能一看见纤维浮扎就认为是伪卷，还要考虑其他情况。例如，属于纸张磨损的，往往字迹露白频著；而假卷则基本无露白等。另外，鉴别时的光线也很重要，最好在自然光下进行，否则可能因为光线的干扰而得出错误结论。我曾有一次在一封闭库房中仅凭一盏荧光灯观察某写经，因光线不足而发生错误判断的经历。

　　敦煌遗书的鉴别与其他文物书画的鉴别一样，经验无疑是十分重要的。不过，经验的构成除了客观的阅历以外，还包含着一定的主观成分，诸如本人的学识修养乃至脾气性格等等。这些主观成分在辨伪实践中有时会起到积极的作用，有时也会起一些消极的作用。如何避免经验中主观因素的消极作用，是一个敦煌遗书研究者，也是一切文物鉴定者必须考虑的问题。因此，把确实无误的敦煌遗书按照年代罗列排比起来，作为一个标准的参照系，有助于避免鉴别工作中主观因素的消极干扰，对敦煌遗书的辨伪也一定会有很大的参考值。中国有一句俗话："不怕不识货，就怕货比货。"我自己的经验，在真迹面前，赝品就像被玉皇大帝的照妖镜罩住一样，无所遁其原形。这样的参照系其实不仅对敦煌遗书的辨伪有用，对传世的其他写本的考证都有一定的参考值，本身又是中国古代文化的珍贵鉴赏数据。

敦煌遗书中存在一批伪造的赝品，从而给学术研究与文物鉴赏带来一定的混乱。因此，辨伪工作无疑是十分重要的。不过，我们也必须防止另一种倾向，即过分地夸大赝品的存在，这对学术研究与文物鉴赏同样是不利的。

二、伪梁武帝书《法华经》跋[①]

日前某单位请我鉴定一批敦煌文物。其中有一件写经,为《妙法莲华经》卷四,首残尾存,有尾题,卷尾有题记。据题记,该经乃梁武帝萧衍所写。卷后附有署名为著名藏书家李盛铎的题跋,称在他所得到的敦煌南北朝写经中,"惟此为冠"。去年(2003年)嘉德拍卖公司拍卖过一件原藏清宫,传为晋索靖,实为隋、唐人书章草。后为故宫博物院以天价收回。这件事曾在社会上引起一阵不大不小的轰动。如果此次出现的该写经真的出于敦煌藏经洞,真的是梁武帝亲手书写,则无疑又是一大新闻。

该写经长272.7厘米,高25.2厘米。共存乌丝栏141行,其中末尾有11个空行,实抄经文130行,每行大抵为17字。现存4纸,每纸长度及乌丝栏行数如下:第一纸,长91.4厘米,49行;第二纸,长44.8厘米,24行;第三纸,46.8厘米,24行;第四纸,89.7

[①] 原载《哲学、宗教与人文》,商务印书馆,2004年;收入我的《随缘做去,直道行之》,国家图书馆出版社,2011年。

厘米，44行（空11行）。该写经卷面磨损严重，已被通卷托裱。

写经首部的经文已经残缺，起首经文为"尔时学、无学二千人闻佛授记"，相当于《大正藏》第262号《妙法莲华经》卷四，第9册第30页中栏第24行。末尾经文为"随顺是师学，得见恒沙佛"，相当于《大正藏》第9册第32行中栏第15行。所存经文为"妙法莲华经授学无学人记品第九"末尾部分及"妙法莲华经法师品第十"全文。存品题"妙法莲华经法师品第十"及尾题"妙法莲华经卷第四"。

尾题后有题记一行，作"天监二年四月八日，梁国皇帝菩萨戒弟子萧衍敬写。／"，题记字迹与经文字迹一致，显然出于同一个人之手。尾纸末有一长方形朱印，文字字体甚古，但模糊难辨。不过，可以清楚辨别出的是所用印泥并非油质，而是水质。

从卷面看，此件曾由中国著名藏书家李盛铎收藏。第一纸首部有方形朱印"木斋／审定／"一枚。第四纸尾部朱色水印之上，有长方形朱印"德化李／氏凡将／阁珍藏／"印一枚。第四纸后附粘一纸，上有李盛铎题记6行。第四纸与题记纸骑缝处有长方形朱印"木斋"一枚。

题记原文如下：

考南朝梁武帝笃学善书。凡三教／九流之学，无不深究博涉。且尤崇奉／佛教。此卷为其手写，真非易觏之品，／希有之宝也。缘余自炖煌所获经／卷，南北朝人所写者，惟此为冠。庆幸／之余，因记以昭后人之重惜。木斋／

题记无年月。署名下押长方形朱印"木斋"。与骑缝印同。

该卷收藏在一个木盒中，从盒盖里侧题记看，这件写经曾流入日本，由日本某氏收藏。

经过仔细考察，这是一件民国年间伪造的敦煌遗书。民国年间伪造的敦煌遗书，有多种形态。有的遗书不伪题款伪，即在真的敦煌遗书上添写题跋；有的纸张不伪文献伪，即在敦煌藏经洞出土的空白古纸上抄写文献。有的纸张文献全伪，即在现代的纸张上抄写文献。前两种伪造的敦煌遗书只是部分伪，后一种则是全伪。所谓梁武帝书《法华经》（以下简称"梁武帝法华"）就是这样一种全伪的赝品。

理由如下：

第一，纸张有问题。

鉴定敦煌遗书，纸张为第一要素。因为古代的真篆隶草，均可模仿；但古代的纸张，出于古代的造纸工艺、古代的造纸原料、古代的造纸工场特有的水土条件，又经过千百年时光的老化，这些因素，都是无法模仿的。敦煌藏经洞出土写卷时代跨度达八百年，纸张来源也十分丰富，因此纸张的形态非常复杂。虽则如此，不同时代的纸张仍然有着非常鲜明的时代特征。而"梁武帝法华"纸张的质料与我们现知的南北朝写经的纸张无一相同。虽然经过作旧、托裱等处理，但仍可以看出该件所用纸张较南北朝纸张厚实，质地也全然不一。

纸张的长度也有问题。南北朝写经随其每纸长度不同，书写的行数也不同。一般有两种规格。一种长 37 厘米到 42 厘米，一般抄写 23 行到 25 行；一种长 50 厘米到 53 厘米，抄写 27 行到 29

行。 当然，上面所说只是一般情况，有时会有例外。 但是，没有长达90厘米的单张纸。 全部60 000号敦煌遗书中，这种规格的纸也极其少见。 而在社会上流传的伪卷中，则可以见到这么长的纸张。 现"梁武帝法华"的四纸中，两纸所抄为24行，但纸张规格不符合敦煌遗书南北朝写经的规范。 还有两纸的长度均在90厘米左右，可谓异数。

第二，行款有问题。

如前所述，敦煌遗书中南北朝写经的行款并不统一，有每纸23行、24行、25行、27行、28行、29行等等。 也有每纸行数更少或更多的。 但最常见的是每纸24行、27行、28行等。"梁武帝法华"的四纸分别为49行、24行、24行、44行。 颇为奇特。

第三，字体有问题。

敦煌遗书南北朝写经，早期字体为隶书，或隶书意味甚浓之楷书。 随着时代的变迁，渐渐脱隶入楷。 到晚期，为略带隶书意味的楷书。 不同时代、不同地区的写经，隶书的风格不同。 总的来说，字体由局促到舒展。 天监二年为公元503年，为南北朝中期，此时的书法隶楷兼备。 但南方的写经倾向笔法清秀，北方的写经倾向字形滞重。"梁武帝法华"看起来属于隶楷兼备，偏重于隶书的风格，但入眼给人一种不自然的感觉。 从总体看，拙而做作。 所谓"不自然""做作"，固然是鉴定者的一种主观感受，但我的经验，第一眼得到的这种感受很重要。 仔细分析，这种感受建立在大量接触敦煌遗书所形成的对敦煌遗书的总体把握的基础上，也建立在对所鉴定遗书的总体风格的感受上。

一个人生活在隶书流行的时代，虽然当时流行的隶书的形态、笔画或许凝重沉滞，但这个人天天写隶书，他写出的文字自然笔画流畅，气韵通贯。相反，一个人写惯了楷书，当他摹仿敦煌遗书中的隶书时，为了模仿得真，要尽量顾及原字的种种特征，这种心态反映到他的作品中，则运笔作势，气韵自然板滞，从而显得做作与不自然。有长期临帖经验的人，当亦有这种感受。

第四，文献有问题。

该件抄写姚秦鸠摩罗什译《妙法莲华经》"授学无学人记品第九"之后部分及"法师品第十"全文。该罗什译《妙法莲华经》当时甚为流行，本来应该没有问题。但问题出在分卷上。

根据历代经录及敦煌遗书实际调查，《妙法莲华经》有七卷本、八卷本、十卷本等三种不同的卷本。分卷虽然不同，内容完全一致。不同卷本的卷品开阖情况如下表所示：

表3 《妙法莲华经》不同卷本卷品开阖表

品次	品 名	七卷本卷次	八卷本卷次	十卷本卷次
1	序品	第一卷	第一卷	第一卷
2	方便品	第一卷	第一卷	第一卷
3	譬喻品	第二卷	第二卷	第二卷
4	信解品	第二卷	第二卷	第三卷
5	药草喻品	第三卷	第三卷	第三卷
6	授记品	第三卷	第三卷	第三卷
7	化城喻品	第三卷	第三卷	第四卷
8	五百弟子受记品	第四卷	第四卷	第五卷
9	授学无学人记品	第四卷	第四卷	第五卷

(续表)

品次	品　名	七卷本卷次	八卷本卷次	十卷本卷次
10	法师品	第四卷	第四卷	第五卷
11	见宝塔品	第四卷	第四卷	第六卷
12	提婆达多品	第四卷	第五卷	第六卷
13	劝持品	第四卷	第五卷	第六卷
14	安乐行品	第五卷	第五卷	第六卷
15	从地涌出品	第五卷	第五卷	第七卷
16	如来寿量品	第五卷	第六卷	第七卷
17	分别功德品	第五卷	第六卷	第七卷
18	随喜功德品	第六卷	第六卷	第八卷
19	法师功德品	第六卷	第六卷	第八卷
20	常不轻菩萨品	第六卷	第七卷	第八卷
21	如来神力品	第六卷	第七卷	第九卷
22	嘱累品	第六卷	第七卷	第九卷
23	药王菩萨本事品	第六卷	第七卷	第九卷
24	妙音菩萨品	第七卷	第七卷	第九卷
25	观世音菩萨普门品	第七卷	第八卷	第十卷
26	陀罗尼品	第七卷	第八卷	第十卷
27	妙庄严王本事品	第七卷	第八卷	第十卷
28	普贤菩萨劝发品	第七卷	第八卷	第十卷

现"梁武帝法华"有尾题，为卷四，却截止到"法师品第十"。这种分卷法，与上述三种卷本无一相合。至今在敦煌遗书中也未见先例。也是一件十分奇怪的事情。

第五，题记有问题。

"梁武帝法华"卷末题记作"天监二年四月八日，梁国皇帝菩萨戒弟子萧衍敬写"。"四月八日"是佛诞日,佛教寺院一般会在当天举行灌顶法会。 在这一日写经供养,自然具有特殊的意义。 但问题在于,根据历史记载,虽然在天监二年,梁武帝也曾有过一些佛教活动,但当时他还没有舍道入佛。 梁武帝正式宣布舍道入佛,是在天监三年(504)。 这一年的四月八日,梁武帝发表《舍道文》,谓:

> 维天监三年四月八日,梁国皇帝兰陵萧衍稽首和南十方诸佛、十方尊法、十方圣僧。伏见经云:发菩提心者即是佛心,其余诸善不得为喻。能使众生出三界之苦门,入无为之胜路。故如来漏尽,智凝成觉;至道通机,德圆取圣。发慧炬以照迷,镜法流以澄垢。启瑞迹于天中,烁灵仪于像外。度群迷于欲海,引含识于涅盘。登常乐之高山,出爱河之深际。言乖四句,语绝百非。应迹娑婆,示生净饭。王宫诞相,步三界而为尊;道树成光,普大千而流照。但以机心浅薄,好生厌怠。自期二月,当至双林。宗乃湛说圆常,且复潜辉鹤树。阇王灭罪,婆数除殃。若不逢值大圣法王,谁能救接。在迹虽隐,其道无亏。弟子经迟迷荒,耽事老子。历叶相承,染此邪法。习因善发,弃迷知返。今舍旧医,归凭正觉。愿使未来世中童男出家,广弘经教,化度含识,同共成佛。宁在正法之中,长沦恶道;不乐依老子教,暂得生天。涉大乘心,离二乘念。正愿诸佛证明,菩萨摄受。弟子萧衍和南。①

按照佛教的惯例,信仰佛教必须举办一定的仪式。 对居士来

---

① 《广弘明集》卷四,载《大正藏》第 52 卷,第 112 页上栏。

说，就是受三归五戒与菩萨戒。梁武帝何时受菩萨戒？史传阙载。但我们可以根据有关资料推得。

发布上述《舍道文》的三天后，亦即同年四月十一日，梁武帝下诏督促群臣也舍道入佛，谓：

> 朕舍邪外道以事正，内诸佛如来。若有公卿能入此誓者，各可发菩提心。老子周公孔子等，虽是如来弟子。而化迹既邪，止是世间之善，不能革凡成圣。其公卿百官侯王宗族，宜反伪就真，舍邪入正。①

四月十七日，有人响应梁武帝的号召，表示愿意舍道入佛，请求准予受菩萨戒。

> 四月十七日，侍中安前将军丹阳尹邵陵王上启云："……臣昔未达理源，禀承外道。如欲须甘果翻种苦栽，欲除渴乏反趣咸水。今启迷方，粗知归向。受菩萨大戒，戒节身心。舍老子之邪风，入法流之真教。伏愿天慈曲垂矜许。谨启。"②

由此可见，在当时，受菩萨戒是接受佛教信仰的必备手续。既然梁武帝在天监三年四月八日大张旗鼓地宣布舍道入佛，则可以想见，他必然在此前不久，很可能是当天，举行了受菩萨戒的仪式。无论如何，不可能在一年以前已经受了菩萨戒，而要到一年以后，再宣布舍道入佛。在此，由于作伪者的文献功底与佛教知识的缺陷，使赝品露出明显的马脚。

---

① 《广弘明集》卷四，载《大正藏》第52卷，第112页上栏～中栏。
② 同上书，第112页中栏～下栏。

我以为，作伪者正是利用天监三年四月八日的《舍道文》中"梁国皇帝"云云，再加上敦煌遗书中常见的"菩萨戒弟子某某敬写"之类的题记，凑成"天监二年四月八日，梁国皇帝菩萨戒弟子萧衍敬写"这条题记。

第六，印章有问题。

应该说，作伪者具备了相当的古代文史知识，知道古代的印泥均用水调制而成。因此，捺在"梁武帝法华"卷末的印章也是水印。但问题是，像梁武帝这样的人所写的佛经，应该捺个什么印呢？史传阙载，无可考察。但作伪者又不死心，一定要造出个印来，以便结结实实地唬人。但既然史传阙载，便只能凭空画虚。不过凭空画虚更容易露出破绽。所以一般作伪者的心态，到这种时候，就给你搞一个模模糊糊、似是而非的东西，让你无从查考。"梁武帝法华"卷尾的印章就是这样一个东西。

细察卷尾印章，看来应有两行六个字，但点画断断续续，文字模模糊糊。最后一个字，隐约可辨，似乎是个"院"，其他五个字的辨识，就在虚无缥缈间了。

第七，作旧勉强。

本件很明显地给人一种有意做旧的感觉。

为了把新写的经卷伪装成经历千百年风尘的古物，需要作旧。但有意的作旧，总是不能替代千百年风尘的自然侵蚀。本件也是如此。本件全卷四纸虽然完整，但卷面磨损较为严重，且通卷磨损均衡。要造成这样的效果，有几种方法，一是无数次地反复打开、卷起，并且卷起的时候一定要特别使劲，有意加强卷面的摩擦。二是用另一物体，反复摩擦卷面。 再就是埋到沙堆中摩擦。 谁会这样去对待一件由梁武帝书写的如此珍贵的写经呢？ 只有作伪者。

按理说，下了如此大的工夫造出来的一个伪卷，不应在作旧方面这样马虎，露出这样明显的破绽。 是否作旧者害怕把这个著名帝王抄写的佛经搞得过分破旧，品相搞得太差，会损折它的市场价格；而不作一些旧，则不像是1000多年前的古物。 所以如此处理？这种心态还可以再研究。 如果我的上述推测可以成立，则作伪者在作旧方面并非很马虎，而是很动了一番心计的。

下面就要谈到李盛铎了。

李盛铎，生于1858年，死于1937年。 字椒微，号木斋。 江西德化(今九江)人。 1909年，清政府学部咨甘肃，收购残存敦煌遗书并押解送京。 当时由何彦升办理此事。 1910年，敦煌遗书从甘肃敦煌押解到京，首先被送到何彦升的儿子何鬯威家。 何鬯威便伙同岳丈李盛铎，以及刘廷琛、方尔谦等人肆意窃盗，每人各得数百卷精品。

李盛铎所得敦煌遗书后大多流入日本，中国公私诸家亦有收藏。 二十世纪市场上出现一批敦煌遗书伪卷，据传不少与李盛铎有关。 李盛铎所藏及托名李盛铎所藏敦煌遗书，往往钤有"德化李氏凡将阁珍藏""敦煌石室秘籍""李盛铎印""两晋六朝隋唐五代妙墨之轩""木斋审定""木斋真赏""麐嘉馆印""木斋"等印章。

"梁武帝法华"钤李盛铎印三种四方："木斋审定"印一方，卷首；"德化李氏凡将阁珍藏"印一方，卷尾；"木斋"印两方，骑缝处与题记后。

前两种印，藤枝晃先生发表过专题论文，附有这两种印的多幅照片，充分论证了这两种印有各种形态。北京图书馆有"木斋审定"印，为铁线篆，与"梁武帝法华"所钤完全不同，也可以证明藤枝晃的观点。藤枝晃没有指出在他文章中被示众的诸多印章，到底哪个是真的，哪个是假的。不过我们知道，李盛铎死后，他的藏书印连同藏书落到书贾手里。李盛铎因收藏敦煌遗书而出名，据说有的书贾为了提高藏品身价，在自己收集的真真假假的敦煌遗书上盖上李盛铎的印章；亦有书贾为了提高藏品身价，自造李盛铎印章钤印在真真假假的敦煌遗书上。因此，目前外间流传的敦煌遗书，钤有李盛铎真印者未必是真的敦煌遗书；钤有李盛铎假印者未必是伪卷。这次同时让我鉴定，与"梁武帝法华"同一出处的另一件敦煌遗书，首尾亦钤有与"梁武帝法华"一模一样的"木斋审定"印与"德化李氏凡将阁珍藏"印。虽然有此两枚印章，虽然该件的贞观年道宣书写的题款为伪，但原件的确是南北朝晚期的敦煌遗书，品相甚佳。因此，在日本大阪某收藏家所藏的李盛铎藏品的主体部分公布之前，在对李盛铎的用印规律进行充分研究之前，仅凭目前的流传品，想要仅依据李盛铎的上述印章，就做出敦煌遗书真伪的鉴别，恐怕难得要领。

最后要讲讲李盛铎的题记。笔者此后特意到北京大学图书馆考察了李盛铎手迹，此伪卷题跋与李盛铎手迹完全不类，可以肯定并非李盛铎所书。

由此，这是一个彻头彻尾的伪卷。

三、伪敦煌遗书《般若波罗蜜菩萨教化经》考①

(一) 问题的提出

2007年6月23日,北京瀚海拍卖有限公司"2007年春季拍卖会"出现一件传为"日本私人旧藏"的敦煌遗书——《般若波罗蜜菩萨教化经》。据称该遗书原为李盛铎所藏,后传入日本,今又从日本回传,在瀚海上拍。

根据《古籍春秋——中国古籍善本收藏与鉴赏》一书的著录,该遗书乃"三国魏正始八年(247)管辂写本。卷轴装。藏经纸。30.7×311厘米。"

《古籍春秋——中国古籍善本鉴赏与收藏》对该遗书具体著录如下:

　　钤印:

　　文园狮子林宝、天恩八旬之宝,臣由敦敬书

---

① 原载《敦煌研究》2015年第3期。

提要：

此经首绘菩萨像，尾题："正始八年岁在丁卯四月十六日平原管辂信心敬写供养"。卷后有李盛铎题跋："余自敦煌得此经卷，颇为完整。卷首画像古拙而兼精细，考正始系三国魏邵陵厉公年号，又为当代名人管辂手书，同时并得泰始经卷前稍残，此二卷年号始字偶同，爰逾其他，因自题室名曰二始斋以藏之，后我其永宝勿使分失幸也，木斋谨识。"

二十世纪三十年代，李盛铎将自家所藏敦煌写经、佛像画，经日本汉学家羽田亨之手售给日本一家私人博物馆。现此经卷为日本私人收藏。

李盛铎（1858—1935），江西德化人，字椒微，号木斋。清光绪十五年（1889）进士，历任翰林院编修、国史馆协修、学部委员、京师大学堂总办、江南道监察御史、驻日本使馆公使。清末著名藏书家，庋藏宋、元、明、清等各种刻本、抄本、校本、稿本九千多种。后其子将木樨轩藏书全部售归北京大学图书馆。①

据笔者调查，世界现存敦煌汉文遗书共约 63 000 号，其中署有年款且可以信从者，最早为东晋十六国。如果该遗书确为正始八年（247）所写，则敦煌遗书年代的上限将提前 100 多年，朝代则上提到三国时期。这对敦煌遗书研究、中国写本研究来说，无疑是一件大事。

管辂，三国魏著名卜筮家。晋陈寿撰《三国志》引《裴注·辂

---

① 翁连溪、袁理：《古籍春秋——中国古籍善本收藏与鉴赏》，新世界出版社，2009 年，第 108 页。

别传》曰：辂年八九岁，便喜仰视星辰，得人辄问其名，夜不肯寐。父母常禁之，犹不可止。自言"我年虽小，然眼中喜视天文"。常云："家鸡野鹄，犹尚知时，况于人乎？"与邻比儿共戏土壤中，辄画地作天文及日月星辰。每答言说事，语皆不常，宿学者人不能折之，皆知其当有大弄之才。及成人，果明《周易》，仰视风角、占相之道，无不精微。

《三国志》卷二十九"方技传"中有管辂传，谓："管辂字公明，平原人也。容貌粗丑，无威仪而嗜酒，饮食言戏，不择非类，故人多爱之而不敬也。"自谓："吾额上无生骨，眼中无守精，鼻无梁柱，脚无天根，背无三甲，腹无三壬，此皆不寿之验。又吾本命在寅，加月食夜生。天有常数，不可得讳，但人不知耳。吾前后相当死者过百人。略无错也。""天与我才明，不与我年寿，恐四十七、八间，不见女嫁儿娶妇也。欲作洛阳令，可使路不拾遗，枹鼓不鸣。但恐至太山治鬼，不得治生人，如何！"年四十八，卒。

如该卷确为古代名人管辂所写，又经现代名人李盛铎题跋，且李盛铎为此而更改室号，则此敦煌遗书之珍贵，自不待言。据《古籍春秋——中国古籍善本收藏与鉴赏》著录，该遗书拍卖估价人民币220万到300万，拍卖现场以人民币291万成交。若加上佣金，总价超过人民币300万。

遗憾的是，这是一件由现代人伪造的赝品。

《古籍春秋——中国古籍善本收藏与鉴赏》一书对该《般若波罗蜜菩萨教化经》的著录颇有疏失。如该书著录此遗书有"文园狮子林宝"等钤印三枚，但在遗书图版上未见上述三枚印章，且"文园狮子林宝"等钤印与所谓李盛铎旧藏亦不相应。考察遗书图版,确有三种钤印,分别为:"木斋审定""德化李氏凡将阁珍藏""木斋"。故《古籍春秋——中国古籍善本收藏与鉴赏》的著录,或为疏漏所致。为避文繁,下文考订,不再涉及《古籍春秋——中国古籍善本收藏与鉴赏》的相关著录。

对该写经的辨伪考定,可以从扉画、正文、李盛铎题跋印章等三个方面分别进行。由于扉画与敦煌画相关,且涉及一批有关涉伪遗书,拟另文集中考察,故本文暂不予涉及。在此仅考察正文、李盛铎题跋印章等问题。

(二) 正文考辨

正文考辨可分别从正文的书写用纸、字体、书写风格、经文内容等诸多方面入手。虽然本人未曾亲眼目鉴此写经原件,但上手考察过与该写经出于同一人之手的其他几件伪敦煌遗书。从图版看,本写经的纸张、字体、书写风格与笔者上手考察过的另几件伪敦煌遗书如出一辙。虽则如此,由于笔者未曾目鉴此件遗书的原件,且对写经的字体、书写风格的考察,需要大量图版的对照,比较烦琐,故亦拟另文进行。本文仅从该写经的经文内容予以考辨。笔者以为,擒贼先擒王,如果从经文内容可以证明该遗书确为赝品,则书写用纸、字体、书写风格问题不但可以退而为次,且可以用本赝品作为标准,来检验其他的写经。

该写经首尾完整,有首、尾题,均作"般若波罗蜜菩萨教化经"。 查历代经录，并无此经名。 进而检索经文内容，发现该经乃从《仁王般若波罗蜜经·菩萨教化品》化出。 今将该《般若波罗蜜菩萨教化经》与《仁王般若波罗蜜经·菩萨教化品》的相关文字比较如下：

说明：

1. 比较所用《仁王般若波罗蜜经·菩萨教化品》为 CBATA，2014 版。

2. 《仁王般若波罗蜜经·菩萨教化品》中原有，但被《般若波罗蜜菩萨教化经》删除的文字，外加方框标示在《仁王般若波罗蜜经·菩萨教化品》中。

3. 《仁王般若波罗蜜经·菩萨教化品》中没有，《般若波罗蜜菩萨教化经》有的文字，用"【 】"标示在《般若波罗蜜菩萨教化经》中。

4. 《般若波罗蜜菩萨教化经》袭用《仁王般若波罗蜜经·菩萨教化品》而加以改造的文字，在两经的相应文字下用下划线标示，以资比较。

5. 因所用底本不同，导致《般若波罗蜜菩萨教化经》与《仁王般若波罗蜜经·菩萨教化品》文字差异者，在《般若波罗蜜菩萨教化经》中用"［ ］"标示，并请参见《仁王般若波罗蜜经·菩萨教化品》录文中所保留的《大正藏》本的校记。

6. 《仁王般若波罗蜜经·菩萨教化品》原为佛陀与波斯匿王的问答，《般若波罗蜜菩萨教化经》则改为"月光菩萨"。 这一差异，亦用下划线标示。 由于《般若波罗蜜菩萨教化经》乃爪剖《仁王般若波罗蜜经》而成,"波斯匿王"一词在"菩萨教化品"中并未出现,故用括号括注。

7. 为便于比较经文与图版,对《般若波罗蜜菩萨教化经》经文加行号。

8. 为便于阅读、比较,由笔者对《般若波罗蜜菩萨教化经》《仁王般若波罗蜜经·菩萨教化品》酌加标点(见表4)。

表4 《般若波罗蜜菩萨教化经》与《仁王般若波罗蜜经·菩萨教化品》相关文字比较

1	《般若波罗蜜菩萨教化经》	《仁王般若波罗蜜经·菩萨教化品》
2	尔时月光王菩萨白佛言:"世尊!护十/地行菩萨云何行可行?云何行化众/生?以何相众生可化?" 佛言:"五忍是菩/萨法:伏忍是第一,信忍、顺、无生、寂灭忍。/五忍分上中下,名为诸佛菩萨修般若/波罗蜜。	(波斯匿王)白佛言:"世尊!护十地行菩萨云何行可行?云何行化众生?以何相众生可化?" 佛言: 大王! 五忍是菩萨法:伏忍上中下、信忍上中下、顺忍上中下、无生忍上中下、寂灭忍上中下,名为诸佛菩萨修般若波罗蜜。 (CBETA, T08, No. 245, p. 826, b21~25)
3	"善男子!初发想信,恒河沙众/生修行伏忍,于三宝中生习种性十/心:信心、精进心、念心、慧心、定心、施心、/戒心、护心、愿心、回向心。是为菩萨能/少分化众生,已超过二乘十地。诸佛/菩萨长养十心为圣胎也。	"善男子!初发想信,恒河沙众生修行伏忍,于三宝中生习种性十心:信心、精进心、念心、慧心、定心、施心、戒心、护心、愿心、回向心。是为菩萨能少分化众生,已超过二乘一切善地。 一切 诸佛菩萨长养十心为圣胎也。 (CBETA, T08, No. 245, p. 826, b25~30)
4	"次第起干/慧性种性有十心,所谓四意止,身受心/法,不净、苦、无常、无我也;三意止;三善根、/慈、施、慧。三意止,所谓三世,过去因/忍、现在因果忍、未来果【也】。是菩萨/亦能化一切众生,已能过我人知见众/生等想,及外道倒想所不能坏。	"次第起干慧性种性有十心,所谓四意止,身受心法,不净、苦、无常、无我也;三意止;三善根、慈、施、慧。三意止,所谓三世,过去因忍、现在因果忍、未来果[10]忍。是菩萨亦能化一切众生,已能过我人知见众生等想,及外道倒想所不能坏。 (CBETA, T08, No. 245, p. 826, b30~c6) [10]忍+(也)【宋】【元】【明】。

(续表)

5	"复有/十道种性地,所谓观色识想受行,得/戒忍、知见忍、定忍、慧忍、解脱忍;观三/界因果,空忍、无愿忍、无想忍;观二谛/虚实,一切法无常,名无常忍;一切法空,/得无生忍。是菩萨十坚心作转轮王,/亦能化四天下,生一切众生善根。	"复有十道种性地,所谓观色识想受行,得戒忍、知见忍、定忍、慧忍、解脱忍;观三界因果,空忍、无愿忍、无想忍;观二谛虚实,一切法无常,名无常忍;一切法空,得无生忍。是菩萨十坚心作转轮王,亦能化四天下,生一切众生善根。 (CBETA,T08,No.245,p.826,c6~11)
6	"又信/忍菩萨,所谓善达明中,行者断三界/色烦恼缚,能化百佛、千佛、万佛国中,/现百身、千身、万身,神通无量。功德常/以十五心为首:四摄法、四无量心、四/弘愿、三解脱门。是菩萨从善地至/于萨婆若,以此十五心为一切行根本/种子。	"又信忍菩萨所谓善达明中行者断三界色烦恼缚,能化百佛千佛万佛国中,现百身千身万身,神通无量功德,常以十五心为首:四摄法、四无量心、四弘愿、三解脱门。是菩萨从善地至于萨婆若,以此十五心为一切行根本种子。 (CBETA,T08,No.245,p.826,c11~16)
7	"又顺忍菩萨,所谓见胜现法,能/断三界心等烦恼缚故。现一身于十方/佛国中,无量不可说神通化众生。	"又顺忍菩萨所谓见胜现法,能断三界心等烦恼缚故,现一身于十方佛国中无量不可说神通化众生。 (CBETA,T08,No.245,p.826,c16~19)
8	"又无/生忍菩萨,所谓远不动观慧,亦断/三界心色等[习烦恼]故,现不可说、不可/说功德神通。	"又无生忍菩萨所谓远不动观慧,亦断三界心色等[11]烦恼习故,现不可说不可说功德神通。 (CBETA,T08,No.245,p.826,c19~21) [11]烦恼习=习烦恼【宋】【元】【明】。
9	"复次,寂灭忍,佛与菩萨/同用此忍入金刚【尽】三昧。下忍中行名/为菩萨,上忍中行名为萨婆若,共观/第一义谛,断三界心习,无明尽相为/金刚,尽相无相为萨婆若,超度世谛/第一义谛之外,为第十一地[萨云若]。/觉非有非无,湛然清净,常住不变,同/真际,等法性,无缘大悲,教化一切众/生,乘萨婆若乘来化三界。	"复次,寂灭忍,佛与菩萨同用此忍入金刚三昧。下忍中行名为菩萨,上忍中行名为萨婆若,共观第一义谛,断三界心习,无明尽相为金刚,尽相无相为萨婆若,超度世谛第一义谛之外,为第十一地萨[12]婆若。觉非有非无,湛然清净,常住不变,同真际,等法性,无缘大悲,教化一切众生,乘萨婆若乘来化三界。 (CBETA,T08,No.245,p.826,c21~28) [12]婆=云【宋】*【元】*【明】*。

(续表)

10	"善男子！一/切众生烦恼不出三藏，一切众生果报/二十二根不出三界，诸佛应化法身/亦不出三界。三界外无众生，佛何所/化？是故我言，三界外别有一众生界藏/者。	"善男子！一切众生烦恼不出三界藏，一切众生果报二十二根不出三界，诸佛应化法身亦不出三界。三界外无众生，佛何所化？是故我言，三界外别有一众生界藏者，外道大有经中说，非七佛之所说。 （CBETA，T08，No. 245，p. 826，c28~p. 827，a4）
11	"我常［说］：一切众生断三界烦恼果/报尽者，名为佛；自性清净，名觉萨［云］/若性。众生本业，是诸佛菩萨，之所修/行，五忍中十四忍具足。"	"大王！我常[1]语：一切众生断三界烦恼果报尽者，名为佛；自性清净名觉萨[*]婆若性。众生本业，是诸佛菩萨[2]本业，本所修行，五忍中十四忍具足。" （CBETA，T08，No. 245，p. 827，a4~7） [1]语＝说【宋】【元】【明】。 [*12-1]婆＝云【宋】*【元】*【明】*。 [2]〔本业〕—【宋】【元】【明】。
12	白佛言："云何/菩萨本业清净化众生？" 佛言："从一地/乃至后一地，自所行处及佛行处，一/切知见故。本业者，	白佛言："云何菩萨本业清净化众生？" 佛言："从一地乃至后一地，自所行处及佛行处，一切知见故。本业者，若菩萨住百佛国中，作阎浮四天王，修百法门，二谛平等心化一切众[3]生；若菩萨住千佛国中，作忉利天王，修千法门，十善道化一切众[4]生；若菩萨住十万佛国中，作炎天王，修十万法门，四禅定化一切众[5]生；若菩萨住百亿佛国中，作兜率天王，修百亿法门，行道品化一切众[6]生；若菩萨住千亿佛国中，作化乐天王，修千亿法门，二谛四谛八谛化一切众[7]生；若菩萨住十万亿佛国中，作他化天王，修十

(续表)

12	白佛言："云何/菩萨本业清净化众生？" 佛言："从一地/乃至后一地，自所行处及佛行处，一/切知见故。本业者，	万亿法门，十二因缘智化一切众[8]生；若菩萨住百万亿佛国中，作初禅王，修百万亿法门，方便智愿智化一切众[9]生；若菩萨住百万微尘数佛国中，作二禅梵王，修百万微尘数法门，双照方便神通智化一切众[10]生；若菩萨住百万亿阿僧祇微尘数佛国中，作三禅大梵王，修百万亿阿僧祇微尘数法门，[11]以四无碍智化一切众[12]生；若菩萨住不可说不可说佛国中，作第四禅大静天王三界主，修不可说不可说法门，得理尽三昧，同佛行处，尽三界原，教化一切众生，如佛境界。是故一切菩萨本业化行[13]清净，若十方诸如来亦修是业，登萨婆若果，作三界王，化一切无量众[14]生。""（CBETA，T08，No. 245，p. 827，a7~b3）
13		……
14	如是，如是！不可思/议，不可度量。[惟]佛与佛，乃知斯事。	时诸大众闻月光王叹[＞]十四王无量功德藏，得大法利，即于坐中，有十恒河沙天王，十恒河沙梵王，十恒河沙鬼神王，乃至三趣得无生法忍；八部阿须轮王现转鬼身，天上受道，三生入正位者，或四生五生乃至十生得入正位，证圣人性，得一切无量报。

(续表)

14	如是，如是！不可思/议，不可度量。［惟］佛与佛，乃知斯事。	佛告诸得道果实天众："善男子！是月光王已于过去十千劫中，龙光王佛法中，为四住开士，我为八住菩萨。今于我前大师子吼。如是，如是！如汝所［3］言，得真义说，不可思议，不可度量，［*］唯佛与佛，乃知斯事。"（CBETA，T08，No. 245，p. 828，a9~19） ［*16-2］唯＝惟【宋】*【元】*【明】*。
15		……
16	善男/子！所说般若波罗蜜，三忍地上中下/三十忍，一切行藏一切佛藏不可思/议。何以故？一切诸佛是中生，是中灭，/是中化，无生无灭无化，无自无他，第一/无二，非化非不化，<u>非无无相</u>，无来去，/如虚空故。一切众生无生灭，无缚解，/非因非果，非不因果，烦恼我人知见/受者我所者，一切苦受行空故。一切法/集，幻化五阴，无合无散，法同法性，寂/然空故。法境界空空无相，不转不颠/倒，不顺幻化。无三宝，无圣人，六道，如/虚空故。般若无知无见，不行不缘，不/因不受，不得一切照相故，行道【相】斯/行道相如虚空故。法相如是，何可有/心得、无心得？是以般若功德，不可众/生中行而行，不可五阴法中行而行，/不可境中行而行，不可解中行而行。/是故般若不可思议。	善男子！［其］所说［十四］般若波罗蜜，三忍地地上中下三十忍，一切行藏一切佛藏不可思议。何以故？一切诸佛是中生，是中灭，是中化，无生无灭无化，无自无他，第一无二，非化非不化，<u>非［4］相非无相</u>，无来［5］无去，如虚空故。一切众生无生［*］无灭，无缚解，非因非果，非不因果，烦恼我人知见受者我所者，一切苦受行空故。一切法集，幻化五阴，无合无散，法同法性，寂然空故。法境界空空无相，不转不颠倒，不顺幻化。无三宝，无圣人，［*］无六道，如虚空故。般若无知无见，不行不缘，不因不受，不得一切照相故，行［6］道斯行道相如虚空故。法相如是，何可有心得、无心得？是以般若功德，不可众生中行而行，不可五阴法中行而行，不可境中行而行，不可解中行而行。是故般若不可思议，而一切诸佛菩萨于中行，故亦不可思议。一切诸如来于幻化无住法中化，亦不可思议。"（CBETA，T08，No. 245，p. 828，a19—b8） ［4］相非＝无【宋】【元】【明】。 ［5］〔无〕－【宋】【元】【明】[]＊。 ［*5-1］〔无〕－【宋】【元】【明】[]＊。 ［*5-2］〔无〕－【宋】【元】【明】[]＊。 ［6］道＋（相）【宋】【元】【明】。

(续表)

17		……
18	若一切诸佛菩/萨不由此门得萨婆若者，无有是处。/何以故？	善男子！是十四法门，三世一切众生、一切三乘、一切诸佛之所修集，未来诸佛亦复如是。若一切诸佛菩萨不由此门得萨婆若者，无有是处。何以故？一切佛及菩萨无异路故。是故一切诸善男子，若有人闻诸忍法门：信忍、止忍、坚忍、善觉忍、离达忍、明慧忍、焰慧忍、胜慧忍、法现忍、远达忍、等觉忍、慧光忍、灌顶忍、圆觉忍者，是人超过百劫千劫无量恒河沙生生苦难，入此法门，现身得报。"（CBETA，T08，No. 245，p. 828，b14~22）
19		……
20	汝言："云何众生相可化？"若以/幻化身见幻化者，是菩萨真行化众/生。众识初一念识异木石，生得善、生/得恶，恶为无量恶识本，善为无量善/识本。初一念金刚终一念，于中生可说/不可说识，成众生色心，众生根本。色/名色盖，心名识盖、想盖、受盖、行盖。/盖者，阴覆为用，身名积聚。	佛告大王："汝先言：'云何众生相可化？'若以幻化身见幻化者，是菩萨真行化众生。众生识初一念识异木石，生得善、生得恶，恶为无量恶识本，善为无量善识本。初一念金刚终一念，于中生不可说不可说识，成众生色心[12]是众生根本。色名色盖，心名识盖、想盖、受盖、行盖。盖者阴覆为用，身名积聚。"（CBETA，T08，No. 245，p. 828，b29~c6） [12]〔是众〕—【宋】【元】【明】。

(续表)

21	此一色法/生无量色：眼所得为色，耳所得为/声，鼻所得为香，舌得为味，身得为/触，坚持名地，水名润，火名热，轻动/名风；生五识处名根。如是一色一心/有不可思议色心。 凡夫六识矗故，得/假名青黄方圆等无量假色法；圣/人六识净故，得实法色香味触一切/实色法。众生者，世谛之名也。若有若/无，但生众生忆念，名为世谛。世谛假/诳幻化故有，乃至六道幻化，众生见/幻化，婆罗门、刹利、毘舍、首陀，神我等/色心，名为幻谛，幻谛法无。出世前，无/名字，无义名；幻法幻化，无名字，无体/相，无三界名字，无善恶果报六道名/字。	大王！此一色法生无量色：眼所得为色，耳所得为声，鼻所得为香，舌得为味，身得为触，坚持名地，水名润，火名热，轻动名风；生五识处名根。如是一色一心有不可思议色心。 大王！凡夫六识矗故，得假名青黄方圆等无量假色法；圣人六识净故，得实法色香味触一切实色法。众生者，世谛之名也。若有若无，但生众生忆念，名为世谛。世谛假诳幻化故有，乃至六道幻化，众生见幻化，幻化见幻化，婆罗门、刹利、毘舍、首陀，神我等色心，名为幻谛，幻谛法无。佛[13]未出前，无名字，无义名；幻法幻化，无名字，无体相，无三界名字，无善恶果报六道名字。"（CBETA，T08，No. 245，p. 828，c6～19） [13]〔未〕—【宋】【元】【明】。
22	是故佛佛出现于世，为众生故，说/作三界六道名字，是名无量名字。如/空法、四大法、心法、色法、相续假法，非一/非异，一亦不续，异不续故，名续谛。相待假/法，一切名相待，亦名不定相待，如五色/等法，一切法皆缘成，假成众生，俱时/果，异时因果，三世善恶，一切幻化，	大王！是故佛佛出现于世，为众生故，说作三界六道名字，是名无量名字。如空法、四大法、心法、色法、相续假法，非一非异，一亦不续，异亦不续，非一非异故，名[14]相续谛。相待假法，一切名相待，亦名不定相待，如五色等法，有无一切等法。一切法皆缘成，假成众生，俱时因果，异时因果，三世善恶，一切幻化，是幻谛众生。"（CBETA，T08，No. 245，p. 828，c20～27） [14]〔相〕—【宋】【元】【明】。

(续表)

23	如空/中华,十住菩萨诸佛五眼,如幻谛而见,/菩萨化众生为若此。" 时诸菩萨、无/量大众等得伏忍者,得空无生忍,乃/至一地十地不可说德行。	大王!若菩萨如上所见众生幻化,皆是假诳,如空中华,十住菩萨诸佛五眼,如幻谛而见,菩萨化众生为若此。" [16]说此法时,有无量天子及诸大众得伏忍者,得空无生忍,乃至一地十地不可说德行。"(CBETA,T08,No. 245, p. 828, c27~p. 829, a2) [16]说此法时=时诸【宋】【元】【明】。
24	【尔时,所有闻/者,无不欢喜受持般若波罗密。/】	
25	【般若波罗密菩萨教化经/】	
26	【正始八年岁在丁卯四月十六日,/平原管辂信心敬写供养。/】	

上表分为26段比较了《般若波罗蜜菩萨教化经》与《仁王般若波罗蜜经·菩萨教化品》的经文内容。充分证明《般若波罗蜜菩萨教化经》依据《仁王般若波罗蜜经·菩萨教化品》抄撰而成。其具体手法为,在照抄《仁王般若波罗蜜经·菩萨教化品》文字的同时,对《仁王般若波罗蜜经·菩萨教化品》的经文做了如下修改:

1. 将"波斯匿王"改为"月光王菩萨"。其实,"波斯匿"为梵文音译,有多种意译,亦可意译为"月光"。故《仁王般若经》中也称他为"月光王"。但《般若波罗蜜菩萨教化经》这样改,并非由于两者实际是一个人,而是要在经文的开头出现一个请法者。

2. 删掉大量文字,特别是删除第13、15、17、19等4大段,从总体来看,主要目的是为了精简文字,有的是为了掩饰出处。

3. 修改了若干文字，基本上也属于精简文字的需要。但也反映出作伪者的佛教知识有限，故修改时有时误读原经的经文，出现常识性的错误。如第9段将"金刚三昧"改为"金刚尽三昧"即为一例。

4. 由于所用底本不同，故上表中两经文字出现差异。从上表可知，《般若波罗蜜菩萨教化经》所用底本并非《大正藏》，而是某个与《思溪藏》《普宁藏》《嘉兴藏》基本相同的本子。考虑到《思溪藏》《普宁藏》在中国并不常见。故作伪者利用《嘉兴藏》或某个与《嘉兴藏》大体相同的本子做底本的可能为大。

5. 增加首题(第1段)、流通分(第24段)、尾题(第25段)、题记(第26段)。以让《般若波罗蜜菩萨教化经》看起来像是一部完整的写经。且以"正始八年""管辂"等高古年代及古代名人来蒙混世人。

《仁王般若波罗蜜经》，又称《仁王护国般若波罗蜜经》，简称《仁王般若经》，姚秦鸠摩罗什译。依据历代经录记载，西晋竺法护、梁真谛似乎也翻译过此经，但均已亡佚。即使经录记载无误，此经最早在西晋翻译为汉文，曹魏的管辂到何处去觅本抄写？何况上表的比较已经提供铁证，《般若波罗蜜菩萨教化经》行文直接源于鸠摩罗什本。《般若波罗蜜菩萨教化经》中出现的大量佛教术语，也是由鸠摩罗什确立的。既然《般若波罗蜜菩萨教化经》依据鸠摩罗什译《仁王般若经》抄撰化出已经是"铁证如山"。那么它绝不可能是三国曹魏管辂抄本。所谓正始八年管辂抄《般若波罗蜜菩萨教化经》，只能是一个现代的赝品。

(三) 李盛铎题跋、印章考辨

如图版所示，该写经卷后有李盛铎题跋6行：

> 余自炖煌得此经卷，颇为完整。卷首画像/古拙而兼精细。考"正始"，系三国魏邵陵厉公年/号，又为当代名人管辂手书。同时并得"泰始"经/卷，前稍残。此二卷年号，"始"字偶同，爰逾其他。/因自题室名曰"二始斋"，以藏之。后我其永宝，勿/使分失。幸也！木斋谨识。/

此类题跋，我已经见过多个，均为同一人所写。李盛铎藏书，现收藏在北京大学图书馆。笔者曾经到北京大学图书馆调阅李盛铎手迹，与此完全不同。可以肯定，这条题跋乃他人假借李盛铎名义伪造的。

又，本写经钤印李盛铎印章三枚：扉画下一枚，印文为"木斋审定"。卷尾一枚，印文为"德化李氏凡将阁珍藏"。尾纸与所谓李盛铎题跋接缝处一枚，印文为"木斋"。题跋"木斋谨识"下亦有相同的"木斋"印。

关于李盛铎印章的问题，最早是藤枝晃先生提出来的。他在文章中罗列了各种不同的李盛铎印章，指出其中必有假印章。但没有说明究竟哪一枚是真印章。北京大学所藏李盛铎的藏书上所钤印者，自然应该是李盛铎的真印章。所以，有心人只要花点工夫，到北京大学图书馆去做一番查核工作，则真假印章的辨别并非难事。不过，众所周知，因李盛铎收藏敦煌遗书之名头太大，早有书贾伪造他的印章,钤盖在真真假假的敦煌遗书上;据说李盛铎逝世以后,其藏书印流传到书贾手中,书贾又把他的真印章,钤盖在真真假假的敦煌遗书上。 由此,我们面对的现实是:真真假假的敦煌遗书上钤盖着真真假假的李盛铎印章。 因此,我一直主张,在经历了复杂的历史变迁以后,今天再拿李盛铎印章的真伪去考察敦煌遗书的真伪,已经完全没有意义。 我们需要的是完全排除所谓李盛铎印章的干扰,直接根据所需鉴定写经本身所提供的信息来鉴别它的真伪。

(四) 结语

本文依据对经文内容的考察,指出所谓曹魏管辂手书《般若波罗蜜菩萨教化经》实际依据姚秦鸠摩罗什译《仁王般若波罗蜜经·菩萨教化品》抄撰,所附李盛铎题跋也是假托李盛铎而伪造的。 因此,该《般若波罗蜜菩萨教化经》是一个地地道道的现代赝品。

佛教文献鉴定(下)

四、敦煌遗书武德写卷《胜思惟梵天所问经论》卷四跋

李唐皇朝以突厥血统御世中华，为取得汉人的文化认同，追认老子李耳为先祖，尊崇道教，压抑佛教。故敦煌遗书中唐初武德年间的佛教写经极为稀见。最近武德六年（623）写《胜思惟梵天所问经论》的面世令人欣喜。

该写卷为卷轴装。首断尾全，共12纸。卷前部下边略有磨损，尾部下边略有撕裂。此外全卷保存基本完好。尾有原轴，两端涂深棕色漆。有乌丝栏。有尾题，作"胜思惟梵天所问经卷第四"。本遗书尾题虽作"胜思惟梵天所问经卷第四"，但内容实为《胜思惟梵天所问经论》卷四。末有题记："武德六年四月，沙门玄会供养谨造。"

拙以为该遗书具有如下价值：

敦煌遗书大抵残头断尾。本遗书总长约达6米，有尾题与题记。据我多年调查，全世界敦煌汉文遗书总数约为61 000号，而长度达6米左右，且有尾题、题记者，大约仅1 000余号。由此可知

该卷之可贵。 尤为可贵的是，该卷乃武德年间所写。 由于武德年间佛教的发展受到压制，写经事业也大大萎缩，因此，度尽劫波，留存至今的写经更显珍贵。 根据我目前的调查，现存有武德年款的敦煌遗书共有3号。 除本号外，另两号分别为收藏在上海博物馆的上博50号《救疾经》（武德六年）与收藏在英国图书馆的斯04635号《四分律删繁补阙行事抄》卷上（武德九年）。

本卷题记中的玄会（582~640），为隋唐著名僧人。《续高僧传》卷一五有其本传，可参见。 本遗书虽非玄会亲笔所书，却也是由他出资修造，作为法宝而供养。 在1000多年的时空转换中，该卷由长安转到敦煌，最后凭借藏经洞得以留存。 吉光片羽，弥足珍贵。

从写卷形态看，无论在纸张、字体、行款及总体风格方面，本写卷与隋代写经均极为相近。 上博50号《救疾经》亦如此。 由此，唐初武德写经可归为隋代写经之余绪。 贞观之后，写经形态为之一变，盛唐风格开始显现。 从这一点上说，本写卷具有标本意义。

就内容而言，虽然《胜思惟梵天所问经论》为历代大藏经所收，但敦煌遗书中前此未曾发现。 因此，就敦煌遗书而言，本写卷可谓海内孤本。 虽仅剩卷四的后半部分，然可由此窥见该典籍早期的流传状态，并为对入藏本的校勘提供一个年代最早的传本。

本卷首部有现代接出护首一纸，装有天竿、缥带。 扉叶有扉画，为一菩萨，一胁从，足踏祥云。 护首有题签："唐武德画佛写经，宾虹题。"旁有阳文朱印。 该护首、扉画亦可成为我们研究现代仿敦煌画，乃至研究二十世纪三十年代敦煌遗书流传状况的珍贵资料。

想当年，多少敦煌遗书流失海外。故若干年前，我曾撰文感慨"国运蹇则文运蹇"。本遗书也曾流入日本，近年从日本回归。抚今追昔，不胜感慨。

[附]

说 明 真 相

去年（2009年）年末，有人请我鉴定一件唐武德年写敦煌遗书。其后，嘉德拍卖公司希望我写一篇文章予以介绍。因嘉德没有提供电邮信箱，文章便由鉴定人转交。今天收到嘉德2010年春季拍卖会古籍善本图录，发现上面载有那件遗书图版及我的文章，但把文章最后的两个自然段删除了。

我在原文中特意指出："该护首、扉画亦可成为我们研究现代仿敦煌画，乃至研究二十世纪三十年代敦煌遗书流传状况的珍贵资料。"也就是说，该写卷接出的护首是假的，前面的扉画也是假的。都是二十世纪三十年代的人干的。我文章的本意是提醒大家注意。这段话被删掉，这一提醒便落空了。

怎么会发生这样的事情，我不知道，也不想深究。但图录的说明文字称："有题记款，且为初唐敦煌写经，首有彩绘画佛，大师黄宾虹签，甚为罕见。"我有责任说明真相。

该拍卖将在5月15日进行。

2010年5月2日星期日

五、跋北宋佛教法事文书

北宋佛教法事文书，共十纸，经鉴定，可分为四组。

第一组，一纸，为《明道三年（1033）福建路建阳县普光院众结寿生第三会劝首弟子施仁永斋牒》。

寿生会是依据《寿生经》组织的一种民间会社。《寿生经》，又称"受生经"，中国人所撰伪经，我国历代经录均无著录，历代大藏经亦均不收，日本《卍续藏经》依据民间刻本收入。其实，《寿生经》及由《寿生经》衍生的各种宝卷、科仪尚有多种，至今依旧在民间流传。笔者看到的就有《佛门受生因果宝卷》《佛请受生科、投元辰科范、给受生阴阳牒合抄》等七八种之多。该经称凡在南赡部洲投生为人，均先曾在冥司借了寿生钱。现冥司库房空虚，催促借钱人纳还。纳还者将有种种善报，不纳者将有种种恶报。寿生会的功用就是劝导民众烧赛冥司寿生，纳还寿生钱，以得善报。

从本文书可知，这种寿生会由寺院僧人出面组织，并邀请若干俗家信徒为劝首。劝首既负劝导别人的责任，本人自然也是烧赛冥司寿生的积极参与者。本文书的持有者施仁永就是这样一个人物。

欠债既要还钱，余财自可储蓄。故烧赛冥司寿生又演化为烧存冥财，以备后用的形态。明吴承恩撰《西游记》载有唐太宗入冥故事，记载唐太宗入冥后，借用了阳间河南开封府相良所存一库冥财，布施诸亡冤鬼，方得还阳。而相良在阳间只是一个卖水穷汉，每日得钱，除了日常花费，统统斋僧布施，并买金银纸锭，焚烧记库，在冥间竟存下十三库金银。敦煌遗书斯2630号亦记载唐太宗入冥故事，但该遗书尾残，失缺唐太宗还阳部分，故无从知晓其中是否亦有借用冥财的记叙。但是，由本文书可知，这种烧赛冥司寿生的活动，至少可以追溯到北宋。直到近代，这种烧存冥财的活动，依然在我国的一些地区存在。

经济活动，应有契约，亦即本文书所谓"事须给牒"。本文书即施仁永生前烧赛冥司寿生的凭证。该文书记载，施仁永所烧寿生钱已经存入冥司第九库，死后可以"执此合对文牒，诣库照证"。按照法事仪轨，这样的牒文，应一式两份。一份称为"阳牒"，交烧赛冥司寿生者收为凭证；一份称为"阴牒"，当场烧化，以通知冥司曹官收存冥财。阴阳两牒须各自斜角对折后拼合在一起，然后骑缝签押，以为勘合的凭证。本文书背面有半行骑缝文字，作"众结寿生第三会□□□"，证明此乃由施仁永本人保存的阳牒。

本牒是现知年代最早的有关烧赛冥司寿生活动的原始文书。

第二组，两纸，为《皇祐三年（1051）福建路建阳县施仁永为先妣吴氏三十四娘荐福功德疏》。现两纸脱落，但文字相连，文书内容完整。

本文书是施仁永在当地功德普光院为亡母吴氏三十四娘作佛事

荐福的疏文，属于比较典型的功德疏。类似文书，敦煌遗书中亦有保存。

第三组，五纸，为《皇祐五年(1053)福建路建阳县施仁永预修生七牒》。

中国佛教主张亲人亡故后，家属每七天要做一场法事，从一七到七七，四十九天共做七场。然后在百日、周年、三周年还要再做三场法事，总计十场。这种葬仪的依据是《十王经》。

《十王经》，中国人所撰伪经，约出现于晚唐，题"成都府大圣慈寺沙门藏川述"。描述亡灵从一七到三周年分别为地狱十王审讯的场面。按照《十王经》的说法，地狱十王各自负责审理的场次如下：

一七，秦广王；二七，初江王；

三七，宋帝王；四七，五官王；

五七，阎罗王；六七，变成王；

七七，太山王；百日，平正王；

周年，都市王；三年，五道转轮王。

《十王经》认为，亡灵死后三年内，按照上述次序，逐次接受地狱十王的审讯。三年期满，经五道转轮王发落，按照生前的善恶行业，再入轮回。如果阳间亲人在上述地狱十王审讯的日子为亡灵做法事，则"十斋具足，免十恶罪，放其升天"。

死后靠别人为自己做法事，难免有点不放心。故约晚唐五代起，我国流传一种活人为自己做七的法事活动，称"预修生七"。也是一七到七七，以及百日、周年、三年，总计十场。上述《十王经》，又名《阎罗王授记四众预修生七往生净土经》，说明它的预修生七的功能。

敦煌遗书中虽然保存《十王经》多号，但没有留下有关预修生七法事的实用文书。本组文书则是现知年代最早的关于预修生七的实用文书。

本组文书是皇祐五年（1053）施仁永为自己举办预修生七法事的阳牒，现存一七、二七、六七、七七、周年五份，每纸背后亦有半行骑缝签押，其中四份作"皇祐伍年癸巳十一月二十日预修生弟子施仁永合同文字"，一份作"皇祐伍年癸巳十一月二十日预修生七会弟子施仁永合同□会文字"。亡佚三七、四七、五七、百日、三年五份。从现存五份牒文看，施仁永于皇祐五年十一月初十，请僧人到自己住宅，一次性做完十场预修生七的法事。由于法事念诵的经典完全一样，不排除当时实际上把十场法事归并为一场的可能。这说明，随着时代的迁移，此类预修生七的法事日趋简便。阳牒本身是十一月二十日书写的，属于事后追认，也证明北宋时此类法事的程序已不甚严格。

据《明道三年（1033）福建路建阳县普光院众结寿生第三会劝首弟子施仁永斋牒》，明道三年时，施仁永40岁，则皇祐五年（1053）时他已年届花甲，故有预修生七之举。

这组文书为我们研究北宋预修生七这一佛教法事的情况，提供了珍贵的实物数据。

第四组，两纸，为《皇祐六年（1054）福建建阳县施仁永忏供牒》。其中一纸为正文，一纸为封筒。

本文书是施仁永向当地禅居院布施，献佛回饭、乞僧转经，以求"家眷平安，资田蚕大熟"的凭据。文末所署日期为"皇祐六年四月八日"，但皇祐六年于三月改元为至和元年，故皇祐六年无四月。考虑到四月八日为佛诞日，佛教寺院传统要举办各种法会，则本《忏供牒》应是禅居院劝缘僧惠有为筹备当年四月八日佛诞日法会，提前向施仁永化缘而留下的文书。因所作布施拟用于佛诞日，故日期署为"四月八日"。实际书写日期，应在皇祐六年一月到三月之间。

封筒相当于现代的信封。中间一行写"牒给　弟子施仁永收"，骑缝一行为"大宋国福建路建州建阳县禅居院劝缘僧惠有谨封"。此类封筒在敦煌遗书中亦有保存。

上述四组文书，均为北宋福建建阳县崇政乡北乐里居民施仁永做法事的实用文书。时代跨度从北宋明道三年十月到皇祐六年初，约20多年。其中主要是皇祐年间的文书，明道三年的阳牒，因属烧存冥财的凭据而被长期保留。从上述法事文书，可以看到当时信徒信仰佛教的功利性特点。

佛教作为一种宗教，既有比较精细、高深的哲学形态，也有比较粗俗、普及的信仰形态。由此，它能够适应不同层次人们的不同需要。我把前一种形态称为"佛教的义理性层面"，把后一种形态称为"佛教的信仰性层面"。义理层面的佛教以探究诸法实相与自我证悟为特征，以大藏经中收入的印度译典及中国高僧著述为依据，以追求最终解脱为主要目标；而信仰层面的佛教则以功德思想与他力拯救为基础，以汉译典籍中的信仰性论述及中国人撰著乃至诸多疑伪经为依据，以追求现世利益乃至最终解脱为主要目标。义理层面的佛教在我国佛教史上处于主导地位，它为佛教提供了高水平的骨干与活泼泼的灵魂，它的兴衰决定了中国佛教的兴衰；但信仰层面的佛教较义理层面的佛教影响更大、更深、更远，为中国佛教奠定了雄厚的群众基础，是中国佛教绵长生命力的基本保证。这两种层面的佛教虽然各有特点，有时看来截然不同，甚至尖锐对立；但又相互渗透、互为依存，绞缠在一起，相比较而存在。当两者相对平衡，佛教的发展便相对顺畅；当两者的力量相对失衡，佛教的发展便出现危机。在中国佛教的研究中，两者不可偏废。

应该指出，当前研究界对于信仰性佛教的研究不够重视，导致宋以下佛教的形态，至今若明若暗。这批北宋法事文书的面世，让我们有机会接触到当时广泛流传的信仰性佛教的第一手资料，从这一点讲，是非常有意义的。

2008 年 9 月 29 日于通县皇木厂修订

六、略谈"卓德本"《钱塘西湖昭庆寺结净社集》

——高丽义天印刷携去本?[①]

(一) 缘起

2015年夏,北京卓德拍卖公司丁先生携《钱唐(塘)西湖昭庆寺结净社集》[②]一册到寒舍。

该书线装,封面上有"结净社集",下有"莲邦藏"。均为墨书,笔迹相同,为收藏者崔就墟[③]所写。"莲邦藏"三字上钤有圆形朱印一方,内为八角莲华,含阴刻白文"莲邦"。应为收藏者"莲邦"的藏书印。封面、封底纸张相同。考察全书,此封面、封底应为后代重装时所配,后配者若非收藏者"莲邦",或与该"莲邦"

[①] 本文原载《版本目录学研究》第七辑,北京大学出版社,2016年。收入本书时,文字略有修订。

[②] 本文以下对《钱塘西湖昭庆寺结净社集》简称为"《结净社集》";但当行文中将《结净社集》特指为卓德拍卖公司此次送来鉴定的该印本时,简称为"卓德本"。

[③] 此据韩国东国大学佛教学术院教授金天鹤先生见告,特致谢意。崔就墟(1865~?),号"莲邦头陀",龙珠寺僧人。

年代相近。近代又加配白纸封面、封底后重装。

全书首全尾残。不计封面、封底，共存46叶92个半叶。每叶上下粗栏、左右子母栏、书口细栏。白口，较窄，无鱼尾。每半叶29.9×18.4厘米。实测四个半叶的边框，数据如下：22.9×14.1厘米、23×14.4厘米、22.8×14.3厘米、23.1×14.5厘米①。从上述数据可知，每半叶边框大小基本相同，但不甚规整。半叶8行，每半叶均相同。行17字，亦有行16字、18字者。有些叶面排版显得略微随意，不甚规整。全书多敬提、敬空。若干版面有残损。

首叶上边有墨书"结社总序"，首叶第二行上部空白处钤有与封面相同之朱印"莲邦"一方。首叶右下边框内有一方形阳文朱印，但印文被刮，故字迹漫漶，经辨认，为"经筵"二字②，知此书乃高丽王朝宫廷旧物。

该书首部先后有"钱易序""目录""苏易简序""宋白碑铭""丁谓序"各一篇。其后为向敏中等90人的"入社诗"，共计92首。书口按所刻内容不同，依次将"钱易序"标注为"总序"，计四叶；将"目录""苏易简序""宋白碑铭"等标注为"集"，计七叶；将"丁谓序"以下标注为"诗"，计三十五叶。并按照上述不同标注，分别编刻版片号。

从纸张、字体、版刻风格等诸方面考察，当时判定为北宋刻印本。

---

① 此处数据，由卓德拍卖公司事后提供。

② 此印章由北京大学沈乃文先生辨识。另见日本宫内厅书陵部藏北宋刻本《姓解》《通典》，尊经阁文库藏北宋刻本《重广会史》卷首均见此"经筵"印。尾崎康先生在《以正史为中心的宋元版研究》中曾对"经筵"之书有过专文考证。

该书第一篇序为钱易撰,后有年款,为"大中祥符二年"。"大中祥符"为北宋真宗年号,二年当公元1009年。第二篇序为苏易简撰,后有年款,为"淳化二禩"。"淳化"为宋太宗年号,二年当公元991年。第三篇宋白碑铭撰于淳化元年,当公元990年。第四篇序为丁谓撰,后有年款,为"景德三年"。"景德"亦为北宋真宗年号,三年当公元1006年。从内容考察,该书为北宋著名僧人省常在杭州昭庆寺写血经《华严经·净行品》、刻版施经,进而仿慧远、结莲社;撰序刻石,叙其缘由;公卿时贤翕然而从,赋诗入社;最终结集刻印,记其盛事。有关省常的这些活动,佛教史籍多有载述。书口标注的"总序""集""诗"等诸信息,透露出该书编纂及刻版的经过。

该书的文献内容与文物特征契合如符。从总体考察,可以确定该书的刊刻年代与钱易写序的时间相去不远,完成于北宋大中祥符年间(1008~1016)。

但据丁先生告知,该书从韩国回流。不同研究者对该书的断代分歧较大。陈先行先生倾向认为该书属于北宋刻本,但也有研究者主张为明代刻本或高丽刻本。该印本字口清晰锋锐,似属初印;但版面又有残损,与"初印"印象不符。这一矛盾现象难以解释。该书从韩国回流后,在卓德拍卖公司积压,已有多年。因难以断代,故一直没有上拍。

我认为,从刻本纸张、字体、版刻风格乃至文献内容、行文特征综合考察,该书为北宋刻本,无需怀疑。所谓高丽刻本、明刻本的可能性都可以排除。从书口"总序""集""诗"等标注透露的信息，该书刊刻完成于大中祥符年间，亦无需怀疑。至于"字口锋锐"与"版片有残损"看来似乎有矛盾，其实揆诸当时情事及"卓德本"传承，出现这一现象的原因并不奇怪。简单地讲，是因为该《结净社集》为应景之作，初印时印量不大，故原书版片磨损甚微。其后版片长期搁置，且因年深日久、保管不善或其他某种原因，发生残损①。"卓德本"印刷年代较晚，其时版片已经残损。但因原版字口清晰，故"卓德本"虽属后印，字口依然爽利，粗看具有初印风格。该本的印刷年代虽然较晚，可能与高丽义天入宋有关，年代不会晚于北宋。

我当时提出：既然尚有不同意见，如果收藏者与拍卖公司都同意，建议做碳14检测。否则，一本珍贵的北宋刻本，如此被埋没，未免可惜。

经过一番周折，7月14日，丁德朝先生来信说"碳十四的事基本说定，让美国的亚利桑那大学做，那边快，三星期就可以出结果"。8月11日，亚利桑那大学递交检测报告。报告中译文的有关段落为："检测显示样品A的时间范围在公元1024年至1189年期间，这表明此样品产生于这个时间段内有95%的可靠度。对样品A的碳14检测结果经IntCall 3数据库和OxCal v 4.2.4软件产生。"②

公元1024年为北宋仁宗天圣二年，公元1189年为南宋孝宗淳熙十六年。单纯从碳14检测结果看，似乎不能排除"卓德本"为

---

① 6月11日当天没有考虑到，也没有提出，本文增加由于刊刻时选料不讲究，故木版容易损坏。详见下文。
② 亚利桑那大学碳14检测报告中译本。卓德拍卖公司提供。

南宋印本的可能性。但是：

第一，考虑到钦宗赵桓靖康二年（1127）四月，金兵破东京，北宋灭亡；当年五月，高宗赵构在杭州登基，改元为建炎元年，史称"南宋"这一段历史。

第二，考虑到昭庆寺在整个宋代的兴废历史①。

然后再来分析碳14检测的结果：1024年到1189年这一时段，共计166年。其中属于北宋的为104年，属于南宋的为62年。也就是说，"卓德本"属于北宋印本的概率为62.7%，属于南宋印本的概率为37.3%。这一概率分析，再加上前面提到的昭庆寺兴废历史的因素，最终结论自然比较支持"卓德本"为北宋印本。不仅如此，我认为该碳14检测结果，也印证了我主张的"卓德本"印刷时间稍晚，并非初印本的结论。

9月下旬，丁德朝先生来信。信中说：在中国国家图书馆纸张分析实验室对"卓德本"纸张进行取样测试，"结果与数据库中的四种北宋纸标本一致，为毛竹与楮皮的混料纸，为北宋时期杭州地区纸张无疑，这个结果正好符合您目验的结论，特此告知"②。

---

① 《咸淳临安志》卷七十九："大昭庆寺：乾德五年钱氏建，旧名菩提。太平兴国七年改赐今额。太平兴国三年建戒坛。天禧中，圆净大师创白莲社。……古刻有《白莲堂诗》《文殊颂》《菩提寺记》。皆毁于火。南渡初，以其地为策选锋军教场，惟存戒坛数间而已。自嘉定至宝庆初，渐复旧观。"

② 本文定稿以后，得到卓德拍卖公司转来国图纸张分析实验室易晓辉撰正式报告：《韩国藏〈杭州西湖昭庆寺结莲社集〉书页残片样本显微分析》，其结论第二条为："残片样本的外观状态及微观纤维状态都呈现一定程度的自然老化特征，跟宋元时期的构皮毛竹混料纸的特征比较吻合，该纸样应产自我国长江以南地区，并有可能出自浙西南、赣东北、闽西北交界一带的竹纸产区。"不及修订原文，特附注于此。——方广锠按

对"卓德本"的目验鉴定、碳 14 检测、纸张分析检测，三项工作先后分别进行，结果互相吻合，该"卓德本"《结净社集》为北宋刻印本这一事实，现在可以定案。这与前此西泠印社拍卖有限公司的《妙法莲华经注》不同，虽然不少研究者主张该《妙法莲华经注》为北宋刻本，但我始终不同意。认为判定该书为北宋刻本，目前还缺乏铁证。从种种资料分析，该书为南宋刻本的可能性更大。但《妙法莲华经注》不属于本文讨论的范围，此处不赘。

(二) 考述

如前所述，目验鉴定、碳 14 检测、纸张分析检测，三项工作先后分别进行，结果互相吻合，该"卓德本"《结净社集》为北宋刻印本这一事实，现在可以定案。因此，本文对《结净社集》是否北宋刻印本不再讨论，在此讨论如下几个相关的问题。

1.《结净社集》的刻版当在北宋大中祥符年间（1008～1016）完成

本书第五叶 A 面在书名《杭州西湖昭庆寺结莲社集》下，有目录如下：

  翰林学士承旨苏公施经序

  翰林学士承旨宋公结社碑铭

  密学大谏丁公群贤诗序

  相国向公诸贤入社诗

  紫薇舍人孙公结社碑阴

加上卷首的钱易总序，则关于该《结净社集》共有五篇序、记类文字。因"卓德本"首全尾残，故仅存前四篇文字，末尾的孙何"碑阴记"不存。但日本学者佐藤成顺指出，这篇"碑阴记"被《咸淳临安志》录文，可见《咸淳临安志》卷七十九"大昭庆寺"条。笔者查阅《咸淳临安志》，得知该"碑阴记"写于北宋真宗咸平四年，即公元1001年。

现在按照撰写时间的先后顺序，将上述五篇文字罗列如下：

(1) 淳化元年(990)，宋白碑铭。

(2) 淳化二年(991)，苏易简序。

(3) 咸平四年(1001)，孙何碑阴记。

(4) 景德三年(1006)，丁谓序。

(5) 大中祥符二年(1009)，钱易总序。

考察上面五篇文字的内容，很显然，省常为结净社，努力"贻诗京师，以招抑大夫"，最终公卿时贤之所以能够纷纷响应，"咸寄诗以为结社之盟文"①，除了当时的文化大环境，省常本人颇费了一番工夫。虽然早在淳化元年(990)，就已经在宋白碑铭中宣布："凡入社之众，请勒名石阴。"即凡是入社者，一律勒石留名。但从写于淳化二年(991)的苏易简序看，当时省常依然还在加大施舍《华严经·净行品》的力度，亦即停留在扩大影响的阶段，这也说明省常"贻诗京师，以招抑大夫"的工作还在进行中。《结净社集》中保存有苏易简的"入社诗"，详其内容，苏易简此诗写于淳化二年(991)写序之后，恰可作为本文主张此时"省常'贻诗京师，以招抑大

---

① 见丁谓：《西湖结社诗序》。

夫'的工作还在进行中"之证明。 大约到咸平四年(1001)，省常托孙何撰写"碑阴记"，招人结社的工作才基本结束，所以按照原定计划"勒名石阴"。 孙何"碑阴记"也的确提到一批人名。 从咸平四年(1001)"勒名石阴"，到景德三年(1006)丁谓写序，中间又过了五年。 这一期间是否有新人加入，今后不妨加以考证。 但请丁谓写序，无疑是打算将征集到的那些"入社诗"刻印留念。 丁谓的序言虽然在1006年就完成，该《结净社集》实际付梓，也许要到大中祥符二年(1009)钱易撰写总序之后。 当然，不排除丁谓序言完成以后，刻印工作就正式开展，钱易的总序，乃后补加入。 无论历史事实符合上述两种推论中的哪一种，大中祥符二年(1009)钱易撰写的总序，都为我们探讨《结净社集》的刻印时间树立了一个标杆。 由于《结净社集》篇幅不大，刻版并不需要延时费日，《结净社集》的刊刻应该于大中祥符年间(1008~1016)完成。

需要强调的是，虽然我们今天可以而且应该从不同的角度，对该《结净社集》读出不同的意义。 但对《结净社集》这部著作应有一个明确的定位。《结净社集》收入的诗歌，均为作者的"入社诗"。 既为"入社诗"，固然具有某种申请书或承诺书的意味。 但揆诸当时情事，这些诗又不过是文人雅士针对一时一事的应酬之作。 一百多名作者未必全部都是佛教徒，起码未必都是虔诚的佛教徒。 而省常编纂、刊刻《结净社集》，实际不过是派送诸"入社诗"作者，以留为纪念，兼有提醒作用的应景之作。"应酬之作"与"应景之作"，这是我们今天考察该书时必不可少的视点。 既是应景之作，它的刊刻时间就不可能距离相应的事件太远；且从开始刊刻到印刷、派送，拖得时间也不会很长。因为是应景之作，所以它的木版选料不讲究，边框、行字、排版等总体看来大体规范，但又不十分规整。

2."卓德本"是重印本

如上所述，《结净社集》的刊刻完成于大中祥符年间（1008～1016）。因钱易"总序"写于大中祥符二年（1009），即使"总序"完成以后，全书方才付梓，因该书篇幅不大，最多一年便可刻完，故初印本约于大中祥符三年（1010）便可以面世。——如前所述，这是一部应景之作，刊印工作不会拖延时日。

图6 "诗，十一"B面上部残缺损字

"卓德本"字口爽利，给人以初印本的印象。但"总序，三"下部、"诗，十一"上部（见图6）、"诗，十六"上部、"诗，十七"上部、"诗，二十五"左下部、"诗，二十九"下部、"诗，三十三"下部等若干地方，版片有残损，有的有补字。如果说"卓德本"确为初印本，那等于主张该书版片刚刚刻完，尚未印刷，即出现残损。即使版片已经残损，省常也照印不误，分送曾赋"入社诗"之诸达官贵人、公卿名贤的《结净社集》，就是用残损版片印出的。这种说法，于理不通。尤其"总序"为全书脸面，明知有残损而置之不理，照印不误，更说不过去（参见图7）。

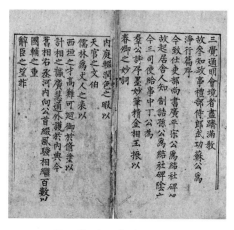

图7 "总序，三"下部残缺损字

当然，我们也应该注意到，"卓德本"上有些现象，说明该刻本看似残损的地方，实际却为原版原状。如"诗，三十四"B面，第七行为17字，第八行为15字。查第八行为何少两字，可见该叶左下角有明显残缺，亦无版框。但细读文字，从"诗，三十四"B面末行下到"诗，三十五"A面首行上，文作："细思莲社里，应许我题名。"文从字顺，并无缺漏。说明此处残缺，应属原版原样。亦即原版未刊刻之前已经残损，故无法在残破处刻字。书手书写、刻工刻字时，特意避开残损部位（见图8）。

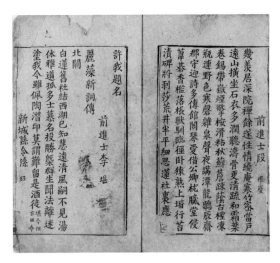

图8 "诗，三十四"B面到"诗，三十五"A面

怎么解释"诗，三十四"B面到"诗，三十五"A面出现的残版不缺字现象？

我认为，这说明刊刻《结净社集》时，刻印工作并非那么认真，对刊刻《结净社集》所用版片的木板质量要求不高，选择不严。即使有的版片有点残破，也照样拿来刻版。只是刊刻时依形就势，有所变通罢了。这与《结净社集》版框不规整、行字不规整、排版不规整的总体风格相应。究其原因，如前所述，在当时，这只不过是一部应酬之作、应景之作。可以设想，在省常的计划中，刻印此书，不过是用来派送给入社的诸位，提醒他们已经入社，并留为纪念而已。 此类书籍，并非佛教的正经正论，经常会有人请印；也非儒家五经，士人都有需求；更非童蒙读物，需要常备常供。 所以既不打算多印，也没想传之万代。 故主持刊刻之人，无精益求精之心，有得过且过之意，对版木质量的要求自然不会很高。 版木质量不高，恐怕也是初刻、初印以后，该书版片容易残损的原因之一。

应该指出，全面考察"卓德本"，属于"诗，三十四"B面左下角这种原版未刊刻之前已经残破的现象不多，大部分残破还是刊刻以后形成的，如"总序，三"下部、"诗，十一"上部等，均因版片残损而造成文字残缺。

先不考虑"卓德本"后半部残缺问题，仅从"卓德本"印刷时，它所用的《结净社集》的若干版片已经残损，文字残缺。"卓德本"就不可能是大中祥符年间（1008～1016）的初印本。

依据美国亚利桑那大学碳14检测报告，"卓德本"年代为公元1024年到公元1189年，可靠度为95%。 如果将可靠度误差亦计算在内，则"卓德本"的印刷时间可能为公元1019年到1193年。 也就是说，即使计入误差，碳14的检测结果也不支持"卓德本"为大中祥符年间（1008～1016）印本的观点。

既然"卓德本"并非初印本，就衍生出两个问题：

第一，既然不是初印本，何以字口如此爽利？

第二，"卓德本"是何时印刷的？

先谈第一个问题，不是初印本，何以字口如此爽利？

我的回答如本文开头所说：因为该《结净社集》初印时印量不

大，故原书版片磨损甚微，重印时字口依然爽利。

说《结净社集》初印时印刷量不大，有如下论据：

该书本身为应景之作，刻印该书仅供派送给参与其事的人留作纪念，提醒他们已经入社。据说，当时入社的人数与庐山慧远莲社人数相同，共123人。人数到底有多少，可以再研究，但"百余人"这个数字，大致不差。则该书的印刷需求量，亦仅百余本。我们现在无法具体统计初印时到底印了多少，但可以肯定其数量比百余本会多一点，不会多出很多。所以版片上字口保存原刻模样，也就不难理解。

我认为，《结净社集》不仅在于当初印量少，还在于那些印本基本保存在赋诗入社的人士手中。由于只是应酬之作，所以一般人不会特意保存。更何况这些赋诗入社的人士未必个个都是虔诚的佛弟子。即使他们本人是，他们的子孙后代是否也是？所以此后亡佚。

再谈第二个问题，"卓德本"是何时印刷的？

我想还是要先参考碳14检测结果。

碳14检测结果将"卓德本"断代为公元1024年到公元1189年这166年中。如果将该检测结果取中，则"卓德本"有可能印于1107年前后。1107年相当于北宋徽宗大观元年。

"卓德本"是否有可能印于1107年前后？为什么当年的一个应酬之作、应景之作，在时过境迁的几十年后，还会有人去印刷？甚至即使是残版，也要印刷呢？这里涉及下一个问题。

3. 对"卓德本"印刷时间及传入高丽路径的一点推测

探讨上述问题，又涉及两点：

（1）省常其人

省常(959~1020)，宋代僧人，被后代追认为中国净土宗七祖①。钱塘(浙江)人。俗姓颜，字造微。其生平行状，可见宋孤山法师智圆撰《闲居篇》卷三十三之《故钱唐白莲社主碑文(有序)》(此碑文后收入宋宗晓《乐邦文类》卷三)、宋志磐撰《佛祖统纪》卷二十六《净土立教志·莲社七祖·七祖昭庆圆净法师》、宋志磐撰《佛祖统纪》卷四十三淳化二年条、宋宗鉴《释门正统》卷四"顺俗志"。元明清以下，佛教史籍，特别是涉及净土信仰的史籍多所载录。为避文繁，此处不赘。

省常的活动所以在当时名动公卿，流芳后世，有其客观原因。

杭州为五代吴越国都城，吴越王钱氏世代信奉佛教，故其治下佛教非常兴隆。入宋以后，北宋初期诸帝均持支持佛教的政策，使得杭州的佛教更为兴盛。乃至开封印经院为续补《开宝藏》，都要到杭州来搜罗经版。其后杭州地区甚至有"家家弥陀佛，户户观世音"的说法。这为省常的活动提供了良好的客观环境。

唐中期以后，佛教禅宗大兴。特别是惠能的南宗禅灯分五派，流遍天下。惠能禅主张明心见性，顿悟成佛。固然简洁明快，然而往往令修行者感到无下手处。且由于它注重张扬个性，很容易引发"狂禅"。所以，晚唐僧人宗密(780~841)就曾会通禅教，力图匡救时弊。后代禅宗僧人为弥补缺失，发展出"看话

---

① 中国净土宗世系跳跃，均为后代追认，省常为中国净土宗的第几祖，有不同说法。此处不赘。

禅""默照禅"等不同流派。 就杭州而言，吴越王钱镠改江南之教寺为禅寺，故禅宗在杭州甚为兴盛。 为此，以永明延寿①（904～975)为代表的僧人，极力提倡禅净双修。 著名的永明延寿"四料简"称：

> 无禅无净土，铁床并铁磨，万劫与千生，没个人依怙。
> 有禅有净土，犹如带角虎，现世为人师，将来作佛祖。
> 有禅无净土，十人九错路，阴境若现前，瞥尔随他去。
> 无禅有净土，万修万人去，但得见弥陀，何愁不开悟。②

值得注意的是，永明延寿还曾经召集慈恩、贤首、天台三宗僧人，广泛辑录印度、中国各种佛教典籍，编成《宗镜录》一百卷。全书的宗旨在于顿悟、圆修，亦即说明延寿在思想上继承了宗密的"禅教圆融"，故提倡"禅尊达摩，教尊贤首"。 促进了华严思想在杭州地区的流行。 由于高丽盛行华严宗，据说高丽王见到《宗镜录》，特意遣使向延寿叙弟子之礼，并派国僧三十六人前来学法，使永明延寿的禅风流行于高丽。

省常(959～1020)的生存年代与永明延寿前后交叠，都住锡杭州，传法活动也继承了延寿的思想。 由于两人佛教活动的连续性，所以志磐《佛祖统纪》将延寿列为净土六祖，将省常列为净土七祖。

---

① 延寿，唐末五代僧。俗姓王，临安府余杭（浙江杭县）人。净土宗六祖，禅宗法眼宗三祖。曾复兴杭州灵隐寺。又应吴越王钱俶之请，迁永明大道场（即今杭州净慈寺），故世称"永明延寿"。

② 云栖古德：《阿弥陀经疏钞演义》卷一。参见 CBETA2014，X22，No. 427，p. 710，B23～C3。

净土宗所依典籍,传统称为"三经一论",即:《无量寿经》《观无量寿佛经》《阿弥陀经》《往生论》。该"三经一论"均为宣扬阿弥陀佛净土信仰的典籍。但省常却血书《大方广佛华严经·净行品》。该《净行品》篇幅不长,主要论述在家信徒的行为规范。省常为何如此推崇《华严经·净行品》?佛教认为,末法时期,无修无证。即使出家人,"非福何凭"?至于在家人,自然更需要外力拯救之"易行道"。这是净土思想流传的宗教理论依据。所以省常虽然在思想上赞同"禅教圆融";在宗教践行上,则努力推动"禅净合流"。而《华严经·净行品》正是"禅教圆融""禅净合流"两者的结合点。

不仅如此,中国佛教所以具有绵长的生命力,除了义理层面佛教的因素,还有信仰层面佛教的作用。宋代信仰层面佛教主要反映在各种法事活动、功德活动格外兴盛。血书佛经,向来被信众认为具有极大的功德,省常血书《华严经·净行品》时,"一字三作礼,一礼一围绕,一围绕一念佛名号",亦即将刺血写经与佛教法事结合在一起。然后依血经刻版,普施普送,尽力广大影响。进而仿照庐山慧远,广邀时贤,结为莲社。也就是说,省常通过血书《净行品》、结社念佛把宋代义理层面佛教与信仰层面佛教融贯会通,推向高潮,成为那个时代佛教潮流的弄潮儿。他的努力,在当时取得很大的成效,也得到后代佛教徒的高度评价。

省常的活动最初从血书《华严经·净行品》开始。"净行"一词有着浓郁的宗教意蕴。"白莲"本身有所谓"出淤泥而不染"的特性,可喻世人佛性本净,虽沉浮三界苦海而不染,终入佛国净土。

且南宗禅"本来无一物"的当下顿悟，已经逐渐被吸收了北宗禅"时时勤拂拭"，从而主张渐修顿悟的思想所替代，故钱易作序时，将该书定名为《钱唐(塘)西湖昭庆寺结净社集》。省常的活动乃至钱易的定名，充分体现了"禅教圆融""禅净合流"这一北宋义理层面佛教的主流思潮与念佛积德这一信仰层面佛教的主要表现形态相互结合、融汇的态势。

（2）高丽义天携去本

关于佛教早期传入朝鲜半岛新罗、百济、高句丽三国的历史，以及半岛三国与中国的佛教交往史，已经多有论著，本文不赘。

北宋时，朝鲜半岛已经统合为高丽王国。高丽王国崇信佛教，特别崇信佛教华严思想。乃至近代有人这样评论：中国佛教是《大乘起信论》的佛教，日本佛教是《妙法莲华经》的佛教，朝鲜佛教是《大方广华严经》的佛教。这种说法失之粗疏，自然也就不很准确，但的确从某种角度触及三个国家佛教的不同特点。如前所述，因永明延寿《宗镜录》提倡"禅尊达摩，教尊贤首"，引起高丽王的注意，特意遣使向延寿叙弟子之礼，并派国僧三十六人前来学法。而从某种意义上讲，省常正是延寿思想与事业的继承人。

高丽时期，朝鲜半岛出了一位重要的佛教历史人物——义天。中国一般称之为"高丽义天"。关于高丽义天的论著不少，为避文繁，下面照录《佛光大词典》对高丽义天的介绍(标点有修订)：

义天(1055～1101)，又称大觉禅师。高丽文宗之第四子，俗姓王，名煦。为朝鲜僧界之统制官。于灵通寺出家，初学华严，旁通五教，精研儒学。夙怀入宋之愿，于宣宗二年(1085)与弟子共乘商船渡海来宋,上表请传华严教义,甚受神宗之礼遇。先后参访佛印暸元、慧林宗本、净源、慈辩、大觉怀琏、佛日契嵩等五十余硕德,广学华严、天台、律、禅等。唐末战乱后,师将佛书从朝鲜反输至中国。三年后,携带释典经书千余卷归国,开创国清寺,广为宣扬华严、天台之旨。并奏请于兴王寺设置教藏都监,以珍藏宋、辽、日本之佛书。编撰《新编诸宗教藏总录》(又称《义天目录》)三卷,又于兴王寺着手进行《高丽续藏经》四千余卷之刊行。肃宗六年十月示寂于总持寺,世寿四十七,法腊三十六。除上记之外,著作尚有《圆宗文类》《释苑词林》《大觉国师文集》等。(《释门正统》卷三,《佛祖统纪》卷十四、卷四十六,《释氏稽古略》卷四)

上述词典提到,义天于高丽宣宗二年(1085)入宋,时当北宋神宗元丰八年。 三年后,亦即北宋哲宗元祐三年(1088),携带在北宋搜罗到的"释典经书千余卷"回国。

高丽义天对佛教的贡献是多方面的,我本人对他特别感兴趣的是他在搜罗、整理中国、朝鲜半岛、日本佛教文献方面的贡献。 当时中国传统的大藏经,仅瞩目于西土翻译佛典,对中华佛教撰著,则除了史传、目录、音义等所谓"毗赞大藏有功"的典籍外,一概排斥在外。 高丽义天对此颇不为然,批评道:"予尝窃谓:经论虽备而章疏或废,则流衍无由矣。"①所以他下力气到处搜罗各种佛教

---

① 《新编诸宗教藏总录》卷一。参见 CBETA2014,T55,No. 2184,p. 1165,C24~25。

典籍，特别是佛教章疏，编为《新编诸宗教藏总录》（今存）并刻为《高丽续藏》（整藏已佚，有零本存世）。他称："辄效昇公护法之志，搜访教迹，以为已任。孜孜不舍，仅二十载于兹矣。今以所得新旧制撰诸宗义章，不敢私秘，叙而出之。后有所获，亦欲随而录之。脱或将来编次函帙，与三藏正文，垂之无穷，则吾愿毕矣。"①

到中国搜罗佛教典籍，是高丽义天自我赋予的任务。

那么，高丽义天这次入宋搜罗到的千余卷佛典中，是否包括省常的《结净社集》？我认为，省常的《结净社集》也包括在内。虽然在义天的《新编诸宗教藏总录》中没有载录《结净社集》，但在他编纂的另一本佛教著作《圆宗文类》中收录了《结净社集》的四篇序、记。

《圆宗文类》，高丽义天编，分门别类收录各类佛教文章，已残。日本《万字续藏》收录了《圆宗文类》卷十四、卷二十二等两卷。非常幸运，有关《结净社集》的资料保存在卷二十二中。

令人特别感到兴味盎然的是，有迹象表明，高丽义天当年得到的《结净社集》是一个残本。

如前所述，"卓德本"显示，《结净社集》除了目录及向敏中等人的入社诗外，还有五篇序、记类文字。其中四篇置于卷首，一篇置于卷末。由于"卓德本"首全尾残，故仅保留卷首的四篇文字，缺失卷尾孙何的"碑阴记"。而《圆宗文类》恰恰也只收前四篇文字，同样缺失孙何的"碑阴记"。

---

① 《新编诸宗教藏总录》卷一。参见 CBETA 2014，T55，No. 2184，p. 1165，C25～p. 1166，a1。

在此将"卓德本"四篇文字的篇名、作者与《万字续藏》本《圆宗文类》中的相应内容列表比较如下：

表5 "卓德本"《结净社集》四篇文字的篇名、作者与《圆宗文类》中相应内容对照表

顺序	"卓德本"	《圆宗文类》
1	钱唐西湖昭庆寺结净社集总序 大常博士通判信州骑都尉钱易	西湖昭庆寺结净行社集总序 大常博士通判信州骑都尉钱易述
2	施华严经净行品序 翰林学士承　旨中书舍人苏易简述	施华严经净行品序 翰林学士承　旨中书舍人苏易简述
3	大宋杭州西湖昭庆寺结社碑铭(并序) 翰林学士承　旨通奉大夫尚书吏部侍郎知制诰修国史判昭文馆兼开封府事上挂国广平郡开国侯食邑一千三户赐紫金鱼袋宋白撰	西湖结社诗序 枢密直学士权三司使右谏议大夫丁谓撰
4	西湖结社诗序 枢密直学士权三司使右谏议大夫丁谓撰	大宋杭州西湖昭庆寺结社碑铭(并序) 翰林学士承旨通奉大夫尚书吏部侍郎知制诰修国史判招文馆兼开封府事上挂国广平郡开国侯食邑一千三户赐紫金鱼袋　宋白　撰

说明：
1. 文字外有"□"者，为一文本独有，而另一文本没有的文字。见钱易序，两文本合计三处。
2. 文字下有划线者，为两个文本相互不同的文字。见宋白碑铭，仅一处。

上述四篇序、记类文字，除第三篇、第四篇次序颠倒，个别文字略有错讹增删，其余完全一致。笔者未对"卓德本"与《圆宗文类》的上述四篇文字作详细校勘①，但上文已经可以说明，《圆

---

① 本文参考的《圆宗文类》为《万字续藏》本。《万字续藏》为二十世纪初日本铅印本，排字错误较多，且未说明文献出处，故难以作为校本。希望将来能够发现《万字续藏》所依据的《圆宗文类》原本。

宗文类》的数据来源是《结净社集》，亦即高丽义天的确得到了《结净社集》。

由于《圆宗文类》关于《结净社集》的文字，与"卓德本"一样，都缺失末尾的孙何"碑阴记"，而"卓德本"又来自韩国，不禁让人怀疑这个"卓德本"是否即为当年高丽义天得到的原本。

高丽义天到北宋时，上距《结净社集》的刻印已有70年左右。很可能《结净社集》的版片虽尚保留，但已经残损、残缺。不得已，高丽义天只能刷印其尚存的部分带回高丽。这个本子，亦即今天我们看到的"卓德本"。这也就解答了本文前面提出的问题："为什么当年的一个应酬之作、应景之作，在时过境迁的几十年后，还会有人去印刷？甚至即使是残版，也要印刷呢？"因为高丽义天到中国的目的之一是搜罗佛教典籍，只要是佛教典籍，无论残损与否，都在他的关注之中。这就好比佛教初传中国，中国僧人对于外来佛典，从来是"遇全出全，遇残出残"。又如我们今天调查敦煌遗书，哪怕残片断简，一概予以著录。唐宋时期，为了学习中国文化与佛教，高丽、日本大批人士来到中国，对于中国文化，他们几乎抱有一种文化饥渴症；对于将中国书籍输回本国，抱有极大的热情。以致其后宋代政府甚至对书籍出口采取管制政策。

总之：

第一，高丽义天入华年代距《结净社集》的刻印约有70年，与"卓德本"版片已经残损、内容已经残缺相符；

第二，碳14的检测结果将"卓德本"的年代断代在公元1024年到公元1189年这166年中。高丽义天来华的时间正在这一时限中。 如前所述，如果将碳 14 的检测结果取中，则"卓德本"可能印于 1107 年前后，这与高丽义天回国的 1088 年仅相差 19 年。 高丽义天的入华年代与"卓德本"的碳 14 检测年代高度相符；

第三，高丽义天《圆宗文类》中载录的《结净社集》形态，与"卓德本"相符；

第四，即使残本佛典，照样搜罗，与高丽义天的访华目的相符。

第五，"卓德本"从韩国回流。

由此种种，"卓德本"乃高丽义天入宋时印刷并携去的可能性大大凸显。

当然，此处仅是推测而已。 因为还存在如下可能：

（1）另有其他高丽僧人或其他高丽人，于北宋后期来到中国，在杭州印刷了该《结净社集》，带回高丽。 该印本或完整，或残缺，但世事变迁，最终残缺，成为今天的"卓德本"。 故"卓德本"与义天并无关系。 义天《圆宗文类》中有关《结净社集》的载录另有他本依据。

（2）义天本人并未得到《结净社集》印本。 另有其他高丽僧人或其他高丽人，于北宋后期来到中国，在杭州印刷了该《结净社集》，带回高丽。 该印本或完整，或残缺，但世事变迁，最终残缺。 义天得到并利用了这个残本，亦即今天的"卓德本"。

（3）义天本人并未得到《结净社集》印本。 另有其他高丽僧人或其他高丽人，于北宋后期来到中国，在杭州印刷了该《结净社集》，带回高丽。 该印本或完整，或残缺，但世事变迁，最终残缺。 义天得到并利用了这个残本，但该残本现在下落不明。 今天的"卓德本"，来历待考，但与义天用本没有关系。

总之，本文主张的"卓德本"很可能就是当年高丽义天的印刷、携去本，仅是一种推测、一种可能，并无铁证。 虽然这种可能很大，但不排除此外还存在其他可能。 本文就罗列了另外三种可能。 面对上述种种可能，研究者自然可以见仁见智。 任继愈先生教导：有几分证据说几分话，有几分把握说几分话。 今天，我们只能就现有资料提出这个问题，以留待今后进一步考察。 最终的结论，有待新数据的出现。

(三) 结语

本文考察"卓德本"《结净社集》及有关资料，认为省常通过血书《华严经·净行品》、结社念佛把宋代义理层面佛教与信仰层面佛教融贯会通，推向高潮，成为那个时代佛教潮流的弄潮儿。《结净社集》所收诸诗虽属"入社诗"，亦属文人雅士的应酬之作。《结净社集》的刊刻，则为应景之作。 该书刊刻完成于北宋大中祥符年间（1008～1016）。"卓德本"乃该书的后代重印本，印刷年代依然为北宋。 并提出该"卓德本"很有可能是高丽义天在北宋活动期间（1085～1088）印刷并携回高丽之原本。

根据现有资料，若干年来，该《结净社集》一直存在在研究者的视野中。

最早提到该书的是日本的佐藤成顺。 他在所著《关于省常的净行社——对北宋公卿佛教之关注》[1]一文中，提到某韩国留学生曾经送给藤堂恭俊（佛教大学名誉教授·东京增上寺法主）某本《结净社集》的照片。虽然叶数略有差异，但从佐藤成顺文章介绍的该书细节及其后发表的录文[2]看，他所指那本《结净社集》就是今天我们看到的"卓德本"[3]。

由于所见仅为照片，所以佐藤成顺对该《结净社集》版本、流传，仅以"刊刻的情况及流传的经过均不明"一句话带过，文章主要"先以新资料为中心，论述与净行社有关的资料。然后对省常的传记、净行社的成立、其思想特征进行考订。其后统观参加净行社的公卿全貌，考察他们的官职、姓名。最后论述省常组织净行社的目的及净行社的历史意义"[4]。

中国的论著则有祝尚书：《宋初西湖白莲社考论》，载《文献》1995年第3期；金程宇：《韩国所藏〈杭州西湖昭庆寺结莲社集〉及其文献价值》，载作者所著《稀见唐宋文献丛考》，中华书局，2009年；郑云鹏：《宋初杭州华严净社研究》，载《北京大学研究生学志》2011年第2期；金程宇、张知强：《论古佚书〈西湖莲社集〉于

---

[1] 佐藤成顺：《省常の净行社について，——北宋公卿の佛教への關心》，载《大正大學大學院研究論集》第二十一号，平成九年（1997年）3月。承日本京都大学人文所梶浦晋先生复印提供此数据，特致谢意。金程宇《韩国所藏〈杭州西湖昭庆寺结莲社集〉及其文献价值》提及此文，注释中误作1999年。

[2] 佐藤成顺：《宋代佛教研究——元照の净土教》，山喜房佛书林，2003年。

[3] 佐藤成顺称该书"47丁"，即47叶，与此次统计的46叶，相差一叶。或佐藤统计有误，或他将封面、封底合计作一叶。又，佐藤成顺将封面的"莲邲藏"，误作"莲邦藏"。参见佐藤成顺：《宋代佛教研究——元照の净土教》，第1、2页。

[4] 同上书，第2页。

西湖研究之意义》,"意象西湖:东亚名胜的诞生、流传和移动"国际研讨会会议论文,2013 年 9 月;刘方:《从杭州西湖白莲社结社诗歌看北宋佛教新变——以〈杭州西湖昭庆寺结莲社集〉为核心的考察》,载《宗教学研究》2014 年第 2 期;王友胜:《宋编宋诗总集类型论》,载《赣南师范学院学报》2015 年第 1 期。 此外有刘岩、沈倩岚撰《试向西湖植白莲:昭庆寺中的西湖莲社》(收入《杭州文史小丛书》),杭州出版社,2014 年。

  上述中国研究者的论著中,祝尚书的论文发表在佐藤成顺之前,所用均为中国传承的数据。 其余诸位的论著,均发表在佐藤成顺之后,有的引用了佐藤成顺的论文,有的似未曾见过佐藤成顺的研究。

  本文不拟评论中日研究者前此的研究成果及继承、借鉴关系,从上面的研究概述可以看出,省常结社一事,具有诸多面向,可以供研究者从多角度去开拓研究。 以往,人们最多只能依据佐藤成顺根据照片提供的二手资料开展自己的研究,而佐藤成顺所提到的《结净社集》原本此次竟然在卓德出现,对佛教研究者、文学研究者、地方文化史研究者、社会学研究者及其他诸多对此感兴趣的研究者,无疑是一个喜讯。 由于藤堂恭俊所得为照片,且至今并未公布,以往古籍版本研究者对这一问题没有发言权。 今天,《结净社集》原本的出现,为宋版研究提供了新鲜资料。 可以期待,由于《结净社集》原本面世,各有关研究会进一步向前推进。

2015 年 10 月 26 日于古运河北端

2015 年 11 月 20 日二稿

附：

2015年10月27日在"北宋刻本《西湖结莲社集》学术研讨会"上的讲话

（依据录音整理，略有修订）

今天参加这个会很有收获。一是我没有认出的印章，沈乃文先生认出来了，原来是"经筵"二字。一是周心慧先生指出，这本书南宋初还存在，被著录。

今年4月底，丁德朝先生给我发了三张照片，因为只有三张照片，信息量少，再说也忙，就放过去了。6月初他把那三张照片又发给我。我说光凭三张照片很难提出有价值的意见，如果方便的话，把书给我看一看。我以前看敦煌遗书，如果仅看照片，一般不说话。因为照片会把很多信息过滤掉。

6月11日，丁德朝先生把书拿来。书一上手，感觉就不一样。打开一个卷子、一本书，卷子和书本身就会跟你讲话。从这本书的纸张、手感，它的框线、书口、字体、风格，包括刊刻风格与书写风格等等，当时判断这是一个北宋刻本。从内容看，也是北宋的。文物特征与文献内容完全吻合。

我说这本书是北宋刻本之后，丁德朝先生说其他人有不同的意见，高丽本、明刻本等等。他说：因为难以鉴定，这本书已经压了好几年。既然如此，我建议做碳14检测，否则让这本珍贵的北宋刻本就这样埋没下去，太可惜。

这里我稍微响应一下做碳14检测的问题，因为这是我建议的。

碳 14 是有损伤检测。其实我也是反对有损伤检测的。前几年国家图书馆开会，有人提出要对敦煌遗书做有损伤检测，说取若干纸纤维就可以检测，我当时坚决反对。为什么？因为科学在发展，将来会有更先进的无损伤检测方法出现。国图的敦煌遗书在那里安全存放，又不会跑掉；也不是哪个卷子是某位研究者急着需要断代，以便开展重大研究。那何必现在去做有损伤的检测呢？但这本书不一样。大家争议这么大，已经压了这么多年，如果再不抓紧鉴定出结果，将来流到哪里，谁也不敢说。到时候后悔都来不及。所以我当时说：如果收藏者愿意，拍卖公司愿意，那可以做碳 14。这是"两害相权取其轻"。最后卓德做了碳 14。

现在这本书经过目验，经过碳 14 检测，又经过纸张纤维的分析检测，三者相符。所以我个人认为：这本书是宋刻本，已经定案，不需要再讨论。

既然是宋刻本，那第一个要解决的问题是宋代什么时候刻的？

我的文章提到需要先对这本书本身作一个定位，这是一个什么样的书？我提出这是一个应酬之作、应景之作。既然如此，它的刊刻年代自然应该以大中祥符二年钱易的序为标杆。所以，不管丁谓序完成后，这本书是否已经开始刊刻，它的刊刻完成在大中祥符初期。这应该没有问题。

这本书非常有意思。我论文中提到，这本书刻版的时候，有些版片所用的木板就是有残损的，而不是完整的好木板。从总体看，这本书给人的印象，字行、版宽、排版等等都不是那么规范，越到后头越不规范。有先生说是"管理的问题"，我觉得这种情况和这本书本身的定位有关，它原来就是应景之作而已，也没打算多印，所以对木板的要求也不高，刻版也不规范。

第二个问题，这本书什么时候印的？我当时提出这本书不是初印，而是重印本。理由是印刷时它的版片已经残损。丁德朝先生提出：它的字口很新，所以有人认为是初印，但版片又有残损，两者有矛盾。我说不矛盾，原因在于这本书初印数量少，所以字口如新。为什么初印数量少，这在我的论文中也解释了。

既然是重印本，那么是什么时候印的？我认为可能和高丽义天入宋有关。

论文中我对省常、北宋佛教作了一点介绍，简单提了一下当时高丽和北宋的关系、高丽义天这个人。

综合各方面因素，我认为这本书很可能是高丽义天到中国的时候印刷，带回去的。论文第10页提出五条论据。其中特别提到高丽义天得到的是一个残本，与今天我们看到的卓德本完全一样，都是只有前面四个序，没有卷末的序。这个巧合太巧了。这次看到沈乃文先生的文章，他把第一叶的印章考证出来，这又给我增加了一条论据，变成六条论据。这六条论据都指向一个可能，就是这本书可能是北宋时期义天带到高丽去的。当然，这只是一种可能，不排除还有其他的可能。我在文章中罗列了另外三种可能，这样一共有四种可能。这四种可能中，这本书与高丽义天有关的是两种，占50%。对这个问题，大家可以见仁见智。

这本书是一部佛教著作，但不是佛教的正经正论，它是佛教僧人跟世俗人士相互交流交往的诗集。省常这个人融贯会通义理层面佛教与信仰层面佛教，在北宋佛教史上是一个代表性人物，非常有名。他的这本书在佛教史上也有记载，有很高的研究价值；又是北宋刻本，为我们认识北宋刻本提供了新资料；它还涉及高丽义天，涉及中韩佛教交流史；所以非常珍贵。

时间关系，不多讲了。

9

汉文大藏经

一、关于汉文大藏经的几个问题[①]

对佛教传入中国内地的时间,历来有种种不同的说法。 但以大月氏使臣伊存于汉哀帝元寿元年(公元前 2 年)向博士弟子景卢口授《浮屠经》说较为可信。 伊存虽尊印度传统口授,景卢却依中国习惯笔录。 因此,这部《浮屠经》是第一部成文的汉译佛经[②]。 也就是说,佛典的传入与佛教的传入最初是同步的。

后来,西域僧众东来传教,中国僧众西行求法。 佛经陆续译出,中华佛教撰述也不断涌现。 佛教在中国由附庸,到独立,最终成为中华民族思想文化的有机组成部分。 与这一进程相呼应,汉文佛典也逐渐发展、成长,最后形成一部庞大的大藏经。 大藏经虽是汉文佛教典籍,却涉及哲学、历史、语言、文学、艺术、音韵、天文、地理、历算、医学、建筑、绘画、科技、民族、社会、中外关系等诸多领域。 它是中外文化交流的结晶,对中国文化及整个汉文化

---

① 本文原为笔者《中国写本大藏经研究》(上海古籍出版社,2006 年)一书的代导言。收入本书时,个别文字有修订。
② 参见方广锠:《〈浮屠经〉考》,载《法音》1998 年第 6 期。

圈都产生过深远的影响，也是今天我们研究中国文化乃至东方文化不可或缺的资料。

(一) "大藏经"名称考

"大藏经"是中国人创造的佛教名词，在梵文中找不到与此相对应的原词。

"大"，在这里是一种褒义，它表示佛教经典所阐述的义理赅天地而无外，穷宇宙之极致。佛教常把只有佛才可能具有的最高智慧称作"大圆镜智"；把佛教的法身佛称作"大日如来"。所用的"大"，都是同一种含义。

"藏"，是梵文 piṭaka 的意译。piṭaka，意为盛放东西的箱子、笼子等器皿。古代印度没有纸张，经典刻写或抄写在贝多罗树叶上，形成所谓"贝叶经"。印度的僧侣常把贝叶经存放在箱子或笼子，即 piṭaka(藏)中。因此，piṭaka(藏)也就逐渐成为佛典的计算单位乃至代名词。比如经、律、论分别存放在三个 piṭaka(藏)中，被称为 Tripiṭaka(三藏)。

"经"，是梵文 sūtra 的意译。sūtra，原意为"贯穿"。古印度佛教徒认为，用一根线绳把花瓣穿起来，这些花瓣就不会再被风吹散。同理，把释迦牟尼的言教搜集总摄在一起，便可永不散失，流传后代，所以称之为 sūtra。中文"经"字原意是指织物的纵线，有绵延之意。故引申为"常"，指常存之义理、法则、原则。《尚书·大禹谟》："与其杀不辜，宁失不经。"《传》："经，常。"《左传》宣公十二年:"兼弱攻昧,武之善经也。"①就是这个意思。中国人从来有一点"天不变,道亦不变"的思想,认为宇宙间存在着某种终极真理。对"经"字的上述诠解,就是中国人这种心态的反映。在此,释僧肇的解释可能是有代表性的:"经者,常也。古今虽殊,觉道不改。群邪不能沮,众圣不能异,故曰'常'也。"②意思是说:所谓"经",是一种永存不变的东西。尽管时间流逝,古今的情况不同,但释迦牟尼阐明的觉悟真理不会发生变化。这种真理是任何不信佛的外道(群邪)破坏不了的,即使是佛弟子们(众圣)也不能随便改变它。所以称作"常(永恒)",也就是"经"。由此看来,中国人用"经"字来对译印度的 sūtra,虽然不符合该词的原意,却反映出中国佛教徒对释迦牟尼及其言教的无限崇拜与信仰。

sūtra 一词,在印度仅指经、律、论三藏中的"经藏"。而在中国,"经"的内涵逐渐扩展,形成不同的层次。从狭义到广义,大体有三层含义。第一层含义是三藏中的经藏,等同于印度佛教的"sūtra"。第二层含义指域外传入的所有翻译佛典。从佛教初传开始,中国人往往把属于印度佛教律藏、论藏的典籍,都译称为"经"。第三层含义,则如"大藏经"的"经",已经进而包括了中国人自己编撰的中华佛教撰著。"经"之含义的演变,与中国人对翻译佛典的观感有关;与南北朝时期的三宝崇拜思潮有关;也与随着中国佛教蓬勃发展,中华佛教撰著大量出现有关。

---

① 《辞源》,商务印书馆,1981 年修订第一版,第 2434 页。
② 《注维摩经》卷一,《大正藏》,第 38 卷第 327 页下。

所以,"大藏经"一词既吸收了印度佛典管理的内容,又融贯了中国人的思想与感情,反映了中国佛教发展的历程,本身就是中印文化相结合的产物。

从二十世纪起,大藏经成为佛教学术研究的对象,当时学者们曾对"大藏经"一词最早出现在什么时候进行过探讨。由于《大正藏》本隋灌顶著《隋天台智者大师别传》之末尾提到智者大师一生共造"大藏经十五藏"①,故认为"大藏经"一词在隋代已经产生②,笔者以前也持这样的观点。但后来在日本藤枝晃先生的提示下,细玩《隋天台智者大师别传》卷末文字的意趣,发现这段文字并非灌顶的原著,而是"铣法师"所作的补注。"铣法师"系何时、何许人,待考。所以不能把它当作"大藏经"一词在隋代已经出现的证据。

在整理敦煌遗书的过程中,我发现敦煌遗书《西天大小乘经律论并见在大唐国内都数目录》(伯2987号、斯3565号)、《大唐大藏经数》(伯3846号)出现"大藏经"一词。本书(《中国写本大藏经研究》)第二章对伯2987号、斯3565号有专题研究,此不赘述。这两件敦煌遗书,从抄写形态看,应该是敦煌归义军时期的写本,但从内容分析,该文献产生的上限不会早于唐玄宗时代,下限不会晚于会昌废佛。至于伯3846号,则年代稍迟,为会昌废佛后出现的。因此,我曾经推测"大藏经"一词大约产生在从唐玄宗到会昌废佛这一时期③。

---

① 《大正藏》,第50卷第197页下。
② 参见日本大藏会编:《大藏经——成立与变迁》,百华苑出版,1990年,第22页。
③ 方广锠:《八—十世纪佛教大藏经史》,佛光山文教基金会出版,2002年,第1页。

其后检索《电子佛典集成》,发现《金刚顶经大瑜伽秘密心地法门义诀》卷上有"其百千颂本,复是菩萨大藏经中次略也"[1]的说法。该《义诀》未为我国历代大藏经所收,日本《大正藏》依据日本刻本收入。日本刻本则源于空海入唐所得。空海入唐的年代是公元804年到806年,相当于唐德宗贞元二十年至唐宪宗元和元年。随后又在唐海云《两部大法相承师资付法记》中,发现有"依梵本译成六卷,又总集一部教持念次第共成一卷,成七卷。共成一部,编入大藏经"[2]。海云该书撰于唐文宗大(太)和八年(834),时为会昌废佛之前。传世文献与出土文献相互证明,由此可以肯定会昌废佛之前,最迟在唐贞元年间,"大藏经"一词已经产生。

应该指出,敦煌遗书伯2987号、斯3565号均有"西天大藏经有八万四千亿五百卷"之类的提法。可知创造了"大藏经"这个名词的中国人并没有把这个名词的使用局限于汉文佛教典籍,而把它当做佛教典籍的总称。但在古代,虽然中国人创造"大藏经"这一名词,并赋予它佛教典籍总称的含义,其他各系统佛教,却依然各自传承自己的典籍,各有自己传统的称呼。南传佛教的典籍被称为"三藏"(Tripiṭaka),藏传佛教的典籍被称为"甘珠尔""丹珠尔"。至于"汉文大藏经"这一名词,实际是二十世纪初由日本学者提出的。他们站在汉传佛教的立场上,注目于三大系佛教之总体,整合各不同语种之佛典,提出"巴利大藏经""南传大藏经""藏文大藏

---

[1] 《大正藏》,第39卷第808页上。
[2] 《大正藏》,第51卷第785页下。

经""蒙文大藏经""满文大藏经""西夏大藏经"等一系列名称。作为对举，汉传佛教的"大藏经"一词也自然演化为"汉文大藏经"。所以，在汉传佛教文化圈中，所谓"汉文大藏经"与"大藏经"，只是不同历史、语言背景下的不同称呼，其指代对象完全相同。

同样应该指出的是，"巴利大藏经""藏文大藏经"等提法的出现，只是汉传佛教文化圈内部的事，这些称呼基本上只限于汉传佛教系统内部使用，南传佛教、藏传佛教则仍然沿用传统的"三藏"（Tripiṭaka）、"甘珠尔"、"丹珠尔"来称呼自己的典籍。由于欧美的佛教研究是从研究南传佛教起步的，受此影响，欧美长期使用"Tripiṭaka(三藏)"一词，并用该词来对译汉文的"大藏经"。其后受日本佛教研究的影响，采用"大藏经"的日语发音"taizokyo"。近年来，逐渐出现改用汉语拼音"dazangjing"（大藏经）的倾向。

上面分析了产生"大藏经"一词的文化背景与实际内涵。本书的研究对象为中国写本佛教大藏经，所以本书所说的"大藏经"，如不特别指明，均指汉文大藏经。

(二) 大藏经的定义

在中国，人们起初用"众经""一切经""经藏""藏经"等词来称呼所传承的佛教典籍，唐代才出现"大藏经"一词。如果仔细探究，上述词汇的出现与衍化，反映出中国人对佛教典籍的观感。但出现之初，它们只是一种约定俗成的称呼，人们并没有仔细研究它们的定义。近代以来，随着佛教学术研究的展开，大藏经日益引起人们的关注,人们开始尝试对大藏经进行定义。 我们先看看二十世纪上半叶的代表性定义。

丁福保《佛学大辞典》称:

> 大藏经　术语。一切经从所入之藏殿(方按:"殿",应为"典"之误)而谓为大藏经。见"一切经"条及"藏经"条。①
>
> 一切经　术语。佛教圣典之总名。或曰"大藏经"。省曰"藏经"。②

丁福保定义的文字比较简单,但"佛教圣典"一词留有解释的余地。 不过,说"藏经"是"大藏经"的省略,不符合历史。 事实是先出现"藏经",后出现"大藏经"。 因此,毋宁说"大藏经"一词是"藏经"的扩展。

《望月佛教大辞典》称:

> 大藏经　杂名。包含三藏等诸藏之圣典。又称"一切经""一代藏经""藏经""大藏""三藏圣教"。即以经律论三藏为中心的佛教典籍的总集。③

《望月佛教大辞典》定义的特点是指出大藏经以经律论三藏为中心,亦即强调了汉传佛教的印度之根。

二十世纪中叶,大藏经研究最重要的成果是小川贯弌主持编纂的《大藏经的成立与变迁》,该书未对"大藏经"这一名词作出定

---

① 丁福保:《佛学大辞典》,文物出版社,1984年,新1版,第215页B。
② 同上书,第3页a。丁福保《佛学大辞典》第1402页C"藏经"条简单介绍历代藏经,无定义,故不录。
③ 塚本善隆:《望月佛教大辞典》,第四卷,世界圣典刊行协会,昭和五十九年,增订版,第3311页B。

义,但有一段叙述性语言:

> 佛陀神圣教说的汇集,在印度称为"三藏",中国则叫做"一切经"或"大藏经"。……中国佛教在六朝时期,逐渐兴盛。这时也兴起了搜集整理汉译佛典、制作佛书目录的风气。当时的人,把汇集在一起的佛典,称作"众经"。六朝末,北方称佛经为"一切众经"和"一切经",江南则称为"大藏经",有时也二者并用。这些名称,不单只是佛典汇集或丛书的意思,而是含有一定组织和内容的意义。特别是隋唐时代的佛教界,在汉译经典将编入大藏经之先,都必须奏请皇帝敕许或钦定。随着外来的佛教,在中国的国家体制下,成为中国的宗教,并占有很高的社会地位,中文的佛典以致有钦定大藏经的那种权威与保证。①

上面这段话勾勒了大藏经的发展的基本轮廓,虽嫌粗疏,且有错谬,但摄意较广。 就本文讨论的"大藏经"定义而言,它提到"组织和内容"这一值得注意的问题。

二十世纪下半叶与二十一世纪初,新的研究成果不断涌现。在此介绍几种比较重要的著作:

> 大藏经　佛教典籍的丛书。又名一切经、契经、藏经或三藏。内容包括经(释迦牟尼在世时的说教以及后来增入的少数佛教徒——阿罗汉或菩萨的说教在内)、律(释迦牟尼为

---

① 此书为日本大藏会编,日文名:《大藏經——成立と變遷》,百华苑出版,1964 年。引文见蓝吉富主编:《世界佛学名著译丛》25,《大藏经的成立与变迁、大正大藏经解题(上)》,华宇出版社,1984 年,第 5~6 页。

信徒制定必须遵守的仪轨规则)、论(关于佛教教理的阐述或解释)。

汉文大藏经为大小乘佛教典籍兼收的丛书。①

大藏经 又作一切经、一代藏经、大藏、藏经、三藏圣教。指包含三藏等之诸藏圣典。亦即以经、律、论三藏为中心之佛教典籍之总集。②

大藏经 又称一切经,略称为藏经或大藏。原指以经律论为主之汉译佛典的总集,今则不论其所使用之文字为何种文字,凡以经律论为主的大规模佛典集成,皆可称为"大藏经"。③

大藏经 简称"藏经"。佛教典籍汇编而成的总集。以经、律、论为主,并包括若干印度、中国等国其他佛教撰述在内。原指汉文佛教典籍,现泛指一切文种的佛教总集。④

汉文大藏经 汉文佛教典籍总集的通称。⑤

《大藏经》是佛教经典的总汇。详而述之,它也是综罗传世的一切经律论以及经审选后确定的其他佛教撰著,分类编次的大型佛教丛书。⑥

---

① 《中国大百科全书·宗教》,中国大百科全书出版社,1988年,第56~57页。
② 慈怡主编:《佛光大辞典》,中国书目文献出版社影印本,第893页下。
③ 蓝吉富主编:《中华佛教百科全书》,台南中华佛教百科文献基金会,1994年,第628页a。
④ 任继愈主编:《佛教大辞典》,江苏古籍出版社,2002年,第161页。任继愈主编《宗教大辞典》(上海辞书出版社,1998年,第157页a;第302页a)之有关条目,内容与《佛教大辞典》全同,不赘引。
⑤ 任继愈主编:《佛教大辞典》,第440页。
⑥ 陈士强:《中国佛教百科全书·经典卷》,上海古籍出版社,2000年,第392页。

从一般意义上说,所谓佛教大藏经就是指佛教典籍的总集。然而,被称作"大藏经"的佛教典籍总集,其形成却是经过中外历代僧人们长达千余年精心的创作、发展、甄别、校正、整理而成,它有着丰富的内容,严格的序列和精细的结构。①

上述著作中,前两部工具书对"大藏经"的定义,与丁福保《佛学大辞典》和《望月佛教大辞典》的定义大致相同。第三、第四两部增加了不同语境中的不同意义,虽不甚准确,但体现了时代特色。而陈士强、李富华等的论述都注意到大藏经的内容、编次与结构,亦即我在1988年的博士论文中提出的"大藏经三要素"。

在此限于篇幅,不拟对上述定义及论述作进一步的评述。但从上述资料可知,学术界至今未对大藏经的定义达成共识。

什么叫"汉文大藏经"? 20年前,我对此的定义是:"汉文大藏经是汉文佛教典籍的总汇。"②20年后再看,这个定义不甚准确。所谓"汉文佛教典籍的总汇",其内涵应指汉文佛教典籍,其外延应指所有的汉文佛教典籍。但历代的汉文大藏经虽然所收均为汉文典籍,但并非全部都是佛教典籍,其中也收有《金七十论》《胜宗十句义论》等印度数论派、胜论派的著作。而且,并非所有的汉文佛教典籍都能纳入汉文大藏经,还有大批佛教典籍散逸在藏外。此外,所谓"佛教典籍的总汇"这种提法未能体现汉文大藏经实际是

---

① 李富华、何梅:《汉文佛教大藏经研究》,宗教文化出版社,2003年,第1页。
② 方广锠:《八—十世纪佛教大藏经史》,第3页。

一个有机的整体。大藏经有它确定的内容，有它内在的逻辑结构，有它外在的袟号表征。正因为认识到古人编纂大藏经有自己的选择标准，编纂成的大藏经有一定的结构体系，并逐渐完善了一套标志方法，所以20年前我提出大藏经三要素，即取舍标准、结构体系、外部标志。但当时下定义时却没有将定义与大藏经三要素有机结合起来，显得不甚完善。

因此我将汉文大藏经的定义修定为：

> 基本网罗历代汉译佛典并以之为核心的，按照一定的结构规范组织，并具有一定外在标志的汉文佛教典籍及相关文献的丛书。

上述定义用定语的方式，加入了大藏经的三要素。其中用"基本网罗历代汉译佛典并以之为核心"一语表述取舍标准，是出于两点考虑。

第一，以汉译佛典为核心，已经是汉文大藏经的传统，必须遵循。这也体现了宗教必须讲究传承这一基本特性。因此，凡是不以汉译佛典为核心的汉文佛教丛书，可以称为"续藏经"，称为"某某集成""某某全书"，不能称为"大藏经"。

第二，用"基本网罗"作数量的限定，可以把大藏经与《藏要》等辑要类佛教丛书区别开来。

定义中加入"相关文献"一词，是为了体现汉文大藏经实际也包括非佛教文献这一事实。在历史上，大藏经曾收入印度数论派、胜论派的典籍。二十世纪的《大正藏》也曾特设"外教部"，增收道教、摩尼教、景教的文献。而新编的《中华大藏经》续编中，计划进一步增收由古今教外人士撰写的与佛教有关的著作。

上述定义没有特意突出经律论三藏。所谓"三藏",实际只是一种具体的结构方式。在印度佛教历史上,这一方式并未真正成为所有佛教典籍统一的分类法;在中国佛教的历史上,这一分类结构也早被突破,进而被日本《大正藏》全面扬弃。展望未来,这一分类法不可能再维持下去。定义的作用是从内涵与外延两个方面对研究对象作本质的界定,一个定义应该能够适用于所定义对象的各个发展阶段。而以"三藏为中心"之类的提法,只适用于汉文大藏经的某一历史发展阶段,不适合用作整个汉文大藏经的定义。反视"基本网罗历代汉译佛典并以之为核心"这一提法,就内容而言,已经把汉译的经律论等三藏典籍涵盖在内。

(三) 大藏经的分期标准

千百年来,大藏经的内容、结构、秩号都在不断地演化。要对一个处在不断发展变化中的事物进行科学的研究,必须进行分期。而要进行科学的分期,首先要确定一个可行的标准。

比如对中国佛教,中国大部分研究者将中国朝代的更替作为分期的标准。我本人不赞同这种方法,主张以佛教本身的发展逻辑来对中国佛教进行分期[1]。具体到汉文大藏经,它与中国佛教的发展密不可分。如援用"全息理论",我们可以说每一个时期的汉文大

---

[1] 参见方广锠:《佛教志》,上海人民出版社,1998年,第一章。

藏经都反映了那个时代中国佛教的面貌。那么我们可否将中国佛教的分期套用到汉文大藏经上呢？我以为不可。汉文大藏经毕竟是一种独立的存在，有自己的发展历史。我们必须考虑汉文大藏经本身的发展逻辑。

探究汉文大藏经的发展逻辑，就必须考察促成汉文大藏经演化的各种因素。那么，是哪些因素促成了汉文大藏经的演化呢？我以为有如下五种：

1. 中国佛教的因素

在佛教东渐以来的漫长岁月中，中国佛教不停变迁。汉文大藏经作为记录与反映中国佛教历史的大丛书，从始至终受到中国佛教发展的制约，自然也随着中国佛教的变迁而演化。关于这一点，本书以下将有论述，可以参看。

2. 佛教外的因素

所谓佛教外的因素，在古代，主要指受中国封建王朝的影响。

自秦汉以来，中国一直是一个高度集权的专制主义国家。国家权力在中国具有至高无上的地位，没有任何力量，也不允许任何力量与它抗衡。在历史上，中国的统治阶级既为了自己的利益而支持佛教，也曾经因为佛教势力过于庞大而毁释废佛。在政教关系方面，国家政权始终处于主导地位，并力求在佛教的发展中实现自己的意志。

对历史进行考察，可以发现国家政权对佛教大藏经的干预不断加深。这件事本身就是国家政权在佛教的发展中逐步实现自己意志的一种方式。

辛亥革命以后，随着中国封建王朝的覆灭，封建王朝因素自然不再存在。但佛教外的政治因素、学术因素对大藏经的编纂依然存在着一定的影响。

3. 编纂人员的因素

不同的大藏经由不同的编纂人员编辑而成。时代不同、地域不同，编纂人员的指导思想、学术水平、编纂原则、编纂方式不同，所编纂的汉文大藏经自然会有差异。

当然，这里还必须考虑编纂人员的主观愿望与他们所处的客观现实之间的距离，以及由此产生的互动。

4. 载体与制作方式的因素

佛教传入中国之后，中国书籍的载体逐渐由简牍、缣帛过渡到纸张；书籍的产生方式则由手抄到刻版印刷、活字印刷，近代以来更出现铅印、影印、激光照排等一系列印刷技术。近年数字技术的发展，更使书籍在载体与制作方式两方面都面临前所未有的革命。凡此种种，使书籍的形态，也使大藏经的形态产生重大的变化。

5. 装帧形式的因素

佛教传入中国以来，中国的书籍装帧有诸如简牍的册牍装、帛书的折叠装、卷条装，还有纸质书籍的卷轴装、梵夹装、经折装、粘叶装、缝缀装、蝴蝶装、旋风装、线装、近现代的洋装（包括平装与精装），乃至数码时代虚拟电子书的装帧等。装帧形式已经成为修造大藏经时不可回避的问题，从而成为大藏经研究的内容之一。

在上述五种因素的综合作用下，中国的大藏经随着时代的发展而显示不同的形态。那么，就分期而言，上述五种因素中的哪一种更适于选定为标准呢？我认为，上述五种因素，从五个不同的角度对大藏经的发展产生影响。如果我们拟从其中某一个角度去研究大藏经，就应该考虑以其中某一种作为分期标准。从这个意义上讲，上述五种因素，大部分都可以成为我们研究大藏经的分期标准。但这五种因素作为分期标准而言，相互并不兼容，无法综合使用。二十世纪以来，学术界研究大藏经，大体以研究刻本藏经为主。其后，对写本藏经的研究逐渐进入人们的视野。抄写、刊刻是书籍的不同制作方式，大藏经归根到底也是一种书籍，用中国书籍的演化历程作为汉文大藏经的分期标准，不失为一种方便法门。

诸法无常，迁流变化。然而，变中有不变，不变中有变，正所谓"大河向东流，天上的群星向北斗"。对某种发展着的对象进行科学研究必须分期，但同时也必须指出，所谓分期及其标准仅是一种方便法门。

(四) 大藏经的分期及不同时期大藏经的特点

本书依据载体与制作方式的不同，将至今为止大藏经的发展分为四个时期：写本时期、刻本时期、近现代印刷本时期、数字化时期。

对汉文大藏经的科学研究，是二十世纪上半叶由日本学者开始的。目前，国内外有关研究不断拓展，新的问题也不断产生。就写本藏经而言，随着对敦煌遗书及其他写经的深入研究，如何认识写经中呈现的诸多异本、异卷、异品现象；如何确定诸多写经的另本是否属于藏经；如果属于藏经，则究竟属于哪一部藏经，或是否属于同一部藏经；这些问题已经日益凸显在研究者面前。就刻本藏经而言，宋以下刻本藏经的研究虽然已经取得很大的成绩。但近二三十年来，随着考古的进展，大量新的刻本藏经被发现。如何确定这些刻本藏经的归属，如何判定它们与已知藏经的关系，也成为研究的难点；即使是已为人们熟知的一些藏经，近年也发现不少新的印本，从而提出新的研究课题。而近代兴起的印刷本藏经，目前正处在百花齐放的阶段，如何把握其总体特征，进行分类研究，并理顺它们与传统刻本藏经的关系，是摆在我们面前不容回避的问题。至于数字化藏经，正在蓬勃兴起，这种藏经目前处在一种什么样的水平上，存在一些什么样的问题，如何把握它的发展方向，引导它进一步健康发展，更需要我们去认真思考。凡此种种，都是目前大藏经研究领域的新问题。本文力图在探讨各时期大藏经特点的过程中，回答上述问题。

1. 写本时期

写本时期是大藏经的源头与基础。汉文大藏经的写本时期可以分为六个阶段。

（1）酝酿阶段。大体从佛教初传到释道安时代。

在这一阶段，虽然也出现了一些优秀的佛教学者，但从总体上看，在意识形态领域中，佛教先是被等同于"黄老之学"，后来又成为玄学的附庸，没有成为一支独立的力量，还缺乏清醒的"自我意识"。道安提出"格义"问题，可视为一种朦胧的觉醒。不过囿于历史条件，道安本人亦未能完全摆脱格义的影响。

此时的汉译佛典也正处于一个混沌时期。从数量上讲，翻译出的佛典已相当可观。有些传译者有目的地翻译某些派别的经典；也有个别僧人甚至有目的地西行寻求某种经典。但从总体上看，还是碰上什么经就翻译什么经，遇全出全、遇残出残。从《综理众经目录》中可以看出，当时的中国佛教徒还不懂得，或者说还没有感觉到用大、小乘来区分、整理佛经的必要性；佛经的流传还有很大的地区局限性；从全国范围看，还没有出现一部统一的或标准的大藏经。这些情况，都与当时佛教的发展水平及中国正处于东晋十六国分立这一政治局面相一致。

值得注意的是，道安在中国佛教史上第一个提出疑经问题。另外，道安的《综理众经目录》接受中国目录学的优秀传统，力图按年代顺序，详细著录每部经的翻译者、翻译时间与地点。这种方法为后世经录的代录开风气之先。它同时又说明，大藏经的形成从早期起就与中国传统的思想文化背景有着十分密切的关系。

一部优秀的大藏经，它的基本要素有三条：首先是取舍标准，即哪些典籍应该入藏，哪些典籍应该摒除。其次是结构体系，即以什么样的形式把这么多、这么庞杂的典籍有机地组织起来，使它们成为一个有条不紊的整体。最后是外部标志，即采用什么样的标志方式更方便地反映大藏经的结构体系，从而便于人们检索、查阅，便于佛藏本身的管理。在大藏经的形成史上，这三个问题是逐步提出并得到解决的。道安心目中自然不会有"大藏经三要素"这种观念，但他提出疑经问题，实际上已涉及大藏经的取舍标准。因此，汉文佛典的这一混沌时期，也正是大藏经的酝酿阶段。

道安是中国佛教史上的重要代表人物之一。他的一生，标志着中国佛教开始挣脱附庸地位，踏上独立发展的道路。他所撰写的《综理众经目录》也标志着大藏经酝酿阶段的结束。

（2）形成阶段。大体从鸠摩罗什来华起到隋费长房撰写《历代三宝记》止。

鸠摩罗什来华，系统地传译了龙树的中观学说，在中国僧人眼前揭开了一个新的世界，使中国僧人了解真正的印度佛教是怎么一回事。中国佛教开始产生清醒的自我意识，踏上独立发展的道路，从而也开始与中国传统的儒、道思想产生摩擦与冲突。

随着中国僧众对佛教认识的深化，鸠摩罗什的弟子慧观提出"五时判教"。此后，各种判教学说蜂起，其目的，都是想将传入中国的印度佛教各派思想整理成一个相互包容的有机体系，以利于在中国的传播。判教促进了中国佛教的深入发展，与南北朝时期佛教学派的出现、进而隋唐时期佛教宗派的形成都有重大关系。因此，判教问题是中国佛教史上的一件大事。同时，判教问题也正涉及了我们前面提到的大藏经的第二个基本要素——结构体系问题。因此对大藏经的形成也具有重大意义。

率先将判教思想引入佛典整理的是佚名之《众经别录》。《众经别录》吸收了慧观"五时判教"的思想，设立了"大乘经录""三乘通教录""三乘中大乘录""小乘经录""大小乘不判录"等类目来条别佛典，对应以何种结构体系整理佛典作了初步但有益的尝试。大体同时的梁僧佑《出三藏记集》虽在保留资料方面功不可没，在疑伪经的鉴别方法与标准方面颇有创新，但在佛典分类方面却退回到道安《综理众经目录》的水平上，没有丝毫建树。这也反映了大藏经在其形成初期的确是步履艰难。

其后元魏李廓所撰《众经目录》、梁宝唱所撰《众经目录》、高齐法上所撰《众经目录》、隋法经所撰《众经目录》等众多经录，反映了中国僧众们正努力从各个方面把握大藏经的本质特征，对佛典进行整理、鉴别，安排其组织结构。在这种努力中，我们可以清楚地看出包括判教在内的中国佛教的总体发展水平、印度佛藏的组织形式乃至中国传统目录学的影响。正是这种一代接一代的坚持不懈努力，使大藏经最终得以形成。

从传世文献看，保存在《广弘明集》卷二十二中的魏收《北齐三部一切经愿文》、王褒《周藏经愿文》，证明南北朝时，北齐、北周官方，已经修造大藏经。至于南朝，前述梁宝唱《众经目录》是梁武帝敕修的，其目的就是依此修造大藏经。

依据敦煌遗书，则官造大藏经的时间似乎还应该提前。敦煌遗书中保存了一批北魏永平四年(511)到延昌三年(514)，由敦煌镇官经生抄写的佛经。根据不完全统计，现存残卷十余号，包括：

成实论卷十四，永平四年(511)七月；

成实论卷十四，延昌元年(512)八月；

华严经卷四十一，延昌二年(513)四月；

华严经卷八，延昌二年(513)四月；

大智度论卷三十二，延昌二年(513)六月；

华严经卷三十五，延昌二年(513)六月；

大楼炭经卷七，延昌二年(513)六月；

华严经卷三十九,延昌二年(513)七月;

华严经卷四十七,延昌二年(513)七月;

华严经卷十六,延昌二年(513)七月;

大智度论卷十二,延昌二年(513)七月;

华严经卷二十四,延昌二年(513)八月;

大方等陀罗尼经卷一,延昌三年(514)四月;

成实论卷八,延昌三年(514)六月;

大品经卷八,延昌三年(514)七月。①

这些经典的所用纸张、抄写形态基本一致,卷末均有题记,题记的格式也基本一致。 如斯1547号《成实论》卷十四卷末的题记如下:

用纸廿八张。

延昌元年(512)岁次壬辰八月五日,敦煌镇官经生刘广周所写论成讫。

典经帅　令狐崇哲

校经道人　洪儁

一效(校)竟。

题记上钤有墨印,诸卷所钤印章相同,共有两种,其中一种为"敦煌维那",另一种有待辨识。 据笔者所知,这些墨印是现知年代最早的钤在写卷上的印章,它说明最迟在六世纪初,中国人已开始在书画写卷上钤压墨印。

---

① 参见池田温编:《中国古代写本识语集录》,东京大学东洋文化研究所,1990年,第101页上~105页下。

敦煌镇设立官经生，官经生长年累月地抄经，则所抄之经，想必不仅仅是单经另部，而主要抄写大藏经。审视上述残卷内容，既有大小乘经，也有大小乘论。其中大部分经典并非《法华》《金刚》那种传统认为抄写后有很大功德的经典，而是普通的佛典。这也可以作为当初所抄确为大藏经之证明。历经1500年历史长河的冲刷，还能有这么十余卷经典留存，且保存了二号《成实论》卷十四，由此说明，现存残卷至少应当分属两部藏经。如果考虑《成实论》卷八的抄写年代，则也可能分属三部大藏经。

敦煌镇官经生所写大藏经的发现，说明北魏敦煌佛教信仰甚为兴盛，起码在河西一带，抄经已经成为官方的事业。也说明当时佛教在社会上占据重要地位。

敦煌遗书的资料还证明，早在五世纪下半叶，我国北方已经出现个人修造大藏经的风气。这条材料可见斯00996号《杂阿毗昙心论》卷六。该卷背有题记：

《杂阿毗昙心》者，法盛大士之所说。以法相理玄，[□]籍浩博，惧昏流迷于广文，乃略微以现约。瞻四有之局见，通三界之差别。以识同至味，名曰《毗昙》。是以使持节侍中驸马都尉羽真太师中书监领秘书事车骑大将军都督诸军事启府洛州刺史昌梨(黎)王冯晋国，仰感恩遇，撰写十一切经，一一经一千四百六十四卷，用答

皇施。愿

皇帝陛下、

太皇太后，德苞九元，明同三曜。振恩阐以熙宁，协淳气而

养寿。乃作赞曰：

丽丽毗景，厥名无比。文约义丰，捴演天地。

盛尊延剖，声类斯视。理无不彰，根无不利。

卷云斯苞，见云亦帝（谛）。谛修后甑，是聪是备。

太（大）代太和三年（479）岁次己未十月己巳廿八日丙申于洛州所书写成讫。

该卷尾部并有"用纸十五张""一校"等题记。

从上述题记可知，冯晋国共造十部一切经，每部包括 1 464 卷，这为我们理解五世纪下半叶北方大藏经的规模，提供了参考。遗憾的是，冯晋国所造 10 部总计 14 640 卷写经，现在发现的只有 1 卷。

在这一阶段中，促使大藏经形成的另一重要原因是"三宝"思潮的影响。佛教传统认为，佛、法、僧三宝是组成佛教的必备因素，因而三宝都成为佛教徒的崇拜对象。佛典作为"法宝"的体现，自然也受到信徒们的顶礼膜拜。在初期已露端倪的中国佛教的义理性佛教与信仰性佛教这两大分野，此时已十分明显。一般民众信仰的大体为"人天教"，以忏悔、做功德为主，传抄、念诵、供养佛典正是他们平日宗教活动的重要内容。不少经典中都有的传抄、念诵、供养本经将获得无量功德的种种描述，对信仰性佛教的佛典崇拜活动起到推波助澜作用。伪经《高王观世音经》正是这一活动的产物与证明。作为中国当时确曾有过这么一种佛典崇拜活动更有力的实物证据，是现存于敦煌遗书中的《佛名经》。敦煌遗书二十卷本、十六卷本《佛名经》反映了元魏菩提流支译出的十二卷本

《佛名经》后来怎样逐步演变发展成《高丽藏》中的三十卷本《佛名经》，保留了各主要发展阶段的具体实物。反映出随着三宝思想的流传，对佛典的崇拜日益为人们所重视，并成为佛教宗教活动的一个重要内容①。

　　一种社会思潮的出现必然会对该社会的各种现象施加巨大的影响，这几乎可以说是一种规律。南北朝晚期"末法"思潮的流行，孕育了中国佛教三阶教、净土宗两个宗派，促成了房山石经的刊刻。同理，"三宝"思潮的流行，则是推动大藏经形成的重要动力。

　　导致大藏经形成的另一重要原因，是我国悠久而深厚的文化传统。中华民族是一个具有高度文明自觉的民族，她不但创造了辉煌的文明，而且对自己创造的文明具有高度的自我意识与优越意识，并自觉采用各种方式使这一文明延续发展并发扬光大。收集、整理、保存历代典籍，清理、辨析、融会各种思想，作为当朝治乱，乃至供后代子孙修身、齐家、治国、平天下的镜鉴，就是这种高度文明自觉的一种体现。孔子以下，学者们孜孜勤于典籍整理，前赴后继，代不乏人。秦汉大一统的政治格局形成后，历代帝王都把搜求书籍，予以整理、编目，当作弘扬文治的一件大事。汉民族的文化气魄也更加恢宏，胸怀更加博大，形成吸收、消化各种外来文化，融会各种不同思想的良好社会条件。上述种种，铸成我国民族

---

　　① 参见方广锠：《关于敦煌遗书〈佛说佛名经〉》，载《敦煌吐鲁番学研究论文集》，汉语大词典出版社，1990年，第470～489页。后收入方广锠：《敦煌学佛教学论丛》下，香港中国佛教文化出版有限公司，1998年，第125～153页。

文化的深层意识。印度佛教传入中国，在与中国传统文化相互矛盾、相互吸引、相互冲突、相互融摄的过程中，既深深影响了中国传统文化的面貌，也极大地改变了自己的形态，逐渐演变成与儒、道鼎足而三，与中国传统文化紧密契合的中国佛教；并最终形成与大一统的政治局面相适应的统一的大藏经。造成这种变化的文化背景，正在于中华民族所具有的这种高度文明自觉。以至其后出现每个朝代都要修正史，每个朝代都要修大藏经这么一种人文景观。这与佛教的故乡——印度——恰成鲜明的对照。印度虽有转轮圣王的理想，但在古代，从来没有真正统一过，印度佛教史上也从未出现过统一的大藏经。古代印度人的宗教意识大于他们的历史意识。与此相适应，印度佛教虽然在理论上有"菩萨藏""声闻藏"的说法，但在实际上并没有形成网罗所有典籍的、示范性的大藏经，而是各宗各派分别传习自己的经典。

随着中国佛教宗派的出现，宗派性文汇也开始出现。其代表是天台宗编纂的天台教典。

作为这一阶段结束的标志，是隋费长房的《历代三宝记》。从书名即可看出，这部著作正是三宝思想直接影响的产物。后人讥评此书不合经录体例，日本《大正藏》把它归入《史传部》，都是由于没有深究它之所以产生的社会历史环境。这部书纠正了前此各种经录把应入藏的经典同"别生""疑惑""伪妄"诸经并列的惯例，首创了"入藏录"。这说明大藏经已经从实际流传形态，上升到理论形态，因而说明大藏经无论从实际上，还是理论上，此时均已卓然成形。这种体例以后被《内典录》《大周录》《开元录》《贞元录》

等各种有影响的经录所沿袭，成为大藏经最基本的目录依据。

（3）结构体系化阶段，从《历代三宝记》编成到会昌废佛止。

在这一阶段中，编纂经录的历代僧人们努力从各个不同角度探讨安排佛藏的结构体系，而智昇在其《开元录》中集前代之大成，创一时之新风，垂千年之典范。智昇在大藏经结构体系及佛教经录方面的工作，体现了我国古代佛教文献学的最高水平。

随着大藏经的不断发展，尤其是由于合帙的出现，藏经的外部标志问题开始日益提上议事日程。前一阶段已经出现的经名标志法此时演化为经名袟号法。这两种方法与定格贮存法相配合，成为这一阶段佛藏管理的主要方法。在吐蕃统治的敦煌地区，则出现一种有序的偈颂袟号法。

此时，中国僧人对汉译佛典、佛教思想的研究进一步深入，撰写了大批著述。中国佛教的各宗派已经形成，为阐述宗义，也撰写了大批著作。此外，还出现诸如史传、礼忏、目录、音义、抄集以及反映信仰性佛教的大批中华撰著。这些中华撰著有的被收入大藏，但更多的却被编纂经录、大藏的僧人拒之门外，任其自生自灭。此时的大藏经主要收纳翻译典籍。因此，如果说在前两个阶段，大藏经的发展水平与中国佛教的发展水平基本持平的话，从这一阶段起，正统的大藏经（正藏）趋向定型化，未能真正地反映出中国佛教发展的进程。为了弥补这一缺陷，此时出现专门汇集中华佛教撰著的"别藏"。天台宗的天台教典继续流行，律宗又自行编纂出毗尼藏。此外，这时还出现了专门汇集禅与禅宗文献的"禅藏"。这些现象值得重视。

（4）全国统一化阶段，从会昌废佛到北宋刊刻《开宝藏》止。

在这一时期的中国佛教史上，发生了一件重大的历史事件——会昌废佛。会昌废佛前，大藏经基本处于平稳发展的状态。正藏与别藏的规模都在不断扩大。从总体看，此时大藏经的形态既因各地区、寺庙、宗派的不同而有差异，并不统一，它们所起的作用也因人、因地、因宗派而异。另外，由于佛教理论及宗派的发展，使天台教典、毗尼藏、禅藏等宗派性、专题性文汇得以发展。会昌废佛使佛教受到沉重打击，全国绝大部分地区的经、像都焚毁殆尽。废佛浪潮过去后，佛教逐渐恢复，各地寺庙陆续以《开元录·入藏录》为标准来恢复本地、本寺的大藏经，这样便在客观上使全国各地的大藏经逐渐趋向统一。全国藏经的这种统一，为其后刻本藏经的出现提供了良好的前提条件，创造了适宜的社会环境。但也造成《开元录》编成后译出的经典，主要是不空等译出的密教经典无所依从的缺陷。

促使全国藏经趋于统一的另一个重要原因，是皇家官藏的出现与流传。皇家官藏本是皇室为积累功德而修造的。由于它依凭的人力、物力资源雄厚，具有抄写认真、校勘精良、用纸精美、修造讲究的特点。也由于它经常包含着从皇家译场新译出的诸多经论，故而成为当时诸种藏经中的上品。皇家向各地颁赐大藏，各地便据所得到的皇家官藏为底本，修造或补充本地藏经，从而使皇家官藏在客观上起到统领与规范各地大藏经的作用。

皇家的干预也是我国大藏经形成与统一过程中不可忽视的因素。唐开元（713~741）以前，怎样造藏，造什么样的藏，基本上只是各地佛教教团自己的事，皇家并不干预。即使是皇家官藏，也不过是皇家出资，由僧人修造。皇家对皇家官藏的结构、内容、编撰方式并无多大的影响力。从开元年间起，唐玄宗直接并有效地干预一些典籍的入藏。唐玄宗这一做法不但为后代的帝王所承袭，且有日益强化的趋势。乃至僧人们所译的经典，也必须经过朝廷的批准方可入藏。从秦汉以来，中国基本上一直处于大一统的政治格局中，皇帝具有至高无上的权威。皇家对大藏的干预，实际上是政权对神权的一种定向制导。中国的封建统治者为了自己统治的长治久安，绝不赞成一个独立的宗教力量兴起，一定要把它纳入自己的统治体系中，置于自己的控制之下。干预佛教大藏经的组成，正是政权干预佛教发展，并把它纳入自己统治体系的表现之一。

帝王出面干预大藏经的组成与内容，这在印度是不可想象的，中国前此也没有这种现象，但开元以后却成了惯例。因此，以唐玄宗的统治为界，王权与佛教神权势力消长的消息是很值得引起重视的。

在外部标志方面，这一阶段出现了千字文袟号。千字文袟号因其本身的优点，很快取代了经名标志法、经名袟号法等各种其他标志法，并随着全国性的大藏经统一而传播开来，此后为《开宝藏》以下我国历代刻本藏经所沿用。从另一角度讲，千字文袟号的出现，也使全国大藏经统一的进程更为顺利地推进。

需要指出的是，会昌废佛之后，一方面，全国藏经逐步统一到《开元释教录·入藏录》上来；另一方面，各地佛教发展的情况不同、传统不同（比如是注重义理性佛教，还是注重信仰性佛教等）、对藏经的需求角度不同、加上写本本身的流变性，使得各地的藏经呈现出不同的差异性。《开元释教录·入藏录》也因此而衍化出各种变种，彼此呈现若干差异。但此时的分化与差异，与会昌废佛以前佛教大藏经的百花齐放有着本质的不同。这是建筑在《开元释教录·入藏录》基础上的分化。由于这种分化，使得刻本阶段我国大藏经出现了中原、北方、南方等三大系统。

（5）与刻本并存阶段。从《开宝藏》刊刻到北宋末年。

刻本初期，流通尚不普遍，故写本藏经仍是民间的主要流通本；随着刻本藏经的日益普及，写本藏经趋于萎缩。故历史上有一个写本、刻本并存的阶段。在中国，这一阶段大体从《开宝藏》刊刻到北宋末年；在日本，则延续的时间更长，直到江户时期。这一阶段中国的写本藏经，我们现在掌握的有《金粟山藏经》《法喜寺藏经》《大和宁国藏经》等多种。此外还有一大批金银字大藏经。流传至今的北宋写本藏经，用纸精良，抄写精美，均为上品文物。由此也可以窥见大藏经的功能形态日益趋向信仰化。

（6）纯功德阶段。从南宋起到清代。

从南宋起，中国的刻本藏经已经完全取代写本藏经，成为主要的流通本。但写本藏经并没有完全退出历史舞台，它的义理性功能虽然已经萎缩，但信仰性功能却更加凸现。此时的写本藏经，主要以金银字大藏经的形式出现。从现有资料看，直到明清，依然有人修造金银字大藏经。到了现代，虽然已经无人修造完整的金银字藏经，但依然有人为了功德而写经、写金银字经乃至写血经。凡此种种，可以看作大藏经纯功德阶段的流风遗韵。近代以来，作为书法艺术而写经的风气开始产生，这是佛教文化进一步普及的象征之一。可以预期，为功德写经、为艺术写经的风气还会长期存在下去。但这已经不属于大藏经研究的范围。

上面将写本藏经的历史划分为六个阶段，其中前四个阶段，写本藏经独擅天下；后两个阶段，写本藏经与其他形态的藏经同时并存。进化论告诉我们，事物的进化，有时是渐进，有时是突变。一个物种的不同个体，在进化的道路上步调未必一致。大藏经的演化也是这样。上述写本藏经的六个阶段，反映的只是大致的情况，实际情况要复杂得多。有时一个阶段结束，另一个阶段并没有马上开始。有时不同阶段相互交叉。中国的地区不平衡因素，更增加了它的复杂性。因此，所谓分阶段，也只能是一种方便设教。

写本藏经由人工书写修造。这一制作方式，决定了写本藏经的基本特点——唯一性。所谓"唯一性"，是指所写造的任何一部藏经，乃至任何一卷写经，都是唯一的。这与后代刻本藏经之同一副版片印刷的经本完全相同，形成鲜明对照。由此，不同的人抄写的同一部经，乃至同一人先后抄写的同一卷经，相互之间都会有或多或少的差异。从而就某一部经典，乃至就大藏经总体而言，又显示出另一种特性，即形态的不确定性，或称流变性。唯一性与流变性互为表里，成为写本大藏经的基本特点。这一特点反映在许多方面。诸如：

第一，行款、界栏及整体风格的差异。

行款，指每张纸抄写的行数及每行抄写的字数。界栏，指界栏的类别，诸如墨栏、朱丝栏、刻画栏、折叠栏、田字栏、冲天栏，等等。也指界栏的粗细、规范程度、栏距、上下边间距、上下边的宽度。至于整体风格，是一个比较宽泛的概念。大体包括字体的类别（真篆隶草）、字迹的好坏（即文字的恭正潦草，体现书写者的认真程度）、字品的好坏（即字体的优劣，体现书写者的书法水平）、书品的好坏（从通篇之布局谋篇来衡量，体现书写者的审美情趣、艺术修养等），乃至制式抄写与非制式抄写的区别，等等。

由于是手抄修造，随意性很大。即使相对比较容易规范的行款（如唐代已经形成每纸 28 行，每行 17 字的行款格式），但由于各地纸张不同、抄写者不同，所抄的经典并不完全符合上述规范，现存几部唐代入藏录对同一部经典所用纸张数量的记载互不相同，就充分说明这一点。至于界栏、整体风格等，随意性更大。可以说，用这些标准来仔细衡量古代写经，则不但不存在两部完全一模一样的藏经，甚至不存在两卷完全一模一样的写经。

第二，文字差异。

一般来讲，文字差异主要表现为两种情况。第一种是文字的增衍、删略、夺漏、错讹。第二种是出现通假字、古今字、异体字、正俗字、避讳字、笔画增减字、变体字、合体字、武周新字等。前者有的因书写者粗心、不负责任而造成；有的因书写者本人的发挥、改写而形成。凡是官方写经，写后多人校对者，第一种情况就比较少见。而第二种有的体现了抄写者的时代性、地区性；有的则由抄写者的书写偏好或习惯而造成；所以，第二种情况的出现可以说是无法避免的。本文所说的文字差异，主要指后者。由此，两部规模均在数百部、数千卷的写本藏经，要想文字完全一模一样，也是根本不可能的。

第三，行文差异。

由于写经时的增衍、删略、夺漏、错讹，使得不同传本的行文互有参差。这种差异有的只是个别文字不同，这比较简单，可以通过校勘来解决；有的比较复杂，要区别情况来处理。比如有的是整段的增衍、删略，这依然可以通过校勘来解决；有的行文则在流传中发生很大的变异，形成不同的异本。比如敦煌遗书中的《金刚经》《文殊般若经》，均皆如此。此外还可以参见《守其别录》与《大正藏》中的所谓"别本"、《可洪音义》收入的诸多异本。异本的产生，是后来刻本藏经形成不同系统的原因之一。近年出版的《藏外佛教文献》收集了不少文献的诸多异本，虽为未入藏文献，但可以作为研究写本时期佛经行文在流通中产生歧异之参考。

第四，分卷、分品差异。

由于用纸、底本等诸多因素，不少经典均有内容虽同而分卷不同的情况。如《妙法莲华经》有七卷本、八卷本、十卷本的差异。《晋译华严经》有五十卷本、六十卷本的不同。由于分卷不同，品次的开阖往往也互有参差；即使分卷相同，不少经典的品次的开阖往往也有参差。较为典型的有《大智度论》《大般涅槃经》《光赞般若经》等。

由于行文差异与分卷、分品差异，使写经出现异本、异卷、异品。以不同的异本、异卷、异品为底本传抄，形成不同的传本系统。这是写经研究必须注意的问题。

第五，内容与结构差异。

不同地区、不同时代、不同人修造的写本藏经，其收经内容、组织结构自然会有差异。这里又有两类情况。一是两种藏经的内容与结构完全不同或基本不同。如隋代以《法经录》为基础的藏经与隋智果在内道场主持修造的藏经，便是两种内容差异较大，结构完全不同的藏经。二是两种藏经内容结构基本相同，略有参差。如敦煌吐蕃时期龙兴寺的大藏经依据《大唐内典录·入藏录》编成，而又加以变化；又如可洪撰写音义时所依据的几部藏经都以《开元释教录·入藏录》为依据，相互又略有参差。

关于写经的唯一性与流变性，还可以罗列许多表现。详细描述这些表现，是写本形态学的任务。在此从略。

由于写经的唯一性与流变性，决定了我们在写本藏经的研究、鉴别中必须观其大略，亦即求大同，存小异。具体的方法是：暂略其小节，追索其系统。在此，我们必须建立一个"传本"概念。任何写本，无论是单独的写经也好，写本藏经也好，如果不是原稿本，就必然有其底本。底本与抄本，形成一个传本系统。同一个传本系统的写本藏经，就是同一种藏经。

如何鉴别写本藏经的传本系统？我在1988年提出的取舍标准、结构体系、外部标志等写本大藏经三要素可以作为切入点。三要素可简化表述为内容、结构、标志。在此，内容与结构体现藏经的内在特征，标志属于藏经的外部特征。任何一部写本大藏经，都可以用上述三个组成要素来衡量，来检验。检验的结果，如上述三个要素全变了，藏经当然变了，成为一部新的藏经；如果仅是内在特征变了，藏经实际也变成一部新藏经；但如果内在特征没有变，仅外部标志变了，则应该说这部藏经还没有变。所以，决定一部写本藏经的关键因素，是它的内容与结构等内在特征。

由于写本藏经的内容与结构完整准确地体现在它所依据的目录中，所以，研究某一部写本藏经，最重要的就是要搞清它的目录。不同的写本藏经，无论其外部表现形态如何变化，只要它们修造时所依据的目录属于同一系统，我们就应承认它们是同一传本系统的藏经。由于写经本身的唯一性、流变性特点，因此，即使它们在收经的内容及结构方面略有参差，也不妨碍对它们属于同一传本系统的身份判定。例如《可洪音义》所依据的几部大藏经，与标准的《开元大藏》相比，增加了若干别本，相互略有参差，但我们依然把它看作写本《开元大藏》的一种表现形态。例如敦煌吐蕃统治时期龙兴寺大藏经，在《大唐内典录·入藏录》的基础上加缀了新收经部分，我们依然将它归为《大唐内典录》系统。

由于目录在写本藏经的研究中具有举足轻重的地位，因此，深入研究各种佛经目录，理清其中的藏经目录，仍然是我们当前的一个重要任务。至于写经与写本藏经的传本系统及其演变，以往很少有人认真研究，今后也应该成为我们注目的方向。并由此建立起有别于"版本学"的"传本学"①。

至于某些具体写经到底属于藏经，还是属于藏外另本的问题，则要考察这些写经的外部形态。首先要看是否有帙号等外部标志，凡有帙号者，一般均应为藏经。其次看题记，有些题记明确写明所

---

① 本文写于2006年，当时考虑到为与"版本学"相区别，应为对写本研究另行起名，故命名为"传本学"。其后觉得这一名称并不妥帖，故改称"写本学"。——2019年3月补注

修造的是藏经或是另部单本,据此便可区别。再次考察关联性,亦即通过比较,可以建立起一批写本的关联性,从而确定它们的身份。 总之,写本佛经的鉴定是一个非常细致的专门学问,涉及面很广,恐文繁,此不赘述。

2. 刻本时期

中国最早的印刷品产生在何时,目前还在研究中。 中国最早的刻本藏经,是刊刻于宋代初年的《开宝藏》;最晚的刻本藏经,是刊刻于清末民初的《毗陵藏》①。 前后大约有 1000 年。 根据现在掌握的资料,所刻藏经总计在 20 种以上。 虽有官刻、私刻等多种形态,虽然后代藏经收经篇幅不断扩大,乃至出现《嘉兴续藏》《嘉兴又续藏》这样专门汇聚中华佛教撰著的续藏,但与中国封建社会后期发展迟滞、中国佛教逐步衰微相应,这一时期的大藏经的总体结构变化不大。 从装帧形式上讲,则有从卷轴装向经折装,进而向线装的演变。

与写本藏经相比,刻本藏经的最大的特点是版刻印刷,凡用同一副版片刷印出的经本,形态全都一样。 因此,如果说区别诸种写本藏经的最大依据是目录的话,则区别诸种刻本藏经的最大依据是它所依凭的版片。 因为对刻本藏经来说,版片一旦刻成,则反映其内部特征的内容与结构,已全部固化在版片中。 加之一部刻本藏经篇幅浩大,仅《开宝藏》的早期刻本,就有 13 万块版片。 为了加强管理,以便反复使用,刻藏者创造了版片号,将藏经的外部标志

---

① 此藏近年新发现,有关资料尚未正式公布。

也固化在版片上。由此，与目录是我们研究与鉴别写本藏经的基础一样，凝聚了大藏经三要素的版片，自然成为我们鉴别刻本藏经的基础。世有所谓"版本学"，研究的是诸种刻本的区别。刻本藏经所注重的正是版本学。

把版片作为鉴别刻本藏经的基础，便可以建立这样一个原则：只要版片不同，即使所依据的目录完全相同，哪怕后一部藏经是前一部藏经的覆刻本，我们仍然认为它们属于不同的藏经。这一原则的建立，对澄清目前学术界对若干刻本藏经的混乱认识具有重要价值。比如，山西应县木塔发现的辽代刻经中，究竟有多少属于藏经，历来争论不清；至今学术界仍有种种不同观点，无法统一。所以出现这种情况，是因为研究者没有意识到相互缺乏一个共同平台，研究时各持一套标准，各说各话。如果我们充分重视版片在刻本藏经鉴别中的地位，仔细鉴别这些刻经的差异，便可以发现：真正属于大藏经的只有7号，其他都是另刻本。又如，辽代藏经有大字本与小字本的区别，此外又有依据辽代大藏经刊刻的房山石经中的辽金刻本。如何看待这三种经本的相互关系，学术界始终含糊其词。确立了以版片作为鉴别刻本藏经的唯一标准后，我们便可以理直气壮地把大字本、小字本及房山石经本作为三种并立的藏经[1]。同样的道理，《赵城金藏》与《初刻高丽藏》，都是《开宝藏》的覆刻本。但它们都有自己独立的版片，因此也都是独立的藏经。

在此讲版片是鉴别刻本藏经的基础，不仅指每一版片的大小、

---

[1] 参见方广锠：《〈辽大字藏〉的定名与存本》，《中国学术》2004年第2期。

行款、界栏、版片号等具体形态，也指一部藏经所拥有的所有版片，亦即它的整体状态。历代不少藏经都曾有过补雕，如《碛砂藏》为宋刻、元补、明递修，《普宁藏》曾补入秘密经，《永乐南藏》于万历年间补入续藏等。此外，由于长期使用，经版难免有损坏等情，此时便需递修。《崇宁藏》等多种藏经都曾递修。文物出版社近年刷印《清龙藏》时，也曾经对原有版片进行大规模的整理、补刊与递修。像这样，一部藏经版片的主体没有变动，只是局部发生补雕与递修，我们依然承认它是原来的藏经，只是经过补雕与递修，出现了新的补雕本与递修本。也就是说，一部藏经，在实践中除了存在用同一副版片刷印的不同印本外，还可能出现因补雕、递修等产生的不同的版本。深入研究同一藏经的不同版本，将成为今后藏经研究中的一个重要内容。确立藏经原版与补雕、递修版的关系，对《赵城金藏》及其后期版本的研究，尤其具有重要意义。传说中的《弘法藏》，如果确实是《赵城金藏》的补雕本，那本身就难以成为独立的藏经。如果是另刻新版，则我们要承认它的独立性。

日本有一种木活字大藏经。木活字印刷与刻版印刷虽然都属于古代印刷术范畴，但是两种不同的印刷术，且用木活字印刷的大藏经仅此一种，故本文不拟涉及。

3. 近现代印刷本时期

本文将这一时期定名为"近现代印刷本时期"，主要是想区别于古代的刻本时期。因为刻版印刷也是一种印刷，刻本也是一种印刷本。但近现代的印刷术与古代的刻板印刷术毕竟不可同日而语。

近现代的印刷本藏经，按照其采用的方式不同，大体可分为排印与影印两种。

(1) 排印本大藏经

属于排印的,又可以分为两类:一类是铅印,即用铅活字排版,做成纸型,然后印刷。用这种方式印刷的藏经,日本先后有《弘教藏》《大日本大藏经》《大日本续藏经》《大正新修大藏经》,中国则有《频伽大藏经》与《普慧大藏经》。另一类是激光照排,即计算机录入,激光制版,然后印刷。用这种方式印刷的藏经,中国有《文殊大藏经》(中途夭折)、《佛光大藏经》(正在进行)。

近现代印刷本藏经文字清晰,装帧实用,信息量大。特别应该提出的是,近现代印刷本藏经的出现,与近现代佛教学术研究的兴起密切相关。由此,以《大正藏》为代表的新编藏经,学术含量较高。这不但体现在校勘、断句等方面,也体现在独具一格的分类体系的设计、科学实用的各类索引的编纂等方面。其水平远远超过古代刻本。因此,问世不久,便以其无可比拟的优势,取代了古代的刻本藏经。当然,不同的藏经,水平参差不齐。为避文繁,此处不一一评述。

铅印与激光照排,虽然印刷方式不同,科技含量不同,但都要重新植字(录入)。从这一点讲,它们并无本质差异。由于需要植字,校对精细的,仍难免有疏漏;校对粗疏的,则鱼鲁之讹,所在多是。

(2) 影印本大藏经

属于影印本者,也可以分为两类:一类不改变底本的编排,完全按照底本的形态,原样影印。如近年影印的《初刻南藏》、明《北藏》、清《龙藏》《频伽藏》,均为此类。另一类改变了原底本的编排，重新编纂。如台湾的《中华藏》、大陆的《中华藏》均皆如此。

今天，古代刻本藏经基本上已经成为文物。影印本使它们化身百千，既可以满足寺院供养法宝的需求，也可以让更多的学者一睹古代藏经的面目。特别是在排印本的行文可能植字致误时，影印本为我们提供了可信的校勘依据。前面提到，研究刻本藏经的基础是版片。古代藏经保留版片的已经寥若晨星，不过版片的形态基本反映在刻本的印张中。影印本提供了刻本印张的图版。图版虽然不能等同原件，但已经大大方便了古代藏经研究者。加之影印本采用现代装帧，使用方便。如此种种，都是影印本受到人们欢迎的原因。

但是，有些影印本在影印的过程中曾经做过技术加工：诸如修版、补字、补划界栏、描白，以及用其他藏经的经本充抵缺失的经本等。上述加工，使影印本不同程度地出现失真。一般来讲，凡进行加工处理者，均应加以说明；但也有未加说明，或说明不完整者，这样便会误导研究者得出错误的结论，这是需要注意的。

（3）如何判断近现代印刷本藏经的独立性

对于近现代印刷本藏经而言，判断一部藏经是否成为独立的新藏经，其主要依据，首先是它的目录。亦即从目录看，凡是具有自己独立的内容与结构者，我们承认它为一部新的藏经，反之则否。其次，我们还必须注意它的传承，亦即该藏经的底本与校本。

用这两个标准来衡量近现代印刷本藏经，凡是排印本基本上都是新的藏经。探究其原因，排印本需要逐一植字，成本较大；而其制作方式，也给重新编纂藏经提供了广阔的空间。所以编纂者都利用这一机会，编纂一部新的藏经。就传承而言，比如《大日本大藏经》与《大正藏》差别很大，除了别的原因之外，各自使用的底本与校本的不同也是一个重要原因。

影印本的情况比较复杂。如前所述，影印本有两种形态：一种不改动编次，原样影印；一种改动编次，汇编为新本。前者沿用原藏经的目录，不变动原藏经的形态，基本传承原藏经的形态，我们将它视同原藏经。其中二十世纪三十年代影印的《碛砂藏》较为特殊。由于作为底本的《碛砂藏》有若干阙本，影印时便补入其他藏经的若干另本，并附有目录，加以说明。《影印碛砂藏》虽然补入了其他藏经的经本，由于有清楚的交代，并没有造成版本的混乱，也没有改动《碛砂藏》的原编次，仍然可以体现古代刻本《碛砂藏》的面貌，所以我们依旧将它等同《碛砂藏》。它的补缺部分，实际相当于古代刻本藏经的补雕。我们用《影印碛砂藏》来命名它，已表达该藏成为一种新的版本这一事实。至于改动编次的，可以大陆《中华藏》为代表。大陆的《中华藏》虽然以《赵城藏》为基础，但全藏收经近万卷，所用《赵城藏》本仅占二分之一，其余全部为新补入的其他藏经的经本，乃至用计算机录入的经本。与《赵城藏》相比，结构编次有较大变动。对所利用的《赵城藏》经本，也作了较大规模的修版、补版处理。因此，它并非简单的《赵城藏》影印本，而是一部新的藏经。它的目录是新编的，与《赵城金藏》也完全不同。有人至今称大陆《中华藏》为《赵城金藏》的影印本，这是不对的。我们必须承认大陆的《中华藏》已经取得独立存在的地位，成为一部新的藏经。但是，这部新的藏经又是传承了

《赵城金藏》以及其他八种有代表性的藏经组成。所以,评价《中华藏》便离不了这一传承背景。

总之,就近现代印刷本的研究而言,我们必须注意目录与传承两个方面。

4. 数字化时期

电子技术的迅猛发展,开创了书籍的数字化时期,汉文大藏经已经踏入数字化的门槛。

大藏经的数字化尝试,于二十世纪的八十年代中期就开始了。近10年来,取得令人惊叹的长足发展。纵观20多年大藏经的数字化过程,可以分为两个阶段。

(1) 初级阶段

初级阶段的主要特征是介质转换,亦即将大藏经由纸介质转换为数码。与近现代印刷本藏经的排印本、影印本两种形态相应,初级阶段的数字化藏经,也出现用文字录入方式形成的电子文本及用图像扫描方式形成的扫描本。

二十世纪九十年代中期,《高丽藏》率先完成向电子文本的转换。《高丽藏》转换的成功,为汉文大藏经下一步的转换工作奠定了坚实的基础。其后,《大正藏》的转换工作完成,并迅速在全球的汉传佛教研究圈推广。电子文本的最大优点,是实现了全文本检索,使得以往"将有关资料一网打尽"的学术界的最高理想瞬间成为现实。海量信息的瞬间检索、储存与传播,为研究者提供了极大的方便。

整部大藏经的扫描,完成于九十年代后半期。至今,扫描完成者已有《大正藏》《明北藏》《清龙藏》等多部。 扫描本虽然不能全文检索,但将篇幅浩大的藏经转换为便于查询的数字图像;几大书架的书,压缩进一个小小的硬盘;与影印本相比,其优点是显而易见的。 扫描本的完成,为汉文大藏经进入数字化时期的高级阶段准备了条件。

应该指出,在数字化初级阶段出现的电子文本与扫描本固然有众多优点,但由于它们基本上只是介质的简单转换,因此,上文提到的排印本与影印本的诸多缺点,也同样存在于电子文本与扫描本中。 此外,电子文本的大藏经还存在如下两个问题:

第一,电子文本的不同版本问题

初级阶段的早期,人们对计算机录入佛典乃至录入整部大藏经具有极大的热情,许多人都在这一领域奋发努力,形成一派万马奔腾的局面。 不同单位、不同个人完成的电子文本,质量不可能划一。 这样,同一部《大正藏》,出现质量参差不齐的好几个不同版本的电子文本。 不过,近十年来,经过资源的整合及优胜劣汰的自然竞争,中华电子佛典协会制作的《中华电子佛典集成》已经得到公认,其他版本逐渐趋于湮没。

与此相应的是,中华电子佛典协会早期的电子文本的录入错误较多,其后随着不断地校改,那些错误逐步得到订正。 这样,早期的电子文本与其后的电子文本有着一定的差异。 由于中华电子佛典协会的电子文本大藏经是逐步发布的,这就造成社会上流传的电子文本有着各种各样不同的版本。 好在中华电子佛典协会每次公布新的版本都带有版本号,使用者可依据版本号区别不同版本的差异。

第二，电子文本的公信力问题

中国有一句俗语"口说无凭，立字为证"。落在纸面上的文字不能随便更改，于是取得一定的权威性。电子文本易于修订，这本来是一个优点，可以使它不断改进，臻至至善。但易于修订又是一个缺点。因为易于修订，造成电子文本形态流变性大，又成为它建立公信力的障碍。当前，中华电子佛典协会的电子文本《大正藏》已经在佛教研究者中通行，虽然它难免也有种种误植之类的失误，但它纠正了《大正藏》原本不少排印的错误，总体质量超过《大正藏》，起码不亚于《大正藏》。但严谨的学者在利用它检索、引用后，当标注引文出处时，却必定要去查核《大正藏》原文，并标注《大正藏》出处。所以，如何使电子文本建立公信力，是我们必须面对的问题。这当然不是佛教研究界独自的问题，它与全社会对电子文本的观感紧密相连。我认为，建立与公布电子文本的版本号，建立不同版本号的电子文本大藏经数据库，建立与公布不同版本号电子文本大藏经的修订记录，以供研究者检索，是使电子文本大藏经逐步取得公信力的途径之一。

初级阶段出现的电子文本与扫描本，都是前此某一部藏经的简单转换。由于它们都依托于前此的藏经，因此，本身没有取得独立的地位，不属于新的藏经。其判别的标准，依然是各自的目录。

(2) 高级阶段

高级阶段的数字化大藏经的主要特征是超文本链接，亦即将不同的数据资料通过超文本链接的方式，出现在同一个屏幕上，满足读者的不同需求。这种藏经也可以分为两种层次，即低层次的一般的超文本与高层次的互动超文本。

所谓一般的超文本，可以中华电子佛典协会2004年4月制作的《电子佛典集成》为代表。该《电子佛典集成》的底层支撑是《大正藏》前55卷、第85卷及《新纂大日本续藏经》史传部10卷。但其桌面结构采用以疏隶书的新原则。它不仅在内容、结构等方面都发生变化，而且提供了一些传统藏经所没有的功能，是数字化藏经的一个很好尝试。

所谓互动的超文本，则是一种由读者参与，充分互动的网上藏经形态。在《信息时代的佛教目录学》[1]中对这种形态的藏经已经有较为详细的论述，这里从略。

汉文大藏经的数字化，对佛教学术研究促进之大是无可估量的。同时，它也对研究者本人的学术素养提出新的要求。这不仅表现在我们必须熟悉和学会使用数字化藏经，更表现为它将对研究者的能力提出新的要求。举例来说，以往研究，收集资料是一项耗费巨大精力，但必须去做的基本功。为了把有关资料一网打尽，研究者往往兀兀穷年。一本书、一篇文章，如果罗列大量的相关资料，往往会得到人们的称赞，认为是学识渊博、功力老到。在数字化时代，这一切将完全改观。海量资料的搜寻已经不再是难事，资料的罗列有可能只说明此人对计算机操作得很熟。研究者的功力将更多地表现在对资料的研究与分析上。一篇成功的论文，应该采用最充要的资料、最贴切的方式来论证所研究的对象，提出问题，解决问

---

[1] 参见方广锠：《资讯时代的佛教目录学》，台湾《佛教图书馆馆讯》第29辑，2002年3月。已收入本书第403~416页。

题。这对目前的研究方式以及科研成果评价体系都将是一个挑战。

目前，汉文大藏经正在迈入数字化时期的高级阶段。全球的信息数字化也正以前所未有的速度突飞猛进。数字化大藏经将如何进一步发展，尚待观察。我认为，今后几年或十几年中，结合电子文本与扫描本两种形态的上图下文对照本藏经；以一个基本界面容纳多种不同藏经，并可自由切换为任意一种藏经的超文本藏经均可能登台亮相。新出现的数字化大藏经将不再是单纯的数据库，会提供各种研究工具，协助研究者更好地从事研究。

随着各种新藏经的出现，数码时代我们衡量藏经的标准会发生全新的变化。将来的标准，既不是收经内容，也不是组织结构，更不是外部标志。所谓"大藏经的三要素"，在大藏经数字化时期的高级阶段将被扬弃。衡量数字化时期大藏经水平高低优劣的主要标准，将是如下两条：第一，该大藏经蕴含信息量的多少；第二，该大藏经能为研究者提供一些什么样的研究工具，以及这些工具数量的多少与功能的强弱。这将是一个质的飞跃。

数字化时代，传统的纸本大藏经不会消亡，它不但继续存在，并将进一步向装帧豪华的方向发展，向信仰型方向倾斜。理想的大藏经应该同时具备义理型、信仰型和备查型等三种功能形态[①]。以往的藏经，很难达到这种理想的状态。数字化藏经与纸本藏经的结合，将使这种大藏经的出现成为现实。

---

① 参见方广锠：《论大藏经的三种功能形态》，载台湾《宗教哲学》第三卷第二期，1997年4月。已收入本书第373~385页。

二、论大藏经的三种功能形态①

佛教作为一种宗教,既有比较精细、高深的哲学形态,也有比较粗俗、普及的信仰形态。由此,它能够适应不同层次人们的不同需要。我把前一种形态称为"义理层面佛教",把后一种形态称为"信仰层面佛教"。义理层面佛教以探究诸法实相与自我证悟为特征,以大藏经中收入的印度译典及中国高僧著述为依据;而信仰层面佛教则以功德思想与他力拯救为基础,以汉译典籍中的信仰性论述及中国人撰著乃至诸多疑伪经为依据。义理层面佛教在我国佛教史上处于主导地位,它为佛教提供了高水平的骨干支撑与具有内在发展生机的活泼泼的灵魂,它的兴衰决定了中国佛教的兴衰;而信仰层面佛教较之义理层面佛教,以其较容易被理解、接受的通俗形态,更加贴近广大信众,在社会生活中的影响更为广泛、直接和深远,为中国佛教奠定了雄厚的群众基础,是中国佛教绵长生命力的深厚土壤和基本保证。这两种佛教虽然各有特点,有时看来截然

---

① 原载台湾《宗教哲学》第三卷第二期,1997年4月。收入本书时文字有修订。重分章节,酌加章节名。

不同，甚至尖锐对立；但又相互渗透、互为依存，相辅相成。在中国佛教的研究中，两者不可偏废。

与中国佛教的上述两种形态及其在佛教中的地位相应，中国古代的佛教大藏经在功能上也有义理型大藏经与信仰型大藏经之分。义理型大藏经在藏经史上也处于主导地位，而信仰型大藏经则在义理型大藏经的基础上突显其信仰形态。总体来说，两者固然互为依存，但前者的主要目的是保存、研究与弘扬佛教理论，故把有价值（虽然价值观念各不相同）的典籍收集起来编纂为藏；后者的主要目的是把大藏经作为法宝来供养，所以有讲究外观的华贵整齐而忽略内容的倾向。

(一) 义理型大藏经

我国的大藏经酝酿于汉魏两晋，形成于东晋末期至南北朝晚期。隋费长房《历代三宝记》中"入藏录"的出现，标志着我国的大藏经不但在实践上，而且在理论上也趋于成熟。其后以《开元释教录·入藏录》为代表的大藏经，不仅体现当时大藏经编纂的最高水平，而且垂范千年，对后代的大藏经给予极大的影响。当时从事大藏经编纂的大多为广闻博识、素养卓越的僧人，从而决定了这些大藏经的义理型品格。略而言之，这种义理型大藏经大体有如下几个基本特征：

1. 严于真伪之别

佛经是佛法的代表，所谓"大圣彝训其流曰经，述经叙圣其流曰论。莫非徙滞之方略，会正之格言。珍重则超生可期，疑谤则效尤斯及"①。

为保证佛法的纯正，必须严格佛经真伪的鉴别，这自然是编纂大藏经的个中应有之义。早在大藏经的酝酿时期，道安就提出："农者禾草俱存，后稷为之叹息；金匮玉石同缄，卞和为之怀耻。"②所以在他编纂的《综理众经目录》中特设"疑经录"，"今列意谓非佛经者如左，以示将来学士，共知鄙信焉"③。这一立场为其后的佛典整理编目及大藏经编纂者所承袭。如僧佑编纂《出三藏记集》的目的之一，就是"庶行潦无杂于醇乳，燕石不乱于楚玉"④。而隋法经等人编纂《众经目录》时，公开宣布对诸伪经"今宜秘寝，以救世患"⑤。历代正统的佛藏编纂者对伪经的鉴别有时严格到近乎挑剔的地步，以致把一些真伪一时难辨，甚至一些非伪经都统统排斥到藏外。

2. 重翻译、轻撰著

佛教肇自古印度，中国人视彼邦为佛国。中国人在学习佛教的过程中，撰写了大量的中华佛教撰著。但在当时编藏僧人的眼中，只有那些域外传入的翻译典籍才具备当然入藏的资格，对收入大藏的中国人的佛教撰著，《法经录》的一段话很有典型意义：

---

① 《大唐内典录》卷一，参见 CBETA（2016），T55，No. 2149，p. 219，a21～24。
② 《出三藏记集》卷五，参见 CBETA（2016），T55，No. 2145，p. 38，B12～13。文字据当页校记有订正。
③ 《出三藏记集》卷五，参见 CBETA（2016），T55，No. 2145，p. 38，B14～16。
④ 《出三藏记集》卷一，参见 CBETA（2016），T55，No. 2145，p. 1，B15～16。
⑤ 《众经目录》卷二，CBETA（2016），T55，No. 2146，p. 127，C17。

"此方名德所修，虽不类西域所制，莫非毗赞正经，发明宗教，光辉前绪，开进后学，故兼载焉。"①观其所收，一半以上均为经序，可见其立场所在。至于费长房，则将中华佛教撰著全部逐出藏外，一部也不收。唐高宗时期，曾令释道宣纂修《西明寺藏经》，要求"更令隐炼，区格尽尔，无所间然"②。道宣因而在传统的"单译""重翻""梵集"之外"附申杂藏，即法苑、法集、高僧僧史之流是也。颇以毗赞有功，故载之云尔"③。基本上遵循《法经录》的先例。但道宣自己编纂《大唐内典录》时，又把中华撰著排除在藏外，回复到费长房的立场。《开元释教录》所编定的大藏为1076部5048卷，其中中华佛教撰著只有40部368卷，从部数看，占4%弱；从卷数看，占7%强。基本为法苑、法集、僧史、目录、音义之类。反映了古代编藏僧人对中华佛教撰著的基本态度。

当然，上述偏执的态度难免受到批评。如唐释灵澈说："不以注疏入藏，非尊师之意。"④高丽义天谓："经论虽备而章疏或废，则流衍无由矣。"⑤因此，后代出现独立于正统大藏之外，专收中华佛教撰著的别藏。别藏所收典籍，其后进而归入大藏成为续藏。但重翻译轻撰著的风气并没有完全改变。

---

① 《众经目录》卷七，CBETA（2016），T55，No. 2146，p. 149，a9~11。
② 《众经目录》卷一，参见 CBETA（2016），T55，No. 2148，p. 181，a2~3。
③ 《众经目录》卷一，参见 CBETA（2016），T55，No. 2148，p. 181，a4~5。
④ 《全唐文》卷七二一，影印本，中华书局，1983年，第7417页上。
⑤ 《新编诸宗教藏总录》卷一，参见 CBETA（2016），T55，No. 2184，p. 1165，C24~25。

3.重考订、讲善本

佛经初译,遇全出全,遇残出残。译地既较分散,流传亦有偏仄。以致不少经典"年代人名,莫有铨贯;岁月逾迈,本源将没"①。这一点从道安的《综理众经目录》反映得很清楚。其后大量经典主要从官方译场译出,经典的来源虽然比较清楚,但写本这种形式极易在流传中造成传本的歧异。因此,考订经名、异名、卷数、纸数、译者、译地、译时、异译、异卷、别生、钞经、缺本等诸方面内容,成为编藏僧人的重要任务。通过这些严谨的考订,克昭其原始,诠定其名录,年代之目不坠,学说之源易探。并沙汰繁芜,精选善本,以为弘传佛法之依据。智昇说:"夫目录之兴也,盖所以别真伪,明是非,记人代之古今,标卷部之多少,撮拾遗漏,删夷骈赘。欲使正教纶理,金言有绪;提纲举要,历然可观也。"②就是对佛教经录,也是对编纂大藏经工作的极好总结。

4.建立严谨的结构体例

结构体例问题是在藏经形成的过程中逐渐提出并逐步完善的。从总体来看,到《开元释教录》时代,大藏经基本上贯彻了以经典本身的内容特征分类的方法。亦即根据佛典本身的知识内容与思想倾向,分门别类地把它们组成一个有内在逻辑联系的完整体系。它将同一思想内容的典籍集中在一起,把内容与性质相近典籍排在相近的位置上,以有利于揭示这些典籍最本质的属性与内容上的相互联系。这样编成的大藏经,在一定程度上反映了佛教全貌,便于

---

① 《出三藏记集》卷一,参见 CBETA(2016),T55,No. 2145,p. 1,B3~4。
② 《开元释教录》卷一,参见 CBETA(2016),T55,No. 2154,p. 477,a6~9。

人们触类旁通，掌握某一种典籍的基本思想倾向及其在整个佛教中的地位。

结构体例的确定，反映了当时中国僧人的判教理论及对佛教的总体把握。由于汉传佛教以大乘为主，反映在大藏经的结构体例上也有重大轻小的倾向。

总之，义理型大藏经以弘扬与研习佛教义理为主要目的，成为我国大藏经的主流。

(二) 信仰型大藏经

信仰型大藏经的产生与三宝崇拜思潮有关。

三宝崇拜思潮主张佛典是佛、法、僧三宝中法宝的代表，自然应该是人们崇拜的对象。最早的佛典崇拜主要是针对某些具体的经典，比如《法华经》流通分宣称读诵、抄写、弘传《法华经》将会积累巨大功德，不少人便群起仿效。进而，人们认为念诵这些经典的名称也可以积累同样的功德。如南北朝时期出现的伪经二十卷本《佛说佛名经》便按照三宝次第，把佛典的名称与佛名、菩萨名、辟支佛名并列，作为念诵对象。值得注意的是每卷《佛名经》在罗列佛典名称时，均以"次礼十二部经般若海藏"领起，说明当时"藏经""经藏"之类的名词还没有产生，或已经产生但还没有普及。待到藏经形成，经典崇拜便顺理成章地演变为大藏经崇拜。继二十卷本《佛说佛名经》以后产生的十六卷本《佛说佛名经》的相应领起语便被改为"次礼十二部尊经大藏法轮"，充分证明了这一点。

前面提到，信仰型佛教以功德思想与他力拯救为基础。这也是大藏经崇拜得以产生的基本原因。《宋高僧传·慧闻传》载："释慧闻，信安人也，多劝勉檀那以福业为最。常言未预圣位，于五道中流转，非福何凭。"①对于一般僧众及广大世俗信众来说，成佛实在是一件渺茫的事，故主要的修行方式是修福积德，以求现实或来世的福报。

在中国佛教史上，大藏经崇拜主要反映在供养藏经、转藏、造藏三个方面。有关情况，本书均有专题论述，此处从略。

信仰型大藏经随着大藏经崇拜的发展而出现。这种藏经所依据的底本虽然仍是社会上占主导地位的义理型大藏经，但由于修造目的不同，大藏经的形态也发生变化。

例如，唐末五代福建王审知曾经修造过五部大藏。据《全唐文》卷825《大唐福州报恩定光多宝塔碑记》介绍："天复元年（901）辛酉……我威武军节度使相府琅琊王王公，祀天地鬼神，以至忠之诚，发大誓愿，于开元之寺造塔，建号寿山，仍辅以经藏。……其三年甲子，以大孝之诚，发大誓愿，于兹九仙山造塔，建号定光，仍辅以经藏。……其经也，袟十卷于一函，凡五百四十有一函。总五千四十有八卷。皆极剡藤之精，书工之妙，金轴锦带，以为之饰。"②有的材料说，他当时所造者乃金银字大藏经③。

---

① 《宋高僧传》卷二一，参见 CBETA（2016），T50, No. 2061, p. 846, a8～10。
② 《全唐文》，影印本，第 8690 页下～8692 页下。
③ 参见小川贯弌：《福州毗卢大藏经的雕印》，林子青译，载《法音》1988 年第 5 期。

从上面资料可知，王审知造藏的依据是《开元释教录·入藏录》，但是，《开元释教录·入藏录》所收的5048卷经合袟时虽然也考虑部卷之多寡，但主要按照诸经之思想内容，故共分为480袟，每袟的卷数或有参差。但王审知所造的藏经则"袟十卷于一函"，分作541函①，则显然打破了《开元释教录·入藏录》原来的分袟。王审知为什么要这样做？理由只有一个，即他造的藏经主要不是供阅读，而是用来供养的。因此，他并不关心该藏的结构体系是否符合规范，使用是否方便，考虑的只是它的外观必须整齐划一，美奂华贵。

又如，拙作《中国写本大藏经研究》第四章研究的《大乘入藏录卷上》，出土于我国西夏故地黑水城，现藏俄国圣彼得堡东方研究所。该目录首题下称："《开元释教录》经当寺藏"云云，可见是某寺依据《开元释教录》所编的一部藏经的目录。但如果将它与《开元释教录·入藏录》加以对照，可以发现两者有很大区别。如《大乘入藏录卷上》称：

《菩萨璎络(珞)经》，十四卷，前秦沙门竺佛念译。

《无垢称经》，六卷，唐玄奘译。

上二经共二袟

《贤劫定意经》，十三卷，西晋竺法护译。

《大乘入楞伽经》，七卷，周实叉难陀译。

---

① 若为541函，每函10卷，则该藏收经5410卷，与碑文所说5048卷不合。疑此处数位有误。

上二经共二袟

《妙法莲花经》，八卷，姚秦弘始年罗什译。

《莲花面经》，二卷，隋那连提耶舍译。

上二经同袟。①

其实，在《开元释教录·入藏录》中，上述诸经不但不在同一袟中，甚至没有编排在一起。这完全是《大乘入藏录》的作者为了配齐每袟十卷这一数目，打乱《开元录·入藏录》原结构后硬凑成的。类似的情况很多，不一一列举。仔细考察这部藏经，可以发它对《开元录》合袟的改造，主要体现在如下几个方面：

第一，《开元释教录·入藏录》有着严密的结构体例，完全按照经典的思想内容分类组织。故把大乘经分作五大部、大部外重译、单译等七个部分。而《大乘入藏录卷上》则完全无视《开元录》的这一体系，单纯按照诸经卷数、袟数之多寡来排列其次序。

第二，《开元释教录·入藏录》在合袟时，要考虑经典的内容，尽量把同类的，或同本异译经合在一起。《大乘入藏录卷上》则全然不顾经典之间的这种内在联系，机械地按照十卷一袟的方式合袟。这样，不少同类经典、异译经便被拆散分置各处。

第三，《大乘入藏录卷上》中不少经典的分卷与《开元释教录·入藏录》不同。这种分卷法在历代经录中也找不到依据。我认为并不是社会上真的流传着这样的传本，而是《大乘入藏录》的作者

---

① 参见《俄藏黑水城文献》第六册，上海古籍出版社，2000年，第74～75页。

为了合帙的方便，任意分割经卷，以便把它们凑足十卷。

上述藏经形态说明《大乘入藏录》中所呈现的显然是一种专供做功德用的大藏经，所以完全不考虑检索、阅读的方便，只讲外观的整齐好看。后代的某些刻本藏经，由于目的只是做功德，所以虽然雕镂精美、装帧华贵，但为了保持一函十册之整齐外观，甚至不惜削足适履，任意删砍经文内容。这方面最突出的是清《龙藏》。如隋费长房的《历代三宝记》，原书15卷，是研究南北朝佛教的重要资料。但《龙藏》却砍去其14卷，只收入卷首1卷。

一部大藏，五千余卷。在当时条件下要造完具，确是一件大不易的事。故有时人们往往抄写某一部或某几部被认为是功德最大的经。这一类的记述在僧传、正史及敦煌遗书中甚多，不一一叙述。由于把写经造藏看作修功德的一条道路，于是出现剥肤为纸、刺血写经，以及修造华贵的金银字大藏经之举。凡此种种，都是信仰性大藏经的表现。

当然，说古代藏经有义理型、信仰型两种功能形态，并不是说古代有泾渭分明、互不混淆的两种藏经，一种专门用于阅读，一种专门用于供养。其实不少供阅读的大藏经本身就在佛堂或藏经楼供养着；同时也没有任何人规定用于供养的大藏经就不能阅读。不过，《大乘入藏录》之类的藏经告诉我们，有些藏经，其主要目的是供人做功德，而不是供人阅读的。这种情况大约与不同时代、不同地区义理型佛教的衰退有关。另外，必须强调指出的是，如前所述，义理型大藏经是我国古代大藏经的主流，信仰型大藏经是在义理型大藏经的基础上嬗演的。前面谈到王审知造藏与《大乘入藏录》的目录基础都是《开元释教录·入藏录》，就说明了这一点。

(三) 备查型大藏经

大藏经是佛教资料的总汇，本身应该起到资料备查的作用。但实际上，由于种种原因，我国古代的大藏经都没有能够把当时所有的佛教资料收罗齐全，从而未能很好地发挥备查性功能。古代大藏经在资料收集方面的局限大体表现在四个方面。

第一是见闻不广。以《开元释教录》所收义净译著为例。《开元释教录》由唐智昇于开元十八年(730年)在长安编成，历来被作为佛教经录的典范。义净一生译著总共107部428卷，绝大部分是在洛阳、长安两地的官方译场完成的。义净逝世于713年，17年后智昇在长安编藏时却只调查到370卷左右，其中有的典籍还只知其名而未能找到经本，所以《开元释教录·入藏录》只收义净译著200多卷。义净的情况既是如此，则那些年代更早，活动区域更远，名气更小的译师情况也就可以想见了。

第二是收集困难。有些典籍虽然知其名，但找不到经本。智昇《开元释教录》在"有译无本录"下列出的这类经典总计1 148部1 980卷。而《开元大藏》共收经1 076部5 048卷，两相比较，可知有译无本类经典所占比重之大。

第三是被宗派立场所局限。历代编纂大藏经的僧人都有自己的宗派立场，难免因此影响编藏工作。比如智昇对中国人撰写的佛教著作挑剔极严,除了少量因"毗赞佛教有功"被智昇收入大藏经外,绝大多数典籍,包括中国佛教各宗各派阐述自己宗义的重要著作,统统被排斥在藏外,任其自生自灭,不少著作因而湮没无闻。对此智昇无从辞其咎。又如辽代编纂大藏经,因为《坛经》是慧能的言行录而竟然敢于称为"经",故此宣布烧毁。

第四是受物质条件的限制,无法把收集到的经典都收入大藏经。

关于这一点,无须多加解释。

由于上述原因,历代都有大批佛教文献没有被收入大藏经,其中大量文献最终亡佚。这不能不说是佛教与中国文化的巨大损失。

固然,没有收入大藏经的资料,有些价值并不高。但大量的资料还是有很高的研究价值。如前面所讲智昇所列的1 148部经,都是他认为应该入藏的重要经典,只是他没有能够找到经本而已。敦煌藏经洞发现后,大批已经被湮没的典籍重见天日,使我们进一步了解了古代佛教的真实情况,许多研究者依据这些资料作出大量卓越的研究。我认为,以现代标准看,衡量一个图书馆,藏书的多少是最基本的参数。同样,衡量一部大藏经的水平与质量,入藏资料的多少也应该是最重要的标准。我们应该让新编的大藏经尽可能地收齐各类佛教资料,力求尽量满足不同人从不同角度提出的查索要求,提供所需资料。所以,今天我们如果再编纂新的大藏经,应该站在大文化、大资料的角度,努力发掘、收集与整理藏外佛教文献,把它们收归入藏,让大藏经在传统的义理型、信仰型功能的基础上,进一步完善其备查型功能,从而发挥更大的作用。

上面论述了大藏经的三种功能形态。其实，这三种功能形态完全可以有机地统一起来。备查型大藏经由于本身资料齐全，可称是具足了释迦如来的八万四千法藏，自然也就具备了信仰型大藏经的功能。把这种备查型大藏经编纂得尽量科学、合理，无论学界、教界都便于使用，它也就具备了义理型大藏经的功能。也就是说，使传统大藏经完善备查型功能，与它原有的两种功能形态不仅没有妨碍，而且相得益彰。

　　当然，要做到这一点，不仅我们的观点要变化，实际工作中也有许多困难。因为如果现在编藏，只把历代藏经已经收入的典籍收归入藏，这一点比较容易做到。由于历代编藏者的努力，这些资料已经被收集汇拢起来，就好比矿石已经被炼成钢铁。只是有的是精钢，现成就可以利用；有的是粗铁，还需要我们加工而已。但如果要把历代大藏没有收入的佛教资料也统统收归入藏，就等于要我们自己去找矿、开矿、炼钢。据我粗略估计，现存辛亥革命以前的有关佛教资料总数大约在3.5亿字左右，已经收入历代大藏经（包括日本诸种藏经）大约为2.5亿字，即还有1亿字左右的资料需要我们去收集整理。辛亥革命至今的资料总数大约也不会少于1亿字。如果我们能够把这下余的2亿字全部收入大藏经，就能突出时代的特色，占据历史的高峰，在中国文化史、世界文化史上树立起一座丰碑。无愧于前人，无愧于后代。

三、谈汉文大藏经的编藏理路及其演变[①]

(一) 编纂大藏经的内在理路

1. "内在理路"释义

在《关于汉文大藏经的几个问题》中已简单介绍了 2 000 年来汉文大藏经的基本概貌。本文想探讨编纂大藏经的内在理路。以前还没有人探讨过这个问题,因此首先需要说明什么是编纂大藏经的内在理路。

任何时代、任何人,花费如此巨大的人力、物力、财力来编纂大藏经,必然有他的目的。为了达成这一目的,必然有一个与这一目的相适应的甄别、选取佛典的入藏标准,有一系列与这一目的相配套的编纂藏经的方法。我认为,编藏目的、入藏标准、编藏方法三者,构成了大藏经编纂的内在理路。从历史上看,大藏经的编纂

---

① 本文为 2008 年 3 月应邀到台湾佛光山参加"2008 年人间佛教学术研讨会"递交的会议论文。后载《世界宗教研究》2012 年第 1 期。中国人民大学资料中心《复印报刊资料·宗教》2012 年第 2 期转载。收入本书时有较大删节,并重编章节。

者，一般很少公开宣示自己编纂藏经的目的、标准与方法。但无论哪一部藏经，实际都存在这三者，它们贯穿于该藏经筹备与编纂的整个过程，并体现在最终完成的这部大藏经中，所以称之为"内在"理路。我们可以通过分析一部一部的藏经，来探讨它们各自的内在编藏理路。当然，就某一部具体的藏经而言，还有一个它的预设编藏理路能否从始至终贯彻到底的问题。本文对此不予讨论，仅从宏观的角度，探讨古今编藏理路的表现形态及其演变轨迹。

2. 佛教编藏的基本理路

首先应该指出，结集佛典本来就是印度佛教的传统。佛、法、僧三宝的观念，在释迦牟尼时代是否已经产生，还可以再研究。从早期佛典看，三皈依在当时似乎已经成为一个熟语；但从历史事实看，释迦牟尼时代，佛典还没有产生。当然，从逻辑上讲，佛法形成在先，佛典结集于后。因此，释迦牟尼时代尚未出现佛典，不影响三宝观念的产生。从现有资料看，起码在部派分裂之前，三宝观念已经产生。如果说三宝观念在释迦牟尼时代已经形成，则第一结集的历史地位将更加重要。因为这说明当时的僧人已经非常清醒地把法作为与佛、僧并立的亘古永存的真理。即使三宝观念在释迦牟尼时代尚未形成，可以设想，第一结集的成果，对三宝观念的形成有着极大的促进作用。

印度佛教此后的历次结集，各有各的历史背景与原因，这里不做探讨。但佛典作为佛法的代表，始终受到重视与尊崇。佛教传入中国，怎样才能让中国信徒原原本本、毫不走样地接受佛教的思想，是当时传教法师面临的一个严重的问题。这个问题有两个层面:第一,质量层面,即"不走样";第二,效果层面,即"能接受"。从这两个层面,生发出早期汉译佛典的"直译派"与"意译派"之争。而汉文大藏经所以形成,正是这一理路在新时期的发展。

限于资料,我们对早期中国佛典的流传情况,特别是大藏经形成的具体过程,尚处在若明若暗的境地。但根据现存的道安时代的资料,我们可以看到,道安编纂经录的基本态度是鉴真伪、辨源流。也就是说,他特别注重佛典传播的质量层面,亦即纯正性原则。这种态度,贯穿了道安一生所有与经典有关的活动。

早在三国时期,围绕《法句经》的翻译,曾经发生过一场关于直译、意译的大争论。这场争论以直译派的胜利告终。而道安的"鉴真伪、辨源流",可以说是直译派路线在新时代的发展。虽然三国以后,意译照样大行其道;虽然道安以后,疑伪经以更大的势头涌现出来;但在中国佛教的发展史上,从佛教初传,到唐玄宗时代,这种保持佛典纯正性的努力一直在大藏经的编纂活动中占据统治地位,并直接影响着汉文大藏经的形态。我曾经撰文指出,从历史发展看,汉文大藏经有三种功能与三种表现形态。而正是编藏僧人努力保持佛教典籍纯正性的内在的宗教责任感,使当时的大藏经获得了学习、传播佛法的功能,出现了义理层面的形态。

但佛典毕竟是法宝的代表,三宝崇拜则是佛教的基本信仰形态。作为一个宗教,纯正的信仰是佛教立足的基础。因此,大藏经作为法宝的代表,自然也就具备了福田的功能,具备信仰性形态。

3. 会昌废佛后中国大藏经的基本态势

会昌废佛剥夺了佛教教团的经济基础，给佛教以沉重的打击，佛教开始酝酿转变。现在看来，这一转变顺着两条道路前进。一条是以"禅净合一"为旗帜的义理层面的佛教；一条是以大型科仪为代表的信仰层面的佛教。这一局面，入宋以后看得越来越清楚。由于此时的禅宗已经过了理论创新的巅峰，而净土本来缺乏深邃的理论，因此，此时所谓的"义理层面的佛教"，与唐代佛教理论鼎盛时期的佛教义理不可同日而语，只是相对于信仰成分更浓的科仪佛教而言罢了。

程序化的仪轨本是佛教宗教活动之必须。从敦煌遗书，我们可以很清楚地梳理出佛教在念诵经典的过程中不断仪轨化的轨迹。仪轨与佛教的忏悔思想结合，形成忏仪。忏仪本来是一种与佛教义理、僧人个人修持紧密结合的、非常生动活泼的宗教活动。但一旦被程序化，就比较容易凝滞、表层与僵化，而与僧人内在的修持逐渐脱节。密教的传入，新的崇拜对象的兴起，使得大型科仪得以组织与产生，这种科仪到宋代达到高峰，并影响到明清佛教的形态。评价、论述宋以下的中国佛教的上述种种变化，还必须考虑宋明理学兴起这一外部因素。在此限于篇幅，不予讨论。

会昌废佛开始，佛教的面貌逐渐发生极大的改变，大藏经的情况如何？这可以从如下三个方面来分析：

第一，从佛教内部讲，严格真伪鉴别、重印度轻中国、重经论轻注疏这一基本理路并没有改变。智昇时代已经表露的藏经落后于佛教现实的倾向进一步扩大。因此，对大量涌现的科仪，当时的大藏经基本不予理会，任其在藏外自生自灭。这为我们今天收集科仪佛教的资料、研究科仪佛教造成很大的困惑。

第二，从佛教外部讲，由唐玄宗开创并有效实施的皇权的制导力量日益加剧。《开宝藏》就是皇帝派内官负责刊刻。在宋代官方译场译出的部分经典，因为不合中国儒家的伦理道德，被皇帝下令烧毁。明代万历皇帝的母亲，挟皇太后之威，把自己感梦所得的所谓《第一大稀有经》纳入大藏。《清龙藏》为了追求外观的整齐划一，甚至任意砍削传统已经入藏的典籍。从皇权对大藏经的制导讲，以往皇权能够施加影响的，只是皇帝下令编纂的大藏；对民间自己编纂的藏经，则一般不予干涉。到了清代，皇家甚至下令从《嘉兴藏》这一民间编纂的藏经中撤出不合自己口味的著作。

第三，从总体格局来看，中国封建社会的晚期，社会发展较为停滞。宋明理学是当时占统治地位的意识形态，佛教则日益衰微。佛教的衰微，主要表现在义理层面的衰微与修道理想的退堕，即理论的追索几乎停顿，公认的高僧寥若晨星。而它的信仰层面却极度膨胀，特别是各种荐亡祈福的科仪法事，以及各种修福积德的活动大行其道。在这种情况的影响下，大藏经的发展也显得较为缓慢与停滞。

此时的编藏理路，除了个别藏经外，从总体看，大抵出于修积功德。因此，除了个别特例，编藏者对于所编藏经的体例、结构、收经标准等问题，甚少措意。此时所编的藏经，大抵是在前代藏经的基础上，加上新编入藏部分，层积而成。各寺院请印的藏经，大抵供养在藏经楼，等闲不许人们接触。明智旭虽然曾对大藏经结构提出改革意见，但他的意见并未在中国的大藏经编纂实践中得到落实。从唐智昇到清末，一千余年，大藏经的形态变化不大。这固然可以归功于智昇的卓越工作。但我认为与其说智昇的工作过于超前，乃至千年之下依然无人可以逾越，不如说与中国社会发展缓慢、中国佛教发展缓慢相呼应，大藏经也进入缓慢发展的时期。不是智昇的工作过于超前，而是后代的子孙过于不肖，未能在大藏经编纂方面有所创新，有所前进。

(二) 近现代编藏理路的两大转换

1.《大正藏》

在西方文明的冲击下，近代东方遇到几千年未有之变局。东邻日本跟上了这股潮流，通过明治维新，富国强兵，走上近代资本主义发展的道路。日本社会的这一变化，也影响到佛教大藏经的编纂，这充分体现在《大正新修大藏经》（以下简称《大正藏》）的编纂中。

《大正藏》是在高楠顺次郎、渡边海旭、小野玄妙等人的主持下，集中日本佛教界、学术界一大批优秀学者，历时13年(1922—1934)，克服种种艰难困苦编辑出版的。据统计，先后参与人员约300人，有关人员达45万之多，编辑费用则达280万日元。了解二十世纪二三十年代日本物价水平的人都知道，这实在是一笔惊人的巨款。全藏100卷，计正藏55卷、续藏30卷、图像部12卷、昭和法宝总目录3卷。收录各种典籍、图像3 360部，13 520卷。是当时收录佛教资料最多的一部大丛书。半个多世纪以来，这部大藏经对世界佛教研究的普及与深入贡献之大，实在无与伦比。堪称佛教文献学史上一座前所未有的里程碑。1960年，日本"大正新修大藏经刊行会"发起重印，重印时对初印本的若干错误作了校正修订。

我曾经撰文对《大正藏》进行评述，指出与传统大藏经相比，《大正藏》所具有的诸多优点，同时也指出它的种种缺陷①。但当时没有从编藏理路的角度进行论述。现在看来，《大正藏》与传统大藏经相比，最大的区别是编藏理路完全不同。

从历史上看，传统大藏经都是佛教信徒编纂的。他们编纂藏经，或者是为了传播佛法，或者是为了修积功德，目的都是宗教性的。《大正藏》的主要编撰者虽然也都是佛教徒，但大都曾经留学欧洲，经过近代西方学术的洗礼，他们与传统意义的佛教徒不同，同时具备佛教徒与学者两种身份。他们一方面保持自己的佛教信仰，另一方面力求按照西方的学术规范来处理佛教典籍。佛教信仰与学术规范，虽说可以力争互不冲突；但各自的立场、方法不同，有时也会难以兼容。比如，传统的佛教徒以佛经为圣言量，当不同经典的观点互不相同时，他们会力求用佛陀说法应时应机这样的理论来解释，并用判教的方法来消弭其中的矛盾。而作为一个学者，则会按照严格的学术规范，考察不同经典与学说的产生年代、地点、

---

① 参见方广锠：《大正新修大藏经评述》，载《闻思》，华文出版社，1997年。
对《大正藏》的最新评述，请参见本书的"数字化时代的佛教文献"。——2019年3月补注

环境、作者，辨析不同观点异同的实质，研究分歧的由来与发展，由此证明佛教在新的时空条件下怎样努力发展自己的理论。作为一个佛教徒，把经典作为圣言量，可说是理所当然；作为一个学者，努力追求历史的真实，本来也是一种天职。两者应该相互尊重、相互促进，从而共同提高。

《大正藏》编纂者在大藏经的编纂中引进了西方的学术规范。举其大者，有如下几端：

（1）在分类结构方面，他们彻底摒弃汉文大藏经沿袭1000多年的"重大轻小"的传统，以"阿含部"居首；并将密教单列为一部，作为诸经的殿尾；以此体现佛教历史发展的进程。

（2）他们主要利用增上寺的宋藏（《思溪藏》）、元藏（《普宁藏》）与作为底本的《高丽藏》对校，又加校明藏（《嘉兴藏》）。此后，又加校原藏于上野帝室博物馆的正仓院古写经与藏于宫内省图书寮的北宋本一切经（《崇宁藏》《毗卢藏》混合本）。我国的藏经可以分为以《开宝藏》为代表的中原系、以《契丹藏》为代表的北方系以及以为《崇宁藏》等为代表的南方系。《再刻高丽藏》实际集中了中原系、北方系的优点，而《大正藏》又参校了南方系《崇宁藏》《毗卢藏》《思溪藏》的经本。因此，《大正藏》可以说集诸家之精华于一身。此外《大正藏》还从日本各寺院收入不少古写经或刊本，或作校本，或作底本。并在《昭和法宝总目录》的《大正新修大藏经勘同目录》中对每一部典籍的底校本都作了交代。尤其值得称道的是，不少经典还与梵文本或巴利语本作了对勘，并在校记中注出梵文或巴利语原词。

(3) 编撰了实用的版本目录与索引、编撰了配套的词语索引

作为一名佛教文献学工作者,《昭和法宝总目录》是我案头必备的参考书。其中最为常用的是《大正藏》的版本目录——《大正新修大藏经勘同目录》与两个实用索引——《大正新修大藏经著译目录》《大正新修大藏经索引目录》。

上述目录与索引对读者按图索骥查阅佛典,尤其对检索佛典的梵文名、巴利语名、藏文名、汉文异名、异本、注疏、品名、年代、著译者、诸藏函号,检索历代佛教学者的入藏著译,均有极大的功用。以往所有的大藏经均没有类似的目录与索引,这当然是时代的局限。而《大正藏》能够自觉地站在现代学术背景上,发扬现代学术的严谨学风,按照现代学术的要求来要求自己,从而编纂出具有如此高度学术水平的基本工具书。可以说,《大正藏》的这些目录与索引不仅给读者以极大的便利,而且奠定了《大正藏》的科学基础。这是《大正藏》编纂者对大藏经编辑理论与实践的一大贡献,对佛教文献学的一大发展。高楠顺次郎把编纂上述版本目录与索引作为《大正藏》的十大特点之一,的确当之无愧。

《大正藏》出版之后,编纂配套的词语索引的计划便逐步提上议事日程。1943年,由小野玄妙负责开始着手。1956年,这一计划再次启动,并于1958年由大谷大学、高野山大学、驹泽大学、大正大学、立正大学、龙谷大学等日本著名的六所佛教大学组织成立了"大藏经学术用语研究会",负责规划、统筹此事,各大学分头承担任务。全部索引共出版为48册,这是继《大正藏》之后的又一宏大工程。

(4) 增列外教部与疑伪经部

应该说,上列三端,虽然充分体现了编纂者为提高《大正藏》的学术性而作的努力,但在传统佛教的框架内,也还是可以被接受的。而增列外教部与疑伪经部则是《大正藏》的一大创举,也是《大正藏》学术品格的集中体现。

大藏经是佛教典籍的总汇,仅收佛教典籍,不收其他宗教的著作,应该是大藏经的个中应有之义。不过,由于印度佛教常与印度的其他宗教哲学派别相互争论,这些争论被记录在佛教典籍中。为了便于中国佛教徒学习相关著作,传统大藏经中收有陈真谛译《金七十论》与唐玄奘译《胜宗十句义论》等印度数论派、胜论派的典籍。所以,这两部著作在汉文大藏经中纯属附录,《开元释教录·入藏录》把它们安排在西方圣贤集的最后,体现了它们在大藏经中的这一地位。但《大正藏》则特设"外教部",起码在外观上,让外教部与阿含部、般若部等佛教典籍处在平起平坐的地位上,则不能不说是编藏者有意的安排。在外教部中,除了上述传统大藏经已收的两部外,还收入《老子化胡经》《摩尼教下部赞》《摩尼光佛教法仪略》《波斯教残经》《序听迷诗所经》《景教三威蒙度赞》《大秦景教流行中国碑颂》等道教、摩尼教、景教典籍。上述典籍中,《老子化胡经》是佛道交涉的产物,对研究佛教的中国化有相当的价值。而其余几部典籍,与佛教并没有什么真正的关系。要说关系,只是它们在翻译时大量借用了佛教的词汇,给我们一个摩尼教、景教在中国流传的背景具象而已。也就是说,《大正藏》的编纂者收入这些经典,其注目点已经不是佛教本身,而是在佛教背景中活动的其他宗教。

至于疑伪经，从来被正统的佛教徒认为"今宜秘寝。以救世患"的东西，传统大藏经避之唯恐不及。而《大正藏》也公然将它们收入，并单列一部，与阿含部、般若部等并列。

站在传统佛教徒的立场，《大正藏》编纂者的上述行为是不能容忍的。但高楠顺次郎他们毅然这样做了。只有一个理由可以解释他们的这种行为，就是说，在他们的心目中，大藏经固然是佛教的宗教圣典，同时也是重要的学术研究资料。这就是他们的编藏理路。

有一位日本学者说过这样的话：《大正藏》的编纂，奠定了日本在世界佛教学术研究中的领导地位（大意）。近百年的佛教学术研究史证明，这一评价是有道理的。

2. 大陆《中华大藏经》

如果说，《大正藏》的编纂体现了近代编藏理路从宗教性向学术性的演化，则二十世纪八十年代开始编纂的大陆《中华大藏经》（以下简称《中华藏》），则将大文化理念引入了大藏经编纂的实践。

与以往的藏经不同，《中华藏》不是以佛教信众为主体，而是由以任继愈为首的佛教研究者为主体进行编纂。编藏者身份的不同，决定了《中华藏》的编纂，首先被强调的是它的学术含量。所以，《中华藏》正藏部分以稀世孤本《赵城金藏》为基础，校以历史上有代表性的八种藏经。精良的校勘，使《中华藏》汇聚了历代大藏经的精粹，这是《中华藏》超越历代藏经，也超越了《大正藏》的地方。

不仅如此，我们认识到，佛教也是一种社会文化。佛教传入中国后，中国文化逐渐形成以儒为主干，佛道为羽翼的局面，儒释道三家共同支撑起中华文化之鼎。与此相适应，古代儒释道三家的图书也分别庋藏、独立编目、自成体系。《隋书·经籍志》记载，隋炀帝在东都观文殿东西厢构屋，收藏儒家经史子集四部书；在内道场收藏佛经、道经，并分别编撰目录；建妙楷台，收藏名家法书；建宝迹台，收藏历代古画。这可说是隋代国家图书馆、国家博物馆的基本规制。历代王朝沿革虽有不同，但三家典籍分别庋藏的传统不变。三家典籍分别庋藏，虽然有各司其职之优点，却也有割裂文化之缺点。其后并因宋明理学的兴起，造成四部书体系泛滥，在全社会形成了一个无形的四部书文化范式。其流毒至今依然在泛滥，没有得到清算。这对佛教、道教都是极其不公平的，应该予以纠正。

思想主要靠典籍来传述。正因为有了典籍，思想的传播才能够超越时间与空间。我们今天编纂大藏经，不仅仅为当代僧俗人等学习佛教理论提供基本的资料，研究佛教思想提供可靠的依据，也是为后代子孙保存研究中国文化乃至东方文化的最基本的史料。做学问的都知道，搞研究，应该尽力把有关资料一网打尽。我们今天编纂大藏经，应该放眼中华文化乃至东方文化的全局，把与佛教有关的资料尽量收入。所以，二十世纪九十年代，我们就提出，在义理性、信仰性等大藏经的这两种传统的功能外，应该为新编的大藏经赋予一种新的功能，即备查性。要通过大藏经的编纂，全面整理与保存作为中华文化重要组成部分的佛教资料。不仅整理与保存传统的佛教大藏经，还要整理与保存传统大藏经不收的其他佛教资料。不仅要整理、保存佛教信徒论述佛教的著作，还要整理、保存儒家、道家人士撰写的与佛教有关著作，以及佛教人士撰写的论述儒家、道家的著作。不仅要整理保存古代的资料，还要保存今人一切有价值的新资料。不仅要整理保存中国人翻译撰写的佛教著作，还要整理保存古代外国人用汉文撰写的相关资料。使《中华藏》真正成为佛教资料的总汇。

用大文化的观点考察以往的藏经，可以发现，由于种种原因，以往的各种大藏经，包括日本《大正藏》，甚至连编藏当时的佛教资料都未能收罗齐全。

固然，没有收入大藏经的资料，有些价值并不高。但大量的资料还是有很高的研究价值。如敦煌藏经洞发现后，大批已经被湮没的典籍重见天日，使我们进一步了解了古代佛教的真实情况，许多研究者依据这些资料作出大量卓越的研究。我们应该让新编的大藏经尽可能地收入各类佛教资料，力求尽量满足不同人从不同角度提出的查索要求，提供所需资料。

另外，典籍价值的高低，有时需要拉开一段历史距离才能显现。比如传统认为疑伪经没有价值，把它打入另册。而现在我们发现，不少疑伪经实际是中外文化交流的结晶，为我们研究佛教的传播、嬗演提供大量珍贵的研究信息，是我们揭开许多佛教史之谜的珍贵钥匙。所以，今天我们如果再编纂新的大藏经，切忌以个人的好恶以为取舍，应该站在大文化、大资料的角度，努力发掘、收集与整理一切与佛教相关的文献，把它们收归入藏，让大藏经在传统的义理型、信仰型功能的基础上，进一步完善其备查型功能，从而发挥更大的作用。

目前，《中华藏》的编纂工作正在进行，我们的设想能否在实践中得到彻底的贯彻，还有待时间的检验。这样编出来的大藏经能否得到佛教界、学术界的认同，也还有待评说。

(三) 赘语

编一部高水平的佛教大藏经，是百年来中国佛教学界、教界共同的理想。百年来，无数仁人志士为此奔走努力。现在看来，要达成这样的理想，还有一段很长很长的路要走。如何集中我们有限的人力、物力、财力，做好这件旷世大事，值得深入思考与协调。在目前，还有一种思路，可以供对大藏经编纂感兴趣的人士参考。在汉文大藏经的领域，我们要做的事情实在太多了，大家不妨分工合作。比如完整具备上述三种功能的大藏经，可以作为法宝学习与供养，可以作为资料备查，但也许并不适合初学者学习佛教之用。因此，我们应该仿效杨文会当年编纂《大藏辑要》的计划，编辑出一部，或若干部针对不同对象的比较精要的选藏、小藏，以满足不同人群的需要。在这里，我们应该汲取欧阳渐所编《藏要》的教训，要以更加宏大的心态来对待各种佛教典籍，不能以个人的或宗派的好恶而任意取舍。又比如，佛教正在走向世界，我们也迫切需要将汉文大藏经中的一些重要典籍翻译为英文乃至其他语言，让佛教为世界文化作出更大的贡献。还有，如何做好各种专门的索引与提要；如何进一步做好大藏经数字化的工作，在网络上真正建成一个有关佛教的因陀罗网。如此等等，都是我们值得为之奋斗终生的事业。这么多的事情要做，需要学术界、佛教界有志之士的共同努力。功成不必在我，只要是有意义的事业，开起头来，总会有人前赴后继做下去。我坚信，功不唐捐，事不虚抛，涓涓细流，都会归入大海。任何为大藏经编纂所付出的点滴心力，都将与大藏经事业一起永存。

10

数字化时代的佛教文献

一、数字化时代的佛教目录[①]

《佛教图书馆馆讯》约我写一篇以"资讯时代佛教目录学的发展"为主题的文章。我从 1990 年开始用计算机,已经十来年;先后更新,已有五台。但计算机在我手中,基本上只是一台打字机。而"信息"所以能够发展为"时代",计算机仅是其基本工具,信息时代更主要地依凭于因特网的数据传输与大型数据库的数据处理。这些年来,计算机在大陆的佛教研究者中已经十分普遍,基本上人手一台。但对大多数研究者来说,也不过只是打字机。因此,对大陆学者而言,"信息时代佛教目录学的发展",的确还是一个新课题。特别是由于较少上网,所以对外界在这个课题上的研究已经达到什么程度,基本上是"两眼一抹黑"。在这种情况下来谈"信息时代佛教目录学",似乎有点不恰当。但是,人类已经跨入信息时代,这些年因特网在大陆发展之迅速,令人瞠目。虽说大陆学者前些年发起的"中国佛教信息网"是一个不成功的尝试,但教训也是

[①] 原名《资讯时代的佛教目录学》,载台湾《佛教图书馆馆讯》第 29 辑,2002 年 3 月。收入本书时用词略有修订,如"资讯",一般均改为"信息"。

财富。最近"中国佛教数字图书馆"正在酝酿中,故"信息时代佛教目录学的发展",也是我们必须直面的课题。所以,本文借此次约稿的机会,对信息时代的佛教目录,谈一点个人的不成熟的思考,以求教于方家。

佛教的传入与发展使佛典的翻译撰著日益兴盛,佛典的兴盛引发佛教目录的编撰。从渊源上讲,中国佛教目录的产生,受到中国传统文化的极大影响。但其后中国佛教目录所达到的水平,特别是唐代佛教目录的水平,远远超过同时代儒家经史子集四部书目录的水平。追究其原因,首先在于佛典数量之浩瀚与内容之丰富,其次在于佛教义学水平之提高。佛典数量之浩瀚与内容之丰富对佛教目录的编撰提出更高的要求,而佛教义学水平之提高使得编纂目录的僧人能够不断开拓思路、创设新例以条贯诸经。

与古人相比,当今学术的发展,信息的爆炸,使我们面临的佛典更为浩瀚与丰富;而信息时代的诸种佛教文献,又呈现与古代不同的新特点;从而对佛教目录工作者提出更高的要求。现在的佛教义学水平已经达到怎样的高度,虽然很难下一个断语,但其他学术领域在信息方面已经达到的成就却可以为我们今日的佛教目录提供相当的参考。在这种情况下,信息时代的佛教目录将是怎样的一个面目呢?

(一) 全面

作为一个专科目录,全面地著录该专科的所有文献,应该是个中应有之义。然而，以往的佛教目录，没有一个能够真正达到这个目标。古代，由于见闻不广、收集困难、受物质条件的限制等原因，要想全面地著录所有的佛教文献，只是一种空想。更不要说，由于正统观念或派别观念所限，很多编纂目录的僧人有意将一些佛教典籍摈除在外。而在今天这样信息爆炸的时代，任何一个个人，想要用传统手段编纂一部全面、完整的佛教目录，更是一个无法企及的梦想。好在现在已经是信息时代，信息的传播可以迅速地超越时空，从而为我们提供达成这一目标的可能。但可能不等于现实。要使可能成为现实，需要做到这么两点：第一，所有的佛教信息产生源(出版社、杂志社、研究机构、高等院校、其他文化团体、寺院、个人等)都将自己生产的佛教信息转化为网上资源；第二，有人专门从事这类网上资源的收集，并将之加工整合为目录。也可以换一种思路：第一，所有信息产生源自愿结成一个网上联合体，将生产的所有佛教信息集中到某一个由共同协议而设立的中心网站；第二，由这个中心网站对所有的佛教信息进行加工整合，使之成为方便读者使用的目录。

就目前而言，要想做到上述两点，理想色彩未免太浓。比较现实一点的，大概还是若干个有兴趣参与此事的不同地域的单位或个人(以下简称"参与者")，为了这样一个共同的目标，组成一个网上的联合体，经过充分协商、分工合作，采集有关资料，并将之汇总整合。参与者未必一定是信息产生源，但应该是有条件大量接触新产生信息的。所以要强调不同地域，是为了使采集活动尽可能地扩大其覆盖面。所以要充分协商、分工合作，首先是避免重复劳动,其次是统一采集标准与著录方式。其实,严格地讲,需要采集的,不仅是新信息,即近年新出版、发表的著作与论文;还应该包括旧信息,即古代、近代没有被收入大藏经、没有被收入佛教目录的文献。从采集旧信息的角度讲,参与者大概比信息产生源的积极性会更高,效果也更好。由于信息对象本身的复杂性,所以这里特别需要强调的是,诸参与者的著录方式,不但必须统一,而且应该具有前瞻性、开放性特点,以免将来的被动。

上述方案的实施,也不是一件容易的事,有待诸种因缘的成熟。但我想,如果若干个有条件的佛教图书馆或寺院先行联合起来,行动起来,首先达成一个统一的采集标准与著录方式;然后把本图书馆、本寺院的有关藏书、论文目录整理、公布出来;同时汇集为联合目录;进而扩展到本地其他佛教文献的采集著录,并在条件成熟的情况下,随缘扩展,逐步吸收新的更多的参与者。如果这样锲而不舍地做下去,假以时日,则上述方案未必不可行。虽然这种方式也未必能够把所有的佛教文献百分之百地包罗无余,但如果有适当的协调、分工方式,应该可以尽可能地达到理想的效果。

这里涉及许多操作层面的事情。但只要我们能够着眼于佛教全局,而不仅仅着眼于本寺院的名声与地位;只要我们改变看人不看事(亦即不管事情该不该做,首先看的是什么人在做,然后决定自己到底是参与、反对或者旁观)的态度;事情是可以做起来的。当然,操作层面的事情可能比目录编纂本身的难度更大。这里不谈。

就观念而言，也有问题需要解决。

首先，信息时代，文献的形态出现了新的变化。以前，说到"文献"，虽然有"文，典籍也；献，贤也"之类的说法，但基本上把文献局限在以纸张为载体的文字数据。过去我们说佛教文献，所指也是以纸张为载体的文字性佛教典籍或以文字为主的佛教典籍。但《大正藏》首创了"图像部"，收入各种图像。虽然《大正藏》把图像部作为"别卷"，亦即"附录"，以示与文字数据的区别，但无论如何，这是一个突破。当然，《大正藏》图像部所载虽非文字，但仍以纸张为载体。但随着考古工作的开展，有人主张将甲骨、金文、简牍、碑铭等具有历史文献性的文物本身也纳入文献。而当今信息时代，除了出现电子文本的大藏经，还出现大量与佛教有关的音、像、多媒体数据。如何处理这些数据，是否把它们也纳入佛教文献的范围，从而纳入佛教目录？如果说，以数字电子为载体的大藏经及其他文字性佛教典籍理所当然应当进入目录，那么，以数字电子为载体的音、像、多媒体数据何以不能像《大正藏》"图像部"那样也进入目录？如果以数字电子为载体的音、像、多媒体数据可以进入目录，则相关的录音带、录像带、光盘数据自然也应该具有相应的资格。如果把它们都收入，则如何处理其不同版本？这些数据现在可以非常方便地翻录、拷贝，使得其版本的著录将十分复杂。进而，作为这些电子数据的原始标的物，包括诸如雕塑、壁画、洞窟、法器、寺院等文物是否都应该收入佛教文献目录？再进一步引申，法事活动呢？说法讲经僧呢？当然，再这样引申下去，一项学术研究要变成一个笑话了。

总之，这是一个需要解决的问题。一个目录的内涵与外延如果没有清楚的界定，这个目录无法编纂。

其次，如拙作《略谈大藏经的三种功能形态》所说，大藏经具有义理型、信仰型、备查型三种功能形态。作为一部佛教目录，则更加应该突出其备查功能。在这里，古代编纂经录僧人的作为，应该成为我们的借鉴。例如道宣，编纂过《续高僧传》，记载了大量高僧的行状及其著作。但在《大唐内典录》中，却把这些著作大量地排斥在外。道宣为何这样做，我们现在无从猜测其动机。但其效果，则显然是十分消极的。我希望所有编纂目录的人心量要大一点，再大一点。目录是提供给读者作基本参考的，目录的信息量越大，它的参考价值也就越大。如果当年智昇编纂《开元录·入藏录》时高抬贵手，不要用那么严格的标准来剔除中华佛教撰著，那可以为后人保存多少宝贵的资料啊！这一教训，值得每一个佛教目录编撰者汲取。

当然，全面著录一切佛教文献，也会有相应的副作用。一是工作量太大，一是收入的文献良莠不齐。工作量大，这没有办法回避。好在现在有计算机，足以处理海量数据。至于良莠不齐问题，下面再谈。

应该说明，上面虽然从佛教文献的整体来论述目录的编撰，但并不意味着笔者反对或忽视各种从不同角度出发的佛教专题目录。恰恰相反，我认为现在迫切需要编纂各种各样的专题目录，以供急需。但是，任何一个专题目录，都需要将该专题的有关文献尽量著录完整，从而也就遇到本文上面所谈的同样的问题。

(二) 准确

准确性是衡量一部目录参考价值大小的另一个重要标准。

过去，所谓准确性，无非是指著录的内容(诸如书名、作者、版本项等等)不出错误，分类大致合适，索引正确。其中除分类比较专业外，著录与索引的标引正确，是任何一个责任心比较强、工作态度比较认真的人都可以做到的。但信息时代的佛教目录仅仅局限于这些项目，恐怕不能满足读者的需要。

网上佛教文献的一个基本特点是，同类文献数量大，同一文献文本多。同类文献数量大，这一点毋庸解释。同一文献文本多，则需要略作说明。当认识到佛典可以上网传播后，各色人等积极性极高，各种各样的佛典被录入上网，有的同一种文献在网上有几十种不同的文本。这些文本形态各异，质量也参差不齐。看到这些形形色色的文本，我有一种回归写本佛典时代的感觉。所以，信息时代佛教目录准确标准的另一个含义，就是对所著录的文献作一个准确度的评价，以为读者基本的导读。

这种事情，其实古人早就做了。《大唐内典录》中的"举要转读录"，就是对同一类典籍或同一典籍不同异本的简料；而张之洞的《书目答问》，一一指明同一书籍各种通用版本的优劣乃至提示其内容，以为初学者导航。

但是，这种事情现在做起来，仍然有相当大的难度。举要转读录的编撰，需要有关专家在仔细研究相关著作后，才能得到庶几乎近之的结论，而且还难免有仁智之见。 至于网上文本的录文精确度，则一直被人们怀疑，以致比较严谨的学者，在利用电子文本查寻数据后，一定要核对书册本原文，并按照书册本注明出处。 现在如果让目录的编撰者一一覆按这些电子文本的录文精确度，其工作量之大，是让人无法接受的。 放纵之不可，覆按之不能。 如何跳出这两难境地？我想是否可以采用超文本方式，将目录所著录的典籍名称与它的电子文本以及所据原本的扫描件连接在一起。 这样，覆按的工作交给读者自己做，质量高低由读者自己去鉴别。

但这样一来，目录已经不是目录，目录变成了图书馆。 但我想，这大概是信息时代的目录与以往目录的最大不同，最大变革。 以往的目录是单纯的书单子，人们检索了这个单子后，需要另外再去找书。 而信息时代的目录本身就挂在网上，与网上图书馆成为一个密不可分的整体，是网上图书馆的入口处与导航员。 许多网上图书馆已经这样做了，这自然也应该是信息时代佛教目录的发展方向。

顺着这个思路，我们可以按照开放、互动的模式来设计这一网上佛教目录。 亦即任何一个读者都可以通过这个网上佛教目录进入某文献的由超文本链接的扫描原件与相应电子文本的比对系统，可利用扫描原件对相应的电子文本进行校对。 并可在目录所著录的该文献名称下开设的窗口中，发表自己对原电子文本的录入质量的评判。 目录下还可以开设另一个窗口，发表读者对该文献内容的评论。 自然还可以依据不同的需要，开设新的不同的窗口，进行不同类型的其他互动活动。 这样，前面提到的对所收文献内容良莠不齐的提示问题，就可以得到解决。电子文本的录入精确度也可以不断提高，电子文本本身可以不断升级为新的版本。

自然，这样的目录，或这样的图书馆应该设计出相应的软件，对上述交互式过程的每一步都加以纪录并进行公布。一则尊重原录入者的劳动及每一位复校者的劳动；一则保留文本修订过程的完整记录。

酝酿中的中国佛教数字图书馆计划采用上述方法。但相应软件的设计还是一件大事，目前正在讨论中。

(三) 方便

读者利用目录，是为了查索自己所需要的文献。如何让读者方便地查索到所需文献，是任何一个目录都必须认真对待的。

我国传统的佛教目录用专题目录、分类结构、适当标注等方法来解决这个问题。近代以来，人们又开始接受西方学术界创制的索引。传统图书馆至今采用的，大致仍然是以上这些方法。

信息时代情况完全不同。这里以我个人的经历为例谈谈。

我个人的书籍、杂志，大约有上万册。与一般人的书房一样，书架上的书籍大体整理分类。但我个性比较邋遢，用过的书籍随便堆放。整理后不久，书籍又乱了。所以，对我来说，寻找资料是一件十分头疼的事情。明明知道自己保存着某一资料。但就是找不到。去年搬家，书完全被打乱，要再整理分类，费时费力，还照样不能持久。于是我放弃按照内容分类，而是按照开本大小上架，使同样的空间可以容纳更多的书籍。然后把它们全部输入计算机。此后找书，只要在计算机中一查，便知道该书在哪个书架的哪一层上，方便多了。

由小见大，信息时代的佛教目录，特别是网上目录，分类法将被放弃，而代之以更加灵活多样的检索方法，以满足不同读者的不同需求。我想，其主要检索方法，可以考虑设计为如下两种：

第一种，以版权页的各种纪录，即书名、作者、出版者、出版年月、版次等内容为检索对象。

对于检索目的为特定书籍、特定作者、特定出版者、特定时间段的出版物的读者来说，上述方法将能满足他们检索的需要。

第二种，以主题词为检索对象。

文献主题词的设置是信息时代文献学的一大突破。主题词与大型数据库的配合使用，就知识结构而言，突破了以往图书分类法的树状结构，使人类的知识真正组成一个相互紧密联系的因陀罗网。从检索方式而言，打破了以往图书分类法的单维检索模式，可以实施多维检索。从理论上讲，其维数甚至可以不受限制，为研究者搜寻同类文献、相关文献提供了极大的方便。可以预期，在信息时代，主题词检索作为一个极具生命力的检索方法将在佛教文献的检索中大放光彩。

但是，主题词检索的前提是每一部文献都已经设置了充分、必要、准确的主题词。所以，问题转化为如何对文献设置充要而准确的主题词。这个问题可以分两个方面来论述：

第一，必须编纂充要的主题词表

虽然海峡两岸都已经编制了规范的主题词表。但是，应该指出，目前出现的佛教主题词表还不能完全覆盖佛教的所有知识点，没有达到充分、必要这两个基本要求。目前发表的有关著作、论文，其主题词的设置，大抵由作者本人标引设置，具有很大的随意性。因此，编纂一个充要的佛教主题词表成为当务之急。

编纂这样一个佛教主题词表，是一件专业性、学术性极强的工作。要充分考虑如下三个方面：

(1) 要充分研究传统的佛教图书分类法

信息时代的佛教目录将会放弃传统的图书分类法。但这种放弃不是简单地废除，而是哲学意义上的扬弃，是传统的图书分类法在螺旋式上升过程中的新的表现方式。只有充分研究传统的图书分类法并吸收其全部优点，才能编纂出符合要求新的佛教主题词表。

(2) 要充分发挥佛教辞典、佛教百科全书等工具书的作用

新的佛教主题词表应该覆盖现有的全部佛教知识。而各类佛教辞典、百科全书就是前此各类佛教知识的总结，它们自然可以在编纂新的主题词表的过程中给我们很大的帮助。

(3) 要充分注意新的知识增长点

学术在发展，知识在更新。编纂新的佛教主题词表，自然应该注意新的、正在发展着的知识增长点与知识领域。

上面从不同角度谈了编纂新的佛教主题词表应该注意的三个方面。其实，这三个方面本身是一个整体。传统的佛教图书分类法是一个树状结构，要突破这个树状结构，把它变成网状结构，需要

利用佛教辞典、百科全书一类的工具书所提供的佛教知识点来填补其空白，梳理与连接各知识点之间的内在联系。但现有的佛教辞典、百科全书仅是以往知识的总结，我们还必须注意新的知识，以丰富与发展这个主题词表，使它与发展着的佛教与佛教研究同步合拍。

第二，必须对文献准确标引主题词

犹如传统图书馆在日常工作中，如何让工作人员依据现行的图书分类法正确将图书进行分类一样，有了覆盖新旧全部佛教知识点的充要主题词表之后，如何依据这一主题词表恰如其分地、准确地标引文献内容，依然是一项极其重要的工作。只有做好这项工作，才能产生理想的检索效果。

对于新文献，我们或者可以采取让作者自己标引的方法。对作者已经逝世的旧文献，则必须由他人进行标引。这项工作比传统图书馆日常所做的图书分类难度更大，因为它已经完全突破传统的"书皮之学"，更多地依赖于对该文献内涵的分析。这是一项需要专家来进行的工作，而我们现有专家的数量与有待处理的海量文献相比，又何等的不成比例。如果再考虑到知识的动态发展，考虑到主题词表本身的不断修订与升级，考虑到专家之间的仁智之见，则上述问题将陷入永无可能解决的绝境。

但如果我们考虑到真正的尽善尽美只能存在于彼岸世界，而此岸世界的一切都是相对的、不圆满的，则我们或者可以不必那样悲观，而让自己暂且满足于一种相对、尽可能完善的状态。那么，我想可以提出如下两个方案来解决这个问题：

(1) 专家与读者相结合，交互式标引

目录连同超文本链接的文献上网后，给读者留下标引主题词的空间。以后便是专家与读者的一个互动过程，在这个过程中逐渐完善对该文献的主题词标引。由于从理论上讲，每篇文献主题词的标引不受数量限制，因此这种方法是可行的。当然在实际上由于硬件环境的制约，主题词标引还是要有数量限制，但我想这不会成为不可逾越的障碍。这种方法的一个好处是可以解决海量文献的标引；另一个好处是可以随时掌握新知识点的出现。所以，这一互动过程实际上应该与主题词表的修订与升级，放在同一个系统中予以设计。

(2) 计算机自动标引

随着计算机智能化功能的日益发展，我想可以考虑设计新的软件，由计算机对文献内涵进行文本分析，进而实现计算机自动的主题词标引。这当然需要进行各种试验，并将是一个相当耗费时间与精力的过程。

上述两种方法如果都能够成功，并结合起来，我们将有希望走出绝境。

本文所叙述的佛教目录，其存在背景是一个虚拟的环境：有关佛教网站的高度配合与互动、读者与网站之间的高度配合与互动。没有那样一个环境，不会有那样目录。但目前网上的现实是分散的、大量的、低水平的、低效率的重复劳动。这一现实与那样的虚拟环境距离太远，也不可能激发读者高度互动的热情。因此，首先需要推进的，或者是网络资源的整合与近期目标的协调。

上面所写的，实际只是我在书斋里、计算机前的幻想。但我坚信这会是信息时代佛教目录的发展方向，只是将来的现实会比这篇小文章更加丰富、更加完善。文章到这里应该结束，但我还想加上一个小小的尾巴：

没有最好，只有更好。一千个方案，不如一步实际行动。不积跬步，无以成千里。

2002 年 3 月 31 日

二、敦煌遗书数字化的现状、基本思路、目前实践及设想①

数字化是现代信息技术的生存方式②。目前,现代信息技术对社会各个领域都施加着巨大的影响,并为现代社会的发展提供了无限的可能。我们甚至可以这样说,数字化已经是现代社会中无可回避的巨大存在,渗透到社会的各个层面。敦煌遗书研究自然也不例外。

就敦煌遗书研究而言,所谓数字化,就是用现代信息技术全面采集敦煌遗书蕴藏的文物、文献、文字等各个层面的研究信息,进

---

① 本文为2014年9月参加美国普林斯顿大学举行的"敦煌学国际研讨会"的发言稿,未正式发表。删节修订后改名为《敦煌遗书数字化的基本思路、目前实践与设想》,发表在《古籍整理出版情况简报》,2015年第1期、第2期连载。收入本书时有修订。

② 按照"搜狗百科"(http://baike.sogou.com/v353423.htm)的解释:数字化就是将许多复杂多变的信息转变为可以度量的数字、数据,再以这些数字、数据建立起适当的数字化模型,把它们转变为一系列二进制代码,引入计算机内部,进行统一处理。

笔者把现代信息技术看作一个"生命体",这个生命体能够在现代社会产生、生存、发展,靠的就是"数字化"这一基本方式。所以称"数字化是现代信息技术的生存方式"。

而采集现代敦煌学研究论著中的各种研究信息，建立各种关联性的相关模型来处理这些信息，由此构建起敦煌遗书研究的基础平台，为敦煌学研究者提供各种原材料、半成品、研究工具，促进敦煌学的迅速、健康地发展。

(一) 敦煌遗书数字化的现状

由于敦煌遗书蕴藏着文物、文献、文字等三个层面的研究信息，又有百年敦煌学的丰厚积累，所以，敦煌遗书的数字化，应该包括：图版数字化、文献数字化、文字数字化、基础目录数字化、研究论著数字化五个方面。

1. 图版数字化

敦煌遗书均为珍贵的历史文物，数量庞大，且由于历史的原因散藏在世界各地。研究者从事研究工作时，想要一一查阅原卷，其难度之大，实在难以想象。因此，对敦煌研究来说，图版数字化有着特殊的意义。当然，我们也需要指出，对于从敦煌文献、敦煌文字层面来研究敦煌遗书的研究者而言，高清数字化图版基本上可以满足研究需要。但对于从文物层面来研究敦煌遗书的研究者而言，图版不能替代原物，研究者依然必须考察敦煌遗书原件，才能真正推进敦煌遗书的文物研究。

讲到敦煌遗书的图版数字化，首先应该提到的是由英国图书馆发起的"国际敦煌项目"（IDP）。IDP项目启动于1994年，至今已经20年。20年来，IDP在整合世界各收藏单位的敦煌遗书图版网上发布方面做了大量工作，已发布不少图版，值得肯定与赞许。当然也应该指出，除了法国图书馆已将馆藏敦煌遗书图版全部网上公布、若干小收藏单位把自己的收藏品全部网上公布外，各大收藏单位，特别是 IDP 项目发起单位英国图书馆所藏敦煌遗书的发布速度进展缓慢，希望今后能够加快进度，真正发挥表率作用，以促使世界敦煌遗书图版尽快全部公布。

其次应该提到的是已出版图录扫描版的流通。目前，中国国家图书馆已将馆藏敦煌遗书全部出版，总 146 册。英国图书馆藏敦煌遗书（非佛经部分）已经出版，共 15 册；涵括英国图书馆藏全部汉文敦煌遗书的图录已经出版 30 册，其余的正在陆续出版，总计大约为 100 册到 120 册。法国图书馆藏敦煌遗书（34 册）、俄国科学院东方研究所圣彼得堡分所藏敦煌遗书（17 册）已经全部出版（据说俄国又发现一些残片，详情不清）。此外如天津艺术博物馆、上海博物馆、上海图书馆、甘肃省诸收藏单位、浙江省诸收藏单位、天津文物商店、中国书店、中国文物遗产研究所图书馆、台湾史语所傅斯年图书馆、台湾原中央图书馆、书道博物馆、杏雨书屋、大谷大学、京都博物馆、龙谷大学、普林斯顿大学东亚图书馆等单位收藏的敦煌遗书，或已经全部出版，或已经部分出版。中国私人收藏家石谷风、启功的收藏品已经出版。以上已经出版的敦煌遗书图录，大小厚薄不同，总数达 285 册，提供的敦煌遗书图版已经占据藏经洞汉文敦煌遗书总数的 80% 以上。

由于图录价格昂贵，且占据空间，一般研究者难以购买，故上述图录大都有 PDF、DJVU、UVZ 等各种格式的扫描版流通。其中有些扫描版原为研究者供个人使用或仅在少数研究者之间友情交流，但后来通过各种途径流传到网上。网上的这些扫描版数据，大抵供免费下载，但也有人将之用于商业用途。

笔者认为，除了供个人研究外，凡属盗版扫描，特别是以商业目的进行流通，应该受到谴责。但也应该指出，在敦煌遗书高清图版未能全部上网之前，这些扫描版为研究者提供了方便，对促进敦煌研究的发展起到一定的作用。比如当年台湾新文丰出版股份有限公司出版的《敦煌宝藏》就属于盗版出版物，但它对世界敦煌学发展的积极作用应该予以肯定。我们希望敦煌遗书高清图版能够早日全部公布，以消除盗版扫描本的生存空间。

2. 文献数字化

百年敦煌学，已经将大量敦煌文献录文。但将相关录文集约化、标准化、数字化的工作至今似乎尚未引起敦煌学界的充分关注。

据笔者所知，爱如生公司制作的《敦煌文献库》第一版"收录英、法、俄、日等国所藏敦煌汉文文献中官文书、私文书、寺院文书和经、史、子、集四部写本，共计3 031件"（http://library.fjnu.edu.cn/s/155/t/529/13/d4/info70612.htm）。

此外，笔者编纂的《敦煌遗书数据库》设计有各种形式的"敦煌遗书录文"，其中已纳入属于历代大藏经所收文献的录文（初稿）41000余号。历代大藏经不收文献（含佛教文献与寺院文书、其他宗教文献、各类官私文书），由人工录入的录文；或虽然《大正藏》第85卷已经收入，但又重新录文；计4 600余号。以上两项，总计纳入录文45 600余号。此外，还有数千号录文尚未计入上述统计数据。故目前实际已有录文资源总计约达48 000号左右。

上述录文资源虽然已占藏经洞敦煌遗书编号总数的约78.7%，但均为初稿。属于历代大藏经已收的部分，因敦煌遗书为古代写本，多异文、异本乃至错、衍、漏等情，需要逐一勘校、定稿；属于人工录入部分，有些质量较好；有些程度不等地存在错、衍、漏等情，也需要进一步勘校、修订。由此，相对于61 000号汉文敦煌遗书而言，敦煌文献数字化的工作尚任重道远。

3. 文字数字化

从四世纪到十一世纪，敦煌遗书的时代大约跨越七八个世纪，遗书中出现的字体包括隶书、草书、行书、楷书等，体现了中国文字在这七八个世纪中的嬗衍、变化。将敦煌遗书中的文字全部予以数字化，构建"全敦煌遗书字库"，无疑对我们研究中国文字及古文献具有重大的意义。

据笔者所知，2010年起，国家新闻出版总署主持的《中华字库》项目已经招标立项，其中第九个分包项目为"手写文献用字的搜集与整理"，从名称看，该分包项目应包含敦煌遗书。此外，《中华字库》的第十个分包项目为"古代行书、草书的搜集与整理"，不知是否将敦煌遗书亦纳入收集与整理的范围。上述第九个分包项目由浙江大学承担，第十个分包项目由首都师范大学承担。目前两个项目的进展情况不详。

目前，笔者正在与相关的信息技术人员合作开发有关敦煌遗书文字数字化、构建"全敦煌遗书字库"的计算机软件，并取得初步成果。有关情况，将在下文介绍。

4. 基础目录数字化

目录是研究的导航，也是敦煌遗书数字化的基础。敦煌遗书数字化若无基础目录作支撑，只能是一堆散落的珍珠。而要将这些散落的珍珠串联起来，进而沟通其内在的知识点，编织成敦煌知识之网，必须依靠由敦煌遗书基础目录的编目数据构建的"敦煌遗书目录库"。

1986 年下半年，笔者利用当时北京出现不久的文字处理机（Word processing machine），委托他人将黄永武编纂的《敦煌遗书最新目录》输入计算机，按照汉语音序排序，编制了敦煌学界第一个"敦煌遗书文献名称索引"。但当时文字处理机所用的汉字字库是"国标一级字库"，仅包括 3 755 个汉字字符，无法完整、准确地体现敦煌遗书所含文献的名称，很多汉字只能用符号替代。所以，这一成果没有发表。1996 年，台湾法鼓文化出版社出版了释禅睿的《敦煌宝藏遗书索引》，该成果后出转精，笔者所编的"敦煌遗书文献名称索引"自然作废。

通过长期的编目实践，笔者认识到敦煌遗书数量庞大、信息丰富，辐射面广，流散面大。具有文种繁多、数量庞大、年代久远、文化多样、内涵深邃、形态复杂等六大特点，不利用现代信息技术，不可能真正做好敦煌遗书的整理，于是从二十世纪九十年代后半期，开始开发敦煌遗书数据库。第一个数据库实际只是一个索引程序，功能简单。2004 年曾经在上海师范大学召开的"敦煌学知识库国际学术研讨会"上演示、介绍。其后推倒重来，开发了第二个敦煌遗书数据库，这个数据库吸取了第一个索引程序的经验与教训,初步实现了采集、处理、输出敦煌遗书文物、文献、文字诸多信息的功能。2010年曾在浙江大学召开的"百年敦煌文献整理研究国际学术研讨会"上演示、介绍。2012年。以这个数据库的部分功能为基础,作为"敦煌遗书数据库"的第一期工程申请国家社科基金重大项目并被立项,经过近两年加工、提高、扩充,该项目已于2014年5月结项。目前正进行"敦煌遗书数据库"的第二期工程(未立项)的试验。

5. 研究论著数字化

所谓"研究论著数字化"主要包括两项工作:第一,建立"敦煌研究论著库",该库拟收入百年敦煌学各种研究论著的数字文本。第二,采集百年敦煌学的研究成果,建立"敦煌研究数据库",该库不仅包括"敦煌研究论著库"的目录,更主要是通过多批量、多角度的主题词采集并对这些主题词进行分析,附加权重,然后沟通各敦煌遗书知识点的关系,从而成为敦煌遗书知识之网的重要组成部分。

目前,虽然已经出版了各种形态的平面敦煌遗书研究论著目录索引,虽然不同的期刊数据库中已经包含了若干敦煌遗书研究论著,但距离我们理想中的"研究论著数字化"工程还有较大的距离。两年前,笔者曾经在上海师范大学的支持下,采集相关敦煌研究论著20 000多篇,力图按照上述思路进行研究论著数字化,建立"敦煌研究数据库"。但由于版权、人力、物力、财力等种种原因,这一工作目前处于停顿状态。

从理论上讲,既然敦煌遗书蕴藏着文物、文献、文字三个层面的研究信息,则敦煌遗书的图版数字化、文献数字化、文字数字化、基础目录数字化、研究论著数字化五个方面的工作应该互融为一个相互关联的整体，以全面体现敦煌遗书的上述三个层面的整体价值，便于研究者从整体去把握与研究敦煌遗书。但遗憾的是，目前已有的敦煌遗书数字化成果，或者尚未从这一角度去设计；或者虽然已经考虑到，但由于种种原因，正在向这一目标努力。笔者团队的《敦煌遗书数据库》属于后一种。

(二) 敦煌遗书数字化的基本思路

常年从事学术研究，深知学术研究必须依靠学术资料。但学术资料的现存情况千差万别，纵观百年敦煌学史，敦煌研究的发展始终与敦煌遗书的整理基本同步，敦煌研究取得成果的数量与质量与敦煌遗书被整理程度的深度与广度成正比。因此，我们必须指出，学术资料固然重要，但资料的使用价值与它的被整理程度成正比。

如果说，以前讲敦煌遗书的整理主要指鉴别真伪、考订年代、发表图录、编纂目录、录文校勘标点、编纂索引，则今后敦煌遗书整理的重点将在综合上述工作的基础上向数字化偏移。因为只有采用数字化，才能真正将敦煌遗书蕴藏的各种知识点采集、整理、串联起来，并提供一个综合性的平台，让研究者更加有效地利用这些经过整理的数据。从这个意义上讲，数据的使用价值固然与它的被整理程度成正比，但数据使用价值的有效利用程度与它所处平台的水平高低成正比。

下面以敦煌文献研究为例，说明敦煌遗书数字化的基本思路。

百年敦煌学，文献研究始终是重点。展望将来，起码在今后几十年中，这一格局不会改变。文献研究的对象是文本，文献研究建立在文本整理的基础上。由于敦煌遗书绝大部分为写本，由于写本本身所具有的"流变性"与"唯一性"，因此，这里所讲的"文本整理"包括如下三个层面的问题：

第一，准确文本的制备

如果某文献在敦煌遗书中仅有唯一写本，那么需要的仅仅是对该写本辨字、录文；当然，有时可能需要本校、理校、他校。如果该文献在敦煌遗书中存有多个写本，文本整理必须包括校勘。此外，标点体现整理者对文本的解读，自然也是文本整理不可缺少的环节。

第二，区别异本

如果某文献在敦煌遗书中多个写本的行文差异已不足以用校勘解决，则该文献已经形成不同的异本。此时需要根据不同的行文差异区分异本，辨析诸异本的流变与系统，然后区别系统、按照异本的不同进行文本整理。

第三，查询关联文本

所谓关联文本，指与某一文献的主题有关联的其他文献的文本。学术研究中，这些关联文本无疑是不可忽略的存在。注意到这些关联文本，并把它们纳入自己的研究，可以丰富我们的研究成果。例如敦煌归义军史研究者，至今较少有人关注唐宣宗因张议潮归唐所颁发的诏敕，就是一个遗憾。

总之，以往的敦煌文献研究，在上述三个方面都取得巨大的成绩，但也程度不等地存在不少问题。敦煌遗书数字化则为我们开拓一个新的途径。

从数字化的角度思考，可以把上述三个层面的问题分为两类：第一、第二个问题属于文本整理；第三个问题属于文本关联。

就文本整理而言，现在我们可以利用数字化平台将敦煌遗书中有关某文献的所有图像文本全部转化为电子文本，然后进行异本区分与文本对勘。自然，现有的计算机软件尚不足以完全承担这一高难度的工作。所以，我们开发与采用了一套"人机互动"[①]的程序及相应的工作流程，以充分发挥计算机、研究者各自的优势，高质量完成上述任务。

需要连带指出的是，将敦煌遗书中有关该文献的图像文本全部转化为电子文本的过程，也就是"全敦煌遗书字库"的建设过程。亦即通过上述转化，将以图像形式存储的文字与计算机字库中的文字建立一一对应关系，储存到计算机中，成为"全敦煌遗书字库"的基本素材。

就文本关联而言，查找与某文献关联的其他文本的功能由"敦煌遗书数据库"完成。这里所说的"敦煌遗书数据库"需要集纳从"敦煌遗书目录库""敦煌研究数据库"采集的敦煌遗书各种知识点，并沟通这些敦煌遗书知识点而形成"敦煌遗书知识之网"。所以这个"敦煌遗书数据库"实际是一个"敦煌知识库"。"敦煌知识库"一旦构建，可以提供研究者从各个不同角度查索与某文献相关的其他关联文本，包括原始资料（敦煌遗书、敦煌壁画）与研究资料

---

① 所谓"人机互动"是笔者在利用计算机整理敦煌遗书时采用的基本工作方法。其基本思路是：凡是计算机能够完成的工作，一律交给计算机去做；凡因目前技术水平的限制，计算机无法承担的工作，一律由研究者完成；通过上述计算机与研究者的互动，不断提高计算机的自动化水平。

(敦煌研究论著),为研究者的研究开拓各种可能。

总之,按照上述敦煌遗书数字化思路,如果研究者拟对某敦煌文献进行研究,可以从敦煌遗书数据库中检索出所有图版文本,并检索其已经变换成的电子文本,查索、探讨其异文、异本及关联文本(含原始数据与研究数据),从而对该文献进行全面深入的研究。

上文提到:从理论上讲,既然敦煌遗书蕴藏着文物、文献、文字三个层面的研究信息,则敦煌遗书的图版数字化、文献数字化、文字数字化、基础目录数字化、研究论著数字化五个方面的工作应该互融为一个相互关联的整体。 上面的解说虽然仅以敦煌文献研究为例,但实际上已经说明,在上述构架中,敦煌遗书的图版数字化、文献数字化、文字数字化、基础目录数字化、研究论著数字化均处在一个统一体中,在互融互持的基础上,各自发挥其功能特长。

(三) 敦煌遗书数字化的目前实践及设想

此处仅介绍笔者团队对敦煌遗书数字化的实践。

1."敦煌遗书数据库"建设

在《关于"敦煌遗书库"的构想》[①]一文中,我们曾用"敦煌遗书库"来体现敦煌遗书数字化的最终成果,并对构建"敦煌遗书库"的基本思路作了较为详尽的阐述。 本文则在《关于"敦煌遗书库"的构想》一文的基础上,略作补充说明。

---

① 方广锠、李际宁、朱雷:《关于"敦煌遗书库"的构想》,载《敦煌吐鲁番研究》第十二卷,上海古籍出版社,2011年。

"敦煌遗书库"的底层基础是"敦煌遗书数据库"。"敦煌遗书数据库"将包括两个相互关联的数据库:"敦煌遗书目录库"与"敦煌研究数据库"。"敦煌遗书目录库"收入关于敦煌遗书的条记目录,全面反映敦煌遗书文物、文献、文字三个层面的相关信息。"敦煌研究目录库"收入百年敦煌学的各种研究论著的目录。 上述两个数据库依据附加权重的主题词信息相互串联为敦煌遗书知识之网。

在"敦煌遗书目录库"的基础上,构建"敦煌遗书图版库"及相应的"敦煌遗书文献库"(电子本)、"全敦煌遗书字库"(图版、电子本对照)、"敦煌遗书相关壁画库"。 从而为研究者提供经过整理的敦煌遗书原始资料。 在"敦煌研究数据库"的基础上构建"敦煌研究论著库",从而为研究者提供前人的相关研究资料。

上述诸数据库形成"敦煌遗书基本库",图示如下。

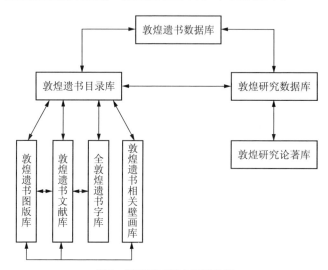

图 9 "敦煌遗书基本库"结构图

在上述敦煌遗书基本库的基础上附设敦煌遗书工作平台、各种专题库、项目选题评估平台。此外附设古籍库、参考工具库等。由此构成"敦煌遗书库"。图示如下：

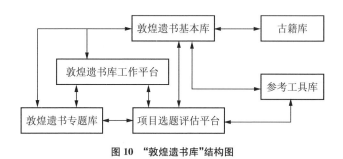

图10 "敦煌遗书库"结构图

有关"敦煌遗书工作平台""敦煌遗书专题库""项目选题评估平台""古籍库""参考工具库"的具体内容，乃至"敦煌知识库""敦煌学史长编"等附加内容，均请参见《关于"敦煌遗书库"的构想》，此不赘述。

如前所述，笔者团队目前已经完成"敦煌遗书数据库"的第一期工程。第一期工程为网上数据库，登录以后，可以从编号、文献名、首尾题、分类、年代等不同角度对敦煌遗书进行检索。也可以采用复合条件对敦煌遗书进行通用检索。还可以采用任何一个词语，对敦煌遗书的条记目录进行检索。可以对敦煌遗书的装帧形态、长度、纸数、行数、字数、护首、尾轴、保存状态进行统计与分析。可以对残破敦煌遗书是否可以缀接进行检索。该数据库提供对敦煌遗书的汉字笔顺、汉字拼音、典籍名称、公元年代、干支年代、绘画数据、非汉文数据、今人鉴赏数据、录文、对照本异同、多主题文献、题记、印章、杂写、书写符号等十五个索引,提供遗书分类类目、遗书文献通用名、相关朝代通检、相关历代年号通检、相关干支年通检等参考工具。附有"使用手册"介绍该数据库的使用法。附有"敦煌遗书简介",对敦煌遗书及该数据库对敦煌遗书的一些特别用语加以简介。

目前该数据库仅纳入中国国家图书馆藏敦煌遗书 BD00001 号到 BD16579 号、英国图书馆藏敦煌遗书斯 00001 号到斯 01000 号数据。尚需补充其余数据。该数据库已经设置图版链接功能,但考虑到版权问题,目前仅能链接 BD00001 号到 BD00100 号的图版,以为演示之用。

除了上述网络版"敦煌遗书数据库"(第一期)外,我们还完成了单机版"敦煌遗书数据库",单机版数据库除了可以完成网络版的全部功能外,还包括数据的入库、删除、增加、修订、输出,包括了索引词的采集与处理,现代鉴赏数据中题记、印章等各种数据的采集与处理等各种功能。总之,单机版的功能更加多样、强大,在此不一一介绍。

此外,如前所述,我们建设的"敦煌研究数据库"已经收入研究论著 20 000 多篇,但由于各种原因,目前处于停顿状态。

2. "全敦煌遗书字库"建设

按照我们的思路,要对敦煌遗书做彻底的整理,必须从最基础的"全敦煌遗书字库"开始。因此,我们开发了"全敦煌遗书字库"软件程序,设计了相应的工作流程。现将其工作流程图示如下:

数字化时代的佛教文献　　　　　　　　　　　　　　　　　431

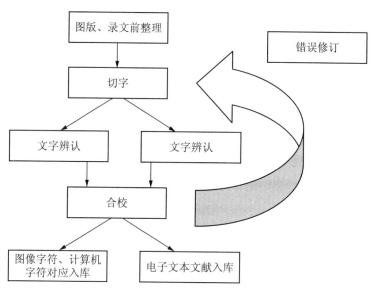

图11 "全敦煌遗书字库"工作流程简介

通过上述流程，可将每一号敦煌遗书图版中的文字，一一切开成为单独的图像字符，并将它们辨识、转化为相应的计算机字符。其间有几个相应的"人机互动"的环节，一般工作人员及敦煌研究专业人员将在不同环节、采用不同的方式进行"人机互动"，以最大程度地减少专业工作人员的工作量及保证从图版文字到电子文本的转换质量。

通过上述工作，计算机将产生两个成果：

第一，产生图像字符与计算机字符一一对应的字符表。

计算机将该字符表收入敦煌字库。

凡收入字库的字符，均保留原始身份记录，即该字符原为某号遗书某行的第几个字。研究者随时可以从图像字符或计算机字符调阅其所在原图版，为醒目起见，图版将用色标对该字符予以标示。

凡收入字库的字符，可按照不同检索要求或复合检索要求，如按照卷号、年代、某个文献、某类文献、某个单字、某个词汇进行检索。可罗列某单字的所有图版字符，并按照要求排序。可进行字频统计。

目前，利用计算机技术自动识别中文图像字符，还是信息自动化未能实现的技术难点。我们希望通过上述工作，让计算机不断积累原始素材，探索最终由计算机自动识别中文图像字符的道路[①]。

笔者目前正在利用上述程序进行敦煌遗书"东晋字库"的试验，完成以后将可以基本完整地呈现、检索敦煌遗书中所有东晋书写的字符。

第二，产生与某号遗书完全对应的电子文本文献。

入库的电子文本文献，实际是一个与相应图版文字完全一致的电子本录文。与人工录文相比，它的每一个字符都与敦煌遗书图版字符乃至与敦煌遗书原图版一一对应，随时可以进行复核。

---

① 笔者认为，让计算机识别中文的图像字符，犹如教小孩认字，是一个积累知识的过程。目前我们已经试验切字40多万，其中出现频率最高单字，出现次数为2万多次，亦即某一个单字共有2万多个略有不同的字形。笔者相信，如果以这2万多个字形为基础，让计算机进行图像文字自动识别，则我们有望突破计算机识别中文的图像字符这一难关。

固然，有些字频小的文字，计算机识别依然会有困难。然而字频小的文字在文献中出现的次数少，对这些文字，即使依然采用人工识别，也是可以接受的。

由于我们采用双重辨认、计算机合校、人工干预等多重保障，从理论上讲，图像文本转换为电子文本的文字辨识准确率可以达到100％。当然，在实践中，由于写本的特殊性，还会不断出现新的问题。但是，数字化电子本不同于纸本，其优点就在于可以不断升级，亦即我们可以在逐渐解决问题的过程中，在实践中最终达到准确率为100％的文本转换。

3. "敦煌遗书计算机校勘系统"

从理论上讲，只要具备61 000号汉文敦煌遗书的图版资源、投入必要的人力物力，我们可以将这61 000号、1亿字敦煌汉文遗书全部转化为相应的电子文本。这61 000号遗书，约包括数千种各类文献，有的文献重复率极高，如《妙法莲华经》多达7 000多号，编号数量超过敦煌遗书总号数的10％。有些文献仅有1号。

以7 000多号《妙法莲华经》而言，包括了二卷本、七卷本、八卷本、九卷本、十卷本，乃至卷本待考的异卷等多种卷本，包括了鸠摩罗什早期译本、后代修订本。时代最早者为东晋南北朝写本，时代最晚的为五代宋初写本。与传统大藏经本对照，敦煌遗书中有些文本的文字有脱讹，但也有些文本的文字优于传统大藏经本。个别文本甚至有中国人添笔增加的偈颂。以前，仅凭个人之力，想对这7 000多号《妙法莲华经》进行全面校勘，可以说是痴心妄想。现在，借助敦煌遗书数字化之力则完全可以对中国佛教史上这一重要经典做一番彻底的清理。理清它不同时期的文本演变，校正其错讹，清理混杂在其中的《添品法华经》，还可以参校历代大藏经本，最终整理出一个相对最为优秀的文本。这一最终文本固然由整理者校定，但将把所有异文逐一罗列，且提供所有异文的原始图版，便于读者、研究者根据需要自行检索图版，并对这一文本中的文字做出自己的选择与解读。

如果按照上述方式，对敦煌汉文遗书中总计 61 000 号、数千种文献、约 1 亿字逐一予以全面整理，则笔者相信，不少文献需要重新解读，敦煌研究将掀起新的高潮。

所以，下一步我们将开发"敦煌遗书计算机校勘系统"。

目前，对文本进行计算机自动勘校的软件实际已经面世。但是，该软件还不能满足我们多文本校勘、撰写校记，以及检索异文、区别异本的需要。因此，我们将联合信息技术人员，开发符合需要的计算机勘校程序。

我们设想的"敦煌遗书计算机勘校系统"依然是一个"人机互动"的系统。完成以后，可以如上所述，无论某种文献在敦煌遗书中有多少个重复的写本，我们均可以对它进行全面的勘校。作为第一期试验，我们计划以 2 年为期，先完成敦煌遗书中疑伪经的勘校。

至于通过敦煌遗书数字化对敦煌遗书中蕴藏的文物、文字等诸多研究信息的开发、构建敦煌知识之网等问题，限于篇幅，在此从略。

(四) 结语

古人云："工欲善其事，必先利其器。"现代信息技术为我们整理敦煌遗书提供了前所未有的利器，这是我们这一代研究者的幸运。利用这一利器，做好敦煌遗书的整理，也成为我们这一代研究者的责任。

这是一件前无古人的工作，困难重重，可以想见。天下的事情，不是自己下决心去做就一定能够成功，要依靠各种因缘的汇聚。这些因缘，有顺缘，也有逆缘。人生如此，夫复何言。一路跟跄走来，时感山穷水尽，但有时遇到好心人的帮助，顿时柳暗花明。今后，将依然尽自己力量，能做多少，做多少，努力承担历史赋予的责任。4年前，笔者曾经说过，"敦煌遗书库"目前虽然已经拉起架子，但"功成必不在我"，它的最终完成，还要靠青年一代的不懈努力。寄希望于年轻一代，希望年轻一代学风、能力各方面比我们这一代强。把以任继愈先生为代表的老一代学者交付的铺设学术高速路的工作一代一代做下去。

最后想讲两点：

第一，文献数字化已经是世界潮流。在文献数字化的过程中，各种学问、各类学科都在努力构建自己的网上制高点。应该说，敦煌遗书目前还不存在世界性的网上制高点。英国图书馆的"国际敦煌项目"（IDP）虽然汇总了大量敦煌遗书图版，但是因其缺乏敦煌遗书编目数据，还难以成为真正的网上制高点。这也是2000年以来，IDP多次图谋我的编目数据，乃至2009年悍然禁止我带领的工作团队查阅英国图书馆藏敦煌遗书的真正原因。我认为，中国学者有能力，也有责任为建立中国的敦煌遗书网上制高点而努力。

第二，上述对敦煌遗书数字化的基本思路，实际也适用于从甲骨文到木刻本等我国所有形态的现存古籍。笔者曾多次著文指出，中华民族是一个善于创造文化的民族，却不是一个善于保存文化的民族。读《古今典籍聚散考》，不禁掩卷叹息再三。今天我们能够看到的古籍，仅是历史长河流逝中的偶然遗存。黄永玉先生曾言：今天所谓的宋刻善本，大抵不过是宋代学生书包中的课本。图书馆界、收藏界以宋本为贵，无非因其年代早远。但归根结底，它们与敦煌遗书这些古代寺院的弃藏并无本质区别。从文献角度考察，传世文献同样程度不等地存在着这样那样的问题，所以有"尽信书不如无书"之叹。乾嘉朴学在文献整理方面做出卓越的贡献，但由于各种限制，当时所谓的精校，今天看来依然不过是抱残守缺。且"校书如扫落叶，旋扫旋生"，这也是无可奈何的事情。但今天信息技术的迅猛发展，给我们一个前所未有的机会，可以让我们对中华古籍做一番彻底的清理。作为中华文化的传人，我们能否抓住这个机会呢？

2014 年 7 月 1 日于古运河北端

三、数字化时代的佛教文献整理①

(一) 汉文佛教文献及其价值

汉文佛教文献随着印度佛教传入中国及汉传佛教的不断发展而逐渐形成、发展。在古代,它与南亚、中亚、东南亚、东亚的其他文种佛教文献一起,共同推动了古代世界佛教的发展。在现代,它不但是汉传佛教的圣典,也与南传佛教文献、藏传佛教文献及其他南亚、中亚古代语言文字佛教文献一起,成为我们研究佛教的重要资料。

笔者曾经撰文指出:

> 佛教是在古代印度起源,然后传遍南亚、东亚、中亚、东南亚等整个古代东方世界的。对于这一点,没有人有异议。但是,宗

---

① 本文由原载《上海师范大学学报(哲学社会科学版)》(2015 年第 4 期;中国人民大学资料中心《复印报刊资料·宗教》2015 年第 5 期全文转载)的《古籍数字化视野中的〈大正藏〉与佛典整理》与原载《世界宗教研究》(2016 年第 1 期)的《谈汉文佛教数据化总库建设》两篇文章综合而成。

教的传播,其实质既然是文化的传播形式之一,那么文化的传播从来都不是单行道,都是双向的。佛教虽然起源于印度,但由于佛教的发展并没有局限在印度一隅,而是遍布亚洲各国。在这个过程中,它受到各国文化的滋养,呈现种种形态,即如前所述,既影响了各国文化,也改变了自己。这种改变,不仅体现在佛教适应所在地文化的需要,与所在地文化相融合;也体现在佛教融摄各地的优秀文化与思想,营养自己,发展自己。……由此,我们可以得出这样一个结论:佛教的产生虽然得益于印度文化的孕育,而佛教的发展则得益于印度文化、中国文化乃至其他地区文化的汇流。也就是说,中国是佛教的第二故乡,这不仅体现在现实的结果中,也体现在历史的过程中。①

从上述"佛教发展中的文化汇流"的视角以及目前世界范围各大系统佛教发展现状的视角来观察汉文佛教文献,则汉文佛教文献的历史意义与现实价值将更为凸显。

我认为,从总体看,现存三大系佛教中,汉文佛教文献的存世数量最多,其初期文本定型时间的可追溯年代最为久远,其包含的内容也最丰富。不言而喻,南传佛教文献、藏传佛教文献,以及梵文与近现代发掘的中亚古文字佛教文献均各有其相互不可替代的重要价值。正因为如此,我们对上述各文种佛教文献就不应偏废,既要反对在佛教研究中只重视汉文文献,忽视巴利梵藏等非汉文文献的倾向;也要反对将巴利梵藏等非汉文文献或其中的某些文献视为

---

① 方广锠:《蒙古文甘珠尔丹珠尔目录前言》,载《蒙古甘珠尔丹珠尔目录》,蒙古人民出版社,2003年,第1页。

正统,视为判别是非的唯一依据,忽视汉文文献的倾向。不同的研究者术业有专攻,无可厚非;但对不同文种佛教文献的态度应该持平、公允,不能因私废公。我个人认为,与上个世纪大量世界级优秀成果相比,这些年日本的汉文佛教文献的研究水平从总体看呈现一定的落差。这种落差的产生,背后是否有上述因素的作用,值得我们深思。当然,这些年日本也涌现出相当多优秀的汉文佛教文献研究成果,其中特别是日本古写经研究、汉梵佛典与词语对照研究,为汉文佛教文献研究开拓了新的局面,应该予以充分肯定。

汉文佛教文献可大致分为汉文大藏经与藏外佛教文献两大部分。

汉文大藏经指基本网罗历代汉译佛典并以之为核心,按照一定的结构进行组织,并具有一定外在标志的佛教典籍及相关文献的丛书。它由中国佛教信徒首创。最初称"众经""一切经""经藏""藏经"。最迟到唐贞元年间,"大藏经"一词已经产生。大藏经的内容并不仅仅局限于佛教,还包括哲学、历史、语言、文学、艺术、音韵、天文、地理、历算、医学、建筑、绘画、科技、民族、社会、中外关系等诸多领域,是中华民族文化的重要载体,是中国人对中国文化与世界文化的一大贡献,曾经对古代东方世界产生过深远的影响。大藏经作为佛、法、僧三宝中法宝的代表,在中国佛教及东方佛教的发展中,曾经起到重大的作用。

古籍是一个民族历史与文化的重要载体,整理古籍也就成为各民族承袭历史、弘扬文化的重要事业。中华民族是一个有着高度文明自觉的民族。我在这里所谓的"高度文明自觉",不仅指中华民族对自己创造的文明具有高度自信,而且指从古到今,中华民族始终努力采用各种方式力求将自己的文明继承下来,发扬光大,传承下去。由于典籍是文明传承的主要方式,因此,皓首穷经、孜孜不倦地整理古籍的人士前仆后继,代有人出。中国佛教已经成为中华文化一个不可分割的组成部分。从古到今,同样有大量人士为整理佛教文献而付出呕心沥血、艰苦卓绝的努力。在这一过程中,中华古籍经历了写本、刻本、近现代印刷本等不同时期,现在已经踏入数字化的门槛。而汉文佛教文献也与中华古籍一起,经历了古代写本藏经、古代刻本藏经、近现代印刷本藏经三个时期,进入了数字化的新时期。

藏外佛教文献指散逸在汉文大藏经以外的佛教文献。或为见闻不广所囿,或为收集困难所拘,或为宗派立场所缚,或为物质条件所限,历代都有大批珍贵的佛教文献没能收入大藏经。它们散逸在藏外,处在自生自灭的境地,不少文献因此湮没无闻。这不能不说是汉传佛教的重大损失。

笔者曾经在《藏外佛教文献·缘起》中指出:中华民族"在漫长的中国历史上形成两大文化传统:一是历代都要为前朝修正史;一是南北朝以来,历代都要编印新的大藏经。这两大文化传统,千年以来,流传不替"[①]。所以,每个时代,乃至同一时代的不同地区、不同地方政权,均流通着一部或几部主流大藏经。由此,历史出现这样的景象:有不少文献原来属于藏外佛教文献,其后被收入

---

① 方广锠:《藏外佛教文献·缘起》,载《藏外佛教文献》第一辑,宗教文化出版社,1995年,第1页。

某部大藏经；也有若干文献曾经被收入某部大藏经，其后又散逸为藏外佛教文献。总之，从某一个相对固定的时空来看，汉文大藏经与藏外佛教文献的关系是清晰的；但从历史长河的总体看，它们的关系又处在动态发展中。如援用"全息理论"，我们可以说每一个时期的汉文大藏经都反映了那个时代中国佛教的面貌。如果将上述论述中的"汉文大藏经"改为"汉文佛教文献"，则这一论述将更为准确。

(二)《大正藏》的贡献与问题

《大正新修大藏经》（以下简称《大正藏》），全藏100卷；计正藏55卷、续藏30卷、图像部12卷、昭和法宝总目录3卷。高楠顺次郎先生在《大正新修大藏经全百卷完成之献词》一文中总结说：《大正藏》编辑工作从大正十一年(1922)开始，到昭和九年(1934)完成，历时13年，总计共约4 500天。参与者共约300人，关联人员约达45万人。耗资280万日元。全藏收录各种典籍、图像3 493部，13 520卷。高楠先生是《大正藏》的重要发起人与实际主持人之一，他在文中提到：《大正藏》的编纂经历诸多困难，甚至有几次接近"艰苦崩坏之命运"，以致抚今追昔，不胜感慨。在文中，高楠先生还总结了《大正藏》的十大特点①。至今读这篇文章，依然

---

① 参见高楠顺次郎：《大正新修大藏经全百卷完成の辞》，载《ピタカ》，昭和十年（1935）一月号。

感人。

《大正藏》完成以后，嘉惠学林，功德无量。正如长井真琴先生所说，《大正藏》是"东方文化的金字塔"。这部大藏经对世界佛教研究的普及与深入贡献之大，实在无与伦比。堪称佛教文献学史上一座前所未有的里程碑。

作为佛教文献研究者，我曾经在两篇文章中评论过《大正藏》，第一篇是《〈大正新修大藏经〉评述》，原文是上世纪九十年代中期，参加中国佛教文化研究所召开的一个学术会议递交的会议论文，1997年发表在《闻思》第一辑。第二篇为《略谈汉文大藏经的编藏理路及其演变》，原文是2009年参加第二届世界佛教论坛递交的会议论文，2012年发表在《世界宗教研究》第一期。

第一篇文章专门评论《大正藏》。在文章中，我把《大正藏》的优点归纳为七个方面：第一，精选优秀底本；第二，确定科学体例；第三，进行认真校勘；第四，加以断句训点；第五，实用的版本目录与索引；第六，现代印刷与装帧；第七，编纂配套的词语索引。当然，《大正藏索引》实际是《大正藏》完成以后另行开展的，但它是在《大正藏》基础上开展的后续工作，故不妨将它与《大正藏》看作一个整体。文章也指出《大正藏》存在着如下不足：第一，选篇标准问题；第二，结构与分类问题；第三，对敦煌文献的整理问题；第四，校勘问题；第五，错版及擅加文字问题。

第二篇文章主要探讨汉文大藏经的"内在编藏理路"。文章提出：

任何时代、任何人,花费如此巨大的人力、物力、财力来编纂大藏经,必然有他的目的。为了达成这一目的,必然有一个与这一目的相适应的甄别、选取佛典的入藏标准,有一系列与这一目的相配套的编纂藏经的方法。我认为,编藏目的、入藏标准、编藏方法三者,构成了大藏经编纂的内在理路。从历史上看,大藏经的编纂者,一般很少公开宣示自己编纂藏经的目的、标准与方法。但无论哪一部藏经,实际都存在这三者,它们贯穿于该藏经筹备与编纂的整个过程,并体现在最终完成的这部大藏经中,所以称之为"内在"理路。我们可以通过分析一部一部的藏经,来探讨它们各自的内在编藏理路。当然,就某一部具体的藏经而言,还有一个它的预设编藏理路能否从始至终贯彻到底的问题。本文对此不予讨论,仅从宏观的角度,探讨古今编藏理路的表现形态及其演变轨迹。①

在这篇文章中,我从分类结构、多语种校勘、编纂版本目录、增列"外教部"与"疑伪部"等四个方面,指出:在高楠顺次郎等学者的心目中,"大藏经固然是佛教的宗教圣典,同时也是重要的学术研究资料。""古代编藏主要出于宗教目的。日本《大正藏》的编纂,体现了大藏经从宗教性向学术性的演变。"②至今我依然认为,在具体的编藏实践中,对佛教大藏经这一宗教圣典加入学术因素,使之完成从宗教性到学术性的演变,是以高楠顺次郎为代表的日本

---

①② 方广锠:《略谈汉文大藏经的编藏理路及其演变》,载《世界宗教研究》2012年第1期。中国人民大学资料中心《复印报刊资料·宗教》2012年第2期全文转载。

佛教研究者对汉文大藏经的历史性贡献。

但2014年11月参加日本佛教大学举行的关于佛教大藏经的国际研讨会，会上日本人文情报学研究所永崎研宣先生提到：日本《大正藏》虽以《再刻高丽藏》为底本，但工作中实际将《频伽藏》用为工作底本。永崎研宣先生的会议论文并提到，早在1928年，山崎精华先生就在日本《现代佛学》上撰文提到《大正藏》用《频伽藏》作工作底本这一事实。不知其他学者以前是否关注过这一点，起码我以前没有注意过。永崎研宣先生的论述使我大为吃惊。因为《频伽藏》印刷于二十世纪初，错误很多，从来被认为是不可信用的本子。而《大正藏》编成以后的80多年中，从来被认为是质量最高、学术性最强的本子，乃至风行全世界。既成为全世界佛教研究者从事学术研究的依据，也成为目前许多电子版大藏经的基础。我以前也曾发现过《大正藏》的若干错误，但总以为那是《大正藏》编辑者的偶尔疏漏——这种疏漏，对任何一部大藏经都是难以避免的。会后按照永崎研宣先生的提示进行复查，发现很多问题果然出在《频伽藏》。

比如：隋费长房《历代三藏记》卷十五论及自己编纂《历代三宝记》，有这样一段话：

> 臣幸有遇，属此休时。忝预译经，禀受佛语。执笔暇隙，寝食敢忘。十余年来，询访旧老，搜讨方获。虽粗缉缀，犹虑未周。广[21]究博寻求敬俟来俊。①

---

① CBETA，T49，No. 2034，p. 120，C11~14.

任何时代、任何人,花费如此巨大的人力、物力、财力来编纂大藏经,必然有他的目的。为了达成这一目的,必然有一个与这一目的相适应的甄别、选取佛典的入藏标准,有一系列与这一目的相配套的编纂藏经的方法。我认为,编藏目的、入藏标准、编藏方法三者,构成了大藏经编纂的内在理路。从历史上看,大藏经的编纂者,一般很少公开宣示自己编纂藏经的目的、标准与方法。但无论哪一部藏经,实际都存在这三者,它们贯穿于该藏经筹备与编纂的整个过程,并体现在最终完成的这部大藏经中,所以称之为"内在"理路。我们可以通过分析一部一部的藏经,来探讨它们各自的内在编藏理路。当然,就某一部具体的藏经而言,还有一个它的预设编藏理路能否从始至终贯彻到底的问题。本文对此不予讨论,仅从宏观的角度,探讨古今编藏理路的表现形态及其演变轨迹。①

　　在这篇文章中,我从分类结构、多语种校勘、编纂版本目录、增列"外教部"与"疑伪部"等四个方面,指出:在高楠顺次郎等学者的心目中,"大藏经固然是佛教的宗教圣典,同时也是重要的学术研究资料。""古代编藏主要出于宗教目的。日本《大正藏》的编纂,体现了大藏经从宗教性向学术性的演变。"②至今我依然认为,在具体的编藏实践中,对佛教大藏经这一宗教圣典加入学术因素,使之完成从宗教性到学术性的演变,是以高楠顺次郎为代表的日本

---

①② 方广锠:《略谈汉文大藏经的编藏理路及其演变》,载《世界宗教研究》2012年第1期。中国人民大学资料中心《复印报刊资料·宗教》2012年第2期全文转载。

佛教研究者对汉文大藏经的历史性贡献。

但2014年11月参加日本佛教大学举行的关于佛教大藏经的国际研讨会,会上日本人文情报学研究所永崎研宣先生提到:日本《大正藏》虽以《再刻高丽藏》为底本,但工作中实际将《频伽藏》用为工作底本。永崎研宣先生的会议论文并提到,早在1928年,山崎精华先生就在日本《现代佛学》上撰文提到《大正藏》用《频伽藏》作工作底本这一事实。不知其他学者以前是否关注过这一点,起码我以前没有注意过。永崎研宣先生的论述使我大为吃惊。因为《频伽藏》印刷于二十世纪初,错误很多,从来被认为是不可信用的本子。而《大正藏》编成以后的80多年中,从来被认为是质量最高、学术性最强的本子,乃至风行全世界。既成为全世界佛教研究者从事学术研究的依据,也成为目前许多电子版大藏经的基础。我以前也曾发现过《大正藏》的若干错误,但总以为那是《大正藏》编辑者的偶尔疏漏——这种疏漏,对任何一部大藏经都是难以避免的。会后按照永崎研宣先生的提示进行复查,发现很多问题果然出在《频伽藏》。

比如:隋费长房《历代三藏记》卷十五论及自己编纂《历代三宝记》,有这样一段话:

> 臣幸有遇,属此休时。悉预译经,禀受佛语。执笔眼隙,寝食敢忘。十余年来,询访旧老,搜讨方获。虽粗缉缀,犹虑未周。广[21]究博寻求敬俟来俊。①

---

① CBETA,T49,No. 2034,p. 120,C11~14.

末句之"广[21]究博寻求敬俟来俊",文意不通。《大正藏》对此有校记,作:"[21]〔究〕－【宋】【元】【明】【宫】。"这条校记说明宋、元、明、宫本中无"究",亦即按照《大正藏》的体例,《大正藏》所用底本——《再刻高丽藏》——的文字即为"广究博寻求敬俟来俊"。但查《再刻高丽藏》,原文明明作:

广究博寻,敬俟来俊。

现在按照永崎研宣先生的提示,查核《频伽藏》。果然,《频伽藏》的文字为:

广究博寻求敬俟来俊。

也就是说,在这里,《大正藏》明明以《频伽藏》为底本,所以原文多出一个"求"字,以致行文错误。但《大正藏》未作交代,依然自称底本是《再刻高丽藏》,从而误导了研究者。

《大正藏》更离奇的错误,是我 1980 年撰写硕士论文时发现的。我的硕士论文为《〈那先比丘经〉初探》,研究中意外发现,《大正藏》所收的二卷本《那先比丘经》出现错版,并因此擅加文字,且不出校记。

该二卷本《那先比丘经》在《大正藏》中编为第 1670 号,载第 32 卷。其中第 702 页中第 27 行末至 702 页下第 9 行有一段关于智者与愚者作恶后得殃是否相同的问答。为了说明问题,我把三卷本《那先比丘经》的同一段问答[①]也抄录如下(见表 6),以作比较。

[①] 《大正藏》,第 32 卷第 718 页上。

表6　《那先比丘经》二卷本、三卷本经文比较（一）

二卷本	三卷本
王复问那先："智者作恶，愚人作恶，此两人殃咎，谁得多者？"那先言："愚人作恶得殃大；智人作恶得殃小。"王言不知那先言。王言："我国治法，大臣有过则罪之重，小民有过罪之□①。是故我知智者作过恶得殃大，愚者作恶得殃小。"那先问王："譬如烧铁在地。一人知为烧铁，一人不知。两人俱前取烧铁。谁烂手大者耶？"王言："不知者手烂。<u>不制其身口者，不能持经戒，如此曹人亦不乐其身</u>。"那先言："<u>其学道人者，能制其身，能制口，能持经戒。能一其心得四禅，便能不复喘息耳</u>。"王言："善哉！善哉！"	王复问那先："智者作恶，愚人作恶，此两人殃咎，谁得多者？"那先言："愚人作恶得殃大；智人作恶得殃小。"王言不如那先言。王言："我国治法，大臣有过则罪之重，愚民有过则罪之轻。是故智者作恶得殃大，愚者作恶得殃小。"那先问王："譬如烧铁在地。一人知为烧铁，一人不知。两人俱前取烧铁。谁烂手大者耶？"王言："<u>不知者烂手大。</u>"那先言："<u>愚者作恶，不能自悔，故其殃大。智者作恶，知不当所为，日自悔过，故其殃少</u>。"王言："善哉！"

上述两段文字，前半部分相同，后面划线的部分大异。根据行文内容，很显然，三卷本的文字正确，二卷本的文字错误。对照巴利语《弥兰陀王之问》，结论也完全一样。在此再将巴利语《弥兰陀王之问》的相关段落翻译如下：

王问："那伽先那尊者！知者行恶与不知者行恶，谁的祸大？"

长老回答："大王！不知者行恶，所得祸大。"

"原来如此。尊者那伽先那！我们的王子、大官如果作恶，要比不知者作恶，予以加倍的处罚。"

"大王！您（对下述情况）是怎么想的呢？如果有一个灼热、

---

① 原文此处空一字。详见下文。

燃烧着的铁球。一个人知道而去握它;另一个人不知道也去握它。那么,谁被烧伤得厉害呢?"

"尊者!不知道而去握它的人被烧伤得厉害。"

"大王!与此相同,不知者行恶,所得祸大。"

"善哉!尊者那伽先那!"①

那么,二卷本有无上述三卷本录文中划线的"<u>大。 那先言:愚者作恶,不能自悔,故其殃大。 智者作恶,知不当所为,日自悔过,故其殃少。 王言:善哉!</u>"这一段文字呢? 有! 就在702页下第25~27行。 全文一字不差,只是最后一句弥兰陀王的赞叹语中多说了一个"善哉"而已。 进而仔细检查,发现从二卷本702页下第6行"不制其身口者"起,到同栏第24~25行"和所为得人者"止的295个字都与原文行文不协,肯定是从其他地方脱落后窜入此处的。

那么,这295个字是从哪里脱落的呢? 仔细研究,这295个字包括了四个问题:关于止息喘息的问答的后部分;关于大海的问答;关于得道思维深奥众事的问答;关于人神、智、自然异同问答的前部分。 经查,原来它们应该位于第703页上栏第16行的"不能"与"那先问王"之间。"不能"之前,正是关于止息喘息问答的前部分;而"那先问王"之后,正是关于人神、智、自然异同问答的后部分。 二卷本此处本来语义也不通。 但把脱落的文

---

① 据中村元、早岛镜正日译本转译。见中村元、早岛镜正:《弥兰陀王之问》,东京平凡社,1972年,第246页。

字加入后，意义就连贯通顺了。与三卷本的相同部分的文字也正好对应。

但新的问题又出来了。为了便于说明这个问题，在此把将脱落文字插回原处之后的二卷本有关段落与三卷本的有关段落抄录比较如下（见表7）：

表7 《那先比丘经》二卷本、三卷本经文比较（二）

二卷本	三卷本
王复问那先："卿曹诸沙门说言：'我能断喘息之事。'"王言："奈何可断喘息气耶？"那先问王："宁曾闻志不？"王言："我闻之。"那先言："王以为志在人身中耶？"王言："我以为志在人身中。"那先言："王以为愚人不能 不 制其身口者，不能持经戒，如此曹人亦不乐其身。"那先言："其学道人者，能制其身，能持经戒。能一其心得四禅，便能不复喘息耳。"王言："善哉！善哉！"	王复问那先："卿曹诸沙门说言：'我能断喘息之事。'"王言："奈何可断喘息气耶？"那先问王："宁曾闻志不？"王言："我闻之。"那先言："王以为志在人身中耶？"王言："我以为志在人身中。"那先言："王以为愚人不能制其身口者，不能持经戒者，如此曹人亦不乐其身。"那先言："其学道人，能制身口，能持经戒。能一其心，得四禅，便能不复喘息耳。"王言："善哉！"

上述二卷本录文中的划线部分为移来的脱落文字。与三卷本录文对照，最大的差别在于三卷本说："愚人不能制其身口"；而二卷本的文字却是"愚人不能 不 制其身口"，多了一个"不"字，以致文意完全相反。很显然，三卷本的文字是正确的。证之巴利语《弥兰陀王之问》，结论也相同。而二卷本的那个"不"字是整理者擅加的。整理古籍，擅加文字而不出校记，是整理工作的大忌。《大正藏》中出现了这种低级错误。

1980 年，我还没有条件查对《再刻高丽藏》原文，由于错乱的字数大体相当于《高丽藏》一版，当时推测上述文字的错乱乃至那个擅加的"不"字可能由于原底本《再刻高丽藏》错版所致。 10 多年以后有条件查对《再刻高丽藏》原文，才知道《再刻高丽藏》并没有错，那么，错误自然出在《大正藏》了。 所以，我当时的结论是："或者由于《大正藏》所利用的那部《高丽藏》的印本此处装裱颠倒所致？但《高丽藏》每版均有版片号，按道理能够发现这种颠倒。 不管怎样，错版发生了，但没有被发现纠正。 不仅如此，《大正藏》的校对者竟然擅自又加上一个'不'字。"①

此次按照永崎研宣先生的提示查核《频伽藏》，发现《大正藏》这一的错误的出处依然在《频伽藏》，原来是《频伽藏》行文错乱，并且擅自加了那个"不"。《大正藏》不过是照抄而已。

值得注意的还有，表一显示《大正藏》本有一句话作"小民有过罪之□"，《大正藏》本此句"之"下空一格，表示底本缺漏一字。 但查《再刻高丽藏》，此处明明有字，并未缺漏，原字作"轻"。 这样，该句应为"小民有过罪之轻"，上下文意通顺。 再查《频伽藏》，也有这个"轻"字。 也就是说，《再刻高丽藏》《频伽藏》都有的字，《大正藏》竟然称之为缺漏。 令人奇怪的还在于，《大正藏》整理者既然知道此处有缺漏，用空一字的方式表示该缺漏，而《大正藏》所用的底本《再刻高丽藏》、所用的工作底

---

① 方广锠：《〈大正新修大藏经〉评述》，原载《闻思》第一辑，收入《随缘做去，直道行之》，第 77 页。

本《频伽藏》均有此"轻"字，《大正藏》却没有用来补正自己的缺漏。作为一个曾经实际从事藏经编辑的工作者，我以为这里体现的很可能是《大正藏》在工作流程方面的疏失。而如果工作流程有疏失，则出现的错误可能就不是偶尔的一个两个，而是一批。当然，对这个问题，现在还不能简单下结论，需要继续研究。

我们无法一一查核《大正藏》《再刻高丽藏》与《频伽藏》，不知道类似的错误到底有多少。学术研究依靠文献资料，如果所依靠文献本身的准确性无法保证，那学术研究又如何保证自己的水平，保证不出错误？

《大正藏》编辑完成的 80 年多来，佛教研究、佛教文献研究都取得无与伦比的长足进展，大藏经研究与编纂也成果迭出，可以称之为进入了新的阶段。那么，新的阶段的特点是什么？仅仅是新研究成果的不断涌现与迭加吗？我认为层出不穷的新成果固然体现了佛教文献学的蓬勃发展与强大生命力，并为佛教研究奠定了更为坚实的基础，但与 80 多年前高楠顺次郎等先生编纂《大正藏》的时代相比，新阶段的最大变化是世界已经踏入数字化的门槛，人类社会已经不可逆转地进入信息化时代。

数字化对佛教大藏经的发展提出了前所未有的挑战，也提供了前所未有的机遇。我们能否面对挑战，抓住机遇，把佛教大藏经的发展推向历史的更高点呢？今天是昨天的继续，明天是今天的发展。我们只有认真回顾前辈走过的足迹，才能选对方向，更加坚定的前进。我想，这就是我们在今天研究、评论《大正藏》的意义所在。

(三) 传统古籍整理模式及其弊病

如上所述，人类已经进入数字化生存时代，数字化技术的出现为我们整理汉文佛教文献提供了新的机遇。能否抓住这一机遇，打开汉文佛教文献整理的新局面，则在于佛教文献整理与研究工作者的努力。

百年来，我国佛教文献整理工作取得的巨大成绩有目共睹，自然也存在若干有待研究与解决的问题。我认为，目前存在的最大问题是人类社会已经进入数字化时代，我们的佛教文献整理虽然也开始利用数字技术，但从总体看，还处在数字化的初级阶段，没有真正摆脱传统古籍整理模式的束缚，没有真正发挥数字技术的优势以开创佛教文献整理的新局面。

所谓目前我国佛教文献整理还处在"数字化的初级阶段"，主要体现在目前推出的佛教文献整理数字化成果，大多为纸本整理成果的介质转换，亦即将原来的佛教典籍由纸介质转换为数字化表现介质。举例而言，利用近现代印刷技术推出的佛教典籍整理成果有点校排印本、影印本两种形态。与此相应，初级阶段的数字化佛教典籍，也出现用文字录入方式形成的电子排印本及用图像扫描方式形成的电子扫描本。这些形态两两对应，只是前者为纸介质，表现为一本一本的实体书；后者为数字表现介质，并可以利用网络传播，在各类显示器上阅览。但无论哪一种整理本，目前大抵属于平面展现。

当然，严格地讲，初级阶段的数字化佛教文献已经与纸本佛教文献不可同日而语。比如，不少数字化佛教文献可以实现全文检索。有些数字化佛教文献开始采集检索点，建成关系数据库，初步建立起相关的知识之网；有些数字化佛教文献进而采用图像技术，营建虚拟场景等等。特别应该指出的是，利用数字技术建立的目录数据库，其强大的检索功能使得同类的纸本目录索引类著作瞠目难及。可以说，数字化技术已经在佛教文献整理领域显示其无限的生命力与功能的扩展可能性，但是，由于目前佛教文献整理本身还没有真正摆脱传统古籍整理模式的束缚，从而使上述数字化成果的质量也难以突破传统古籍整理的水平，限制了数字化佛教文献各种功能的充分构建与发挥。

什么是所谓"传统古籍整理模式"？简单地讲，就是西汉刘向总结的"校雠"。

西汉刘向《别录》曾将传统的校勘方式归纳为"校雠"，《别录》后来亡佚，仅留后人的引文。虽然后人引文的表述略有差异，但刘向"校雠"的原意是清楚的，亦即在刘向时代，所谓"校"，指某人对某一文本进行阅读，如依据上下文理，发现该本有误，则予以改正。看来这就是我们现在所谓的"理校"。所谓"雠"，则由两人合作进行，其中一人执一本宣读，另一人对另一本逐字进行核对。因为由两个人面对面开展这一工作，故"雠"又有

"对雠"之说①。

无论学养多么高超，在一定条件下，人的水平总有局限；无论工作态度多么精审，在某个时间段，人力终有穷尽。古籍整理还往往出现这样的情况：旧的错误被纠正，新的错误又产生。所以，采用这种方式推出的成果，难免存在种种不足。以致自古流传这样的感慨："校书如扫落叶，旋扫旋生。"任何一个古籍整理工作者，都不敢说自己的工作已经尽善尽美，自己完成的整理本不再存在错误。于是，我们可以看到这样的景象：某类文献、某种典籍，虽然已由多位整理者反复进行点校整理，但教界、学界依然不满意，重复的整理工作至今仍在进行。如敦煌本《坛经》的整理校注本，据我所知，已有20多种，虽则如此，至今尚未出现一个教界、学界公认的"善本"。《祖堂集》至少有10种。敦煌变文的各种录文与校注本，已经有10种以上，新的录校本还在计划推出。整理者大量心血的付出，其间有多少属于有效劳动，多少属于无效劳动；有多少是真正的学术积累，有多少是无价值的学术浪费。实在难以计量。

问题还在于按照传统的古籍整理模式进行工作，工作结束以后，整理者虽然为读者提供了一个整理本、一份校勘记，读者固然可以对照校勘记阅读整理本，但如果整理者本人的校勘工作有疏漏

---

① "《风俗通》曰：按刘向《别录》，'校雠'：一人读书，校其上下，得谬误，为校；一人持本，一人读书，若怨家相对。"参见［南朝梁］萧统选：《昭明文选》卷六，韩放主校点，京华出版社，2000年，第180页。标点有修订。

"刘向《别传》曰：雠校者，一人持本，一人读析，若怨家相对，故曰'雠'也。"参见《太平御览》卷618，影印本，中华书局，1985年，第2776页上栏。

或犯新的错误，则这种疏漏与错误自然不会反映在校勘记中，亦即此时校勘记不能真正反映底、校本的真实情况，读者就有可能被整理本与校勘记所误导。要想不受误导，除非读者自己依据原始资料逐一去核对整理本。然而，作为一个读者，一般不易接触到原始数据；且如由读者去逐一核对原始资料，则相当于读者本人把该古籍再整理一遍。这都是不现实、不可能的要求。

那么，面对一种新出的佛教文献整理本，读者又如何鉴别其整理水平的高低、其错误的多少、其可信用的程度？目前一般的方法，无非是读者依据本人积累的对某整理者学风的印象来做评价，或者查核整理本中的若干章节来作判断，或听取其他人的评价意见以为参考。坦率说，印象未必靠得住，同一个人的不同成果，水平可以有不同，更不要说有时还会有挂名的现象；查核若干章节，毕竟是以点代面，难以作出全面的评价；至于所谓"其他人"的评价，无非是另一个读者的"印象"而已。由此，应该承认，目前对佛教文献整理成果的评价，实际具有一定的盲目性。但是，研究者依据佛教文献从事研究，却又对该文献的整理水平难以作出正确的评价，那研究者又如何推进自己的研究呢？

如前面提出《大正藏》的诸多问题，我认为关键还是传统的古籍整理虽然为读者提供一个整理本、一份校勘记，读者可以对照校勘记阅读整理本，但由于整理者没有提供他所依据的原始数据，因此，如校勘工作本身有疏漏，整理本的错误没有反映在校勘记中，或校勘记不能反映底、校本的真实情况，那读者就颇为困惑了。因为读者既然不知道自己所依据的整理本竟然还存在诸如此类的错误，只能依据这种整理本来开拓自己的研究。总之，由于采用传统古籍整理方式整理的古籍，读者与整理者属于信息不对称的双方，由此带来一次列问题。相反，如果在提供整理本的同时，能够一并提供相应的原始数据，并让读者方便地查核与利用它们，亦即让双方信息对称，则读者就可以依据原始数据复核原文，作出自己的抉择，不至于被前人的整理本中的错误所误导。

(四) 古籍数字化视野中的佛典整理

数字化是信息技术的基本形态，也是现代信息技术的生存方式。目前，现代信息技术对社会各个领域都施加着巨大的影响，并为现代社会的发展提供了无限的可能。纵观当今世界，我们甚至可以这样说，数字化已经是现代社会得以存在与发展的基础。

由于数字化已经逐渐渗透到社会的各个领域，佛教大藏经自然也不例外。实际上，几十年来，数字化技术已经与佛教大藏经紧密结合。与近代图书具有各种不同的形态相应，数字化大藏经也具有不同的形态。如近代有影印本大藏经，其对应的数字化形态则有扫描本大藏经。近代有逐字排版铅印本大藏经，对应的数字化形态则有逐字录入的电子文本大藏经。扫描本大藏经可反映古代大藏经的原貌，电子本大藏经则可提供全文检索、复制乃至标点等各种功能，更加方便与实用。总的来说，两种大藏经各有优势，不可偏废。毫无疑问，由于使用方便，所以电子本大藏经流通更广。然而,电子本大藏经如何取得公信力,又是一个不容回避的问题。

本文提到,数字化对佛教大藏经的发展提出了前所未有的挑战,也提供了前所未有的机遇。那么,数字化到底为佛教大藏经提供了什么样的挑战与机遇呢?我认为,所谓挑战与机遇是否表现在如下三个方面:

1. 规模性

佛教是社会文化形态之一,古往今来,影响了、至今依然影响着无数的人们;将来还会持续发挥其影响,并扩展到更多的人群中。所以,佛教自然成为我们学术研究的重要的对象。学术研究靠资料,资料越完整越好,越全面越好。在古代,大藏经仅仅是宗教圣典;在今天,它还是学术研究的重要对象。不言而喻,一部大藏经,容纳的资料越多,它的研究价值就越大。我曾经撰文指出,衡量一个图书馆的基本指标是看它的藏书量的多少。同理,衡量一部大藏经的基本指标,就是看它收经数量的多少①。

《大正藏》共收经律论及汉文佛教撰著、图像3 497部,13 520卷,共100册。按照每册平均150万字计算,总计约达1.5亿字。若干年前,我曾经做过一个粗略的估计,汉文佛教典籍,总数大约在4亿字左右②。这些年在调查佛教典籍的过程中,发现上面的统

---

① 参见方广锠:《论大藏经的三种功能形态》,载台湾《宗教哲学》第三卷第二期,1997年4月。

② 这一数字包括已经收入各种藏经的古代日本、朝鲜半岛僧人撰写的佛教著作。《中华大藏经》(上编)已经收入约1.06亿字。下编计划主要收入中华佛教撰著,故拟收2.6亿字。

计有点保守，世界上实际保存的佛教典籍数量更多。比如当年统计没有计入日本、朝鲜半岛收藏的各种古代写本、刻本之未入藏佛教文献，没有计入越南古代撰写的汉文佛教文献，也没有计入现在依然在中国民间流传的各种法事文本。这些年，仅中国民间的各种法事文本，我们就搜集到1 500多种。也就是说，至今为止，虽然《大正藏》依然是世界上收入佛典最多的大藏经，但《大正藏》所收典籍，大约不足存世汉文佛教典籍总数的三分之一。

自然，由于受现实条件的限制，也由于宗教立场的框限，以往人们编藏，从来不可能把所有的佛教典籍全部收入。要有所选择，有所甄别。但今天，从理论上讲，数字化技术已经可以处理海量数据，已经可以无限扩展大藏经的容量，从而允许我们编纂出一部资料更加丰富、内容更加详实的大藏经，甚至允许我们把所有的佛教典籍统统收纳进来，使大藏经真正容纳八万四千法门，成就八万四千海藏，更好地发挥大藏经的佛教圣典功能、研究资料功能以及资料备查功能。

应该说，佛教界、佛教研究界已经在实践中逐步认识到这个问题。

从佛教大藏经数字化的历史看，1986年，《中华大藏经》率先进行数字化试验，并得到初步成功。这一工作当时由我具体负责。《中华大藏经》中现有的几种计算机排版的经典，就是当年数字化试验的成果。可惜由于某些原因，这一工作后来中止，未能全面开展。二十世纪九十年代，韩国高丽大藏经研究所推出电子版《再刻高丽藏》，首次将整部大藏经的电子文本推向世界。以此为契机，大藏经数字化的热潮在全球掀起。由于《大正藏》拥有无可撼动的学术地位，所以除了一些例外，全球的汉文大藏经电子文本都以《大正藏》为目标，各种《大正藏》的电子版不断涌现。经过近20年的整合，现《大正藏》（第1卷到第55卷、第85卷）电子本主要整合在由中华电子佛典协会主持的《电子佛典集成》中，而由日本汉字文献情报处理研究会主持的"东洋学古典电子文献检索数据库"则收录了全部《大正藏》电子文本。此外，网上可以看到各种各样表现形态的《大正藏》电子本。

《电子佛典集成》以综合、集成汉文佛教典籍为己任。其最近发布的2018年版，已经收入《大正藏》（第1卷到第55卷、第85卷）、《卍字新纂续藏经》《历代藏经补辑》（含《赵城金藏》《中华藏》《房山石经》《佛教大藏经》《高丽藏》《乾隆藏》《卍字正藏》《永乐北藏》《宋藏遗珍》《洪武南藏》）、原"中央图书馆"善本佛典，总计4 620部；此外还收入元亨寺版《汉译南传大藏经》70册，《藏外佛教文献》1到9辑，《正史佛教资料类编》《北朝佛教石刻拓片百品》《大藏经补编》《中国佛寺志》《印顺法师佛学著作集》等。据介绍，《电子佛典集成》收纳的总字数已达1.9亿字。加上在日本电子化的《大正藏》的其余部分，则电子化佛典的总字数已经超过2.5亿字。比《大正藏》超出1亿字。与当年《开元释教录》所谓1 076部，5 048卷相比，简直不可同日而语。人们在今天取得的成果，的确是我们的前人所不能想象的。

成果虽然巨大，但我们必须指出，与现存的4亿多字的佛教典籍相比，我们面前还有很长的路要走。

如前所说，收集所有的汉文佛教典籍，编纂一部电子化的八万四千海藏，在理论上已经可以实现，这是数字化时代的信息技术为我们提供的巨大机遇。作为佛教文献工作者，能够生活在信息化时代，能够利用信息化技术来整理佛教典籍、研究佛教典籍，是我们的幸运。然而，理论上可以实现的事情，现实中是否真的可以做到？这又是当今信息社会对我们佛教文献工作者提出的重大挑战。面对机遇与挑战，我们需要做出自己的回答。

2. 准确性

无论是宗教圣典，还是学术资料，文本的准确性都是第一位的。但在古代写本时期，由于写本本身"唯一性"与"流变性"的双重作用，某种文献在流传过程中非常难以保持其文本的一致性。从历代僧人为校勘经典、编纂目录所付出的艰巨劳动，从《开元释教录广品历章》到《一切经源品次录》的不断编撰与内容细化，从敦煌遗书中的相关目录与文献，我们可以看到古代僧人为保持佛教典籍文本一致性所做出的不懈努力。即便如此，从敦煌遗书佛教典籍所反映的异本、异卷、异文等诸多情况，可知人们对佛典文本一致性所作的努力费工虽大，收效却依然有限。写本佛典的文本歧异，直接影响到刻本，由此形成刻本大藏经的三个系统。其实，三个系统只是对刻本大藏经的大致描述，如果仔细研究，则每个系统内部，各种不同的藏经又有各自的特点。此外，值得注意的是，以往在我们的观念中，后代藏经都是承袭前代藏经，续补新的内容编纂、刊刻而成。但新的资料表明，这一观点并不完全正确。比如《嘉兴藏》中的有些文字，与历代大藏经所收同一经典的文字均不相同,而与敦煌遗书中的相关写本文字一致。这说明《嘉兴藏》该经典的原始文本来源并非来自前代的某一部藏经,而来自最早源于某部古代写经的某一民间传本。

总之,不同的系统的藏经、同一系统的不同藏经存在着不少异同,来源于不同的传承。作为文献工作者,我们应该如何面对与处理这一问题?

《大正藏》在此为我们树立了一个范例。《大正藏》的方法是对各种能收集到的藏经及相关佛典进行认真的校勘,只指异,不辨正。所谓"指异",是指同时将各种藏经或相关文本中的异文统统罗列在校勘记中,供研究者参考,供读者判定整理者的工作并作出读者自己的选择与判定。所谓"辨正",是指在不同的异文中,整理者按照自己的理解,选择某种相对最为正确的文字,列入正文。隋彦琮"八备"称:"襟抱平恕,器量虚融,不好专执。"[①]我认为《大正藏》编纂者做法符合彦琮的上述标准。当然,作为佛教文献工作者,应该尽量为研究者扫除阅读的障碍。从这一点看,《大正藏》的"只指异,不辨正"就不够了。这当然也与《大正藏》编纂时,缺乏大量高水平的校勘人员有关。所以我主编的《藏外佛教文献》采取"既指异,又辨正"。当然,我们的水平有限,不敢说所作的"辨正"全部正确无误。所以同时将各种异文全部列入校记,供研究者自行勘定正确文本,以补救我们可能产生的疏漏。

---

① 参见《续高僧传》卷二。CBETA,T50,No. 2060,p. 439A25~26。

虽然《大正藏》当年对文本校勘花费大量精力，做出极大努力，也得到很大的成果，但现在看来，存在的问题也相当多，有些问题甚至相当严重。有些错误可谓个案，大量的错误表现为校勘疏漏。这一点我们在编辑《中华大藏经》（上编）的过程中已经发现。最近中国某寺院对《大正藏》的校勘质量做了复查，发现仅就某四卷经文及其所用的两种校本而言，校勘错误率为13.6%。错误类型包括误校、漏校等等。如果追究原因，且不考虑资料不足、有些校本中存有后代抄补故其本身未必正确等客观因素，仅从主观上追究，则自然可以归诸校勘工作者精审不足。

如前所说，我国传统的古籍整理方式就是西汉刘向《别录》以来的"校雠"。《中华藏》最初也采用"一人持本，一人读书"这种方式。由于《中华藏》共有八个校本，故实际上出现"一人读书，八人持本"，亦即形成九人会校的局面。但我们在实践中发现这种方式弊病极大。1986年起，改为一人同时对勘底、校两本。这也是目前古籍整理最通用的方法。为了保证校勘质量，《中华大藏经》采用一个校本由两个人背对背分别予以校勘，即每个校本校勘两遍，然后予以汇总的方法。这样，大部分经典都产生十六个校草。看起来这种方式已经很严格，很认真了，但现在回过头来看，《中华藏》的校勘依然存在不少问题。

所以，问题就不仅仅在于是否有足够的"精审"精神。人毕竟是人，人力有时而穷。无论如何小心谨慎，一丝不苟，难免有头昏眼花，精神疏忽的时候。我本人常年从事佛教典籍整理，我主编的《藏外佛教文献》，用"以精益求精之心，求尽善尽美之境"来勉励自己与同事。但每辑出版以后，总会发现依然存在各种各样的错误，有的错误实在让人感到无地自容。我曾在一篇文章中自嘲：尽善尽美之境只存在于彼岸世界。在此岸世界，我们总要不断犯错误，只不过是错误的大与小、多与少的问题。2011年《藏外佛教文献》出版第十六辑之后，这项工作便停顿下来。实际上，当时我们已经整理好的文稿，足够出版五辑。所以积压未出，问题就在于对已经整理好的这些文稿，我心中依然没底，不知道其中还会有多少错误，但又没有足够的时间再去一遍又一遍地审核。问题还在于即使再审核，能否把所有的错误都消灭掉？自己心中也没有底。由此压下未出版。所以，《大正藏》的校勘准确率能够达到86.4%，已经难能可贵。但应该讲，这一比例距离理想境界，还有较大的差距。

此外必须指出的另一个问题是，现在的古籍整理的出版物，一般均会在文本整理结束以后，提供给读者一个校勘本、一份校勘记。读者固然可以按照校勘记来复核校勘本，但如果校勘工作本身有疏漏，即校勘本的错误没有反映在校勘记中，或校勘记不能反映底、校本的真实情况，那读者就无可奈何了。如前所述，经过复查，发现《大正藏》中四卷经文对两种校本的校勘错误率为13.6%。对一般的研究者来说，不可能去做那样的复查工作，也就不可能发现那些错误，就可能被《大正藏》的错误文本所误导，乃至影响自己的研究成果。

面对这一现实，我们应该怎么办？

在此应该先介绍中华电子佛典协会主持的《电子佛典集成》的

工作。目前,《电子佛典集成》已经对《大正藏》中的若干错误进行校订。《电子佛典集成》的上述校订可见于网上电子本。这一校订仅用红色标注,如"［舍〉含］",表示《大正藏》本此处之"舍",实际应为"含"。但《电子佛典集成》没有说明如此校订的理由。如果不是逐一查核《高丽藏》《大正藏》的原文,我们也难以确知错误的原因。——不知道上述标注是《电子佛典集成》的理校,是《再刻高丽藏》本身的错误,还是《大正藏》的植字错误。

也就是说,《大正藏》采用的传统校勘方法缺少让读者追溯原始资料的手段;《电子佛典集成》虽然已经采用数字化,依然没有纳入这一手段;故而读者难以发现校勘本的错误,或即使发现错误也无法知道错误产生的原因。传统校勘方法的这一缺陷,同样体现在其他古籍整理文本中。如中华书局出版的标点本二十四史,虽然当时集中了一批一流学者完成,但至今学术界对它们依然不满意。虽然不满意,由于难以追溯原始资料,校改起来非常困难。

其实,信息化技术已经为我们提供了解决此类问题的方案。我认为,我们可以按照如下六个基本原则,利用信息化技术来解决上面的问题:

第一,起于最底层。

古籍整理,要从最基础的原始资料的图形文字、书写符号的切割开始。

第二,信息全覆盖。

信息采集要覆盖全部原始资料,亦即保留原始资料中全部可研究信息。

第三,过程可追溯。

每一步工作都有记录,每一个环节均可追溯。

第四,功能可扩展。

程序开放,界面友好,可随时根据不同情况,扩展新的功能。

第五,读者可互动。

读者可以根据这一佛典整理平台提供的原始资料对整理者的整理成果提出批评、建议。整理者可以根据读者批评考虑修订整理本的文字。

第六,版本可升级。

这一系统可以按照整理本文字的修订、平台功能的扩展,不断升级版本。

我们设想的具体的工作流程,可参见下图(图12):

按照下述流程示意图,我们设想的佛典整理工作,将按照如下步骤开展:

(1) 文字切割与识别,制备基础工作文本

佛典数字化,必须有一个准确的基础工作文本。这一工作文本的制备,必须建立在对原始资料中文字的准确辨认、录文的基础上。正因为如此,录文一直是佛教文献工作者的入门功夫。但以往的录文全靠研究者手工完成,无论研究者如何谨慎小心,录文中的错误总是难免的。如有疏忽,则录文可能难以卒读。现代信息技术使我们可以利用计算机来更好地完成这一枯燥、繁琐的工作,提高它的准确率。

数字化时代的佛教文献

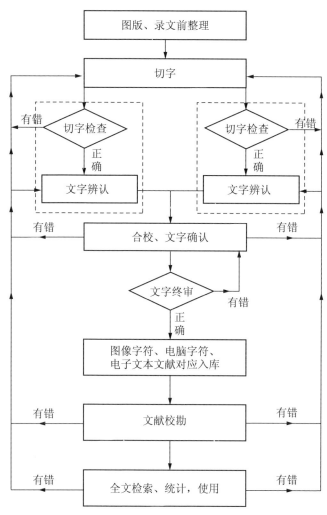

图 12　佛典数字化工作流程

我们的设想是：从最基础的文字与书写符号的切割、辨认开始，建立基础工作文本。

所谓"最基础的文字与书写符号的切割、辨认",就是将需要录文的原始资料上的每一个文字、每一个符号都切割下来,并将它们全部转换成计算机可以识别的具有计算机内码的文字与符号。我们面对的原始资料有写本、刻本、现代印刷本。现代印刷本的问题比较好办,但目前的计算机技术尚不足以支持敦煌遗书之类写本及古代刻本中图形文字的识别。所以我们开发了一套"人机互动"①的计算机程序,设计出相应的工作流程,避难就易,以充分发挥计算机、研究者各自的优势,完成上述图形文字与符号的识别任务。

通过上述流程,可将每一号原始资料图版中的文字、符号,切成为单独的图像字符,并将它们辨识、转化为相应的计算机字符。其间有几个相应的"人机互动"的环节,一般工作人员及佛教文献研究专业人员将在不同环节、采用不同的方式进行"人机互动",以最大程度地减少专业工作人员的工作量及保证从图版文字到电子文本的转换质量。

通过上述工作,计算机将产生两个成果:

第一,产生图像字符与计算机字符一一对应的字符表。

计算机将该字符表收入字库。

凡收入字库的字符,均记录其原始身份。研究者随时可以从

---

① 所谓"人机互动"是笔者在利用计算机整理敦煌遗书时采用的基本工作方法。其基本思路是:凡是计算机能够完成的工作,一律交给计算机去做;凡因目前技术水平的限制,计算机无法承担的工作,一律由研究者完成;通过上述计算机与研究者的互动,不断提高计算机的自动化水平。

图像字符或计算机字符调阅其所在原始图版,为醒目起见,图版将用色标对该字符予以标示。

凡收入字库的字符,可按照不同检索要求或复合检索要求进行检索。可罗列某单字的所有图版字符,可按照要求排序、进行字频统计等。

目前,利用计算机技术自动识别中文图像字符,还是信息自动化未能解决的技术难点。我们希望通过上述工作,让计算机不断积累原始素材,探索最终由计算机自动识别中文图像字符的道路①。

第二,产生与某原始资料完全对应的电子文本文献。

入库的电子文本文献,实际是一个与相应图版文字完全一致的电子本录文。与人工录文相比,它的每一个字符都与原始资料图版字符乃至与原始数据图版一一对应并链接,随时可以进行复核。

由于我们采用双重辨认、计算机合校、人工干预等多重保障,从理论上讲,图像文本转换为电子文本的文字辨识准确率可以达到100%。当然,在实践中,由于各种原因,还会不断出现新的问题。但我们的设计是每一步工作都有记录,都可以反向追溯,可以

---

① 笔者认为,让计算机识别中文的图像字符,犹如教小孩认字,是一个知识积累的过程。目前我们已经试验切字4 000多万,其中出现频率最高单字,出现次数为几万次,亦即某一个单字共有几万个略有不同的字形。笔者相信,如果以这几万多个字形为基础,让计算机进行图像文字自动识别,则我们有望突破计算机识别中文的图像字符这一难关。

固然,有些字频小的文字,计算机识别依然会有困难。然而字频小的文字在文献中出现的次数少,对这些文字,即使依然采用人工识别,也是可以接受的。

一直追溯到最原始的工作环节、最原始的基本资料。这样，不仅我们，任何一个读者都可以通过这一程序追溯、复核每一个工作环节，包括复核每一个环节使用的原始资料。如有错误，就可以发现该错误产生在哪一个环节与具体原因。从而解决上文提到的难以发现校勘本错误，以及虽然发现校勘本错误却无法追溯、无法检讨其原因的问题。

数字化电子本不同于纸本的优点之一，在于可以随时改正错误，不断升级版本。我们可以在不断发现错误、改正错误的过程中，不断完善数字化的佛教典籍文本，在实践中逐步达到准确率为100%的文本转换。上述不断升级的过程也适用于以下"区别异本""文本校勘"等工作环节。

（2）区别异本

想把某文献的异本一一予以区别，其前提是必须将该文献的各种原始资料收集完整，然后一一予以比对。按照上述思路，只要我们将原始资料中该文献的所有图像文本都按照上述方式制备成电子文本，亦即达到该文献的信息全覆盖，就可以利用现成的计算机软件程序进行文本比对，从而鉴定与区别异本。

以我目前正在从事的敦煌遗书整理而言，从理论上讲，只要我们具备60 000多号汉文敦煌遗书的图版资源、投入必要的人力物力，我们就可以将这60 000多号遗书、70 000多号文献、总计约1亿字敦煌汉文遗书全部转化为相应的电子文本。然后进行异本的比对与鉴别。

在60 000多号敦煌遗书中，约包括数千种各类文献。有的文献重复率极高，如《妙法莲华经》多达7000多号，编号数量超过敦煌遗书总号数的10%。有些文献仅有1号。就7000多号《妙法莲华经》而言，包括了二卷本、七卷本、八卷本、九卷本、十卷本，乃至卷本待考的异卷等多种卷本，包括了鸠摩罗什早期译本、后代修订本，还混杂了若干《添品法华经》。时代最早为东晋南北朝写本，时代最晚的为五代宋初写本。与传统大藏经本对照，敦煌遗书中有些《妙法莲华经》文本的文字有脱讹，但也有些文本的文字优于传统大藏经本。个别文本中甚至有中国人添笔增加的偈颂。以前，仅凭个人之力，想对这7000多号《妙法莲华经》进行全面的异本区分，可以说是痴心妄想。现在则完全可以借助敦煌遗书数字化之力对中国佛教史上这一重要经典做一番彻底的清理。理清它不同时期的文本演变、表现形态，清理混杂在其中的《添品法华经》。

佛教典籍的数字化与上述敦煌遗书的数字化道理相通，无非工作量更大而已。比较而言，整理佛教文献时，我们面对的大量是刻本，工作难度相对较小。

(3) 文献校勘

典籍在流传中出现传抄的错讹，乃属正常情况。故文本整理的一大任务是进行文献校勘，最终整理出一个相对最为优秀的文本。文献的标点可以体现出整理者对文献的解读，也是文献整理的重要内容。

就校勘而言，凡是做过这一工作的研究者都知道，校勘中付出的劳动，几乎有90%以上都属于无用功，因为用来对校的两个文本中文字的差异程度，不可能达到90%以上。但校勘者必须耐下性子，一个字一个字去校，唯恐有所疏漏。即使如此，正如古人所说"校书如扫落叶，旋扫旋生"，还是难免发生错误。但现在我们可以在上述制备文本、区别异本的基础上，由计算机自动进行文本校勘。亦即由计算机自动比对两个文本的文字，如果相应的文字相同，计算机会自动忽略，而仅将不同的文字以色标显示，提示研究者去进行勘校。这样，研究者固然还需要通读全文，但只要针对红色的文字进行校勘。就校勘环节而言，工作量可以减轻90%左右。

不仅如此，系统针对不同情况，设计了规范的校勘记表述格式。研究者只要根据具体情况选择不同格式，系统即自动生成规范的校勘记。在进行校勘时，研究者还可以利用该系统同时对文本进行标点。

整理本文字固然由整理者确定，但系统将自动把各校本中该文献的所有异文逐一罗列在校勘记中，并通过链接，提供所有异文的原始图版，便于读者、研究者根据需要反向追溯，自行检索图版，并对整理本中的文字做出自己的选择与解读。

这一"计算机校勘标点系统"依然是一个"人机互动"的系统。利用这一系统，某种文献无论存世多少个传本，只要我们投入必要的人力物力，均可以对它进行全面、彻底的整理。这种整理固然不可能一次性达到尽善尽美的境地，但如前所述，信息化技术提供了一条不断积累成果，不断修订错误的道路。沿着这条道路走下去，每个人都可以在他人成果的基础上将某文献的整理推向前进，最终臻于至善。这样，每个人的古籍整理工作都成为历史长河中的学术积累，而不是像传统方法那样，不同的研究者不断地对同一部典籍或同一种文献进行反复校勘，一次又一次的推倒重来，出现大量重复劳动。即使不同的研究者对同一段文字有不同的理解，信息化技术也允许同时保留与显示多种不同意见，留待研究者深入思考。

按照上述思路，传统古籍整理中的"底本""校本"等概念也将完全被颠覆。

由于每个人的精力有限，按照传统方式进行古籍整理时，一般不可能"逢异必校"。所以，传统进行古籍整理，必须先寻找一个相对错误较少，文字较优的本子，称之为"底本"。然后以"底本"为依据，参校各种"校本"。校勘时，凡属底本正确者，一般不出校记；凡底本文字依据校本校正或理校者，方出校记。这种方式大大减轻了校勘者的工作量，但也存在如果校勘者漏校、误校，便会误导读者。《藏外佛教文献》摒弃上述方式，在校勘中对诸本一视同仁，按照"逢异必校"的原则，将所有的异文一律纳入校记。不过在表述时，为了循俗，依然保留了"底本""校本"的名称。采用数字化整理之后，被整理的各种文本地位平等、作用相同，也就完全没有必要，也不应该再来区分底本、校本。

3. 方便性

数字化文本可以从各个方面为读者的阅读与研究提供极大的方便。在这一方面，中华电子佛典协会的《电子佛典集成》已经做了很好的示范与各种各样的尝试。本文上述第四个原则实际也是为"方便性"预留各种可能。限于篇幅，本文不拟展开。

由此完成的数字化整理本，将充分利用数字化技术的多层次、多功能的纵深优势，将被整理佛教文献的文字、文物、文献、研究史等各种信息链接为一个综合性的关联数据库，并予以多层次呈现。这样，每个佛教文献都可以建成一个数据库，既相对独立，又与其他佛教文献数据库相互关联，且具有开放性、互动性，为读者提供交流平台。读者可以在该平台追溯、检查整理者的全部工作及所用各校本诸文字、符号的原始图版，评点整理者的工作，提出自己的修订意见，从而使整理本得以不断修订错误，逐渐升级，最终臻于至善。

按照上述思路，新的数字化互动整理模式将彻底改变目前佛教文献整理中大量出现的重复劳动，使每个整理者的工作、每位读者的修订意见都成为对该被整理文献的有效学术积累或不同的参考意见。这种整理本也将给知识点的采集、知识网的构建等各种后续工作赋予更加坚实的基础。

(五) 结语

科学技术在前进，社会在前进，人类在前进。汉文佛教文献的整理也应该与时俱进。当年梁启超曾经说："七千卷之大藏，非大加一番整理，不能发其光明。而整理之功，非用近世科学方法不可。"①梁启超没有遇到，也不可能想象到数字化时代的来临。从这一点讲，我们这一代是幸运的。

---

① 梁启超：《大乘起信论考证序》，载《饮冰室佛学论集》，江苏广陵古籍刻印社，1990年，第368页。

数字化时代的佛教文献整理，将充分依托飞速发展的数字技术及数据库技术，将每个佛教文献的全部信息，采集、归纳、整理、组织建设为一个数据库，并将诸多不同的佛教文献数据库建设为关联数据库，最终形成汉文佛教文献数字化总库，从而将平面的佛教文献拓展为立体纵深的信息资源库，以充分发挥保护佛教文献、利用佛教文献的效用。

　　目前，我们已经按照这一方案开始起步，计划通过实实在在的工作，检验我们的设想，改进我们的计算机程序，完善我们的工作流程。可以肯定，目前的设想还有很多不足之处，复杂的现实生活永远超过我们的想象，一定会有许多我们还没有预料到的困难在前面等待我们。但是，笔者在从事古籍整理与数字化的过程中，深深感到信息技术将原本只能在平面进行的工作拓展到立体空间，从而给我们的古籍整理工作提供了无限的可能性。所以，问题转化为我们是否能够想到，是否愿意去做。如前所说，现代信息技术的一个重大优势在于它能够不断积累成果，不断改正错误，不断进行升级，以致最终臻于至善。所以，只要我们加强调查、做好规划，协调一切可以协调的力量、相互配合、相互支持，不怕困难、不怕挫折、锲而不舍地坚持下去，发扬古代为编纂大藏经连续几代人前赴后继的传统，最终一定可以达成将汉文佛教典籍全部电子化这一宏伟的目标。

后　记

复旦大学出版社陈麦青先生约我写一本《佛教文献研究十讲》，纳入该社出版的"名家专题精讲"系列丛书。我从事佛教文献研究三十余年，多次给研究生讲课，留有讲稿与部分录音，也写过若干文章。现年已古稀，原来就计划写一本有关佛教文献学的专著。但因循于杂事，始终没有动手。此次正好借陈麦青先生的约稿，完成原来的计划，于是允诺。

最初的想法是按照我的讲课教材与录音加以整理，我原有的教材设计大体如下：

第一章　绪论

第二章　汉文佛教文献的翻译

第三章　汉文佛教文献的流传与聚散

第四章　汉文佛教文献的形态

第五章　汉文佛教文献的目录与经录学

第六章　汉文佛教大藏经

第七章　汉文佛教文献的分类

第八章　汉文佛教文献的考释与正误

第九章　汉文佛教文献的丛书、类书与辑佚书

第十章　汉文佛教文献的思想源流与版本源流

第十一章　汉文佛教文献学的周边学科

第十二章　实用佛教文献学

当时计划在上述教材的基础上删掉两章，或合并掉两章，组成十个专题，以符合"十讲"的体例。但后来陈麦青先生通知，这一批六本《十讲》，五本已经进入审稿流程，希望我的这本能够尽快交稿，一并印刷。而我的教材设计虽然如上，但不同时期讲课时却各有增减，按此纲要整理，工作量太大，短期内无法完成。于是改定为如下十个题目：

一、学术研究与学术资料

二、文化汇流

三、关于药师佛

四、敦煌遗书与敦煌藏经洞

五、写本学视野的敦煌遗书

六、佛教文献鉴定

七、中国佛教的学派与宗派

八、关于中国佛教研究

九、汉文大藏经

十、数字化时代的佛教文献

所收入的均为已经发表过或已有现成文章的，亦即马上可以交稿。但因为字数大大超过出版社的要求，且有些题目与本书主题关

系不大。故最终按照出版社的建议，改为目前状态。

  建立佛教文献学是三十多年前任继愈先生交代的任务，学生驽钝，至今没有完成，实在愧对先生。希望有生之年能够把那本书写出来。本文公布的教材大纲，即为我心目中"佛教文献学"的主要内容。

  感谢陈麦青先生、陈军先生为本书付出诸多劳动。本书意为抛砖引玉，希望得到读者诸君的指教。

2019 年 6 月 21 日于南渡江畔

图书在版编目(CIP)数据

佛教文献研究十讲/方广锠著. —上海：复旦大学出版社,2020.5
(名家专题精讲)
ISBN 978-7-309-14891-6

Ⅰ.①佛… Ⅱ.①方… Ⅲ.①佛教-文献-文集 Ⅳ.①B948-53

中国版本图书馆 CIP 数据核字(2020)第 040575 号

佛教文献研究十讲
方广锠 著
责任编辑/陈 军

复旦大学出版社有限公司出版发行
上海市国权路 579 号 邮编：200433
网址：fupnet@ fudanpress.com http://www.fudanpress.com
门市零售：86-21-65642857 团体订购：86-21-65118853
外埠邮购：86-21-65109143
江阴金马印刷有限公司

开本 890×1240 1/32 印张 15 字数 304 千
2020 年 5 月第 1 版第 1 次印刷
印数 1—4 100

ISBN 978-7-309-14891-6/B·718
定价：78.00 元

如有印装质量问题，请向复旦大学出版社有限公司发行部调换。
版权所有 侵权必究